T0298767

التأمين وإدارة الخطر

(النظرية والتطبيق)

الأستاذ الدكتور
حربي محمد عريقـات
كلية العلوم الإدارية والمالية
جامعة البترا الخاصة
عمان – الأردن

الدكتور
سعيد جمعة عقـل
كلية العلوم الإدارية والمالية
جامعة البترا الخاصة
عمان – الأردن

دار وائل للنشر

الطبعة الثانية

2010

رقم الايداع لدى دائرة المكتبة الوطنية : (2008/2/555)
عريقات ، حربي محمد
التأمين وإدارة الخطر : النظرية والتطبيق / إعداد حربي محمد عريقات، سعيد جمعة عقل. - عمان ، دار وائل 2008
(506) ص
ر.إ. : (2008/2/555)
الواصفات: التأمين / الحوادث / التعويض
* تم إعداد بيانات الفهرسة والتصنيف الأولية من قبل دائرة المكتبة الوطنية

****

رقم التصنيف العشري / ديوي : 368.5
ISBN 978-9957-11-754-2 (ردمك)

* التأمين وإدارة الخطر (النظرية والتطبيق)
* الأستاذ الدكتور حربي عريقات - الدكتور سعيد عقل
* الطبعة الأولى 2008
* الطبعة الثانية 2010

* جميع الحقوق محفوظة للناشر

دار وائل للنشر والتوزيع
* الأردن - عمان - شارع الجمعية العلمية الملكية - مبنى الجامعة الاردنية الاستثماري رقم (2) الطابق الثاني
هاتف : 00962-6-5338410 - فاكس : 00962-6-5331661 - ص. ب (1615 - الجبيهة)
* الأردن - عمان - وسط البلد - مجمع الفحيص التجاري- هاتف: 00962-6-4627627
www.darwael.com
E-Mail: Wael@Darwael.Com

الفهرس

الفصل الثاني عشر: التأمين الصحي

الفصل الثالث عشر: التأمين على الحياة

مقدمـــــة

هذه الطبعة الثانية المنقحة والتي تم إدخال التعديلات والإضافات المناسبة على الطبعة الأولى.

منذ بدء الخلق، والمخاطر تلازم حياة الإنسان على هـذه البسيطة، في برها وبحرها وجوها. وتأخذ المخاطر مناح مادية وإنسانية متعددة، فأثرت سواء في الشخص أو ممتلكاته. وكانت صناعة التأمين التي ابتدعها حلاً يؤمن من الخسائر والأضرار المحتملة الحدوث بأنواعها والتي لا يد له فيها. ولا شـك أن التأمين علم متطور، يحمي الإنسان وممتلكاته من الأخطار التي تحيق به، وهو يهدف لحماية الأفراد والمؤسسات من الخسائر المادية الناشئة عن الأخطار والتي يمكن قياسها ماديا، ولا دخل لإدارة الأفراد أو الهيئات في ذلك.

نشأت فكرة التأمين قديماً حين تعرض الإنسان للخطر، فجعل يفكر في كل السبل لوضع التأمين لحمايته. وقد ولدت فكرة المشاركة في التعويض منذ عهد الرسول محمد صلى الله عليه وسلم، فعثمان رضي الله عنه يشارك التجار المسلمين في خسارتهم ويدفع لهم ويجمع لهم من التجار الآخرين كي يعود التاجر إلى ممارسة تجارته.

وعند صناعة السفن وازدهارها في جميع أنحاء العالم، تم وضع القوانين التجارية التي تنظم هذه المهنة. ولذلك فإن القانون البحري يعتبر من أقدم القوانين التي وضعت كأسـاس للتعامـل في التجـارة الدوليـة واعتمادها كقانون أساسي للتأمين. ثم قامت الثورة الصناعية في أوروبا، وأنشئت المصانع والمخازن للبضائع المنتجة مما زاد من المخاطر التي تتعرض لها. فنشأت فكرة التأمين الجماعي بين أصحاب المصانع والتجار للمشاركة في تعويض الخسائر من قبل المجموعة. ومجموعات لويدز للتأمين نتاج هـذه الفكـرة الأوليـة. ثـم توسعت الأفكار وأنشئت شركـات التأمين، وتبادل المخاطر والمسؤوليات، حتى أصبح التأمين اليوم من الأساسيات الضرورية لكل تاجر وصاحب أمـوال وفي الحياة الشخصية للأفراد والمجموعات.

ويتألف الكتاب من ستة عشر فصلا، وحاولنا أن تكون لغة الكتاب سـهلة ومبسطة مـع وجـود أسـئلة للمناقشة وأسئلة موضوعية في نهاية كل فصل لرواد العلم من أبنائنا الطلبة والمهتمـين بالمعرفة وبقضـايا التـأمين وإدارة المخاطر، ونود أن نوضح أن هذه الطبعة الثانية تغطي منهاج لمادتي: مادة مبادئ التأمين ومادة التأمين على الحياة. راجين الله أن نكون من الموفقين لما فيه خير وعلم ينتفع بـه في الـدنيا والآخـرة، ونـدعوه أن نوفق في رفد المكتبة العربية بكتاب يشمل أبواب التأمين وإدارة المخاطر شاكرين المولى عز وجل.

والله ولي التوفيق

المؤلفان

2010

الفصل الأول
الخطر

الفصل الأول

الخطر : Risk

1-1 مفهوم الخطر Risk Concept

يتعرض الإنسان منذ عصور قديمة لأخطار عديدة ينتج عنها إما خسارة مالية أو تصيب الإنسان نفسه وأسرته وآخرون. ويقصد بالخطر لغوياً الإشراف على الهلاك وهناك مسببات للهلاك .

فقد عّرف البعض الخطر بأنه "احتمال وقوع خسارة" وهل الخسارة مادية أم معنوية؟ ويعتمد ذلك على حجم الخسارة وقوة الخطر. وآخرون عرفوا الخطر بأنه "الخسارة المادية المحتملة نتيجة لوقوع حادث معين" فهنا تم تحديد الخسارة المادية للخطر.

عرّف كل من وليامز وهاينز (Williams and Heins) "الخطر هو حالة من عدم التأكد". وعرفه البروفيسور نايت Knight "إن الخطر حالة عدم التأكد الممكن قياسها".

وضمن مفهوم عدم التأكد يجب التمييز بين الخطر الموضوعي (Objective Risk) والخطر العشوائي (Subjective Risk) .

فالخطر الموضوعي هو التغيير النسبي للخسارة الفعلية عن الخسارة المتوقعة، فإذا كان لدى إحدى شركات التأمين 10000 بيت مؤمنا عليها ضد الحريق وكان احتمال ما يحترق من هذه البيوت 1% سنويا، أي يحترق 100 بيت في السنة من خبرة الشركة الماضية. ومن الناحية الفعلية قد لا تتحقق هذه النسبة سنويا، بمعنى أنه قد يحترق 90 بيتاً في أحد السنوات وقد يحترق 110 بيتا في السنوات الأخرى ولذلك يوجد تغير يقدر بـ (± 10) بيوت بين الخسارة الفعلية والخسارة المتوقعة، وهذا التغير النسبي للخسارة الفعلية عن الخسارة المتوقعة يعّرف بالخطر الموضوعي ويقاس الخطر الموضوعي. بأحد مقاييس التشتت، مثل الانحراف المعياري، التباين، المدى، معامل الاختلاف. وتقل حدّة الخطر الموضوعي كلما زاد عدد الممتلكات المؤمن عليها ضد خطر الحريق أي أن العلاقة عكسية مثلا في المثال السابق كان عدد البيوت المؤمن عليها 10000 بيت وكان

الخطر الموضوعي لها 100/10 أو 10%. افترض الآن ان عدد البيوت المؤمنة 1000000 بيت، لذلك فإن عدد البيوت المتوقع احتراقها سنويا تقدر بـ 10000 بيت.

والتغير النسبي بين الخسائر الفعلية والخسائر المتوقعة هو 100 بيت لذلك فإن الخطر الموضوعي أصبح 10000/100 أو 1% وبالتالي يقل الخطر الموضوعي إلى العشر بعد زيادة عدد البيوت المؤمنة إلى مليون بيت وهذا ما يعرف بقانون الأعداد الكبيرة والذي ينص على انه "كلما زاد حجم العينة فإن النتائج الفعلية تقترب أو تتعادل مع النتائج المتوقعة".

أما الخطر العشوائي فهو عدم التيقن أو عدم التأكد المبني على الحالة الذهنية للشخص، فقد يتصرف شخص ما بطريقة معينة ويتصرف شخص آخر بطريقة مختلفة إذا تعرض هذان الشخصان لنفس الخطر. فعلى سبيل المثال. شخصان معرضان للمساءلة من قبل شرطة المرور فيما لو تم ايقافهما للتفتيش عند قيادتهما لسياراتهما برخصة قيادة منتهية، فإذا قدر الشخص الأول أن نسبة الخطر عالية جدا فإنه لن يقود سيارته وهو يحمل رخصة قيادة منتهية، بينما الشخص الثاني إذا قدر أن نسبة الخطر منخفضة جدا فإنه سيقوم بقيادة سيارته بالرغم من ان رخصة القيادة التي يحملها منتهية الصلاحية.

والخطر العشوائي لا يمكن قياسه كمياً، لأنه يعتمد على التقدير الشخصي أو الذاتي لاحتمال حدوث الخطر وهذا التقدير يختلف من شخص إلى آخر وتؤثر فيه عوامل مختلفة مثل العمر، الجنس، التعليم والثقافة.

وذهب آخرون في تعريف الخطر بشكل أفضل بانه "الخسارة المادية المحتملة في الثروة أو الدخل نتيجة لوقوع حادث معين" . هنا التعريف أكثر تحديداً للأخطار التي يهتم بدراستها علم الخطر والتأمين، وهي الأخطار البحتة (الصافية) سواء أكانت أخطار أشخاص أو أخطار ممتلكات أو أخطار المسؤولية المدنية.

2-1 مصدر الخطر (مسبب الخطر) Peril

وهي مجموعة الظواهر الطبيعية أو الظواهر الشخصية المتعلقة بالإنسان وتصرفاته الشخصية والتي تؤدي إلى حدوث خسارة. والمسببات متعددة فالحريق هو

المسبب في حالة خطر الحريق والسرقة هي المسبب في حالة خطر السرقة والمرض هـو المسبب في حالة خطر المرض.

ويعتبر مسبب الخطر المصدر الرئيسي لوجود الخطر ويمكن تعريفه بأنه:

"مجموعة الظواهر الطبيعية والعامة التي تؤثر تأثيراً مباشراً أو غير مباشر في نتيجـة قرارات الأشخاص". مثل: الحريق والعواصف والأعاصير والزلازل والسطو والسرقة والوفاة.

3-1 العوامل المساعدة للخطر Hazards

العوامل المساعدة للخطر فهي تلك الظروف التي تنشأ عنها خسارة أو تزيد من احتمال وقوع الخسارة او التي تزيد من حجم الخسارة المتوقعة أو كليهما معا.

1- العوامل المادية Physical Hazards:

هي تلك الظروف التي تزيد من احتمال وقـوع خسـارة أو تزيد مـن حجـم الخسـارة بسـبب طبيعـة خصائص الشيء موضوع الخطر، مثل تكون الصقيع على الطرق، الندى يزيد من احتمال حـدوث حـوادث السـير، كما أن ارتفاع درجة الحرارة في بعض أيام السنة يزيد من احتمال حدوث خطر الحريق، أو وضع أقفال غير متينـة على الأبواب وبالتالي يزيد من احتمال حدوث السرقة.

2- العوامل الأخلاقية الإرادية Moral Hazards:

وهي مجموعة العوامل التي يتدخل الإنسان عن عمد في وجودها وتزيد من الخسائر المترتبة عليها مما يزيد من درجة الخطورة. مثال ذلك ظاهرة الانتحار، تزيد من درجة خطورة ظاهرة الوفاة وتزيد من معدل تكرار تحققها، وظاهرة إشعال الحرائق العمدية تزيد من معدل تكرار ظاهرة الحريق. الاهمال هو المسبب في حالة خطر المسؤولية المدنية. وهي عدم الأمانة أو السلوك غير السوي للفرد الذي من شـأنه زيـادة حجـم الخسـارة أو تكرار حدوثها ومن أمثلة ذلك، افتعال حادث ما للحصول على تعويض من شركة التأمين أو تقديم ادعاء مزيف أو تعمد حريق بضاعة من الصعب تسويقها. وإن العوامل الأخلاقية موجودة في جميع أنواع التـأمين، ومـن الصعب السيطرة عليها. يبرر الأفراد الذين يقومون بمثل هذه الأعمال غير الشريفة بأن شركات التأمين تملك الكثير من

الأموال وأن هذا أمر غير صحيح حيث أن شركات التأمين لا تستطيع دفع التعويضات التي يترتب عليها إلا من خلال الأقساط التي يقوم المؤمن لهم بدفعها. وتحاول شركات التأمين السيطرة على العوامل الأخلاقية من خلال القيام بتقييم دقيق لطالبي التأمين ومن خلال وضع شروط معينة قبل الاقتطاعات وفترات الانتظار والاستثناءات وبعض الملاحق الخاصة.

3- العوامل الأخلاقية لا إرادية Morale Hazards

وهي مجموعة العوامل التي يتسبب في وجودها الإنسان ولكن بدون تعمد. مثل الإهمال من بعض الأشخاص الذين يعتادون التدخين في بعض الأماكن يعتبر عاملاً مساعداً لظاهرة الحريق ويزيد من درجة خطورتها، وكذلك ظاهرة ضعف النظر أو الأرهاق لدى بعض السائقين تعتبر عاملاً مساعداً لظاهرة حوادث السيارات وتزيد من درجة خطورتها.

كما إن بعض المؤمن لهم يمارس أفعالا تتسم بالإهمال وعدم المبالاة لكونه مؤمن له. ومن الأمثلة على ذلك، ترك السيارة دون إغلاق والمفاتيح بداخلها، مما يزيد من احتمال السرقة أو عدم إغلاق أبواب المنازل أو النوافذ مما يسهل على اللصوص اقتحامها والسطو عليها.

4- العوامل القانونية Legal Hazards

هي تلك الظروف القانونية والقضائية وصفات النظام القضائي المتبع في البلد والتي تؤدي إلى زيادة احتمال وقوع الخسارة أو تزيد من حجم الخسارة. مثال ذلك الأحكام الصادرة في الدول الأوروبية والولايات المتحدة الأمريكية بمبالغ ضخمة جدا كتعويضات في قضايا ومخاطر المسؤولية المدنية.

4-1 الحادث Accident

ويقصد بالحادث التحقق المادي الملموس لظاهرة أو أكثر من الظواهر الطبيعية أو الشخصية مما يترتب عليه خسارة مادية. مثلاً عبارة السرقة تشير إلى تحقق أو وقوع السرقة فعلاً وحادث التصادم تشير إلى تحقق أو وقوع التصادم فعلاً وحادث الوفاة عندما

تتحقق الوفاة لرب الأسرة تتحول الوفاة من ظاهرة طبيعية إلى حادث وفاة تؤثر على دخل الأسرة.

1-5 الخسارة المادية Economic Loss

ويقصد هنا تحقق حادث أو أكثر من الحوادث التي تصيب الممتلكات أو الأشخاص أو الثروات التي تؤدي إلى خسائر جزئية أو كلية في قيمة الممتلكات.

وتكون الخسارة جزئية إذا نتج عن الحادث نقص في قيمة الممتلكات أو انخفاض الدخل للأشخاص، بينما تكون الخسارة كلية إذا ترتب عن الحادث فناء الممتلكات أو انقطاع الدخل بصورة دائمة للأشخاص.

1-6 أشكال الخطر: Categories of Risk

يتم تصنيف الخطر إلى عدة تصنيفات كما هو موضح بالشكل رقم (1) وفيما يلي شرح لهذه التصنيفات

شكل رقم (1)

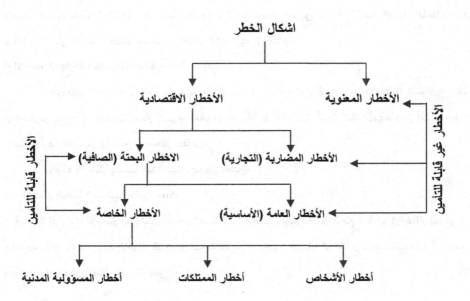

التصنيف على أساس أخطار اقتصادية وأخطار غير اقتصادية (معنوية)

1. الأخطار المعنوية (غير الاقتصادية) Non Economic Risks

الأخطار غير الاقتصادية (الأخطار المعنوية): وهي التي تتعلق بالنواحي الاجتماعية للأشخاص ولا تؤثر على النواحي الاقتصادية أو المالية لهم ويكون ناتج تحقق مسبباتها في صورة حادث خسائر معنوية لا يمكن تقييمها ماديا.

وهذه الأخطار يكون ناتج تحقق مسبباتها معنوية بحتة ولا تؤثر بأي حال على النواحي المالية والاقتصادية المتعلقة بهم وينصب أثرها على الحالة المعنوية والنفسية للشخص الذي يتحمل هذا الخطر. وهذا النوع من الأخطار لا يهتم بها علم الخطر والتأمين حيث يختص بدراستها العلوم الفلسفية والاجتماعية والنفسية.

2. الأخطار الاقتصادية Economic Risks

هي تلك الأخطار التي يكون ناتج تحقق مسبباتها في صورة حادث خسائر مالية. وتظهر هذه الأخطار واضحة بالنسبة لخطر الوفاة المرتبط بفقدان الدخل وبالنسبة لخطر الحريق المرتبط بفقدان الأصل (الممتلكات) وما إلى ذلك من أخطار متعددة. وتنقسم الأخطار الاقتصادية إلى قسمين.

أ- الأخطار التجارية (المضاربة) Speculative Risks

هي تلك الأخطار التي قد ينتج عنها ربح أو خسارة، فإذا قام أحد الأشخاص بالمتاجرة في الأسواق المالية، فإنه معرّض للربح إذا ارتفعت أسعار الأسهم، ومعرّض للخسارة إذا انخفضت أسعار تلك الأسهم، ومن أمثلة أخطار المضاربة أيضا الاستثمار والانتاج أو اخطار المقامرة.

وهذه الأخطار يتسبب بها الانسان بمحض اختياره.

ب- الأخطار البحتة (الصافية) Pure Risks

هي تلك الأخطار التي تكون نتيجتها خسارة مالية فقط وعدم تحقيق الربح كما هو في أخطار المضاربة. فالنتيجة المحتملة لمثل تلك الأخطار قد تكون نتيجة سلبية أي وجود خسارة أو تكون نتيجة متعادلة أي عدم وجود خسارة. ومن الأمثلة على الأخطار الصافية،

الوفاة المبكرة أو العجز الدائم، أو هلاك الممتلكات بسبب الحريق أو الفيضانات او الزلازل. وأخطار المسؤولية المدنية.

وعادة ما تنتج مثل هذه الأخطار عن ظواهر طبيعية أو عامة، لا قدرة للإنسان على منع تحققها أو تجنب الخسارة التي تنتج عنها.

تصنيف الأخطار البحتة إلى الأخطار العامة والأخطار الخاصة:

أ- الأخطار العامة (الأساسية) Fundamental Risks

إن الأخطار العامة هي تلك الأخطار التي تؤثر على اقتصاد البلد بشكل عام أو على مجموعات كبيرة من الأشخاص في المجتمع. ومن الأمثلة على ذلك نسب التضخم المرتفعة أو البطالة أو الحرب، إذ أن هذه الأخطار تؤثر على اقتصاد البلد بشكل عام. كما أن الكوارث الطبيعية تعتبر من الأخطار العامة المهمة، ومن الأمثلة على ذلك الزلازل والأعاصير والفياضنات، التي ينتج عنها خسائر كبيرة تؤثر على اقتصاد البلد وعلى مجموعات كبيرة من الأشخاص في المجتمع، وعادة ترفض شركات التأمين عن تغطية هذا النوع من الأخطار.

ب- الأخطار الخاصة Particular Risks

هي تلك الأخطار التي تؤثر أو تصيب شخص أو مجموعة قليلة من الأفراد في المجتمع في آن واحد ومن أمثلة هذه الأخطار أخطار الوفاة والعجز والمرض وأخطار المسؤولية المدنية، وأخطار الحريق والسرقة. إن مثل هذه الأخطار تؤثر على أفراد محددين كصاحب السيارة الذي سرقت سيارته، أو صاحب المتجر الذي تعرض متجره للحريق.

وتنقسم الأخطار الخاصة – البحتة إلى الأنواع التالية:

1- أخطار الأشخاص Personal Risks

2- أخطار الممتلكات Property Risks

3- أخطار المسؤولية المدنية Liability Risks

1- أخطار الأشخاص:

وهي تلك الأخطار التي إذا تحققت مسبباتها في صورة حادث كان موضع التأثير هو الشخص الطبيعي سواء في دخله أو في حياته أو في صحته أو في أي عضو من

أعضاء جسمه، مثل أخطار الوفاة والمرض والإصابات البدنية والحوادث الشخصية والعجز والشيخوخة والبطالة، وغيرها مما يترتب على تحققها في صورة حادث خسارة كلية أو جزئية، مباشرة أو غير مباشرة لكل من تعرض لمثل هذه الأخطار.

2- أخطار الممتلكات:

وهي تلك الأخطار التي إذا تحققت مسبباتها في صورة حادث كان موضع التأثير هو الممتلكات سواءا كانت في صورتها الثابتة أو المنقولة، ومنها الحريق والسرقة والكسر والضياع والغرق والإخلاس وغيرها من الأخطار التي تتعرض لها الممتلكات والتي إذا تحققت في صورة حادث فإنه يترتب عليها خسائر كلية أو جزئية في تلك الممتلكات، حيث ينتج عنها فناء تلك الممتلكات أو نقص في قيمتها.

فمالكي الممتلكات أيضا عرضة لخسائر مباشرة أو غير مباشرة نتيجة لتعرض ممتلكاتهم للخطر. فإذا تحطمت سيارة مثلا في تصادم فإن الخسائر المباشرة هي عبارة عن مصاريف الاصلاح والخسائر الغير مباشرة تأتي في الوقت والمجهود الذي نحتاجه لعمل الإصلاح فهناك خسارة من عدم استخدام السيارة أثناء فترة الاصلاح، ونلاحظ أن خسائر الممتلكات المعرضة للخطر تكون مصاحبة لممتلكات فعلية كمباني أو لممتلكات شخصية ومحتويات المنزل. وعلى ذلك، فإن هذه الأخطار هي أخطار لو حدثت تصيب الفرد نفسه بصفة مباشرة وينتج عنها خسارة مادية نتيجة لهلاك الأصل أو تلفه أو نقل دخله، أو نقص القدرة على استخدام الأصل بكفائة عالية.

3- أخطار المسؤولية المدنية:

وهي تلك الأخطار التي إذا تحققت مسبباتها في صورة حادث، فإنها تصيب مسؤولية الشخص المدنية أمام القانون تجاه الغير عما قد يصيبهم في أشخاصهم أو في ممتلكاتهم مما يترتب عليه إلتزامه بتعويض من وقع عليه الضرر، وذلك بما يقضي به القانون، ومن هذه الأخطار مسؤولية صاحب العمل تجاه عماله ومسؤولية المقاولين تجاه العمال وتجاه الغير من المارة والجيران، ومسؤولية الأطباء تجاه مرضاهم، ومسؤولية السائق أو مالك المركبة تجاه المشاة وممتلكات الغير.

التصنيف على أساس أخطار قابلة للتأمين وأخطار غير قابلة للتأمين:

أ- الأخطار غير قابلة للتأمين: Non Insurable Risks

وهي تلك الأخطار التي ترفض شركات التأمين تغطية مثل هذه الأخطار وتشمل الأخطار المعنوية وأخطار المضاربة والأخطار العامة.

ب- الأخطار القابلة للتأمين: Insurable Risks

تقوم شركات التأمين بتأمين الأخطار البحتة - الخاصة أي تلك الاخطار التي ينتج عنها خسارة فقط علما بأن جميع الأخطار البحتة ليست قابلة للتأمين بصورة عشوائية بل يجب ان تتوفر فيها الشروط التالية:

7-1 الشروط الفنية الواجب توفرها في الخطر حتى يمكن التأمين ضده:

1- ان يكون الخطر محتمل الحدوث (الاحتمالية):

ويقضى هذا الشرط بأن يكون الخطر إحتمالي الوقوع، بمعنى ألا يكون مستحيل الوقوع وألا يكون مؤكد الوقوع، فإذا كان الخطر مؤكد الوقوع فإن شركات التأمين لن تقبل بالتأمين ضد هذا الخطر، كما أن تكاليف التأمين تصبح أكبر من حجم الخسائر الناتجة عن تحققه، وإذا كان الخطر مستحيل الوقوع فإنه لا توجد حاجة للتأمين منه.

مع ملاحظة أن الاحتمالية هنا قد تنصب على وقت وقوع الخطر وليس على الخطر نفسه، فمثلا خطر الوفاة يعتبر خطر مؤكد الحدوث لأي شخص منا ولكنه خطر غير مؤكد من حيث تاريخ الحدوث، ولذلك يمكن التأمين ضد خسائر خطر الوفاة.

2- أن تتوفر مجموعة كبيرة متشابهة من الوحدات المعرضة للخطر:

ويقضي هذا الشرط بوجوب توافر عدد كبير من الوحدات المعرضة لنفس الخطر، وذلك لتحقيق قانون الأعداد الكبيرة والذي من خلاله يمكن تقريب النتائج الفعلية من النتائج المتوقعة، أي يكون التنبؤ بالخسائر المالية المتوقعة دقيقا ومن ثم يكون القسط المحسوب موضوعي وعلى أساس علمي سليم.

3- أن يقع الخطر عرضيا وغير مقصود:

ويقضي هذا الشرط بألا يكون تحقق الخطر المؤمن منه، نتيجة لعمل إرادي بحت من جانب المؤمن له او المستفيد من التأمين، أي أنه يشترط لصحة التأمين هنا أن يكون

وقوع الخطر المؤمن منه عرضيا وغير متصل بإرادة المستأمن او المستفيد من التأمين، أي ان التأمين هنا لا يغطي الخسارة المتعمدة لأن هذا الفعل المتعمد ليس حدثا وقع بصورة عشوائية، كما أنه يخالف قانون الأعداد الكبيرة الذي يرتكز أساسا على الأحداث التي تقع بصورة عشوائية، أي بشكل غير متعمد أو مقصود .

4- أن تكون الخسائر الناتجة عن تحقق الخطر مادية:

من المعروف أن عقد التأمين من عقود التعويض، أي إن المستأمن يقوم بدفع قسط التأمين مقدما على ان يقوم المؤمن بتغطية الخطر، فإذا تحقق الخطر المؤمن منه، قام المؤمن بدفع التعويض المستحق إلى المستأمن والمتمثل في الخسارة المادية التي لحقت به، من هنا كانت اهمية مادية الخسارة الناتجة عن تحقق الخطر، أما إذا كان ناتج الخطر خسارة نفسية أو معنوية فإنه لا يمكن تقديرها ماليا وبالتالي لا يمكن التأمين على الأخطار المعنوية.

5- أن يكون بالإمكان قياس الخطر كميا:

ويقضي هذا الشرط بأنه لقبول التأمين على خطر ما، يجب ان يكون هذا الخطر قابلا للقياس الكمي بحيث يكون من الممكن مقدما تقدير حجم الخسائر المالية المتوقعة إذا ما تحقق الخطر في صورة حادث، ويمكن تقدير حجم الخسائر المالية المتوقعة مستقبلا بدقة وبطريقة إحصائية تعتمد على الخبرة الماضية لتحقق نفس الخطر وكذلك حساب الأقساط الكافية والعادلة لتغطيته تأمينيا.

6- ألا يكون الخطر مركزا أو عاما:

ويقضي هذا الشرط بعدم قبول التأمين على الأخطار المركزة جغرافيا أو ماليا لأن تحقق حدوث هذا الخطر يؤدي إلى خسائر مالية فادحة ومن الحجم الهائل، لأن التركيز الجغرافي يؤدي إلى زيادة الحوادث، كما أن التركيز المالي يؤدي لزيادة حدة الخسارة للحادث الواحد.

وألا يكون من الأخطار العامة التي تصيب نتائج تحققها جماعات كبيرة جدا من الأفراد في نفس الوقت وذلك مثل أخطار الزلازل والبراكين والصواعق والفيضانات والحروب والثورات والكساد الاقتصادي وذلك نظرا لفداحة الخسائر التي تنجم عن تحققها

من ناحيته ولصعوبة قياس احتمال تحققها كميا بدقة من ناحية أخرى لهذه الأسباب ترفض شركات التأمين قبـول التأمين ضد الأخطار العامة.

إدارة الخطر Risk Management

8-1 مفهوم إدارة الخطر

1- المقدمة

تتعرض منشآت الأعمال والأفراد إلى أشكال مختلفة من الأخطار في الحياة، لذلك كان لا بد من الاهتمام بدراسة الخطر ودراسة مصادره ومحاولة تقليل الخسائر التي قد تترتب على وجود الخطر عن طريق إيجاد الوسائل الكفيلة للتحكم في الخطر أو بعبارة أخرى كيفية إدارة الخطر.

2- تعريف إدارة الخطر

إدارة الخطر هي عملية اتخاذ القرار لمواجهة أي خطر من الأخطار التي تتعرض لها منشآت الأعـمال أو الأفراد ويتم ذلك عن طريق التعرف على مصادر الخطر المختلفة. وتقدير ناتج تلك المسببات مقدما وما قد يترتب على تحققها في صورة حوادث ثم اختيار أفضل الأساليب والوسائل إلى منع او التقليل من الخسائر الماديـة والماليـة المحتملة التي تنتج عن تحقق تلك الحوادث وذلك بأقل تكلفة ممكنة.

والجدير بالذكر أن إدارة الخطر معنية بالأخطار البحتة الصافية والتي ينتج عنها خسارة فقط.

3- أهداف إدارة الخطر:

الهدف الأساسي لإدارة الخطر هو الوصول إلى أفضل طريقة للمحافظة على أموال وحماية كفاءة أنشطة منشآت الأعمال، والأشخاص المالكين له، وحماية العـاملين بـه مـن الخسـائر الماديـة المحتملـة الناشـئة عـن تحقـق الأخطار البحتة (الصافية) التي تواجهه بأقل تكلفة.

9-1 آلية إدارة الخطر

لقد ذكرنا بأن إدارة الخطر هي عملية اتخاذ قـرار وبالتـالي فـإن هـذه العمليـة تمـر بالمراحـل الخمسـة التالية:

المرحلة الأولى: اكتشاف الخطر.

المرحلة الثانية: قياس المخاطر.

المرحلة الثالثة: اختيار الوسيلة أو الطريقة المناسبة لمواجهة الخطر.

المرحلة الرابعة: تنفيذ برامج إدارة الخطر.

المرحلة الخامسة: مراجعة خطط وسياسات إدارة الخطر بشكل دوري.

المرحلة الأولى: اكتشاف الخطر Identify Risk

ان المرحلة الأولى في عملية إدارة الخطر هو تحديد واكتشاف والتعرف على جميع المخاطر التي تواجه المنشأة او العمل، ويتم ذلك من خلال إدارة الخطر في المنشأة حيث تقوم إدارة الخطر بالتأمين بدراسة شاملة للأخطار التي يتوقع ان تواجه المنشأة في مراحل نشاطها المختلفة ويتم تبويب الأخطار حسب نوعيتها وبيانات عن مصادرها والعوامل المساعدة للخطر وأنواع الخسائر المحتملة كالآتي:

1- الأضرار التي تتعرض لها ممتلكات المنشأة: (مباني، الآلات والمعدات، الأثاث والمفروشات، المواد الأولية، المخزون السلعي، النقدية).

2- الخسائر الناتجة عن المسؤولية المدنية مثل (إصابات العمال، عيوب المنتجات، حوادث سيارات المنشأة، التلوث البيئي، التمييز العنصري بين الموظفين).

3- خسارة الدخل الذي تجنيه المنشأة (انقطاع الدخل نتيجة توقف العمل، نقص الدخل، مصاريف إضافية، فقد جمهور العملاء).

4- الخسائر في الموارد البشرية (وفاة الأشخاص المهمين في المنشأة، او تعرضهم للعجز، إصابات العمل والأمراض المتعلقة بطبيعة العمل، التقاعد).

5- الاحتيال والأعمال الجنائية وسوء إئتمان الموظفين.

6- الأضرار التي تتعرض لها فروع المنشأة خارج البلاد (الأعمال الإرهابية، اختطاف الأشخاص المهمين في المنشأة).

وتتوفر للمسؤول عن إدارة الخطر عدة مصادر للتعرف على الخسائر المذكورة أعلاه، الصغيرة منها أو الكبيرة. فمن خلال زيارة أقسام المنشأة ومراقبتها يستطيع المسؤول عن إدارة الخطر التعرف على الخسائر المحتملة التي قد تتعرض لها هذه

الأقسام. كما أنه من خلال طلب تعبئة استمارات خاصة بتحليل الخطر يستطيع اكتشاف احتمالات الخسارة غير الظاهرة للعيان. وبإمكان المسؤول عن إدارة الخطر الإطلاع على الرسومات البيانية لسير العمل والإنتاج، ليكتشف العوائق التي قد ينتج عنها خسائر كبيرة، وكذلك الإطلاع على القوائم المالية ليتعرف على الأصول التي يتوجب حمايتها، وأخيرا فإن تحليل المعلومات الخاصة بالخسائر التي تعرضت لها المنشأة في الماضي يكوّن مصدرا مهما في التعرف على الخسائر المحتملة التي قد تتعرض لها المنشأة في المستقبل.

المرحلة الثانية: قياس الخطر   Risk Measurement

يتم قياس الأخطار التي تم اكتشافها كميا عن طريق قياس عوامل الخطر التي تتلخص في احتمال تحقق الخطر في صورة حادث وحجم الخسائر المادية المتوقعة.

1- احتمال تحقق الخطر في صورة حادث

ويتم حساب احتمال تحقق الخطر في صورة حادث مقدما على أساس الخبرة المجمعة من الماضي. ويجب حساب هذا الاحتمال بدقة كافية، وتتوقف الدقة في هذا الشأن على دقة البيانات ومدى تمثيلها للخطر وعلى حجم هذه البيانات بمعنى توفر قانون الأعداد الكبيرة والذي ينص على انه كلما زاد عدد الحالات أو عدد مرات إجراء التجربة زيادة كبيرة جدا كلما اقترب أو ربما تعادل الاحتمال المتوقع المحسوب مقدما مع الاحتمال الفعلي أو الحقيقي للظاهرة المدروسة.

2- حجم الخسائر المادية المتوقعة:

تعتبر قيمة الشيء المعرض للخطر أو قيمة الدخل موضوع الخطر مؤشرا هاما لحجم الخسائر المادية المتوقعة مستقبلا، حيث تعتبر هذه القيمة بالكامل هي الحد الأقصى لحجم الخسائر المادية المتوقعة مستقبلا، وعلى ذلك فإن الحد الأقصى للخسارة والذي يمثل قيمة الخطر هو قيمة الشيء او الأصل بالكامل المعرض للخطر أو قيمة الدخل المتوقع فقده مستقبلا.

وبعد قياس حجم الخسائر المادية المتوقعة، وعدد مرات تكرارها يتم تصنيف الأخطار حسب كبر حجمها وأهميتها في مجموعات:

1- الأخطار الكبيرة: تشمل الأخطار التي قد ينتج عنها إفلاس الشركة.

2- الأخطار المتوسطة: تشمل الأخطار التي لا تؤدي إلى افلاس الشركة.

3- الأخطار الصغيرة المتكررة: تشمل الأخطار التي يمكن إدراجها ضمن المصاريف العادية أي من دخل المشروع.

وفيما يلي فكرة مبسطة عن كيفية قياس الخطر كميا من وجهة نظر الفرد أو المنشأة العادية من ناحية ومن وجهة نظر شركة التأمين من ناحية ثانية.

10-1 قياس الخطر

هناك حالتان لقياس الخطر من وجهة نظر الفرد أو المنشأة ومن وجهة شركة التأمين.

الحالة الأولى: قياس الخطر من وجهة نظر الفرد أو المنشأة العادية:

يتأثر حجم الخسارة المادية المحتملة باعتبارها مقياساً للخطر بثلاثة عناصر أساسية هي كالآتي:

أ- القيمة المعرضة للخطر Value at Risk

إن القيمة المعرضة للخطر تمثل الحد الأقصى للخسارة التي يمكن أن تحدث للشيء موضوع الخطر فيما لو تحقق الخطر في صورة حادث، والملاحظ أن هناك علاقة طردية بين القيمة المعرضة وبين قيمة الخطر (أقصى خسارة مادية محتملة) والعكس صحيح أيضا. وسنرمز للقيمة المعرضة للخطر بالرمز (ق).

مثال : لو تحقق الحادث المؤدي لهذا الخطر أي بالقيمة المعرضة للخطر، مثلاً في حالة خطر الحريق، قد تبلغ القيمة الكاملة لعقار معين 50 ألف دينار أردني بينما تتحدد القيمة المعرضة للخطر بحوالي 30 ألف دينار أردني فقط، نتيجة استنزال قيمة الأرض والأساسات لعدم تعرضها لمثل هذا الخطر. أما بالنسبة لخطر السرقة فلا ينتظر أن تتم سرقة كافة محتويات المنزل أو المتجر حيث أن هناك بعض المحتويات الثقيلة أو المثبتة بالحائط أو الأرض مما يتعذر معه نقلها وبالتالي سرقتها لذلك، فمن المنطقي أن تقدر القيمة المعرضة للخطر بقيمة أقل من كافة محتويات المنزل أو المتجر، فكلما زادت القيمة المعرضة للخطر (ق) زاد حجم الخسارة المادية المحتملة (الخطر) والعكس صحيح فالعلاقة هنا تكون علاقة طردية.

ب- معدل الخسارة Loss Ratio

ويشير هذا المعدل إلى قيمة الخسارة المعرض لها مبلغ دينار واحد خلال فترة زمنية واحدة وعادة ما تكون سنة.

ويعتمد حساب هذا المعدل على الخبرة السابقة للأفراد أو المنشآت في مجال ما أو من خبرة وحدات مشابهة أخرى في نفس المجال.

معدل الخسارة (خ) = احتمال وقوع الحادث × متوسط الخسارة الناتجة (حدة الخسارة)

$$معدل الخسارة (خ) = \frac{عدد الوحدات التي تعرضت فعلياً للخطر}{عدد الوحدات المعرضة للخطر} × \frac{متوسط الخسارة بالوحدة التي تحقق الحادث فعلاً بهم}{متوسط قيمة الوحدة المعرضة للخطر}$$

والمثال التالي يوضح كيفية تقدير معدل الخسارة

مثال: لنفترض في كل سنة أن من كل 10000 منزل متشابه من كافة النواحي يحدث في العام الواحد 500 حادث حريق بها، كما بلغت قيمة الخسائر التي نتجت عن حوادث الحريق التي تحققت، مليون دينار بواقع 2000 دينار في المتوسط للحادث الواحد وبفرض أن قيمة المنزل الواحد عند تحقق سبب الخطر قدرت 50 ألف دينار. بناءً على البيانات السابقة يمكن حساب معدل الخسارة (خ) وفقاً للمعادلة السابقة كما يلي:

$$معدل الخسارة (خ) = \frac{500}{10000} × \frac{2000}{50000}$$

$$= \%5 × \%4 = 0.002$$

$$= 0.2 \% \quad (في الألف)$$

أي أنه تحدث في المتوسط خسارة بسبب الحريق قدرها (2) دينار لكل (1000) دينار معرض لخطر الحريق.

ج- عدد الوحدات المعرضة للخطر ويرمز لها بالرمز (ن)

هناك علاقة عكسية بين عدد الوحدات المعرضة للخطر وبين حجم الخسارة المادية المحتملة (الخطر)، أي أنه كلما زاد عدد الوحدات المعرضة للخطر (ن) كلما قلت

قيمة الخطر (هـ) والعكس صحيح أيضا بشرط ثبات العناصر الأخرى. والسبب في ذلك أنه كلما زاد عدد الوحدات المعرضة للخطر كلما أمكن تطبيق قانون الأعداد الكبيرة ويكون معدل الخسارة المتوقعة قريب جدا أو معادل لمعدل الخسارة الفعلية أو الحقيقية.

وبناء على تحديد العناصر الثلاث للخطر، فهي القيمة المعرضة للخطر (ق)، ومعدل الخسارة (خ)، وعدد الوحدات المعرضة للخطر (ن)، وإذا رمزنا لأقصى خسارة مادية متوقعة (قيمة الخطر) بالرمز (هـ)، نجد أن قيمة الخطر دالة في المتغيرات الثلاث السابقة. وتحسب قيمة الخطر (هـ) حسب المعادلة التالية:

$$\text{هـ (ن)} = \text{ق} \; \frac{1 + \text{خ} \; (\sqrt{\text{ن} - 1})}{\sqrt{\text{ن}}}$$

مثال: بفرض أن إحدى شركات التجارة الدولية للأدوات المنزلية والاستهلاكية تمتلك مئة فرع متشابه موزعة على جميع محافظات المملكة في الأردن، ويبلغ متوسط قيمة البضاعة والأثاث لكل فرع 100 ألف دينار، بينما قدرت القيمة المعرضة لخطر الحريق بكل منها بـ 80 ألف دينار أردني فقط، فإذا علم أن معدل الخسارة لحادث الحريق في هذا المجال من النشاط قدر بـ 0.2% (في الألف)

فاحسب قيمة أقصى خسارة مادية محتملة تواجه هذه الشركة في العام القادم بسبب خطر الحريق.

الحل:

عدد الوحدات المعرضة لخطر الحريق (ن) = 100 وحدة

مجموع القيم المعرضة لخطر الحريق (ق) = 80000 × 100

= 8,000,000 دينار

معدل الخسارة المتوقع لخطر الحريق (خ) = 0.002

$$\therefore \text{هـ (ن)} = \text{ق} \; \frac{1 + \text{خ} \; (\sqrt{\text{ن} - 1})}{\sqrt{\text{ن}}}$$

$$\therefore \text{هـ}(100) = 8,000,000 \left[\frac{1 + 0.002\,(\sqrt{100} - 1)}{\sqrt{100}} \right]$$

= 814400 دينار

وهي أقصى خسارة مادية محتملة تتعرض لها هذه الشركة بسبب خطر الحريق.

الحالة الثانية: قياس الخطر من وجهة نظر شركة التأمين

يختلف قياس الخطر من وجهة شركة التأمين عنها من وجهة نظر المنشأة العادية أو الفرد وذلك لأن مضمون الخطر بالنسبة لشركة التأمين يتمثل في الفرق بين الخسارة المتوقعة والتي على أساسها تم حساب قسط التأمين الصافي والخسارة الفعلية التي تلتزم شركة التأمين بتعويضها لحملة وثائق التأمين التي لحقت بهم حوادث الأخطار المؤمن عليها.

$$\text{معدل الخسارة (خ)} = \frac{\text{مجموع الخسائر المحققة فعلاً}}{\text{مجموع مبالغ التأمين}}$$

ويمكن حساب أقصى خسارة مادية متوقعة بالنسبة لشركات التأمين باستخدام المعادلة التالية:

$$\text{هـ}_{(\text{ن})} = \text{ق} \times \left[\frac{1 - \text{خ}}{\sqrt{\text{ن}}} \right]$$

مثال: بفرض أن إحدى شركات التأمين قامت بإصدار (6400) وثيقة تأمين من خطر السرقة في عام معين، على عدد كبير من المنازل المتفرقة. فإذا علم أن متوسط معدل خسارة السرقة طبقاً لخبرات الشركة في هذا الفرع من فروع التأمين بلغ (0.005) خمسة في الألف بينما بلغ متوسط مبلغ التأمين للوثيقة الواحدة (5000) دينار. جد قيمة أقصى خسارة مادية محتملة تتعرض لها شركة التأمين في هذا الفرع من فروع التأمين خلال العام القادم.

وحيث أن معدل الخسارة (خ) = 0.005

وعدد الوحدات المعرضة للخطر ن (عدد وثائق التأمين) = 6400 وثيقة

القيمة المعرضة للخطر (ق) = 6400 × 5000 = 32000000 دينار

$$\text{الخطر بالنسبة لشركة التأمين} = \text{هـ}_{(ن)} = \text{ق} \times \left[\sqrt{\dfrac{1 - خ}{ن}} \right]$$

$$= \text{هـ}_{(6400)} = 32000000 \times \left[\sqrt{\dfrac{1 - 0.005}{6400}} \right]$$

$$= 32000000 \times 0.0124375$$

$$= 398000 \text{ دينار}$$

وما نريد أن نوضحه أن الفرق بين قيمة الخسائر الفعلية وقيمة الخسائر المتوقعة (الخطر) يقـل كلـما زادت عدد الوحدات المؤمن عليها – هذا بفرض بقاء العناصر الأخرى ثابتة- ويمكن إيضاح ذلك بالمثال التالي:

ففي المثال السابق بفرض أن:

1- معدل الخسارة (خ) = 0.005

2- مجموع القيم المعرضة للخطر ق (مبالغ التأمين) = 32000000 دينار

3- عدد الوحدات المعرضة للخطر ن (عدد وثائق التأمين) = 8100 وثيقة

$$\text{الخطر بالنسبة للمؤمن} = \text{ق} \left[\sqrt{\dfrac{1 - خ}{ن}} \right]$$

$$= \text{هـ}_{(8100)} = 32000000 \left[\sqrt{\dfrac{1 - 0.005}{8100}} \right]$$

$$= 32000000 \times 0.0110556 = 353778 \text{ دينار}$$

أي أن قيمة الخطر بالنسبة لشركة التأمين انخفضت من 398000 دينار إلى 353778 دينار فقط، ذلك نتيجة ارتفاع عدد الوحدات المعرضة للخطر من 6400 إلى 8100 وثيقة تأمين.

المرحلة الثالثة: اختيار الطريقة المناسبة لمواجهة الخطر

11-1 الطرق المختلفة لمواجهة الأخطار Methods of Handling Risks

من الضروري أن يحتاط الفرد أو المنشأة بالعمل على مواجهة الخسائر المادية المحتملة (الخطر) التي تنشأ عن وقوع مصادر الأخطار المختلفة والسابق الإشارة إليها بكافة الطرق والتدابير، للتحكم فيها وذلك بمنع حدوثها أو بالحد من آثارها إن هي حدثت سواء تم ذلك لصالح الفرد أو المنشأة أو للمجتمع ككل، نظراً لما يحدثه تحقيق مصادر مثل هذه الأخطار من خسائر مالية جسيمة.

وقد تعددت طرق مواجهة الخطر، ويتم تفضيل طريقة على الأخرى بعوامل موضوعية وشخصية متعددة، الموضوعية منها تتلخص في أثر كل طريقة على حجم الخسارة المادية المحتملة عند تحقق الخطر، بالإضافة إلى الاعتبارات الفنية والاقتصادية التي تؤثر على استخدام كل طريقة، بينما تتلخص العوامل الشخصية في الظروف البيئية المحيطة بكل من الخطر نفسه ومتخذ القرار والقائم على إدارة الخطر.

إن مدير الأعمال الناجح هو الذي يخطط لحماية ممتلكات مؤسسته من الخسارة إذا ما أدرك وجود الأخطار ووجوب التأمين عليها وهو في هذا الصدد يتبع إحدى الطرق التالية:

1- تجنب الخطر: Risk Avoidance

ويعني ذلك منع حدوث الخسارة بعدم التعرض لها. فعلى سبيل المثال، بإمكان المنشأة تجنب التعرض للفيضانات إذا قامت ببناء أبنيتها في أماكن لا تصلها الفيضانات، أو بإمكانها عدم إنتاج منتوج معين، إذا كان المنتوج قد يعرضها لخسائر محتملة. ومع ان هذه الطريقة تلغي احتمال وقوع الخسارة كليا، إلا أنه ليس بالإمكان تجنب حدوث الخسارة في جميع الحالات، فليس هنالك طريقة على سبيل المثال لتجنب احتمال وفاة مدير شركة ما وتعرضها لخسارة جراء ذلك، أو توقف مصنع للكيماويات عن إنتاج الكيماويات لوجود

احتمال بأن يتعرض المصنع لخسائر نتيجة لهذا الانتاج، كما أن تجنب السباحة لا يعرض الفرد للغرق، وعدم استعمال الات حادة يجنب الفرد التعرض لإصابة ما.

2- الوقاية والحد من الخسائر: Loss prevention

يقصد بهذه الطريقة العمل على منع الخطر كلية، والحد من الخسارة المسببة، إن حدث الخطر. وذلك عن طريق استخدام جميع الاجراءات الممكنة لمنع او تقليل فرص تحقق مسببات الأخطار والحد من تأثيرها في حالة تحققها، وتستخدم هذه الطريقة كطريقة مساعدة بجانب طرق مجابهة الأخطار الأخرى. وأهم ما يميز هذه الطريقة أنها تؤثر مباشرة على العوامل المساعدة للخطر بما يؤثر على احتمال حدوث الخطر، أو على حدة الخسارة أو على كليهما معا.

تطبيقا على ذلك، التقليل من حدة الجفاف ببناء السدود ولتخفيف حدة الزلازل عدم بناء البنايات العالية الضخمة من جهة، وتبسيط تكوين البيت من جهة أخرى، واقامة مانعات الصواعق فوق المباني العالية بحيث تعتبر وسيلة للوقاية والحد من خطر الصواعق.

ولا يقتصر اتباع هذه الطريقة على أخطار الطبيعة فحسب، بل نجدها تتبع في أخطار من فعل الإنسان. فالسرقة مثلا يمكن الحماية ضدها بإيجاد خزائن حديدية محكمة، عملية فتح الباب مرتبط بصفارة إنذار متصلة بمركز الشرطة فورا مع حراسة المنطقة حراسة جيدة. واستخدام الأبواب المقاومة للحريق بين فواصل أقسام المنشأة لمنع أو الحد من انتشار الحريق عند نشوبه في أحد أقسام المنشأة.

كما تطبق هذه الطريقة بتحسين دواعي الأمن الصناعي في إصابات العمل، واستخدام أحزمة الأمان لدى قائدي السيارات كوسيلة من وسائل الحد من حوادث السيارات. ومن ضمن تطبيقات هذه الطريقة إجراء فحص طبي للإنسان على فترات دورية من حين لآخر لاكتشاف أي مرض في حينه قبل أن يتفشى والاحتياطات ضد الأوبئة ومنع انتشارها.

إن استخدام هذه الطريقة يعود بالفائدة على الفرد، والمنشأة المعرضة للخطر، وكذلك خدمة الصالح العام، وهذا ما دعى الحكومة إلى التدخل لتنظيم ذلك بإصدار

القوانين واللوائح الملزمة لإتباع إجراءات الوقاية والحد من الخسائر في مجالات متعددة كالأمن الصناعي. وأحيانا تقوم الدولة بعمل تلك الاجراءات أو حتى المساهمة في تحمل تكاليفها او إجبار أرباب الأعمال على اتباع القوانين واللوائح المنظمة لها. وبالرغم من استخدام وسائل الوقاية والحد من الخسائر فإن احتمالات وقوع العديد من الأخطار ما زالت قائمة، فبالرغم من وجود حراسة ليلية على المنازل والمنشآت فما زالت هناك حوادث للسرقة، كذلك برغم احتياطات الأمن الصناعي بالمنشآت المختلفة فما زالت حوادث إصابات العمل تقع يوميا في هذه المنشآت، أي أنه لا يمكن ان تقضي هذه الطرقة على الأخطار بصورة نهائية

3- تحمل الخطر Risk Retention

- تحمل الخسارة أو جزء منها: ويعني ذلك ان تكون المنشأة قادرة على تحمل جميع الخسائر المحتملة أو جزء منها. وهذا يعني أن الفرد او المنشأة على علم بالخطر وتختار المنشأة ان تتحمل جزءا منه. ويدعى ذلك بالاحتفاظ بالايجابي. ويستخدم هذه الطريقة في الحالات التالية:

1- في حالة عدم توفر طريقة أخرى لمواجهة الخسارة المحتملة. فشركات التأمين، على سبيل المثال، قد ترفض تأمين الخطر المطلوب تأمينه، أو أن سعر التأمين قد يكون مرتفعا بحيث يصبح التأمين على الخطر عديم الجدوى مقارنة بتكلفته.

2- في حالة كون الحد الأقصى للخسارة المحتملة صغير الحجم مع إمكان تحمله بالكامل.

3- في حالة إمكانية التنبؤ بحجم الخسائر المحتملة بشكل دقيق، مع إمكانية معرفة التكلفة سلفا. فإذا كانت تكلفة تعويض هذه الخسائر ضمن الحدود التي تستطيع المنشأة تحملها، ستقوم هذه المنشأة بوضع الاحتياطي الضروري لها في ميزانيتها.

لكن يتوجب على المسؤول عن إدارة الخطر في حالة لجوئه إلى طريقة تحمل الخسارة أو أي جزء منها لمواجهة الخسائر المحتملة، أن يحدد مقدار ما تستطيع الشركة ان تتحمله في هذه الحالة. ويتحدد هذا المقدار عادة بنسبة لا تتجاوز 5% من إيرادات الشركة من التشغيل قبل الضرائب أو بما لا يتجاوز 5% من رأس المال أيضا.

وبعد ذلك يتوجب على المسؤول عن إدارة الخطر أن يجد الطريقة المناسبة لتغطية أو تسديد النسبة أو المبلغ الذي تقرر تحمله من الخسائر. والطرق المتوفرة أمامه هي تغطية الخسائر من دخل الشركة أو وضع احتياطي خاص لها أو اللجوء إلى التأمين الذاتي.

والتأمين الذاتي هو نوع خاص من طرق تحمل الخسائر المحتملة، يتم من خلاله تحمل نوع معين من الخسائر المحتملة، مثل تكاليف التأمين الصحي الذي يُمنح للعاملين في المنشأة. ومن فوائد التأمين الذاتي الاقتصاد في النفقات إذا كانت الخسائر الفعلية أقل من أقساط التأمين المتوجب دفعها إلى شركة التأمين. ويوفر التأمين الذاتي في حالة تطبيقه حافزا لتجنب الخسائر المحتملة وضبطها.

أما الاحتفاظ السلبي بالخطر يكون بالاعتراف بوجود الخطر ولكن دون التخطيط لمواجهته ولكن كل ما يفعله مدير الخطر أو متخذ القرار هو الإستعداد لتحمل نتائج تحقق ذلك الخطر. وتتمثل مزايا هذه السياسة في أنها لا تنطوي على أية تكاليف أو حجز أية أموال في صورة احتياطي، كما أنها توفر وقت المسئولين الذي يخصص في التخطيط لمواجهة الخطر، وهذه السياسة لا تؤثر في الخطر ولا في عوامله.

ويعيب هذه الطريقة أنها تعتبر وسيلة غير مجدية إذا ما تحقق الخطر قبل تكوين الاحتياطي الخاص الكافي لمواجهة الخسائر المادية المترتبة على تحقق هذا الخطر، أي عندما تفوق قيمة الخسائر الفعلية في سنة ما رصيد الاحتياطي المخصص لهذا الغرض، مما يضطر الفرد أو المنشأة لتغطية هذا العجز من إيرادته الجارية، وبالتالي قد يؤدي ذلك إلى عدم محافظة المنشأة على مستوى نشاطها الحالي أو المتوقع لها في المستقبل.

وأخيرا يعيب طريقة افتراض حدوث الخطر وتحمل نتائجه - بوسائلها المختلفة- أنها لا تؤثر في حجم الخطر، ولا في العناصر المكونة له، كما هو الحال في طريقة الوقاية والمنع، ولكن يقتصر تأثيرها على ناتج تحقق الخطر من خسارة مادية وطريقة التعويض عنها كلية أو جزئية.

4- تحويل الخطر Risk Transfer :

وبمقتضى هذه الطريقة فإنه يتم مواجهة الخطر بتحويله إلى طرف آخر، نظير دفع مقابل معين لهذا الطرف (الغير)، مع احتفاظ صاحب الشيء موضوع الخطر الأصلي بملكية لهذا الشيء، ويتحقق هذا التحويل إلى جهات تأمينية غير متخصصة بمقتضى عقود الإيجار، وعقود النقل، وعقود التشييد والبناء.

(1) عقود النقل:

بمقتضى هذا العقد يمكن التعاقد على شحن أو نقل البضائع والممتلكات على أن يتحمل الناقل مسؤولية وصول البضائع سليمة في مقابل زيادة في أجر النقل الأساسي، وتمثل هذه الزيادة تكلفة نقل الخطر من صاحب البضاعة إلى الناقل.

(2) عقود التشييد او البناء:

بمقتضى هذا العقد يستطيع صاحب البناء أن يحمل مقاول البناء الأخطار المختلفة أثناء عملية البناء أو التشييد مثل اخطار المسؤولية المدنية المترتبة قبل الغير، وأخطار الحريق والسرقة لمواد البناء، وأخطار التأخير في التسليم، وذلك في مقابل زيادة في أجر المقاولة وهذه الزيادة تمثل تكلفة نقل الخطر.

أما الجهات التأمينية المتخصصة التي يتم تحويل الخطر إليها فهي عقود التأمين.

5- التأمين: Insurance

يعتبر التأمين من أهم وسائل نقل أو تحويل الخطر وأكثرها انتشاراً حيث تقوم شركة التأمين (المؤمن)، بتعويض الأفراد والمنشآت (المؤمن لهم) المعوضين لخطر معين عن الخسارة المالية المحتملة التي لحقت بهم نتيجة لحدوث الخطر المؤمن به، وذلك مقابل تكلفة يحصل عليها المؤمن مقدما يُطلق عليها اسم قسط التأمين.

وتعتبر هذه السياسة من أكثر السياسات المستخدمة لإدارة الاخطار، وتعتمد سياسة التأمين على وجود شخص متخصص في إدارة الأخطار يتمتع بالثقة المالية، كما يتعهد بتحمل أعباء الأخطار المنقولة إليه مقابل حصوله على تكلفة تتناسب مع الخطر وهي ما يُطلق عليها لفظ قسط التأمين.

وعلى ذلك، فإن هذه السياسة تقوم على استبدال الخسارة الكبيرة المتوقعة بالنسبة للفرد أو المشروع بخسارة صغيرة مؤكدة تدفع لشركة أو مؤسسة متخصصة في إدارة الأخطار تسمى شركة التأمين.

وتحاول شركة التأمين تجميع العديد من المخاطر لتحقيق قانون الأعداد الكبيرة، وعن طريق التنبؤ الدقيق بما سيحدث مستقبلا بعد إستخدام الخبرة الماضية في هذا الشأن، فإنه يمكن تعويض من يصيبه الضرر من مجموع الأقساط المحصلة وفوائد استثمارها، وبالتالي تنخفض درجة الخطر بالنسبة للفرد الواحد او للمشروع، فبدلا من تحمله خسارة كبيرة متوقعة يدفع خسارة صغيرة مؤكدة هي قسط التأمين على أن تحصل شركة التأمين مقابل هذه الوساطة على كافة مصروفاتها المختلفة وعائد مناسب من الأرباح.

ويطلق على هذه السياسة وبالصفة السابقة طريقة التأمين التجاري، وتعتبر سياسة التأمين أنسب سياسة لمجابهة الأخطار التي تتميز بانخفاض في معدل تكرار حدوثها من ناحية مع ارتفاع في حجم الخسائر المالية المتوقعة من ناحية أخرى، حيث تعتبر سياسة التأمين ذات تكلفة معقولة في مثل هذه الحالات.

وتؤثر هذه السياسة في الخطر وعوامله، حيث أن شركة التأمين نتيجة تخصصها في العملية التأمينية تعمل على استخدام كافة الأدوات والإحصائيات التي تمكنها من الوصول إلى تنبؤ دقيق بإحتمال تحقق مسببات الأخطار أو بحجم الخسارة المتوقعة.

وبعد أن استعرضنا الطرق المختلفة المتاحة لمواجهة احتمالات الخسارة، يبرز السؤال المهم، عن الطريقة التي يتوجب إتباعها من الطرق التي تم شرحها، ولتحديد هذه الطريقة يمكن إعداد مصفوفة تبين احتمالات الخسارة حسب حدتها وتكرارها على النحو التالي:

نوع الخسارة	تكرار الخسارة	حدة الخسارة	طرق مواجهة الخسارة
1	منخفضة	منخفضة	تحمل الخسارة
2	مرتفعة	منخفضة	ضبط الخسارة وتحملها
3	منخفضة	مرتفعة	التأمين
4	مرتفعة	مرتفعة	تجنب الخسارة

نلاحظ في المصفوفة أعلاه أن: **النوع الأول** من الخسـارة يتسـم بانخفاض عـدد مـرات تكـرار الخسـارة وحدتها، ولذلك فإن أفضل وسيلة لمواجهة مثل هذه الخسارة هو تحملها بالكامل، ومثال ذلك: سرقة أحـد الكتـب، أو آلة حاسبة من أحد المكاتب.

النوع الثاني من الخسارة، فهو أكثر أهمية من النوع الأول، حيث أن عـدد مـرات احتمـال حدوثه مرتفع، مـع ان حدته منخفضة. ولذلك تكون أفضل وسيلة لمواجهته هي تنفيذ الإجـراءات الكفيلـة بضبط الخسـارة مـع تحملهـا بالكامل، ومثال ذلك: السرقة من المخازن أو المتاجر، وهـدر الطعـام في المطـاعم، والأضرار البسيطة التـي تصيـب السيارات.

النوع الثالث من الخسارة، فهو يتسم بانخفاض تكرار الخسـارة وارتفـاع حـدتها عندمـا تحـدث، وأفضـل وسـيلة لمواجهة مثل هذا النوع من الخسارة المحتملة هو التأمين عليها، والأمثلة كثيرة على هذا النوع مـن الخسـارة المحتملة، فهي قد تنتج عن: الحريق، أو الانفجار، أو الكوارث الطبيعية، أو المسؤولية المدنية.

النوع الرابع من الخسارة المحتملة، والذي تكون فيه كل مـن حـدة الخسـارة المحتملـة وتكـرارها مرتفعـة، فأفضل وسيلة لمواجهته هو تجنبه، وعلى سبيل المثال، إن قيادة السيارة في حالة سكر أمر خطير، ويمكن ان يـؤدي إلى وفاة السائق أو تعرضه لأضرار جسيمة. ولذلك فإن أفضل وسيلة لمواجهة مثل هـذه الخسـارة المحتملة هـو تجنبها، أي عدم قيادة السيارة في حالة السكر الشديد.

وبعد دراسة الطرق المختلفة لإدارة الأخطار، نود الإشارة إلى أن هذا التصنيف لا يعني أن كـل طريقـة منفصلة عن غيرها من الطرق، حيث يمكن اتباع أكثر من طريقة لإدارة الأخطار الخاصـة بالمنشـأة أو الفـرد ومـع طبيعة كل خطر، فقد يقوم متخذ القرار بتحمل بعض الأخطار التي يستطيع تحمل نتائجها في حين أنه يقوم بنقل عبء بعض الأخطار بالإضافة إلى التأمين على بعض الأخطار من ناحية ثالثة.

المرحلة الرابعة: تنفيذ برامج إدارة الخطر Implement the Risk Program

إن المرحلة الرابعة لعملية إدارة الخطر في المنشأة، هي العمل على تنفيذ خطط أو برامج إدارة الخطر، ويمكن تحقيق ذلك من خلال:

- وضع سياسة لإدارة الخطر في المنشأة تحدد أهداف المنشأة فيما يتعلق بإدارة الخطر وأساليب مواجهة الخسائر المحتملة، وإعلام مدراء المنشأة بها للعمل على تنفيذها.
- وبالإضافة إلى ذلك، بإمكان المسؤول عن إدارة الخطر صياغة دليل عن إدارة الخطر والأساليب التي يتوجب إتباعها لمواجهة الخسائر المحتملة. ويحتوي مثل هذا الدليل على تفاصيل برامج إدارة الخطر، ويمكن استخدامه في تدريب الموظفين المسؤولين عن إدارة الخطر في المنشأة.

وعلى كل حال فإن مسؤولية إدارة الخطر لا تقع على عاتق المسؤول عن إدارة الخطر في المنشأة وحده، إذ أنه لا يعمل بمعزل عن الدوائر الأخرى في المنشأة، ويتوجب تعاون هذه الدوائر التي تستطيع المساهمة في عملية إدارة الخطر على النحو التالي:

المرحلة الخامسة: التقييم والمراجعة Monitor the Risk Program

يجب أن تتم عملية مراجعة الخطط وسياسات إدارة الخطر بشكل دوري، وتقييم فعاليتها وكفاءتها وملائمتها لأوضاع المنشأة، حيث إن الأخطار تتبدل وتتغير وتختفي بعض الأخطار وتنشأ أخطار أخرى. وكذلك يجب على المسؤول عن إدارة الخطر ان يراجع بشكل دوري العملية التأمينية التي قام بها، وذلك بهدف تقييمها الأسعار والشروط ونوعية الخدمات التي تقدمها شركات التأمين وكذلك من حيث حاجة المنشأة أو عدم حاجتها إلى استخدام التأمين كطريقة لإدارة الأخطار التي تواجهها المنشأة.

والجدير بالذكر أن آلية إدارة المخاطر السابقة المتعلقة لإدارة المخاطر في المنشأة هي نفسها التي تعتمد لإدارة المخاطر التي تواجه الأفراد.

أسئلة المناقشة

السؤال الأول: وضحّ مفهوم الخطر ثم اشرح مسببات الخطر.

السؤال الثاني: اشرح العوامل المساعدة للخطر مع الأمثلة.

السؤال الثالث: عدد أشكال الخطر مع إعطاء بعض الأمثلة.

السؤال الرابع: اشرح بالتفصيل كيفية قياس الخطر.

السؤال الخامس: وضحّ بالتفصيل الطرق المختلفة لمواجهة الأخطار.

الأسئلة الموضوعية

1- أي العبارات تعتبر صحيحة فيما يتعلق بالأخطار الصافية ؟

1. الأخطار الصافية البحتة يمكن أن ينتج عنها ربح أو خسارة

2. الوفاة المبكرة وهلاك الممتلكات الناتجة عن الحريق أمثلة على الأخطار الصافية البحتة .

أ. العبارة الأولى والثانية صح ب. العبارة الثانية صح

ج. العبارة الأولى صح د. العبارة الأولى والثانية غير صحيحتين

2- التغير النسبي للخسارة الفعلية عن الخسارة المتوقعة هو :

أ. الخطر العشوائي ب. الاحتمال العشوائي

ج. الخطر الموضوعي د. الاحتمال الموضوعي

3- أي من الآتية ليست من العناصر التي تؤثر على حجم الخسارة المادية المحتملة من وجهة نظر الفرد أو المنشأة العادية ؟

أ. معدل الخسارة ب. عدد الوحدات المعرضة للخطر

ج. القيمة المعرضة للخطر د. القيمة الكاملة لمبلغ التأمين

4- الحالة التي تزيد من احتمال الخسارة تدعى :

أ. الخسارة التبعية غير المباشرة ب. مسبب الخسارة

ج. مصدر الخطر د. الخسارة المباشرة

5- يعتبر وضع الإشارات الضوئية وإنشاء الجسور والأنفاق أمثلة لمواجهة أخطار حوادث السيارات

أ. طريقة الوقاية والمنع ب. تحويل الخطر

ج. الادخار وتكوين الاحتياطي د. الاشتراك في تعويض الخسارة

الفصل الثاني

التأمين Insurance

مفاهيم أساسية في التأمين ووظائفه

3-2 كيف يعمل التأمين

5-2 أهمية التأمين

7-2 وظائف التأمين

8-2 وظائف شركات التأمين

الفصل الثاني

التأمين Insurance

مفاهيم أساسية في التأمين

1-2 مقدمة

يعتبر التأمين من أنجح السياسات المستخدمة لإدارة الخطر والتحكم فيه. وللتأمين علاقة وثيقة بالعلوم الأخرى، مثل العلوم الاقتصادية والإحصائية والرياضية والقانونية. فتظهر العلاقة بين التأمين والاقتصاد، من خلال اهتمام التأمين بحماية ثروات الأفراد والمجتمعات، عن طريق العمل على تقليل حجم الخسائر المالية المتوقعة، وتظهر علاقة التأمين بالعلوم الرياضية والإحصائية من خلال اهتمام شركات التأمين وخاصة الأقسام الاكتوارية بها باستخدام النظريات الرياضية والإحصائية كأدوات للحساب والقياس سواء بالنسبة للخطر أو بالنسبة للتأمين، كما تظهر العلاقة بين التأمين والقانون من خلال أن عقد التأمين من العقود القانونية ولا بد من مراعاة الأسس والقواعد القانونية عند إبرامه.

2-2 تعريف التأمين

لا يوجد تعريف موحد للتأمين مثلا يعرف التأمين على أنه وسيلة لتعويض الفرد عن الخسارة المالية التي تحل به نتيجة لوقوع خطر معين، وذلك بوساطة توزيع هذه الخسارة على مجموعة كبيرة من الأفراد يكونوا جميعهم معرضين لهذا الخطر. تعريف آخر للتأمين باعتباره نظام يقلل من ظاهرة عدم التأكد الموجودة لدى المستأمن وذلك عن طريق نقل عبء أخطار معينة إلى المؤمن (هيئة التأمين أو شركة التأمين). هناك تعريف اخر بأن التأمين يهدف بصفة أساسية إلى حماية الأفراد والهيئات من الخسائر المادية الناشئة من تحقق الأخطار المحتملة الحدوث والتي يمكن أن تقع مستقبلاً وتسبب خسائر يمكن قياسها مادياً ولا دخل لإرادة الأفراد أو الهيئات في حدوثها.

برفسور Kulp عرف التأمين بانه عبارة عن وسيلة اجتماعية لاستبدال التأكد بعدم التأكد في مجال تجميع الأخطار.

ونظرا لاختلاف التعريفات فإننا نميل إلى اعتماد التعريف التالي: التأمين هو توزيع الخسائر العرضية من خلال نقل الأخطار أو تحويلها من المؤمن لهم إلى شركات التأمين التي تقبل تعويض مثل هذه الخسائر عند تحقق تلك الأخطار مقابل حصولها على الأقساط مقدما.

3-2 كيف يعمل التأمين:

من تعريف التأمين السابق يمكننا إيضاح الطريقة التي يعمل بها التأمين وذلك على النحو التالي:

1- تجميع الأخطار Pooling of Risks

إن عملية تجميع الخطر تعتبر من العمليات الهامة لشركة التأمين باعتبارها متحملة للخطر، حيث ان عملية تجميع الخطر تعتبر محاولة لتطبيق قانون الإعداد الكبيرة وبذلك تقلل شركات التأمين من حجم الخطر الذي تتعرض له مرتكزة في ذلك على قانون الأعداد الكبيرة.

وينص قانون الأعداد الكبيرة أنه كلما ازداد عدد وحدات العينة، تقترب النتائج الفعلية من النتائج المحتلمة والمتوقعة من عدد غير محدود من الوحدات. وعلى سبيل المثال إذا قمنا برمي قطعة نقود معدنية متوازنة في الهواء، فإن احتمال ظهور الوجه الأول من قطعة النقود هو 2/1 أو 0.50 لأن لقطعة النقود وجهين فقط. وإذا رمينا قطعة النقود عشر مرات فقد يظهر نفس الوجه من قطعة النقود المعدنية ثماني مرات، وليس خمس مرات. ومع أن النتيجة التي حصلنا عليها تفيد بأن احتمال ظهور نفس الوجه هو 10/8 أو 0.80. إلا أن الاحتمال الحقيقي هو 0.50 وإذا قمنا برمي قطعة النقد مليون مرة ستكون النتيجة ظهور نفس الوجه حوالي 500000 مرة، وهذا يدلنا على أنه كلما ازداد عدد المرات التي نرمي فيها قطعة النقود تقترب النتائج الفعلية من النتائج المتوقعة.

2- تحويل الخطر Risk Transfer

ينشأ التأمين عن طريق قيام المؤمن (شركة التأمين) والذي يعتبر جهة محترفة في إدارة الأخطار التي يتم نقلها إليها بواسطة المستأمنين المعرضين لخطر معين مقابل تسديد القسط. ويفترض المؤمن الخطر الذي يقوم بتحمل مسؤولية تغطية الخسائر التي

تنجم عن تحقق هذه الأخطار مهما بلغت في حدود القيم المنصوص عليها في وثيقة التأمين وكذلك في حدود مبلغ التأمين وشروط التعاقد. وربما تكون الخسائر مبالغ صغيرة أو كبيرة.

ونلاحظ ان المستأمنين من خلال القسط قد قاموا باستبدال تكلفة كبيرة محتملة (الخسائر المتوقعة)، وذلك بتكلفة صغيرة مؤكدة (القسط) عن طريق نقل الخطر إلى عاتق شركة التأمين من خلال عقد التأمين بين الطرفين، ومن الأخطار التي يقوم المستأمنين بتحويلها إلى شركة التأمين أخطار الممتلكات وأخطار المسؤولية المدنية والأخطار الشخصية.

3- توزيع الخسائر Spreading of Losses

إن توزيع الخسارة هو الأساس الذي بنيت عليه فكرة التأمين. ويقصد بتوزيع الخسارة أن جماعة المؤمن لهم تقوم بتحمل الخسائر الفعلية التي يتكبدها بعض أفراد هذه الجماعة، وذلك من خلال أقساط التأمين التي يقوم جميع افراد جماعة المؤمن لهم بدفعها.

وهذا يعني أن الأقساط المجمعة من جميع أفراد جماعة المؤمن لهم تستخدم في تعويض الخسائر الخاصة ببعضهم البعض. أي بعبارة أخرى أن المؤمن (شركة التأمين) تحصل على أقساط التأمين من كل المؤمن لهم، وتقوم بتعويض البعض منهم الذي يلحق بهم الضرر من تحقق الأخطار المؤمن منها.

4- التعويض Indemnification

يقصد بالتعويض تعويض الخسارة التي يتكبدها المؤمن له. أي أن شركة التأمين تعيد المؤمن له إلى وضعه المالي، كما هو قبل حدوث الخسارة فالشخص الذي تضررت سيارته بحادث سير على سبيل المثال، يتعرض لخسارة، وتقوم شركة التأمين بإصلاح سيارته وإعادتها إلى حالتها كما كانت قبل الحادث، أو بدفع تكلفة إصلاحها. وفي كلا الحالتين تكون شركة التأمين قد عوّضت المؤمّن له عن الخسارة التي لحقت به نتيجة الحادث، وأعادته إلى وضعه المالي قبل حدوث الخسارة. وإذا كان هذا الشخص هو الذي تسبب في وقوع حادث السير، وألحق ضررا بسيارة أخرى أو بأشخاص يعتبرهم القانون

من الغير، فإنها تقوم أيضا بإصلاح السيارة الأخرى، وتعويض الضرر الذي أصاب الأشخاص الذين يعتبرهم القانون من الغير (المسؤولية المدنية).

4-2 نشأة التأمين وتطوره:

لقد قام التأمين منذ البداية على فكرة التعاون والتكامل بين التجمعات البشرية على أساس توزيع عبء الخطر عند تحققه لشخص معين عن مجموعة كبيرة من الأشخاص معرضين لنفس الخطر، فقد أظهر لنا التاريخ أن قدماء المصريين كونوا جمعيات، تقوم بمراسم دفن الموتى، من تحنيط للجثث وبناء وتجهيز للقبور بكافة مستلزمات الحياة، وكان ذلك نظير اشتراك يدفعه الأعضاء. وفكرة التعاون السابقة تتشابه إلى حد ما مع وسيلة التأمين بالصورة التي هي عليها في وقتنا الحاضر.

وفي عهود الحضارات القديمة كالإغريقية والبابلية والآشورية والهندوس ازدهر التبادل التجاري فيما بينهم عن طريق البحر، ولكن مخاطر القرصنة البحرية، وغرق السفن البحرية حالت إلى حد ما من ازدهار هذا التبادل فظهر ما يسمى بالقرض البحري للمحافظة على استمرار الازدهار التجاري المشار إليه، وتقوم فكرة القرض البحري على اقتراض صاحب السفينة أو الشحنة البحرية مبلغاً من المال بضمان السفينة أو الشحنة، من بعض الأشخاص المغامرين، سموا بالمقرضين البحريين. ويتم الاتفاق فيما بينهم على أنه إذا ما وصلت السفية أو الشحنة سالمة يحصل هذا المقرض. بالإضافة إلى قيمة القرض على قيمة إضافية في صورة فائدة القرض، تحسب على أساس سعر فائدة مرتفع عن سعر الفائدة السنوي بالنسبة للقروض العادية. لكن في حالة عدم وصول السفينة أو الشحنة سالمة يفقد المقرض قيمة القرض وفوائده.

وظهر التأمين البحري في صورة مختلفة عن القرض البحري على أيدي الإسبان والبرتغاليين اي أنه وصل للصورة التي يوجد عليها حديثا بصدور قانون التأمين البحري في إنجلترا عام 1601م.

وبالنسبة للتأمين على الحياة فقد أبرمت أول وثيقة تأمين على الحياة في لندن عام 1583م.

ولم تظهر أهمية التأمين للحريق إلا بعد حريق لندن الشهير عام 1666 الذي أتى على 85% من مباني المدنية.

وبظهور وتقدم الصناعة ووسائل النقل وتطورها تتابع ظهور فروع مختلفة أخرى للتأمين، كالتأمين على الحوادث الشخصية في إنجلترا عام 1849 ، ثم التأمين على السيارات ثم التأمين على أخطار الطيران.

ثم ظهر التأمين الاجتماعي 1989 في المانيا ومن ثم انتشر إلى كافة دول العالم.

5-2 أهمية التأمين

إن للتأمين أهمية كبيرة في الازدهار الاقتصادي، حيث تقوم شركات التأمين بتجميع المدخرات عن طريق الأقساط التي يدفعها الأفراد، ويتكون من مجموع الأقساط رصيد ضخم من الأموال، فتقوم شركات التأمين باستثمار جزء كبير منها في أوجه الاستثمار المختلفة. ونظرا لما يتميز به التأمين من توفير التغطيات التأمينية من أخطار كثيرة يشجع الأفراد والمنشآت على الدخول في مجالات إنتاجية جديدة. وكذلك يعمل التأمين على زيادة القدرة الإنتاجية لهذه المشروعات كما يزيد من الكفاية الإنتاجية للعامل. ويجب أن نذكر أن التأمين وسيلة فاعلة من وسائل تنشيط الائتمان حيث يوفر التأمين للمدين ضمانات تسهل له عملية الاقتراض حيث يحل عوض التأمين محل الشيء المرهون إذا هلك نتيجة لتحقق الخطر المؤمن منه.

كما أن التأمين يعمل على تحقيق التوازن بين العرض والطلب في الحياة الاقتصادية. ففي أثناء الرواج الاقتصادي يمكن للدولة التوسع في نطاق التغطية التأمينية بالنسبة للتأمينات الاجتماعية الإلزامية وذلك للحد من موجة التضخم، وفي حالة الكساد تعمل الدولة على زيادة مستوى إنفاقهم وتعمل على زيادة التعويضات التي تستحق للمؤمن عليهم بما يساعد على زيادة مستوى إنفاقهم وبالتالي زيادة الطلب. كما يساهم التأمين بقطاعاته المختلفة على امتصاص جزء كبير من العاملين في المجتمع الذي يعاني من البطالة.

يساعد التأمين على تنمية الشعور بالمسؤولية والعمل على تقليل الحوادث من خلال التأمين حيث أنه لا يصرف مبلغ التعويض في الحالات التي تكون ناتجة عن تعمد

المؤمن له، مما يؤدي إلى شعوره بالمسؤولية تجاه الغير. كما تعمل شركات التأمين على تقليل حدوث بعض المخاطر من خلال استعانتها بالخبراء والإحصائيين لدراسة هذه المخاطر واقتراح وسائل منع تحقق الخطر وتقليل الخسائر.

6-2 تقسيمات التأمين المختلفة

يختلف كتاب التأمين في تقسيماتهم للتأمين باختلاف الغرض لكل منهم من هذا التقسيم. ومن أبرز تقسيم التأمين ما يلي:

أولاً - التقسيم من الناحية النظرية:

ويهدف التقسيم هنا إلى بحث التأمين من الناحيتين القانونية والفنية وهناك أكثر من عنصر يتخذ لإجراء مثل هذا التقسيم من أهمها:

أ- عنصر التعاقد:

وطبقاً لأساس التعاقد هنا أي طبقاً لعنصر الإجبار والاختيار في التعاقد يمكن تقسيم التأمين إلى نوعين أساسيين:

1- التأمين الاختياري (الخاص).

ويشمل التأمينات التي يتعاقد عليها الفرد أو المنشأة بمحض اختيارهم، وذلك للحاجة الملحة لمثل هذه التغطية التأمينية، أي أنه لا بد أن تتوافر هنا حرية الاختيار في التعاقد بين شركة التأمين وبين الفرد والمنشأة، وتشمل كافة فروع وأنواع التأمين التي يتوافر لها الأساس السابق مثل تأمين الحوادث والحريق والسيارات - غير الإجباري - والبحري، والمسؤولية المدنية غير الإجبارية، ويطلق على مثل هذه التأمينات، التأمين الاختياري أو التجاري أو الخاص.

2- التأمين الإجباري:

ويشمل التأمينات التي تلتزم الدولة بتوفيرها للأفراد أو للمنشآت أو تلزمهم بالتعاقد عليها وذلك بهدف اجتماعي او لمصلحة طبقة ضعيفة في المجتمع، أي أن عنصر الإجبار أو الإلزام من الدولة هو أساس التعاقد هنا، ويشمل هذا التأمين كافة فروع التأمينات الاجتماعية (العجز والوفاة والشيخوخة، والبطالة، والمرض، وإصابات العمل) وبعض فروع التأمينات الخاصة الإجبارية كالتأمين الإجباري للسيارات.

ب- التقسيم حسب الغرض من التأمين أو طبقاً للطرق المختلفة لإجراء التأمين:

يمكن طبقاً للأساس السابق تقسيم التأمين إلى ثلاثة أنواع رئيسية:

1- التأمين الخاص او التجاري:

ويقوم التأمين هنا على أساس تجاري أي بغرض تحقيق الربح، وعادةً ما يقوم بهذا النوع من التأمين شركات التأمين المساهمة وهيئات التأمين بالاكتتاب حيث يتم حساب قسط التأمين هنا بحيث يغطي الخطر المؤمن عنه بجانب نسبة إضافية أخرى لتغطية المصروفات الإدارية والربح الذي تهدف إليه مثل هذه الهيئات.

2- التأمين التعاوني والتبادلي:

ويقوم التأمين هنا على أساس تعاوني بحت ومن ثم لا يكون الغرض منه تحقيق الربح، ولكن توفير التغطية التأمينية للأعضاء بأقل تكلفة ممكنة، وعادةً ما يقوم بهذا النوع من التأمين هيئات التأمين التبادلي، والجمعيات التعاونية للتأمين وصناديق التأمين الخاصة.

3- التأمين الاجتماعي:

ويقوم التأمين هنا على أساس أهداف اجتماعية ومن ثم لا يهدف هذا النوع من التأمين إلى الربح ولكن يهدف إلى حماية الطبقات الضعيفة في المجتمع من أخطار يتعرضون لها ولا دخل لإرادتهم فيها ولا قدرة لهم على حماية أنفسهم منها، وعادةً ما يفرض هذا التأمين إجبارياً وغالباً ما تقوم بتنفيذه هيئات حكومية.

جـ- التقسيم بموجب طريقة تحديد الخسارة وبالتالي التعويض:

طبقاً لهذا الأساس يمكن تقسيم التأمين إلى نوعين رئيسيين:

1- التأمينات النقدية:

وتشمل كافة التأمينات التي يصعب تقدير الخسارة المادية الناتجة عنها عند تحقق الخطر المؤمن منه، وذلك لوجود عنصر معنوي نتيجة تحقق الخطر، فنظراً لصعوبة القياس المشار إليها سابقاً للأخطار المعنوية يتفق مقدماً على مبلغ التعويض المستحق عند تحقق هذا الخطر ويتمثل ذلك في مبلغ التأمين، وتعد تأمينات الحياة من أبرز التأمينات

التي ينطبق عليها الاعتبار السابق لذلك سميت بالتأمينات النقدية أي التي تقدر فيها قيمة الخسارة مقومة بالنقد مقدماً والتي يجب تحملها بالكامل عند تحقق الخطر المؤمن منه.

2- تأمينات الخسائر:

وتشمل كافة التأمينات التي يسهل فيها تحديد الخسارة الفعلية الناتجة عند تحقق الخطر المؤمن منه، وينطبق ذلك على تأمينات الممتلكات بأنواعها المختلفة، فالتعويض هنا يتناسب مع الخسارة الفعلية بحد أقصى مبلغ التأمين المحدد في وثيقة التأمين.

د- التقسيم حسب موضوع التأمين:

وعند اتخاذ موضوع التأمين كأساس لهذا التقسيم، تتحدد أقسام التأمين هنا في ثلاثة أقسام رئيسية، وهي <u>تأمينات الأشخاص</u>، وفيها يكون الشخص نفسه موضوعاً للتأمين، لكن إذا كانت ممتلكات الشخص هي موضوع التأمين تسمى <u>تأمينات الممتلكات</u>، بينما يكون موضوع التأمين في <u>تأمينات المسؤولية المدنية</u> هي ثروة الشخص ككل.

ثانيا: التقسيم من الناحية العملية:

ويفيد هذا التقسيم في نواحٍ متعددة، كمعرفة أنواع التأمين التي يتم التعاقد على أساسها بين المؤمن والمستأمن، وتفيد أيضاً في تقسيم هيئات التأمين إلى أقسام نوعية متناسقة، بالإضافة إلى أنها تساعد في تحديد رأس المال اللازم لكل فرع من فروع التأمين. وأخيراً يساعد هذا التقسيم في تنفيذ أحكام قوانين الإشراف والرقابة على هيئات التأمين. ويختلف التقسيم العملي للتأمين من دولة لأخرى وداخل الدولة من وقت لآخر طبقاً لتشريعات التأمين فيها .

ووفقاً لقانون مراقبة أعمال التأمين في الأردن فإنه يمكن تقسيم التأمين الخاص إلى ستة فروع أساسية

وهي :

1- التأمين على الحياة.

2- تأمين الادخار وتكوين الأموال.

3- تأمين الحريق والتأمينات التي تلحق به.

4- التأمين من أخطار النقل البري والنهري والبحري والجوي وتشمل التأمين على أجسام السفن والطائرات وعلى آلاتها ومهماتها.

5- التأمين من الحوادث والمسؤولية ويشمل تأمين السيارات وحوادث العمل والحوادث الشخصية...الخ .

6- التأمينات الأخرى والتي لم ينص عليها في البنود السابقة.

وقد راعى المشرع الأردني في القانون السابق أن يتطابق إلى حد كبير التقسيم للأنواع المختلفة للتأمين به مع التقسيم المتبع في الحياة العملية بالنسبة للتأمين الخاص أو التجاري والذي تحدد في ثلاثة فروع رئيسية وهي:

أ- تأمينات الأشخاص

1- التأمين على الحياة:

وتشمل كافة عمليات التأمين التي يكون الخطر المؤمن منه فيها متعلقاً بحياة أو وفاة الإنسان ومن أهم أنواعه التي سنهتم بدراستها هنا:

1- وثائق تأمين تؤدى مبالغ التأمين فيها في حالة الحياة فقط.

2- وثائق تأمين تؤدى مبالغ التأمين فيها في حالة الوفاة فقط.

3- وثائق تأمين تؤدى مبالغ التأمين في حالتي الوفاة والحياة (المختلط).

2- التأمين الصحي

ب- تأمينات الممتلكات:

وتشمل أنواع التأمين التي يكون موضوع التأمين فيها هي الممتلكات (أصول أو منقولات) المملوكة لأشخاص أو لمنشآت وهي متعددة من أهمها:

1- التأمين من الحريق:

وتعمل وثائق هذا النوع من التأمين على تغطية الخسائر المادية الناشئة عن حوادث الحريق بممتلكات الأفراد أو المنشآت المعرضة لهذا الخطر.

2- تأمين السرقة والسطو:

ويهدف هذا النوع من التأمين إلى تعويض الخسائر المادية التي تلحق بممتلكات المؤمن له سواء أكان فرداً أو منشأة بسبب سطو أو سرقة، وتأخذ وثائق هذا النوع من التأمين صوراً مختلفة طبقاً لموضوع التأمين، ومن أهمها:

وثائق تأمين المحلات التجارية.

وثائق تأمين الممتلكات الشخصية للأفراد.

وثائق التأمين على أمتعة المسافرين.

وثائق التأمين على الأشياء الثمينة.

وثائق التأمين على النقود المنقولة.

3- تأمينات النقل:

وتوفر وثائق هذا النوع من التأمين، الحماية التأمينية من الخسائر المادية التي تتعرض لها وسائل النقل والبضائع والسلع المنقولة من الأخطار المختلفة وتشمل:

التأمين البحري.

التأمين على السيارات.

التأمين الجوي (تأمين الطيران).

4- تأمينات الحوادث العامة

- تأمين ضمان خيانة الأمانة.

- وثيقة التأمين البنكية الشاملة.

5- التأمين الهندسي

- وثيقة تأمين كافة أخطار المقاولين.

- تأمين عطب المكائن.

- تأمين انفجار البويلرات.

ج- تأمينات المسؤولية المدنية:

وتشمل كافة أنواع التأمين التي يكون الخطر المؤمن منه فيها هي المسؤولية المدنية للمؤمن له (سواء أكان شخصاً أو منشأة) قبل الغير، ويكون الهدف منها هو تعويض المؤمن له عن الخسائر المادية الناشئة عن مسؤوليته المدنية (سواء أكانت تعاقدية أو تشريعية) قبل الغير. ومن أهم وثائق هذا النوع من التأمين ما يلي:

وثيقة تأمين المسؤولية المدنية الخاصة.

وثيقة تأمين المسؤولية المدنية لرب العمل.

وثيقة تأمين المسؤولية المدنية لأصحاب المهن الحرة.

2 – 7 وظائف التأمين

التأمين عملية بمقتضاها يحصل أحد الأطراف وهو المؤمن له نظير دفع قسط على تعهد لصالحه أو لصالح الغير من الطرف الأخر وهو المؤمن تعهد يدفع بمقتضاه هذا الأخير أداءً معيناً عند تحقق خطر متفق عليه وذلك الآخر بأن يأخذ على عاتقه مهمة تجميع مجموعة من المخاطر وإجراء المقاصة بينها وفقاً لقوانين الإحصاء، والتأمين بهذا المفهوم يمكن أن يقدم خدمات للفرد وللمجتمع من خلال الوظائف التي يقدمها .

1- التأمين يبعث الأمان في نفوس المستأمنين:-

إن كلمة تأمين مشتقة من كلمة أمان فان وجود التأمين يجعل الشخص (المؤمن له) يعمل في راحة تامة واطمئنان لأي خسارة تواجهه مما يؤدي إلى زيادة إنتاجيته ويجعله أيضاً مطمئناً على ممتلكاته وعلى ما لديه من حدوث أية خسارة.

2- التأمين يقوم بتجميع المدخرات:

يدفع المؤمن لهم الأقساط المستحقة ذلك يؤدي إلى تجميع أموال بمبالغ ضخمة مما يؤدي إلى استثمارها لضمان حقوق المستأمنين وذلك يؤدي إلى تحقيق المصلحة للاقتصاد القومي.

3- التأمين وسيلة من وسائل تنشيط الائتمان:

يعتبر التأمين وسيلة هامة من وسائل تنشيط الائتمان وذلك على مستوى الدولة بالنسبة للأفراد يوفر التأمين للمدين ضمانات تسهل عليه عملية الاقتراض حيث يحل عوض التأمين محل الشيء المرهون. إذا هلك نتيجة لتحق الخطر المؤمن منه وعلى مستوى الدولة، يقوم التأمين بتدعيم عملية الائتمان، وذلك عن طريق توظيف أموال شركات التأمين في السندات التي تصدرها الدولة، وتغطية القروض العامة المساهمة في استثمارات المشروعات العامة، مما يساعد على تنشيط الائتمان العام وازدهار الاقتصاد القومي.

4- التأمين عامل من عوامل الوقاية في المجتمع:

يقوم التأمين بالعمل على تقليل نسبة وقوع الحوادث والحد من المخاطر وذلك عن طريق الاستعانة بالخبراء والإحصائيين لدراسة مخاطر العمل بهدف الحد من تحقيق هذه المخاطر ومحاولة تجنب وقوعها مما يساعد على تحقيق الاستقرار الكامل للمشروعات.

5- التأمين يؤدي وظيفة اجتماعية هامة:

حيث يقوم التأمين الاجتماعي بحماية الطبقات الضعيفة في المجتمع من الأخطار الذي يتعرضون لها ويساعد أفراد المجتمع كافة دون تمييز على حمايتهم من الأخطار التي تواجههم.

8-2 وظائف شركات التأمين

تتلخص أهم الوظائف التي تقوم بها شركات التأمين من أجل توفير الحماية التأمينية لمشتري هذه الخدمات فيما يلي:

1- وظيفة التسعير.
2- وظيفة الاكتتاب " انتقاء الأخطار ".
3- وظيفة الإنتاج (المبيعات).
4- وظيفة تسوية المطالبات (إدارة التعويضات).
5- وظيفة إعادة التأمين.
6- وظيفة الاستثمار والتمويل.

1- وظيفة التسعير Rate making

السعر هو التكلفة التي يدفعها المؤمن له إلى شركة التأمين نظير تغطية الأخيرة لوحدة من الخطر، ويكون ثابتا مهما اختلفت قيمة هذه الوحدة، ويمثل نسبة مئوية من مبلغ التأمين، ويختلف من تامين لآخر، ويتجلى السعر في القسط الذي يدفعه المؤمن له لقاء قيمة التعويض هذه جزئية أو كلية.

وتعد عملية التسعير من العمليات المهمة التي يتطلب الاهتمام بها من قبل شركات التأمين حيث يعتمد نجاح واستمرار تلك الشركات في سوق التأمين عليه.

إن أسعار التأمين لا يحددها العرض والطلب ولا التكلفة التاريخية، ولكن تقوم شركات التأمين بتحديدها منفردةً أو مجتمعة في هيئة اتحادات، وأحياناً تقوم الهيئات الحكومية بصرفه على شركات التأمين بوضع الأسعار التي تتناسب مع الخدمة التأمينية وتعرضها على تلك الشركات. والشخص الذي يحدد أسعار التأمين يدعى بالاكتواري وهو شخص له دراية وعلم في الرياضيات والإحصاء.

إن عملية وضع الأسعار ومن أصعب ما يواجه مكتتبي التأمين. إذ عليهم أن يعرفوا مسبقاً مقدار الخسائر المتوقعة والمحتملة من تحقيق كل خطر على حدى وهذه الخسائر يغطيها ما يعرف بالقسط الصافي، الذي يمثل المقابل المالي لأي وثيقة تأمين، وإذا أضيف إلى هذا القسط التحميلات التي تمثل المصارف المالية والإدارية والضرائب والرسوم مع نسبة معقولة من الربح المتوقع، فإنه يعرف بالقسط التجاري الذي يدفعه حامل وثيقة التأمين إلى الشركة، مقابل حصوله على تغطية الأخيرة للخطر الذي يخشى من تحققه.

لذلك فإن من أهم المشاكل الشائعة بين شركات التأمين، عملية تحديد السعر المناسب للخدمة التأمينية إذ أن هذا السعر يحدد عن طريق التوزيع العادل للخسائر والمصروفات الخاصة بعملية التامين بين حملة الوثائق، بالاعتماد على الإحصائيات المتوفرة عن المدة الماضية كمؤشر لما ستكون عليه النتائج في المستقبل، مع الأخذ في الاعتبار التعديلات التي تلائم الاتجاه في الشروط التي تؤثر على هذه النتائج في المستقبل، فإذا كان تقدير هذا السعر أكبر من اللازم، أي مغالى فيه، فإن ذلك سيؤدي إلى تحول جمهور المؤمن لهم من هذه الشركة إلى شركة أخرى تعرض سعراً أقل. وفي حالة السوق الاحتكارية، يبحث المؤمن لهم عن وسائل أخرى بديلة لمجابهة الخطر، كالتأمين الذاتي، أو تكوين احتياطات لمواجهته. أما اذا كان السعر منخفضاً أي أقل من السعر اللازم، فإن ذلك يعني عدم كفاية الأقساط المحصلة من قبل شركة التأمين لتغطية الخسائر المتحققة عن الأخطار المؤمنة، وبالتالي يؤدي إلى تحقيق خسائر متراكمة، ويلاحظ أنه في كلتا الحالتين سوف يؤدي إلى عدم إمكانية استمرار شركة التأمين في سوق التأمين.

طرق تحديد الأسعار في سوق التأمين

أ- طرق تسعير الأقساط:

1- طريقة التسعير التحكمي (التقديري) : Judgment Rating

تعتمد هذه الطريقة أساساً على التسعير الذاتي لكل خطر على حدى حيث يتم تسعير كل خطر على أساس صفاته الخاصة مستقلاً عن أي صنف مقرر أو أية جداول خاصة أو أية صيغ، فهي تعتمد على الخبرة الشخصية لشركة التأمين مع استخدام التقدير الجزافي بالإحصائيات المتاحة والأقساط المحددة للأخطار المتشابهة.

وتستخدم في حالة عدم وجود إحصائيات خام لغرض تقدير السعر لذلك الخطر نظراً لكون هذه الطريقة تعتمد على التقدير الشخصي الذي غالباً ما يتطلب الدقة في التقدير.

وتستعمل هذه الطريقة في تسعير تأمين أخطار النقل البحري نظراً لتعدد وتباين أنواع السفن والبضائع وتباين موانئ الوصول.

2- طريقة التسعير حسب الأقسام أو الطبقات أو طريقة دليل السعر: Class Rating

تعرف هذه الطريقة بالتسعير الشامل للطبقات حيث تقسم الأخطار إلى أقسام أو طبقات حسب الصفات الرئيسية لكل قسم ثم ينظم دليل أسعار لكل قسم من تلك الأقسام ليبين سعر التأمين الموحد لمجموعة الأخطار المتشابهة الواردة فيه ويتم نشر هذه الأسعار في دليل.

كما أن هذه الطريقة تعكس معدل الخسارة الفعلي للمجموعة وتستعمل بشكل واسع في التسعير حاليا. وتفترض هذه الطريقة أنه يمكن تحديد الخسائر المتوقعة بناء على مجموعة من العوامل، مثلا في تسعير التأمين على الحياة تعتمد على العوامل التالية: العمر، الجنس، الحالة الصحية، الوزن، التدخين.

وبناء على ذلك يتم وضع الأشخاص في نفس العمر، والذين يتمتعون بصحة جيدة ولا يدخنون في طبقة واحدة ويكون السعر موحداً لهذه الطبقة، أما الأشخاص المدخنين فيتم وضعهم في طابقة ثانية ويرتفع قسط التأمين عليهم.

طريقة القسط الصافي: Pure Premium Method

إن القسط الصافي هو ذلك الجزء من قسط التأمين الذي يكفي لتسديد الخسائر المتوقعة ومصاريف تسوية هذه الخسائر. وعلى ذلك نستنتج أن القسط الصافي يساوي:

التزام المؤمن له = التزام شركة التأمين

ويتم احتساب القسط الصافي عن طريق حساب معدل الخسارة Loss Ratio أولا، ويمكن ايجاد معدل الخسارة حسب المعادلة التالية:

معدل الخسائر الناتجة فعلا
معدل الخسارة = -- .... (1)
مجموع قيمة الممتلكات المؤمن عليها

والقسط الصافي = معدل الخسارة × مبلغ التأمين .... (2)

وللحصول على قسط التأمين (القسط التجاري) يتم تحميل القسط الصافي بنسبة الإضافات وهي (المصاريف الإدارية والانتاجية + هامش رسم الشركة وأية مصارف أخرى).

وتستخدم طريقة الأقسام أو الطبقات على أساس حساب القسط الصافي.

3- طريقة التسعير حسب الصفات الخاصة أو طريقة التعريف المعدلة Merit Rating

تقوم شركة التأمين بموجب هذه الطريقة بالتفرقة بين حملة الوثائق في الفرع الواحد على أساس أمور عدة:

- الخبرة السابقة لحامل الوثيقة مع الشركة.

- مقدار الخسارة والمصروفات التي أنفقتها الشركة.

- حجم القيم المعرضة للخطر عند المؤمن لهم.

- طبيعة الشيء موضوع التأمين.

وعليه فإن أسعار التأمين بموجب هذه الطريقة تعدل بالزيادة أو النقصان من حين لآخر حسب الخبرة التي تظهر لشركة التأمين من سنة لأخرى.

وتقتصر هذه الطريقة في التسعير على الأخطار ذات الحجم الاقتصادي الكبير وخاصة المصانع والمتاجر وأساطيل الطائرات والسيارات وهي عادة تتميز بان قيمة

القسط الإجمالي فيها مرتفع ويستحق بذلك جهداً خاصاً من شركات التأمين في إعادة النظر فيه وتعديله حسب الخبرة السنوية للمؤمن له، ويتم تعديل الأسعار بموجبها بإحدى الطرق الثلاث الآتية:

أ- طريقة الجداول الخاصة: Schedule Rating

إن هذه الطريقة تعتمد على الصفات النمطية لشخصية المؤمن له حسب صفات معينة ويحدد السعر الأساس طبقاً للارتفاع أو الانخفاض في هذا السعر بوضع الدرجات المحددة لكل عامل سواء أكانت درجات سالبة أو موجبة فالصفات الجيدة تؤدي إلى تخفيض القسط والعكس صحيح.

إن هذه الجداول تتضمن إمكانية التغير الطبيعي لحامل الوثيقة، ويمكن وضع جداول للعناصر المتجانسة لإمكانية مقارنة الأخطار المستقبلية مع بعضها البعض. كما أنها توضح العوامل المستمرة لتحقق الخطر.

وتمتاز هذه الطريقة بكونها ملائمة لأي عدد من حملة الوثائق في حين لا يمكن تطبيق طرق التسعير حسب الصفات الخاصة الأخرى إلا على عدد كبير منهم وتستخدم هذه الطريقة في معظم تأمينات الحريق وبعض تأمينات النقل البري، وتأمين المسؤولية المدنية للسيارات.

ب- طريقة الخبرة الخاصة: Experience Rating

إن تعديل السعر الشامل للطبقة بموجب هذه الطريقة يعتمد على الخبرة الماضية لمدة 3 سنوات على الأقل للمؤمن له والذي عن طريقه يتم تعديل الأسعار للمستقبل ولذلك فهي تعرف بطريقة التسعير حسب الخبرة، كما أن درجة تعديل السعر المقدر تعتمد على أهمية حجم البيانات للتجربة مع المؤمن لهم، ولذلك فإن عنصر الثقة يحدد الانحراف المباشر في حجم العينة حيث أنه من النادر أن تكون عينة المؤمن لهم محددة بدرجة مطلقة.

ونظراً لاعتماد هذه الطريقة على الخبرة السابقة للخسائر لكل مؤمن له على حدة، فإذا كان معدل الخسارة للمؤمن له أقل من متوسط الخسارة للطبقة يتم تخفيض القسط

والعكس صحيح وتستخدم طريقة الخبرة في تأمينات الأخطار الكبيرة الحجم وتأمينات إصابات العمل في المصانع الكبيرة على وجه الخصوص.

ج- طريقة التسعير بأثر رجعي: Retrospective Rating

تستخدم هذه الطريقة عند تعديل السعر الشامل للفئة لكي يعكس دقة سعر العينة خلال مدة الوثيقة ويتم حساب السعر بموجب هذه الطريقة في نهاية مدة الوثيقة وحسب الخبرة الفعلية للشركة تجاه المؤمن له، وعليه فمن الناحية النظرية البحتة يكون قسط التأمين مساوياً للخسارة الفعلية خلال السنة مضافاً إليها المصروفات بأنواعها المختلفة إضافة الى نسبة الأرباح التي تحددها الشركة.

أما عملياً فإن شركة التأمين تقوم عند بداية مدة الوثيقة باعطاء المؤمن له حداً أدنى على قسط التأمين في ضوء الخبرة الخاصة بحامل الوثيقة، ثم تقوم بإعادة حساب القسط في نهاية مدة الوثيقة على أساس الخبرة السابقة والخاصة بحامل الوثيقة فإذا كانت نتائج السنة التأمينية جيدة يؤخذ من المؤمن له الحد الأدنى للقسط، أما إذا كانت النتائج سيئة يؤخذ منه الحد الأعلى للقسط (السعر).

ويقتصر استخدام هذه الطريقة على الشركات الكبيرة - خاصة الصناعية منها - والتي تتميز بان معدلات خسائرها شبه ثابتة من سنة لأخرى والتي لديها القدرة المالية على تحمل أعباء القسط المرتفع في حالة حدوث خسائر ومطالبات مرتفعة خلال مدة الوثيقة.

2- وظيفة الاكتتاب : Under writing

يقصد بهذه الوظيفة انتقاء الأخطار، حيث يتم دراسة كل خطر لتقديمه للشركة من أجل قبول أو رفض الخطر حيث يتم تبويب طالبي التأمين بموجب السياسة التي تحددها شركة التأمين بما يحقق أهدافها وغاياتها، ويهدف الاكتتاب إلى تجميع محفظة فرعية من وثائق التأمين المختلفة وبذلك تقوم الشركة من خلال هذه الوظيفة بقبول طلبات إصدار الوثاق والمتوقع أن ينتج عنها أرباح وترفض الطلبات المتوقع أن ينتج عنها خسائر أو أن تكون غير مجدية، وتقوم الإدارة العليا بالشركة بوضع سياسة واضحة للاكتتاب تتماشى مع غايات الشركة وقد تكون هذه السياسة الحصول على مجموعة كبيرة من وثائق التأمين

المختلفة والتي تعطي ربحاً منخفضاً، أو تكون سياسة الشركة الحصول على عدد قليل من وثائق التأمين والتي تعطي ربحاً مرتفعاً. وعادةً ما تقوم الشركة بإصدار دليل تبين فيه أنواع التأمينات التي تقبلها والأخطار التي تقبلها والمناطق الجغرافية التي تعمل بها والأخطار الخاصة التي يجب أخذ الموافقة عليها مسبقا.

المبادئ الأساسية للاكتتاب:

1- اختيار طالبي التأمين بموجب معايير الاكتتاب التي تحددها الشركة يعني هذا المبدأ ان يتم انتقاء طالبي التأمين من الأفراد أو الهيئات الذين يكون لديهم معدل الخسارة ضمن المعدل الطبيعي (المعياري) بحيث لا يزيد معدل الخسارة لديهم عن معدل الخسارة المفترض في سلم الأسعار الذي تستخدمه الشركة. والهدف من هذا المبدأ هو التقليل من الاختيار المتناقض لمصلحة شركة التأمين والذي يعني قيام الأفراد أو المؤسسات بالحصول على الأسعار المعيارية العادية، مع العلم بأن معدل الخسارة لديهم أعلى من المعدل المعياري.

2- الحفاظ على توازن بين الفئات المختلفة لكل نوع من التأمينات المختلفة. يعني هذا المبدأ أن تقوم شركة التأمين بعمل توازن بين فئات المؤمن لهم الذين يمثلون معدل خسارة أقل من المعدل المعياري بحيث يتم موازنتهم مع من يمثلون معدل خسارة أعلى من المعدل المعياري لكي تستطيع شركة التأمين الحصول على السعر المناسب الموضوع من قبلها لكل فئات التأمين التي تقبلها مما يوفر لها التنويع المناسب للحد من الأخطار، وبالتالي تتمكن شركة التأمين من دفع التعويضات والمصاريف المترتبة عليها.

3- تطبيق مبادىء العدل والإنصاف على جميع حملة الوثائق: بموجب هذا المبدأ يجب تحقيق نوع من العدالة والإنصاف بين طالبي التأمين. فيجب أن يكون قسط التأمين متساوياً إذا كان مبلغ التأمين متساوياً ودرجة احتمال حدوث الخطر متساوية، فعلى سبيل المثال إذا تقدم شخصان في طلب تأمين على الحياة وأعمارهم متساوية فيجب ان يكون القسط متساوياً إذا كان احتمال حدوث خطر الوفاة لهم متساوياً بمعنى أنه

بالكشف الطبي تبين أن كلا الشخصين يتمتعان بصحة جيدة ولا يوجد لديهما أمراضاً وراثية قد تزيد من معدل حدوث خطر الوفاة.

الخطوات المتبعة في عملية الاكتتاب:

1- تتم عملية الاكتتاب بوساطة المندوبين أو الوكلاء في الشركة حسب سياسة الشركة.

2- الحصول على المعلومات الضرورية لعملية الاكتتاب.

تختلف المعلومات المطلوبة لعملية الاكتتاب حسب نوع التأمين المطلوب وتحصل الشركة على المعلومات من عدة مصادر أهمها:

أ- **طلب التأمين:** وهو المصدر الأساسي للمعلومات الذي تعده شركة التأمين مسبقاً ويقوم طالب التأمين بتعبئته.

ب- **تقرير وكيل أو مندوب شركة التأمين:** حيث يقوم المندوب أو الوكيل بتقييم الشخص طالب التأمين من حيث الدخل ومركزه المالي ...الخ.

ج- **الاستفسار عن سمعة طالب التأمين:** فتقوم الشركة بالاستعلام عن طالب الاكتتاب من مصادر خارجية مثل: المركز المالي، وحالته الاجتماعية، وحجم الديون التي عليه، والأحكام الصادرة بحقه، ....

د- **الكشف على الممتلكات المطلوب التأمين عليها:** حيث يقوم موظف أو مندوب للشركة بالكشف عن الممتلكات في موقعها وتقديم تقرير مفصل عن هذه الممتلكات المطلوب التأمين عليها.

هـ- **الفحوصات الطبية:** حيث تطلب الشركة من طالب التأمين الصحي أو التأمين على الحياة أن يتم الكشف الطبي عليه من قبل طبيب تحدده الشركة، وإجراء فحوصات طبية متعددة للتعرف على وصفه الصحي، وفيما إذا كان يعاني من مرض معين فتطلب تقريرا مفصلا حول هذا المرض.

3- اتخاذ القرار بشأن طلب التأمين

بعد أن تتم دراسة الطلب يأتي القرار إما بقبول طلب التأمين أو رفضه أو قبوله بشروط خاصة، فإذا قبل الطلب يحول الى قسم إصدار الوثائق، وأحياناً يتم قبول الطلب

بشروط خاصة حيث يطلب من طالب الاكتتاب على سبيل المثال تحسين وضع الممتلكات: تركيب أجهزة إنذار ضد السرقة، أو زيادة القسط لشخص يعاني من أمراض مزمنة ...

والقرار الأخير هو رفض الطلب لعدم اكتماله الشروط أو عدم اتفاقه مع السياسة العامة للشركة فيما يتعلق بسياسة الاكتتاب.

3- وظيفة الإنتاج: Production

يقصد بالإنتاج في مجال التأمين، المبيعات والنشاطات التسويقية التي تقوم بها شركات التأمين وعملية بيع الخدمة التأمينية التي تقوم بها شركة التأمين وهي المصدر الرئيسي لتمويل الشركة وكثيراً ما يطلق على الوكلاء والمندوبين اسم المنتجين. وفي شركات التأمين المتخصصة في تأمينات الحياة، يطلق على الدائرة المختصة بالإنتاج اسم دائرة المبيعات، وتكون هذه الدائرة مسؤولة عن استقطاب وتدريب الوكلاء الجدد ومراقبة ومتابعة الوكلاء والمندوبين الآخرين.

وفي شركات التأمين المتخصصة في تأمينات الممتلكات والمسؤولية توجد دوائر للتسويق ويقوم موظفو هذه الدوائر بشرح البرامج التأمينية لجمهور المؤمن لهم.

بالإضافة إلى تطوير وتأهيل فريق فاعل من رجال المبيعات، تقوم شركات التأمين بمجموعة واسعة من النشاطات التسويقية، من ضمنها تطوير فلسفة التسويق، ووضع خطط الإنتاج قصيرة وطويلة المدى، كما وتضم النشاطات التسويقية، إجراء الأبحاث التسويقية وتطوير برامج تأمينية جديدة لتلبية حاجات المستهلكين والمؤسسات التجارية ووضع استراتيجيات جديدة للتسويق، بالإضافة إلى الإعلان عن البرامج التأمينية الجديدة في وسائل الإعلام المختلفة.

4- وظيفة تسوية المطالبات (إدارة التعويضات) Claim Settlement

وهي تلك الوظيفة المتعلقة بدفع مبلغ التأمين أو دفع التعويضات المستحقة للمؤمن عليه/ له عند تحقق الخطر المؤمن ضده. وفي شركات التأمين، هناك جهة أو دائرة متخصصة بدراسة المطالبات المقدمة، وتحديد مدى التعويض المستحق من خلال تسوية الخسائر. والشخص المسؤول عن تسوية الخسائر هو "مسوي الخسائر".

الأسس المتبعة في تسوية الخسائر:

1- التحقق من صحة المطالبة المقدمة:

حيث يقوم مسوي الخسائر بدراسة المطالبة وإجراء التحريات الضرورية للتأكد من أن الخسارة التي وقعت قد وقعت بالفعل ومغطاة من خلال وثيقة التأمين التي أصدرتها شركة التأمين ويمكن تحديد مقدار التعويض المستحق للمؤمن من خلال الإجابة عن الأسئلة التالية:

هل الخسارة حدثت أثناء سريان مفعول وثيقة التأمين؟ وذلك كون عقد التأمين هو عقد زمني " جوهرهُ الزمن ".

هل تغطي وثيقة التأمين الخطر الذي أدى إلى وقوع الخسارة؟

هل تغطي وثيقة التأمين الممتلكات التي هلكت أو تضررت؟

هل هناك ما يتوجب استرداده من طرف آخر؟ وذلك حسب مبدأ الحلول في الحقوق سواءً كانت شركات تأمين أخرى أو طرف تسبب في وقوع الضرر؟

هل تنطوي المطالبة على غش أو خداع من جانب المؤمن له؟

بالاضافة الى العديد من الأسئلة الأخرى.

2- الإنصاف والسرعة في تسديد المطالبات:

إن التأخر أو عدم تسديد المطالبة بعد التأكد من صحتها يضر بسمعة الشركة ويؤثر ذلك سلبياً على مبيعاتها.

3- تقديم المساعدة للمؤمن لهم:

وهذا البند لا علاقة له بالشروط التعاقدية مع المؤمن له، ولكن على شركات التأمين أن تقوم بذلك لما فيه من أثر طيب على سمعة شركة التأمين في سوق التأمينات وسينعكس إيجابياً على مبيعاتها. مثال ذلك أن تقوم شركة التأمين بإيجاد سكن لعائلة تعرض منزلها للحريق.

اختيار مسوي الخسائر:

إن الشخص الذي يقوم بتسوية الخسائر يسمى بـ "مسوي الخسائر" وقد يكون أحد الأشخاص المذكورين تالياً:

أ- وكيل التأمين:

تفوض الشركة في كثير من الأحيان وكلائها لحل المشاكل وتسوية المطالبات وتسديدها وذلك ضمن حدود معينة يتم الاتفاق عليها، وتمتاز هذه الطريقة بالسرعة في التسديد وتقليل مصاريف عملية التسوية والمحافظة على ثقة المؤمن لهم بشركة التأمين.

ب- مسوي الخسائر التابع لشركة التأمين:

هو أحد موظفي شركة التأمين والمتخصص في هذا المجال، حيث يقوم هذا الشخص بإجراء الدراسات الضرورية قبل التسديد. ثم بعد التأكد من صحة المطالبة، يقوم بإجراءات التسوية والتعويض.

ج- مسوي الخسائر المستقل:

مسوي الخسائر المستقل شخص يعمل لحسابه الخاص أو مؤسسة متخصصة في مجال تسوية الخسائر.

الخطوات المتبعة في تسوية الخسائر

1- التبليغ عن وقوع الخسارة، تنص وثائق التأمين أنه يتوجب على المؤمن له أن يقوم بالتبليغ فوراً بعد وقوع الخسارة أو خلال فترة زمنية محددة عن الخسارة التي تعرض لها وقد تصل هذه المدة من 48 ساعة الى 30 يوماً حسب نوع التأمين، وإذا تجاوز المؤمن له هذه المدة فإن ذلك قد يؤدي إلى ضياع حقه في المطالبة.

2- تقديم إثبات الخسارة، يتوجب على المؤمن له أو المستفيد أن يقدم لشركة التأمين إثباتاً بالخسارة التي حدثت وذلك من خلال التقارير التي يحصل عليها من الجهات المختصة، كإدارة المرور في حال تأمينات المركبات والحوادث، والدفاع المدني والشرطة في حال تأمينات الممتلكات والمستشفيات، والطب الشرعي في حال التأمين الصحي أو التأمين على الحياة ...

3- دراسة المطالبة والتأكد من مدى صحتها، وذلك من خلال مسوي الخسائر.

4- اتخاذ قرار تسديد المطالبة: بعد دراسة المطالبة وإجراء التحريات المناسبة يجب على مسوي الخسائر أن يتخذ أحد القرارات التالية: قبول الدفع كاملاً، رفض المطالبة، لكونها غير مغطاة بموجب وثيقة التأمين.

5- وظيفة الاستثمار والتمويل: Investment

يتم دفع أقساط التأمين غالباً في بداية العملية التأمينية ونتيجة ذلك يتوافر لشركة التأمين مبالغ ضخمة يمكن استثمارها وتحقيق عائد.

وحسب مبدأ الملاءمة أو المواءمة في الاستثمار، فإن شركات التأمين التي تمارس التأمين على الحياة تقوم باستثمار أموالها في أدوات استثمارية طويلة الأجل وذلك كون الالتزامات المتوقعة تكون لآجال طويلة، أما الاستثمارات التي تقوم بها شركات التأمين التي تمارس أعمال تأمينات الممتلكات والمسؤولية المدينة، فبما أن مدد هذه الوثائق غالباً ما تكون سنة فأقل وبالتالي فإن التزاماتها كذلك تكون قصيرة الأجل سنة فأقل، فحسب المبدأ السابق "الملاءمة" تقوم باستثمار في الأسهم وأذونات الخزينة وشهادات الإيداع وأي أدوات أخرى يمكن تحويلها إلى نقدية بسهولة ويسر وسرعة دون خسائر مهمة.

6- وظيفة إعادة التأمين: Reinsurance

ويقصد بإعادة التأمين نقل جزء من الخطر إلى جهة أخرى أقدر على تحمل هذا الخطر، وغالباً ما تكون هذه الجهة هي شركات إعادة التأمين، وعقد إعادة التأمين هو عقد يشبه عقد التأمين، إلا أن أطرافه تكون مختلفة، ففي عقد التأمين يكون طرفا العقد المؤمن له "شخص أو مؤسسة" والمؤمن "شركة التأمين" أما عقد إعادة التأمين فأطرافه شركة التأمين وشركة إعادة التأمين، إلا أن عقد إعادة التأمين يختلف عن عقد التأمين في صفة الإذعان، حيث يمكن لطرفي العقد مناقشة شروط العقد وتعديلها حسبما يرونه مناسباً، وسوف يتم تناول هذه الوظيفة بالتفصيل لاحقا في الفصل السابع .

9-2 المقارنة بين التأمين والمقامرة

التأمين عبارة عن نظام يتم فيه نقل الخطر الفعلي من على عاتق (المستأمن) إلى طرف آخر (شركة التأمين) حيث يقوم المؤمن بتعويض المستأمن عن أي خسائر يتعرض لها حسب العقد المبرم مقابل أن يقوم المستأمن بدفع قسط التأمين عند موعد استحقاقه. ونلاحظ هنا ان الخطر في التأمين خطر موجود بالفعل، أما عملية المقامرة فإن الخطر فيها مصطنع حيث أنها عبارة عن عملية يكون الخطر فيها من صنع اللاعبين أو المقامرين أو بعبارة أخرى أننا نلاحظ أن الخطر في التأمين موجود ومن هنا يلجأ الفرد إلى التأمين لتقليل الخطر أو تحويله. أما في المقامرة فالخطر أساسا غير موجود ولكننا نخلقه بالقيام بالمقامرة أو الرهان وهذا فرق كبير.

ومن الجدير بالذكر ان التأمين يؤدي وظيفة انتاجية واجتماعية بعكس المقامرة التي تعتبر مرض اجتماعي.

أسئلة المناقشة

السؤال الاول: عرّف التأمين من وجهة نظر قانونية وفنية وناقشهما.

السؤال الثاني: اشرح نشأة وتطور التأمين.

السؤال الثالث: وضح بالتفصيل أهمية التأمين من خلال الجوانب الاقتصادية والاجتماعية.

السؤال الرابع: هناك مجموعة وظائف عامة للتأمين وحسب الشركات التي تتعامل بالتأمين. اشرح هذه الوظائف مع الأمثلة.

السؤال الخامس: عدّد القواعد الفنية للتأمين مع إعطاء بعض الأمثلة.

السؤال السادس: وضّح باختصار التقسيمات المختلفة للتأمين.

السؤال السابع: وضّح باختصار أهم الوظائف التي تقوم بها شركات التأمين.

السؤال الثامن: بماذا يختلف تسعير الخدمات التأمينية عن تسعير المنتوجات السلعية؟

السؤال التاسع: اذكر المبادىء الأساسية لعملية الاكتتاب.

السؤال العاشر: ما هي مصادر المعلومات التي تعتمد عليها شركات التأمين في عملية الاكتتاب؟

السؤال الحادي عشر: وضّح مفهوم الإنتاج في مجال التأمين.

السؤال الثاني عشر: ما هي الأسس الرئيسية في تسوية المطالبات (إدارة التعويضات)؟

السؤال الثالث عشر: عدد خطوات عملية الاكتتاب.

الأسئلة الموضوعية

1- الآتية جميعها من المتطلبات التي يجب توفرها في الخطر ليصبح قابلاً للتأمين.

أ- أن تكون الخسارة تحت سيطرة المؤمن عليه.

ب- أن تتوافر مجموعة كبيرة متشابهة من الوحدات المعرضة للخطر.

ج- حساب احتمالية الخسائر المتوقعة.

د- ان تكون الخسارة عرضية وغير مقصودة.

2- أي العبارات التالية فيما يتعلق بالتأمين والمقامرة صحيحة؟

1. التأمين عبارة عن رهان فيما إذا حصلت خسائر فإنه يتم التعويض عنها.

2. التأمين والمقامرة كلاهما وسائل إنتاجية اجتماعية.

أ- العبارتان صحيحتان   ب- العبارة الأولى صحيحة فقط

ج- العبارة الثانية فقط صحيحة   د- كلتا العبارتين غير صحيحتين

3- أي من التالية ليست من وظائف التأمين ؟

أ- تجميع المدخرات   ب- تنشيط الائتمان

ج- الإنتاج (المبيعات)   د- حماية أفراد المجتمع من الأخطار التي تواجههم

4- إن وظيفة اختبار وتبويب طالبي التأمين الذين لا يزيد معدل الخسارة لديهم عن معدل الخسارة المفترض في سلم الأسعار الذي تستخدمه شركة التأمين هي:

أ- الإنتاج   ب- التسعير   ج- الاكتتاب   د- التسويق

5- أخطار المسؤولية المدنية تجاه الغير هي:

أ- مجموعة الأخطار التي تصيب الشخص في بدنه أو دخله فتؤدي إلى انقطاع أو نقص في الدخل.

ب- الأخطار الخاصة بمسؤولية الشخص عن الجرائم التي يرتكبها ويعاقب عليها القانون.

ج- الأخطار الخاصة بمسؤولية الشخص تجاه الالتزام بتأدية واجباته الرئيسية.

د- مجموعـة الأخطار الخاصـة بمسؤوليـة الشـخص عـن الأضـرار الماديـة التي تلحـق الغـير في أجسـامهم أو ممتلكاتهم نتيجة خطأ من جانبه.

6- قاعدة الخسارة العرضية إحدى القواعد الفنية للتأمين ويقصد بها:

أ- أن يكون الخطر محتمل الحدوث.

ب- أن يكون الخطر مستقبلي الحدوث.

ج- أن يكون الخطر لا إرادي.

د- جميع ما ذكر صحيح.

7- الشخص الذي يقوم باحتساب قسط التأمين يسمى:

أ- الاكتواري   ب- مندوب التأمين

ج- مسوي الخسائر   د- وكيل التأمين

8- تحصل شركة التأمين على المعلومات الخاصة لعملية الاكتتاب من:

أ- طلب التأمين

ب- تقرير مندوب أو وكيل التأمين

ج- الكشف الطبي أو الكشف عن الممتلكات

د- جميع ما ذكر صحيح

9- أي من التالية ليست من الأسس الرئيسية في تسوية المطالبات.

أ- التحقق من صحة المطالبات المقدمة

ب- تقديم المساعدة للمؤمن عليهم.

ج- الإنصاف والسرعة في تسديد المطالبات.

د- اختيار الجهة التي ستسوي الخسائر.

10- الوظيفة التي يقصد بها المبيعات والنشاطات التسويقية التي تقوم بها شركات التأمين هي:

أ- الاكتتاب   ب- الإنتاج

ج- التسعير   د- إعادة التأمين

الفصل الثالث

الأركان والمبادئ القانونية لعقد التأمين

3-1 الأركان الأساسية لعقد التأمين

أولاً: عقد التأمين

ثالثاً: قسط التأمين

3-2 المبادئ القانونية لعقد التأمين

3-3 السمات القانونية المميزة لعقود التأمين

الفصل الثالث

الأركان والمبادئ القانونية لعقد التأمين

1-3 الأركان الأساسية لعقد التأمين

هناك مجموعة أركان أساسية لعقد التأمين:

أولاً: عقد التأمين

عقد التأمين يخضع كسائر العقود في القانون المدني، فهو عقد يجب أن يتوفر فيه الايجاب والقبول، والايجاب هنا يأتي من طالب التأمين عند تعبئة طلب التأمين والقبول يأتي عندما تقبل شركة التأمين أو وكيلها طلب طالب التأمين وتصدر الشركة العقد، ويمكن أن يتم العقد القانوني السابق في أي صورة من صور التعاقد ولكن لإثبات هذا الضمان فقد جرى العرف التأميني أن يتم ذلك على طريق وثيقة التأمين أو عقد التأمين أو بوليصة التأمين وتصدر بوليصة التأمين بالصور التالية:

1- بوليصة التأمين الفردية Individual Policy

وهي البوليصة التي تغطي شخص، منشأة من خطر تأميني مفرد محدد لصالح مستفيد محدد أيضا. مثال بوليصة التأمين ضد الغير على سيارة معينة.

2- بوليصة التأمين الشاملة Multiple – line Policy

تصدر لتغطية عدة أخطار غير متشابهة بدلا من خطر واحد، مثل وثيقة تأمين السيارات الشاملة التي تغطي الحريق، السرقة، وحوادث الطرق.

3- بوليصة التأمين الجماعية Group Policy

تصدر لتغطية خطر واحد محدد لصالح مستفيدين متعددين مثل بوليصة التأمين الصحي الجماعي لكل طلبة الجامعة.

ثانياً: أطراف التعاقد

الطرف الأول: المؤمن Insurer وهو الهيئة أو الجهة التي تتولى دفع قيمة التعويض مبلغ التأمين عند تحقق الخطر المؤمن عليه.

الطرف الثاني: المؤمن له (المستأمن) Insured وهو الشخص أو صاحب الشيء موضوع التأمين وعادة ما يقوم هذا الطرف بالتعاقد مع المؤمن بغرض تغطية الخسارة المادية المتوقعة نتيجة تحقق الحادث المؤمن منه، وعليه التزام بدفع قسط التأمين مقابل ذلك.

وفي التأمينات على الحياة يظهر طرف ثالث في التعاقد على التأمين يطلق عليه المستفيد Beneficary وهو الشخص الذي يستحق مبلغ التأمين أو قيمة التعويض.

ثالثاً: قسط التأمين Premium

وهو ما يقوم بدفعه المؤمن له أو المستأمن إلى المؤمن، وذلك مقابل أن يقوم الأخير بالتغطية التأمينية للشخص أو الشيء موضوع التأمين من الخطر المؤمن عليه، أو مقابل قيام المؤمن بدفع مبلغ التأمين أو قيمة التعويض عند تحقق الخطر المؤمن عليه، خلال المدة المحدودة بوثيقة التأمين.

رابعاً: مدة التأمين: Term of Insurance

ويشمل اتفاق طرفي التعاقد على وثيقة التأمين، على تاريخ بداية سريان الوثيقة وتاريخ انتهاء سريانها أي يتم تحديد المدة التي يتمتع المؤمن له من خلالها بالتغطية التأمينية من قبل المؤمن، على أن يكون ذلك مقروناً بساعة معينة. فإذا ما حدث الخطر المؤمن منه خلال هذه المدة، استحق المؤمن له أو المستفيد مبلغ التأمين أو قيمة التعويض بشرط أن يسدد المؤمن له الأقساط المتفق عليها.

إن العبرة في استحقاق التعويض هو تحقيق الخطر المؤمن عليه قبل انتهاء مدة مفعول وثيقة التأمين، مثلاً إذا تحقق حادث حريق في مبنى معين مؤمن عليه من خطر الحريق قبل ساعات قليلة من انتهاء مفعول مدة التأمين، لكن امتد نفس الحريق في هذا المبنى لعدة أيام بعد انتهاء مدة التأمين بالوثيقة، هنا يستحق المؤمن له أو المستفيد قيمة

التعويض بالكامل عن الخسارة التي تتحقق بالمبنى ككل وليس التعويض عن الخسارة التي تحققت حتى انتهاء مفعول الوثيقة فقط. والشرط الوحيد اللازم هنا هو إثبات أن حادث الحريق قد بدأ قبل انتهاء مفعول الوثيقة ولو بدقائق.

خامساً: مبلغ التأمين Insurance Face Amount

ويمثل التزام المؤمن قبل المؤمن له أو المستفيد عند تحقق الخطر المؤمن عليه، وقد ينص في الوثيقة على مبلغ التأمين صراحة كما هو الحال في التأمينات النقدية، وهي عقود التأمين على الحياة.

أما في تأمينات الخسائر وهي التأمينات التي من السهل فيها تحديد قيمة الخسارة الفعلية عند تحقق الخطر المؤمن عليه، كتأمينات الممتلكات والمسؤولية المدنية فإن الأمر يختلف حيث يمثل مبلغ التأمين الحد الأقصى لالتزام المؤمن وهو التعويض، حيث أن التعويض هنا يتوقف على الخسارة الفعلية مع أخذ درجة الغطاء التأميني في الاعتبار بشرط ألا يزيد هذا التعويض عن مبلغ التأمين المحدد بالوثيقة.

سادساً: الاستثناءات Exclusions

الاستثناء جزء من وثيقة التأمين يستبعد خطراً معيناً من التغطية التأمينية، ويحتوي هذا الجزء على ما لا تريد الشركة أن تلتزم به فيما يتعلق بالتأمين. فقد تستثني وثيقة التأمين على الحياة الانتحار في أول سنتين، وكذلك أخطار الكوارث الطبيعية، والحروب.... الخ. ويمكن تغطية هذه الاستثناءات عن طريق زيادة القسط.

سابعاً: الملاحق Appendix

تحتوي بعض وثائق التأمين على ملاحق وتستخدم هذه الملاحق لإضافة أو إلغاء أو تعديل شروط في وثيقة التأمين فمثلاً يمكن إضافة ملحق لتغطية الإعفاء من الأقساط في حالة العجز الكلي الدائم بينما يستمر سريان وثيقة التأمين.

ثامناً: الاقتطاعات Deductibles

الاقتطاعات مصطلح يعني حسم مبلغ معين من التعويض القابل للدفع بموجب شروط وثيقة التأمين. وتوجد الاقتطاعات في وثائق تأمين الممتلكات والمركبات، والتأمين الصحي، ولكنها لا تستخدم في التأمين على الحياة لأن وفاة المؤمن له تعتبر خسارة كلية، وأي حسم منها سيخفض مبلغ التأمين المتفق عليه. وهذا أمر مخالف لشروط وثيقة التأمين على الحياة. كما أنها أي الاقتطاعات، قد تكون إجبارية؛ أي أن شركة التأمين تفرضها على المؤمن له، وقد تكون اختيارية أي بناء على طلب المؤمن له. وفي كلتا الحالتين يستطيع المؤمن له أن يطلب زيادة قيمتها لقاء تخفيض في قسط التأمين.

إن الغاية من تطبيق الاقتطاعات تتمثل فيما يلي:

1- التخلص من التعويضات ذات الحجم الصغير، لأن تكلفة معالجة هذه التعويضات مرتفعة جداً. وقد تفوق في كثير من الأحيان قيمة التعويض. فعلى سبيل المثال قد تبلغ تكلفة تسديد مطالبة بقيمة 20 ديناراً مبلغ 50 ديناراً.

2- تستخدم الاقتطاعات لتخفيض أقساط التأمين، فإذا تم تطبيق اقتطاع كبير (مائة أو مائتي دينار) على التأمين الصحي، على سبيل المثال، فإنه سيخفض قسط التأمين الصحي إلى درجة كبيرة ومجزية بالنسبة للمؤمن له، إذ أن الهدف من التأمين هو تعويض الخسائر الكبيرة التي يتعرض لها المؤمن له، وليس الخسائر الصغيرة التي يستطيع أن يتحملها.

3- تستخدم الاقتطاعات أيضاً لتقليل الخطر الأخلاقي، لأن بعض المؤمن لهم يتعمد إحداث أضرار بممتلكاته من أجل الكسب من التأمين. ولذلك، فإن وجود الاقتطاعات يقلل إلى حد كبير من هذه الأفعال. كما أن بعض المؤمن لهم يهمل في المحافظة على ممتلكاته ويجعلها عرضة للضرر والهلاك، وبالتالي، فإن وجود الاقتطاعات قد يقلل من إهمال مثل هؤلاء الأشخاص، ويجعلهم أكثر حيطة وحذرا.

* أنواع الاقتطاعات:

1- الاقتطاع الثابت أو الفوري ويعني أن على المؤمن له أن يتحمل مبلغاً معيناً من كل مطالبة يتقدم بها إلى شركة التأمين، كما هو الحال في تأمين المركبات، حيث يتحمل المؤمن له أول عشرين ديناراً أو خمسين ديناراً، أو أي مبلغ يتم الإتفاق عليه بينه وبين شركة التأمين. مثلا لو تضررت سيارتك وقدرت الخسارة بمبلغ 100 دينار، فإن المؤمن له سوف يقبض فقط 80 ديناراً

2- الاقتطاع التراكمي أو السنوي ويقصد به أن شركة التأمين تبدأ في دفع التعويض بعد أن تزيد قيمة المطالبات المقدمة عن مبلغ معين، كما هو الحال في بعض تأمينات الممتلكات حيث يفرض اقتطاع تراكمي أو سنوي قد يبلغ 500 دينار، على سبيل المثال، ولا تقوم شركة التأمين بتعويض المؤمن له في هذه الحالة إلا إذا زادت قيمة المطالبات المقدمة عن 500 دينار. وعندئذ تقوم شركة التأمين بتسديد ما يزيد عن ذلك المبلغ بالكامل. مثلا إذا حدثت خسارة بقيمة 100 ديناراً، وثانية بقيمة 200 دينار وثالثة بقيمة 500 ديناراً، فإن المؤمن له يستلم فقط 200 ديناراً وأية مطالبة خلال العام تسدد بالكامل.

3- السماح (أو ما يسمى بالفرنشيزة) ويطبق هذا النوع من الاقتطاع في التأمينات البحرية حيث تعفى شركة التأمين من دفع أي مطالبة لا تزيد قيمتها عن نسبة مئوية محددة من مبلغ التأمين مثل 2% أو 3% فإذا زادت قيمة التعويض عن هذه النسبة تقوم شركة التأمين بدفع قيمة التعويض بالكامل.

4- فترة الانتظار وهي نوع من أنواع الاقتطاعات بحيث لا تدفع شركة التأمين خلالها أي مطالبة تتعلق بالتغطية التي فرضت عليها فترة الانتظار، وقد تكون فترة الانتظار ثلاثة أشهر أو ستة أشهر أو أكثر من ذلك. وتستخدم فترة الانتظار في التأمين الصحي حيث لا تقوم شركة التأمين بدفع أي مطالبات متعلقة بأمراض معينة خلال هذه الفترة.

2-3 المبادىء القانونية لعقد التأمين Legal Principals of Insurance

تحكم علاقة المؤمن (شركة التأمين) بالمؤمن له ستة مبادىء هامة وأساسية في عقد التأمين. ثلاثة منها فقط خاضعة لكافة عقود التأمين بدون استثناء وهي

مبدأ منتهى حسن النية، مبدأ المصلحة التأمينية، مبدأ السبب القريب.

أما المبادئ الثلاثة الأخرى فهي خاضعة للتأمينات العامة (تأمين الممتلكات – المسؤولية المدنية) فقط وهي مبدأ التعويض، مبدأ المشاركة، مبدأ الحلول

وسوف نتناول شرح هذه المبادئ بالتفصيل كالآتي:

أولاً: مبدأ منتهى حسن النية Principle of utmost good faith

يتضمن هذا المبدأ أن يقوم كل من طرفي التعاقد بعدم الإدلاء ببيانات غير صحيحة أو من شأنها التضليل، كما يجب ألا يخفى عن الآخر أي بيانات تكون جوهرية بالنسبة للتعاقد، فإذا أخل أحد الطرفين بهذا المبدأ فإن العقد يصبح باطلاً أو قابلاً للبطلان حسب سبب الإخلال. وترجع أهمية هذا المبدأ إلى أنه بناء على إجابة المؤمن له على بيانات طلب التأمين، تقرر شركة التأمين (المؤمن) قبول التأمين أو رفضه، ويتحدد قيمة القسط وباقي الشروط الأخرى.

الحقائق والأمور الجوهرية

يقصد بالحقائق الجوهرية "تلك البيانات والحقائق التي تؤثر على قرار المؤمن من حيث قبوله أو رفضه للتأمين أو في تقديره لقيمة قسط التأمين الواجب دفعه. وهنالك مجموعة من الحقائق التي يتوجب على طالب التأمين أن يكشفها لشركة التأمين حتى ولو لم تستفسر عنها شركة التأمين من منطلق حسن النية.

1- الأمور التي من شأنها زيادة الخطر المؤمن ضده، كوجود مواد سريعة الاشتعال في المبنى موضوع التأمين بحالة التأمين من الحريق.

2- سجل الخسائر التاريخي بمعنى حالة الخسائر السابقة التي تعرض أو يتعرض لها المؤمن له قبل شروعه في هذا التأمين.

3- إذا ما سبق وتقدم بطلب تأمين ورفض هذا الطلب من قبل أي من شركات التأمين الأخرى بمعنى الحقائق التي تبين أن طالب التأمين شخص غير عادي للتعرض للحوادث أو تعرض ممتلكاته للحوادث.

تطبيقات على الحقائق والأمور الجوهرية الواجب إظهارها.

1- في التأمين من الحريق: طبيعة تركيب البناء وطريقة استخداماته، وجود مفرقعات في المبنى.

2- في التأمين من السرقة: طبيعة المخزون وقيمته التقديرية، غياب المؤمن له عن سكنه لفترات طويلة.

3- في تأمين السيارات: إذا ما كانت السيارة سيتم قيادتها من قبل شخص خلاف الاسم المذكور في الوثيقة.

4- في التأمين البحري: إذا ما كانت الشحنة أو جزء منها سيحمل على سطح السفينة.

5- في تأمين الدخل نتيجة الوفاة (التأمين على الحياة): السجل السابق للمرضيات.

6- في تأمين الحوادث الشخصية: بيانات عن وضعه الصحي التي من شأنها أن تتسبب في حادث يؤدي إلى تعرضه لكسر.

الحقائق أو الأمور غير الجوهرية

هنالك مجموعة من الحقائق لا يشترط على المؤمن له أو طالب التأمين أن يكشفها للمؤمن وذلك في الحالات التالية:

1- حقائق من شأنها تقليل حجم الخطر. كإنذار للحريق.

2- حقائق يفترض أن تكون معاينة المؤمن قد كشفها.

3- حقائق مغطاة بالوثيقة ضمن شروطها العامة.

أنواع الاخلال بمبدأ منتهى حسن النية من قبل المؤمن له.

أولاً: الإخلال الإيجابي

1- إعطاء بيانات خاطئة بحسن نية ولم تعط بقصد الخش والخداع مثال ذلك إجابة أحد الأشخاص بالنفي عن سؤال فيما كان يشكو من ارتفاع الضغط عندما تقدم للحصول على تأمين صحي، علما بأن هذا الشخص مصاب بارتفاع الضغط ولكنه في ذلك اليوم لم يكن يشكو من ارتفاع الضغط وهذا ما كان يقصده بالإجابة بالنفي.

ثانياً: الإخلال السلبي

1- إخفاء الأمر الجوهري إخفاء مقصوداً (إخفاء تعمدي) كان يخفي طالب التأمين على الحياة وجود مرض روماتيزم أو سكر في البول أو وفاة أحد أفراد العائلة نتيجة مرض وراثي.

2- عدم إظهار الأمر الجوهري بسبب السهو أو الاعتقاد بأن الأمر ليس جوهرياً ولا يؤخذ بعين الاعتبار معرفته أو عدم معرفته بأن المعلومة جوهرية ويتوجب ذكرها مثل تأمين البضاعة في التأمين البحري في هاتين الحالتين يصبح العقد قابلاً للبطلان.

الإخلال بمبدأ منتهى حسن النية من قبل المؤمن.

يسري مفعول الإخلال على المؤمن كما هو على المؤمن له ولو أنه من الصعب على المؤمن الإخلال بهذا المبدأ ويتطلب من المؤمن أن يلتزم بتوضيح العقد وشروطه للمستأمن وكذلك على المؤمن قبل التعاقد أن يشرح للمؤمن عليه أي غموض في الوثيقة على النحو التالي:

1- ألا يدلي إلى المؤمن له ببيانات خاطئة من شأنها تضليل طالب التأمين.

2- ألا يقبل تأميناً يعلم أنه أصبح غير ذي موضوع.

3- ألا يقبل تأميناً انتفت منه المصلحة التأمينية.

4- ألا يضيف إلى الوثيقة شروطاً خاصة لم يسبق الاتفاق عليها مع المؤمن له. في التعرض لهذا البند وجب التنويه لواجبات ومسؤوليات وكيل الإنتاج أو السمسار على النحو التالي:

1- يجب على وكيل الإنتاج أن يبذل قصارى جهده وبعناية فائقة التصرف والإدلاء بالبيانات التي يدلي بها أو يحصل عليها من المؤمن له.

2- ألا يتجاوز جدول وكالة الإنتاج المتفق حولها مع المؤمن (شركة التأمين).

3- أن يكون الوكيل حسن النية.

التأمين الإلزامي ومبدأ حسن النية.

قد تصدر تأمينات إجبارية عن طريق التشريعات التي تسنها الدولة للهيئات والمؤسسات لصالح مجموعة معينة من الشعب كما في تأمين العاملين من إصابات العمل وتأمين ضد الغير في حوادث السيارات.

إن هذه التأمينات قد لا تكون ذات فائدة بالنسبة للأفراد المستفيدين إذا ما أخل المتعاقد بمبدأ منتهى حسن النية إخلالاً وجب معه أو جاز إبطال العقد.

وتفادياً لهذا نجد أن المشرع يحرص على أن يأتي القانون ملزماً للمؤمن بالوفاء بمطالبات حتى ولو أخل المتعاقد بالمبدأ، بمعنى أنه يتم تجاوز هذا المبدأ في حالة التأمين الإلزامي.

ثانياً: مبدأ المصلحة التأمينية Principle of Insurable Interest

يقضي مبدأ المصلحة التأمينية في أنه لا يجوز لأي شخص أن يحصل على عقد تأمين إلا إذا كان له في الشخص أو الشيء موضوع التأمين مصلحة تأمينية بمعنى أن يكون له في موضوع التأمين مصلحة مشروعة ومادية بحيث يكون في بقاء هذا الشخص على قيد الحياة أو الشيء منفعة مادية، كما يلحق المؤمن له ضرر أو خسارة من تحقق الخطر المؤمن منه في الشيء أو الشخص موضوع التأمين.

وتعود ضرورة وجود المصلحة التأمينية في جميع عقود التأمين للأسباب التالية:

1- منع المقامرة:

2- التقليل من الخطر الأخلاقي: أي (عدم التأمين على ممتلكات الغير والتعمد الحاق الضرر بها ليحقق كسباً غير مشروع، بينما الشخص المالك لهذه الممتلكات لا يلحق الضرر لأنه لن يحقق أي كسب حسب مبدأ التعويض).

أسس المصلحة التأمينية

هنالك أسس أربعة تحكم التعرف على المصلحة التأمينية وشرعيتها على النحو التالي:

1- لابد من توفر عوامل متعددة منها وجود ملكية، حقوق، مصلحة، حياة، أو مسؤولية قابلة للتأمين.

2- هذه الملكية، الحقوق، المصلحة، الحياة، يجب أن تحدد صفة مصلحة المؤمن له بها.

3- لابد وأن يتوفر عامل طبيعة العلاقة بين المؤمن له والمصلحة المشار إليها أعلاه.

4- أن تتوافر لهذه العلاقة بين المؤمن له والمصلحة التأمينية الصيغة الشرعية القانونية وتتحقق الصيغة الشرعية أو القانونية عن طريق إنشاء عقد بين المؤمن له وأي صفة أو هيئة أخرى كشركة التأمين.

تنطبق المصلحة التأمينية على المؤمن له كما تنطبق على المؤمن وتنحصر مصلحة المؤمن التأمينية في مسألة التعويض والاهتمام الذي ينشأ من جراء ذلك.

المصلحة التأمينية في الممتلكات

هنالك حالات أخرى خلاف الملكية التامة للمؤمن له في ممتلكاته متمثلة بما يلي:

1- شريك كامل أو جزئي في الممتلكات.

2- بضاعة الأمانة، وعقود رد الملكية عن راهن ومرتهن.

3- الوصي على الممتلكات.

4- الكافل للمؤمن له في ممتلكاته.

5- الوكيل، وكيل الأعمال الذي يؤمن على الممتلكات باسمه وهي ملك رب العمل الرئيسي.

الشروط الواجب توافرها في المصلحة التأمينية

1- أن تكون المصلحة مادية.

بمعنى أن العاطفة مثلاً ليست كافية لخلق مصلحة تأمينية فلا يجوز التأمين على صديق أو زعيم ديني أو سياسي أو وطني لا توجد بينك وبينه صلة قرابة.

2- أن تكون المصلحة مشروعة.

بمعنى لا يجوز التأمين على الجريمة التي تعتبر من مخالفات القانون والآداب العامة كما لا يجوز التأمين على المخدرات والبضائع المهربة بالإضافة إلى أنه لا يجوز للسارق أن يؤمن على بضائع مسروقة.

تطبيقات على المصلحة التأمينية.

أولاً: التأمين على الدخل نتيجة الوفاة (التأمين على الحياة).

1- للشخص مصلحة تأمينية في حياته فله مصلحة تأمينية على أي مبلغ يشاء ولمصلحة أي شخص يشاء.

2- للزوج مصلحة تأمينية في حياة زوجته كما أن للزوجة مصلحة تأمينية في حياة زوجها.

3- للدائن مصلحة تأمينية في حياة مدينة بحدود مبلغ الدين، أما المدين فليست له مصلحة تأمينية في حياة الدائن.

4- للضامن مصلحة تأمينية في حياة الشخص المضمون وبحدود مبلغ الضمان.

5- للمنتج السينمائي مصلحة تأمينية في حياة الممثل.

6- لرب العمل مصلحة تأمينية في حياة وكيل أعماله.

ثانياً: التأمينات العامة (التأمين على الممتلكات – المسؤولية المدنية)

1- للمالك مصلحة تأمينية في الشيء الذي يملكه.

2- للشخص مصلحة تأمينية في الممتلكات التي بحوزته ولو ملك الغير "بضاعة الأمانة".

3- لكل من الراهن والمرتهن مصلحة تأمينية في الممتلكات موضوع الرهن.

4- للزوج مصلحة تأمينية في ممتلكات زوجته إذا كانت تعيش معه وإشراكها في استعمال هذه الممتلكات.

5- الدائن ليست له مصلحة تأمينية في ممتلكات المدين بالرغم من أن له مصلحة تأمينية في حياته.

6- المساهم ليست له مصلحة تأمينية في ممتلكات الشركة التي يساهم فيها.

7- مالك الجزء له مصلحة تأمينية بقدر الجزء الذي يمتلكه.

الوقت الذي يجب فيه وجود المصلحة التأمينية

يشترط تواجد المصلحة التأمينية عند وقوع الخطر والمطالبة بالتعويض في عقود تأمينات الممتلكات والمسؤولية المدنية، أما بالنسبة لعقود تأمينات الحياة فيجب توفر المصلحة التأمينية عند التعاقد فقط عندما تتوفر علاقة دم او صلة قرابة تحددها شركة التأمين. أما إذا كانت المصلحة في التأمين على الحياة بين أفراد لا تربطهم صلة قرابة أو صلة دم ولكن بينهم شركة أو مشروع فإنه يجب توافر المصلحة وقت التعاقد وعند تحقق الخطر لأن هذه المصلحة تكون مرتبطة ببقاء الشركة أو المشروع.

ثالثاً: مبدأ التعويض Principle of Indemnity

يقضي مبدأ التعويض بأنه لا يجوز للمؤمن له أن يجعل من عقد التأمين مصدر ربح بل وسيلة للتعويض والتعويض فقط، بمعنى أنه إذا ما تحقق الخطر المؤمن منه فإن قيمة التعويض الذي دفعة للمؤمن له يجب ألا تزيد من قيمة الخسارة التي حدثت فعلاً مهما كان مقدار مبلغ التأمين كبيراً.

يعتبر التعويض المبدأ الرقابي لقانون التأمين. وبمعنى آخر يتحدد مفهوم التعويض بأنه يهدف إلى إعادة وضع المؤمن عليه كما كان عليه قبل حدوث الخسارة مباشرة.

التعويض = الخسارة .... وبحد أقصى مبلغ التأمين

أساليب التعويض.

تتحدد أساليب التعويض بأربعة نماذج نوردها على النحو التالي:

1- التعويض النقدي: يقضي بأن يتم التعويض من قبل المؤمن بوساطة دفع شيك بقيمة التعويض إلى المؤمن له.

2- التصليح: ويقضي هذا الأسلوب بإصلاح الضرر الناجم لممتلكات المؤمن له وذلك كما في تأمين السيارات.

3- الاستبدال الكلي كما هو الحال في معاملة تأمين كسر الزجاج، تأمين المجوهرات والسيارات تلف كامل، ويقضي هذا الأسلوب باستبدال الممتلكات من قبل المؤمن لحساب المؤمن له.

4- إعادة الشيء موضوع التأمين إلى ما كان عليه قبل الحادث ويقضي هذا الأسلوب بأن يتعهد المؤمن بإعادة بناء أو تجديد الضرر الحاصل لممتلكات المؤمن له.

تطبيق مبدأ التعويض على الأنواع المختلفة للتأمين.

يلاحظ أن مبدأ التعويض ينطبق على جميع عقود التأمين فيما عدا تأمينات الأشخاص.

تطبيق المبدأ على تأمينات المسؤولية المدنية.

تجد هنا أن تطبيق المبدأ واضح وسهل ذلك أن المؤمن له في مثل هذه العقود لا يحصل على مبلغ التأمين عند تحقق الخطر المؤمن عليه بل أن هذه المبالغ يدفعها المؤمن نيابة عن المؤمن له إلى شخص آخر هو الذي أصابه أو أصاب ممتلكاته الضرر.

تطبيق المبدأ بالنسبة لتأمين الممتلكات

جميع عقود التأمين التي من هذا النوع تخضع لمبدأ التعويض غير أن تطبيق المبدأ على هذه العقود ليس سهلاً ذلك أن المؤمن له يميل إلى المبالغة في تقدير قيمة الخسارة كما يميل المؤمن إلى جعل قيمة التعويض أقل ما يمكن، وعليه يجب مراعاة أن تقدير قيمة التعويض يخضع للقواعد التالية:

1- أن الحد الأعلى لمبلغ التعويض هو مبلغ التأمين.

2- أن المؤمن له ليس له الحق في الحصول على تعويض كامل الخسارة التي تلحق به إذا كان مؤمناً تأميناً أقل من الكفاية مع وجود شرط النسبية.

أهم الصعوبات التي تواجه مبدأ التعويض في الممتلكات:

1- صعوبة تقدير قيمة الشيء موضوع التأمين عند وقوع الخطر المؤمن عليه كما في الوثائق المقدرة.

2- صعوبة تقدير قيمة مبلغ التأمين الكافي أي القيمة الحقيقية للممتلكات.

3- صعوبة تقدير قيمة الخسارة التي تحدث نتيجة لتحقيق الخطر المؤمن عليه في المخزون من البضاعة.

ومن الاحتياطات المتبعة لتلافي هذه الصعوبات ما يلي:

1- التزام المؤمن له بالاحتفاظ بدفاتر محاسبية منظمة ومعتمدة تبين في أي وقت مقدار المخزون.

2- الاتفاق مقدماً وعند التعاقد على جعل مبلغ التأمين معادلاً لقيمة الشيء موضوع التأمين كما هو في الوثائق المقدرة التأمين مثل التحف الأثرية، والفنون الجميلة واللوحات النادرة.

3- تعويض المؤمن له عينيا.

ففي تأمين السرقة وتأمين الحريق والتأمين البحري قد يقوم المؤمن بتعويض المؤمن له عن بضاعته ببضاعة أخرى من نفس النوع أو يقوم بإصلاح المبنى الذي أتلفه الضرر بدلاً من دفع تعويض نقدي.

الإجراءات المتبعة بحالة حدوث خسارة تتطلب التعويض.

1- يملأ المؤمن له طلب تعويض مصمم من قبل المؤمن ويورد فيه بيانات عن الحادث. وقيمة البضاعة المصابة ومبلغ التأمين المؤمن به وتاريخ وكيفية الحادث.

2- يرفق مع الطلب تقرير الشرطة إذا من المفروض أن يكون المؤمن له قد بلغ الشرطة بالحادث.

3- في حالة الحريق يرفق تقرير الإطفاء عن كيفية وقوع الحادث وملابساته.

4- ترسل هذه المرفقات إلى شركة التأمين (المؤمن) الذي يقوم بدراستها والبت بها.

5- وبحالة التسوية يحدد المؤمن قيمة التعويض التي سيقوم بدفعها للمؤمن له فيرسل مخالصة للمؤمن له ليوقعها ويعيد نسخة منها إلى شركة التأمين وتقيد هذه المخالصة وهذا التوقيع بموافقة المؤمن له على مبلغ التسوية، وفي حالة الرفض من قبل المؤمن له لا يوقع هذه المخالصة. بل يعيدها بكتاب مرفق إلى شركة التأمين عادة ما يستعان بهذه المرحلة بمسوي الخسائر ويكون دوره محايداً ولديه خبرة في تقدير الخسائر.

6- في حالة توقيع المخالصة والموافقة على قيمة التسوية ترسل شركة التأمين إلى المؤمن إشعار دائن تفيده بأن مبلغ التسوية قد سجل لحسابه أو تستصدر شيكاً بالقيمة المتفق عليها للتعويض.

رابعاً: مبدأ الحلول Principle of Subrogation

ويقضي هذا المبدأ بأحقية شركة التأمين (المؤمن) في أن تحل محل المؤمن له (المستأمن) في حقوقه قبل الغير المتسبب في الضرر، وذلك بعد سداد قيمة التعويض المستحق، على أن يكون هذا الاخلال في حدود قيمة التعويض التي قام بدفعها للمؤمن له فقط.

تطبيقات على مبدأ الحلول

1- في تأمين خيانة الأمانة. نجد أن المؤمن الذي يدفع التعويض يكون له الحق في مقاضاة المذنب للحصول على ما يكون قد دفعه للمؤمن له من تعويض.

2- في تأمين السرقة. نجد أن المؤمن الذي يدفع التعويض يكون له الحق في البضائع المسروقة التي يمكن الحصول عليها أو استرجاعها من السارق.

3- التأمين من الحريق: نجد أنه إذا أمن الدائن المرتهن على عقار مرهون له وإذا فرض أن العقار احترق ودفع المؤمن تعويضاً للمؤمن له فإن هذا يحل محل الدائن المرتهن في حقه قبل الراهن المدين بما يكون قد دفعه من تعويض.

4- في التأمين البحري والحريق: نجد أن المؤمن يستولي على الأشياء المتروكة والمخلفات وبيعها لحسابه أي أنه يحل محل المؤمن له في ملكية هذه الأشياء.

خامساً: مبدأ المشاركة في التأمين Principle of Contribution

يعتبر مبدأ المشاركة في التأمين نتيجة حتمية لمبدأ التعويض، إذ يتضمن مبدأ المشاركة في التأمين أنه إذا أمن شخص ما على موضوع التأمين لدى أكثر من مؤمن واحد في نفس الوقت فإنه عند وقوع الخسارة يكون المبلغ الذي يحصل عليه المؤمن له من كل مؤمن معادلاً لنسبة المبلغ المؤمن له لديه إلى مجموع مبالغ التأمين المؤمن بها لدى جميع المؤمنين.

والهدف من مبدأ المشاركة هو عدم حصول المؤمن له تعويضه المستحق من كل مؤمن على حدة وبالتالي يكون المجموع الكلي للتعويضات أكبر من قيمة الخسائر الفعلية وبالتالي تزداد احتمالية حدوث المخاطر الأخلاقية التي تشجع المؤمن له بالتعمد في تحقيق الخطر للإستفادة من التأمين والاثراء على حساب شركات التأمين.

كيف تنشأ المشاركة:

لابد من توافر شروط عدة نذكرها على النحو التالي:

1- تغطية الشيء المؤمن عليه بوثيقتي تأمين أو أكثر.

2- أن تغطي هذه الوثائق مصلحة موحدة للأطراف المعينة بمعنى جميع الوثائق تغطي نفس الشيء موضوع التأمين.

3- تغطية الوثائق لموضوع التأمين وتعرض هذا الموضوع للخسارة.

4- كل وثيقة مسؤولة عن التعويض بقدر حصة المشاركة في التأمين تناسبياً مع الخسارة.

5- أن يكون المؤمن له في جميع الوثائق شخصاً واحداً.

6- يجب أن تكون جميع وثائق التأمين المغطية للخطر سارية المفعول وقت حدوث الخسارة.

يتلخص مفهوم المشاركة في التأمين بأنه إذا تحقق الخطر المؤمن ضده في وقت يكون المؤمن حاملاً وثائق نفس الشيء موضوع التأمين ضد نفس الخطر فإن الهيئات المؤمن لديها تشترك جميعاً في دفع التعويض المستحق للمؤمن له كل بقدر نصيبه التناسبي، ولتطبيق هذا المبدأ لابد من مراعاة ما يلي:

1- أن نصيب كل هيئة محسوبٌ على الأساس المتقدم ذكره لا يتأثر إذا لم تكن هيئة أو أكثر من الهيئات المشتركة في التأمين قادرة على الدفع.

2- أن التعويض المستحق للمؤمن له والذي يوزع على الهيئات يجب حسابه أولاً على أساس التأمينات المبرمة جميعها ككل مع مراعاة مبدأ التعويض، بمعنى أن المؤمن له يستحق تعويضاً كاملاً عن الخسارة التي مني بها إذا كان التأمين الذي أبرمه في مجموعة كافياً أو فوق الكفاية أو كان تأميناً دون الكفاية مع عدم وجود شرط النسبية.

وفي جميع الحالات يجب مراعاة أن مبلغ التعويض المستحق من جميع الشركات لا يزيد عن مجموع المبالغ المؤمن بها لدى هذه الشركات، كما أن نصيب أي هيئة من الخسارة يجب ألا يتعدى المبلغ المؤمن به لدى هذه الهيئة.

تطبيقات على طريقة حساب أنصبة الهيئات المشتركة في التأمين في الظروف المختلفة.

أولاً: حالة التأمين الكافي أو فوق الكفاية في مجموعة:

يقال للتأمين أنه كاف أو فوق الكفاية في مجموعة إذا كان مجموع المبالغ المؤمن بها لدى جميع الهيئات المشتركة في التأمين مساوياً أو أكبر من قيمة الشيء موضوع التأمين عند وقوع الخسارة. في مثل هذه الحالة يكون التعويض المستحق صرفه للمؤمن له معادلاً للخسارة التي حدثت فعلاً، ثم توزع هذه الخسارة على الهيئات المختلفة كل بنسبة المبالغ المؤمن بها لديها إلى مجموع المبالغ المؤمن بها لدى جميع الهيئات.

مثال. أمن أحد التجار على بضاعة من الحريق لدى المؤمنين أ، ب، ج، بالطريقة التالية:

5000 دينار لدى أ

3000 دينار لدى ب

2000 دينار لدى ج

وأثناء سريان هذه العقود حدث حريق أدى إلى خسارة قدرت قيمتها بـ 1000 دينار والمطلوب حساب نصيب كل مؤمن إذا فرض أن قيمة البضاعة الفعلية المؤمن عليها عند وقوع الحادث 9000 دينار.

مجموع المبالغ المؤمن بها = 5000 + 3000 + 2000 = 10000 دينار.

وحيث أن قيمة الشيء موضوع التأمين عند وقوع الخسارة 9000 دينار فقط، إذن التأمين فوق الكفاية.

ويكون مبلغ التعويض المستحق سداده للمؤمن له هو 1000 دينار.

فيكون نصيب كل مؤمن كما يلي:

$$\text{المؤمن (أ) يتحمل } 1000 \times \frac{5000}{10000} = 500 \text{ دينار .}$$

$$\text{المؤمن (ب) يتحمل } 1000 \times \frac{3000}{10000} = 300 \text{ دينار.}$$

$$\text{المؤمن (ج) ويتحمل } 1000 \times \frac{2000}{10000} = 200 \text{ دينار.}$$

مجموع ما يتحمله المؤمنون الثلاثة = 500 + 300 + 200 = 1000 دينار.

قاعدة النسبة:

تقضي هذه القاعدة بتعريف النسبة التي يستوجب المؤمن (شركة التأمين) التعويض على أساسها للمؤمن له مقارنة بمبلغ التأمين، ففي حالات تزيد قيمة الخسارة عن مبلغ التأمين المتفق عليه، إذ يرى المؤمن له بقصد توفير قسط التأمين بأن ينقص مبلغ التأمين عن القيمة الحقيقية للممتلكات المؤمن عليها. وتنص قاعدة النسبية على أنه

في حالة التأمين غير الكافي يكون التعويض نسبيا نتيجة وجود مبدأ التعويض لذلك استوجب الأمر أن تنص وثيقة التأمين على قاعدة النسبية لتطبيقها. وفي هذه الحالة لا تلتزم شركة التأمين إلا بقدر النسبة الموجودة بين التأمين وبين قيمة الشيء موضوع التأمين في وقت تحقق الخطر، ويتحمل المؤمن له الفرق بين مبلغ الخسارة من اجمالي ما حصل عليه من الشركات المختلفة.

ثانياً: حالة التأمين دون الكفاية في مجموعه مع وجود شرط النسبية:

يقال للتأمين أنه دون الكفاية في مجموعه إذا كان مجموع المبالغ المؤمن بها لدى جميع المؤمنين أقل من القيمة الفعلية للشيء موضوع التأمين عند وقوع الخسارة وفي مثل هذه الحالات نجد أن مبلغ التعويض الواجب سداده للمؤمن له عند وقوع الخطر المؤمن منه يتوقف على ما إذا كانت العقود تخضع لقاعدة النسبية أو لا تخضع.

ويقال لعقد التأمين أنه خاضع لقاعدة النسبية إذا اعتبر المؤمن له أنه يؤمن لدى نفسه بالفرق بين المبلغ المؤمن به لدى شركة التأمين وقيمة الشيء موضوع التأمين عند تحقق الخطر- وبذلك لا يستحق أن يحصل على كل الخسارة التي تحدث له فعلاً من هيئة التأمين بل تحقيق المبلغ المستحق له منها إلى :

$$\text{التعويض} = \text{مبلغ الخسارة الفعلية} \times \frac{\text{مبلغ التأمين}}{\text{قيمة الشيء موضوع التأمين يوم الحادث}}$$

مثال: أمن شخص لدى ثلاث شركات تأمين هي أ، ب، ج بمبلغ تأمين 10000 دينار على النحو التالي:

أمن لدى المؤمن (أ) بـ 5000 دينار

أمن لدى المؤمن (ب) بـ 3000 دينار

أمن لدى المؤمن (ج) بـ 2000 دينار

لو فرض أن المؤمن له أصيبت ممتلكاته بحريق أدى إلى خسارة قيمتها 1000 دينار وكانت قيمة البضاعة الفعلية في المخازن 15000 دينار، وعقد التأمين خاضع لشرط النسبة.

يكون التعويض تناسبياً على النحو التالي:

$$\text{التعويض} = 1000 \times \frac{10000}{15000} = 667 \text{ دينار}$$

فتكون حصص كل من المؤمنين كما يلي:

$$\text{حصة المؤمن (أ)} = 667 \times \frac{5000}{10000} = 333.5 \text{ دينار .}$$

$$\text{حصة المؤمن (ب)} = 667 \times \frac{3000}{10000} = 200.1 \text{ دينار .}$$

$$\text{حصة المؤمن (ج)} = 667 \times \frac{2000}{10000} = 133.4 \text{ دينار .}$$

ويكون الإجمالي المدفوع للمؤمن له 333.5 + 200.1 + 133.4 = 667 ديناراً بينما إجمالي الخسارة الفعلية 1000 دينار.

يتحمل المؤمن له الفرق وهو 1000-667 = 333 دينار.

ثالثاً: حالة التأمين دون الكفاية في مجموعه مع عدم وجود شرط النسبية:

في حالة عدم تواجد شرط النسبية في حالة التأمين دون الكفاية فإن المبلغ المستحق سداده للمؤمن له كتعويض عن الخسارة التي حلت به يكون معادلاً للخسارة الفعلية بشرط ألا يتعدى مبلغ التأمين سواء كان التأمين مبرماً لدى مؤمن واحد أو أكثر ويتحدد التعويض في هذه الحالة وفقا للعلاقة التالية:

التعويض = الخسارة ...... (بحد أقصى مبلغ التأمين)

مثال: 1- أمن أحد الأشخاص ضد خطر معين لدى المؤمنين أ،ب،ج بالكيفية الآتية:

5000 دينار لدى أ.

3000 دينار لدى ب.

2000 دينار لدى ج.

فإذا تحقق الخطر ونتجت عنه خسارة قيمتها 1000 دينار وكانت قيمة الممتلكات الفعلية 15000 دينار. تكون حصة كل مؤمن على النحو التالي:

$$\text{حصة المؤمن أ} = 1000 \times \frac{5000}{10000} = 500 \text{ دينار}.$$

$$\text{حصة المؤمن ب} = 1000 \times \frac{3000}{10000} = 300 \text{ دينار}.$$

$$\text{حصة المؤمن ج} = 1000 \times \frac{2000}{10000} = 200 \text{ دينار}.$$

يكون إجمالي التعويض 1000 دينار معادلاً لقيمة الخسارة الفعلية.

يلاحظ هنا أننا لم نطبق مبدأ النسبية بين مبلغ التأمين وقدره 10000 دينار وبين المخزون الفعلي وقدره 15000 دينار.

في المثال السابق لو أن الخسارة كانت 15000 دينار لكل المخزون ومبلغ التأمين 10000 دينار فإن المؤمن له يتحمل الـ 5000 دينار الأولى ويتحمل المؤمنون الثلاثة الـ 10000 دينار " المعادلة لمبلغ التأمين " كل بقدر حصته.

لا ينطبق مبدأ المشاركة على تأمينات الأشخاص إذ تعتبر مبالغ التأمين بهذه الحالة بصورة تراكمية مثال ذلك لو أمن شخص على حياته في شركة (أ) بمبلغ 10000 دينار وفي شركة (ب) 20000 دينار وفي شركة (ج) 15000 دينار فعند وفاته يستلم الورثة إجمالي مبالغ التأمين على النحو التالي:

10000 + 20000 + 15000 = 45000 دينار.

سادساً: مبدأ السبب القريب Principle of Proximate Cause

يتضمن هذا المبدأ أن المؤمن يلتزم بدفع التعويض للمؤمن له إذا كان الخطر المؤمن ضده هو السبب القريب لحدوث الخسارة. ويقصد بالسبب القريب السبب المباشر الذي أدى إلى وقوع الخسارة أو الذي يكون قادراً على بدء سلسلة من الحوادث المتصلة تؤدي في نهايتها إلى وقوع الخسارة بدون تدخل أي مؤثر آخر مستقل، والمقصود بالقريب ليس الزمان أو المكان بل المقصود بالقريب السبب المتسبب في الحادث.

يعتبر تطبيق المبدأ من الصعوبة بمكان من الوجهة العملية ويتضح هذا من كثرة القضايا التي نشأت عن تطبيق هذا المبدأ كما أن حيثيات الأحكام في هذه القضايا ليست واضحة، وخاصة إذا لازم السبب القريب المغطى بالوثيقة أسباب أخرى غير مغطاة أو مستثناة، وذلك ضمن سلسلة الحوادث المتعاقبة أو المتتالية ويمكن ملاحظة ما يلي:

أ- إذا كان السبب الأساسي أو الفعلي للحادث والذي بدأ أولاً هو السبب القريب والمغطى بالوثيقة ثم جاءت بعد ذلك سلسلة من الأسباب غير المغطاة بالعقد أو المستثناة فيجب على شركة التأمين (المؤمن) بالتعويض عن الخسارة كاملة في تأمين الممتلكات والمسؤولية المدنية وكذلك دفع مبلغ التأمين كاملا في التأمين على الحياة.

ب- إذا كان السبب القريب والفعال للحادث والذي بدأ أولا هو سبب غير مغطى بالعقد أو مستثنى ثم جاء بعد ذلك السبب المغطى بالعقد ضمن سلسلة من الحوادث أدت إلى حدوث الخسارة، فإن السبب القريب في هذه الحالة يعتبر سبب ثانوي ولا تلتزم شركة التأمين بأية تعويضات.

تطبيقات على السبب القريب:

1- التأمين من الحريق:

تضمن وثيقة تأمين الحريق العادية الخسائر الناتجة بسبب الحريق كالخسائر الناتجة عن الماء المستخدم في إطفاء الحريق والذي يلقي بكميات كبيرة يسبب في خسائر مادية سببها القريب هو الحريق، ويدخل في حكم الخسائر المتسببة عن الماء، الخسائر التي تكون نتيجة لإلقاء الأشياء من النوافذ لتقليل أثر الحريق وهدم الممتلكات المجاورة لتجنب انتشار الحريق كلها أمثلة وتطبيقات للسبب القريب.

2- تأمين الحوادث الشخصية:

مؤمن له يحمل وثيقة تأمين تغطي الحوادث الشخصية فقط ولا تغطي الأمراض وقد سقط المؤمن عليه من فوق ظهر حصانه أثناء الصيد فابتلت ملابسه وأصيب بالتهاب رئوي أدى إلى وفاته.

إن حادث السقوط كان السبب القريب للوفاة إذ أنه بدأ سلسلة من الحوادث متصلة أساسها السقوط وأدت إلى وفاة المؤمن عليه.

لقد تطورت وثائق الحوادث الشخصية لتضمن تغطية المؤمن له إذا توفي نتيجة الحادث ولو بعد 90 يوماً من تاريخ وقوعه.

3- تأمين كسر الزجاج:

مؤمن له كان يحمل وثيقة تأمين من أخطار الزجاج مع استثناء الخسائر الناجمة عن الحريق وقد حدث أن شبت النار في مستودع مجاور أدت إلى تجمهر الناس وأن ألقى أحدهم الحجارة على زجاج المحل وسرق ما بداخله. اعتبرت الخسائر على أنها تخضع لمبدأ السبب القريب ألا وهو كسر الزجاج وليس الحريق في المستودع المجاور، وهذا يقضي بأن يتحمل المؤمن الخسارة الناجمة عن حادث كسر الزجاج، والسرقة الناجمة عنه.

3-3 السمات القانونية المميزة لعقود التأمين:

يتميز عقد التأمين عن غيره من العقود بما يلي:

1- أنّه عقد مُلزم للجانبين:

التأمين عقد ملزم للجانبين. الجانب الأول المؤمن (الشركة)، والجانب الآخر المؤمن له (المستأمن). والالتزامان المتقابلان فيه هما: التزام المستأمن بدفع أقساط التأمين، والتزام المؤمن بدفع التعويض، إذا وقع الخطر المؤمن منه، ويتضح من النص الذي يعرف عقد التأمين أن التزام المستأمن بدفع الأقساط التزام محقق، أي قائم من وقت إبرام العقد وإن كان ينفذ عادة على آجال معينة، كل شهر أو كل سنة. أما التزام المؤمن فهو التزام غير محقق (أي احتمالي) قد يكون وقد لا يكون، فهو مقترن دائماً بتحقق الخطر أو وقوع الحادث، بحيث لا يتصور وجود هذا الالتزام بدونه.

2- أنه عقد معاوضة:

ويقصد بعقد المعاوضة: العقد الذي يأخذ فيه كل من المتعاقدين مقابلاً لما يعطي، وهو يقابل عقد التبرع الذي يعطي فيه أحد العاقدين للآخر مالاً دون مقابل، وإنما كان عقد التأمين من عقود المعاوضات لأن كلاً من عاقديه، المؤمن والمستأمن يأخذ مقابلاً لما أعطى، فالمؤمن يأخذ مقابلاً لما تعهد بإعطائه، والمستأمن يأخذ مقابلاً لما أعطى أي أن

المؤمن الذي استوفى أقساط التأمين من المستأمن يقوم بالتعويض عليه عن أي ضرر أو هلاك للشيء المؤمن عليه إذا تحقق الخطر المؤمن منه.

3- أنه عقد غرر:

ومعنى أنه عقد غرر أن كلا من طرفيه: المؤمن والمستأمن، لا يعرف وقت إبرام العقد مقدار ما يعطى ولا مقدار ما يأخذ، لأن ذلك متوقف على وقوع الخطر المؤمن منه أو عدم وقوعه، وهذا لا يعلمه إلا الله.

وإن الغرر في هذا العقد من أفحش الغرر واشده، ذلك أنه ليس غرراً في قدر العوض فقط، بل في حصوله وأجله كذلك. فالمُستأمن يدفع الأقساط المتفق عليها للمؤمن، في مقابل التعويض الذي قد يحصل عليه وقد لا يحصل عليه، تبعاً لوقوع الخطر المؤمن منه وحصول الضرر أو عدم حصوله. وقد تقدم أن التزام المؤمن بمبلغ التأمين التزاماً احتمالياً يتوقف على وقوع الكارثة أو عدم وقوعها.

فإذا وقعت الكارثة وتبعها الضرر تحقق هذا الالتزام وإلا لم يوجد، فهو كما يقول فقهاء الشريعة غرر في الوجود، لأن العوض الذي يلتزم به للمستأمن لا يعرف عند العقد مقداره في التأمين من الأضرار، ولا قدر ما يدفع المستأمن من الأقساط قبل وقوع الخطر واستحقاقه لمبلغ التأمين، فقد يدفع قسطاً واحداً ثم تقع الكارثة، فيستحق التعويض، وقد يدفع أكثر من ذلك.

وبالنسبة للمؤمن فإنه لا يدري وقت إبرام العقد مقدار الأقساط التي سيحصل عليها قبل وقوع الحادث الذي علق تعهده بدفع التعويض عليه، فقد يقع الحادث بعد أن يدفع المستأمن قسطاً واحداً فيغرم المؤمن التعويض وقد يأخذ المؤمن الأقساط كلها ولا يقع الحادث فلا يلتزم بمبلغ التأمين، وهذا كله غرر واحتمال لا يعرفه العاقدان وقت الدخول في العقد.

4- أنه عقد إذعان:

يرى شراح القانون أن عقد التأمين يدخل في عقود الإذعان، والجانب القوي فيه هو شركة التأمين لأنها تضع من الشروط في عقد التأمين ما لا يملك المستأمن إلا أن يقبل بها إن أراد التأمين، وهي شروط أكثرها مطبوع يتدخل كثيراً في تنظيم عقود التأمين بنصوص آمرة حماية للمُستأمن من تعسف المؤمن والإضرار به، فينص على بطلان الشروط الجائرة التي تتضمنها عقود التأمين عادةً، وذلك استثناء من حرية التعاقد ومبدأ سلطان الإرادة الذي يتبناه القانون.

أسئلة المناقشة

السؤال الأول: اشرح الأركان الأساسية لعقد التأمين.

السؤال الثاني: عدد المبادىء القانونية لعقد التأمين.

السؤال الثالث: اشرح مبدأ منتهى حسن النية ومبدأ المصلحة التأمينية.

السؤال الرابع: وضحّ بالتفصيل مبدأ التعويض مع الأمثلة.

السؤال الخامس: اشرح بالتفصيل مبدأ الحلول والمشاركة في التأمين.

السؤال السادس: وضحّ مع الأمثلة مبدأ السبب القريب.

السؤال السابع: اشرح ما المقصود بالإقتطاع وما هي أنواع الإقتطاعات المختلفة؟

الأسئلة الموضوعية

1- تخضع كافة عقود التأمين للمبادئ القانونية التالية باستثناء:

أ- مبدأ منتهى حسن النية   ب- مبدأ السبب البعيد

ج- مبدأ المصلحة التأمينية   د- مبدأ السبب القريب

2- أي من العبارات التالية صحيحة فيما يتعلق بمبدأ المصلحة التأمينية:

1. في التأمين على الحياة يشترط توافر المصلحة التأمينية فقط غير حدوث الوفاة.
2. إن وجود المصلحة التأمينية في جميع عقود التأمين يقلل من الخطر الأخلاقي والمعنوي.

أ- العبارتان صحيحتان.   ب- العبارة الأولى صحيحة فقط.

ج- العبارة الثانية صحيحة.   د- العبارتان غير صحيحتين.

3- تلتزم شركة التأمين بتعويض المؤمن له في حوادث التأمين ضد خطر الطريق إذا تضررت الممتلكات بفعل رش المياه من قبل رجال الإطفاء حسب مبدأ:

أ- مبدأ المصلحة التأمينية.   ب- مبدأ التعويض.

ج- مبدأ المشاركة.   د- مبدأ السبب القريب.

4- إذا كانت القيمة الفعلية لمصنع الأدوية المؤمن عليه 500000 دينار يوم حدوث الحريق، وكان مبلغ التأمين 300000 دينار فإن التأمين:

أ- التأمين كافٍ.   ب- التأمين غير كافٍ.

ج- التأمين فوق الكفاية.   د- غير ذلك.

5- أمن محمد سيارته ضد الغير وبينما هو عائد من العمل إلى المنزل وعند الإشارة الضوئية حيث كان متوقفاً تماماً، صدمه سائق سيارة آخر من الخلف، عندما أبلغ محمد الشركة المؤمنة أخبره وكيل الشركة أن لا يقلق حيث ستقوم الشركة بإصلاح الضرر ومن ثم ستطالب السائق المتسبب في الحادث بدفع التكاليف التي دفعتها الشركة المؤمنة هذا التصرف ينسجم مع:

أ- المصلحة التأمينية.   ب- مبدأ المشاركة.

ج- السبب القريب.   د- مبدأ الحلول.

الفصل الرابع

أنواع التأمينات العامة

(تأمينات الممتلكات - والمسؤولية المدنية)

1-4 تأمينات المسؤولية المدنية.

8-4 التأمين الهندسي

9-4 تأمينات النقل

الفصل الرابع

تأمينات الممتلكات - والمسؤولية المدنية

1-4 تأمين المسؤولية المدنية Public Liability Insurance

تعريف تأمين المسؤولية المدنية.

إن تأمين المسؤولية المدنية هو تغطية تأمينية ضد الغير أو الطرف الثالث، إذ أن الطرف الأول والطرف الثاني هما شركة التأمين والمؤمن له والطرف الثالث هو الغير. وتقوم شركة التأمين بموجبه بتعويض الغير مباشرة أو من خلال المؤمن له عن الأضرار التي تلحق بالغير سواء كان ذلك في شخصه أو في ممتلكاته أو الاثنتين معا نتيجة خطأ اقترفه المؤمن له. على أن حدود هذا النوع من التأمين لا يتعدى المسؤولية القانونية للمؤمن له. ويتم التعويض عندما تتحقق مسؤولية المؤمن له قبل الغير أو من خلال الدعاوي التي يقيمها الغير على المؤمن له بالمسؤولية.

أهداف تأمين المسؤولية المدنية

ويهدف تأمين المسؤولية المدنية إلى (1) حماية الغير من الأضرار التي قد يتعرض لها في شخصه أو في ممتلكاته، تلك الأضرار التي قد تؤدي إلى زيادة أعبائه المالية، أو إلى إعساره أو إفلاسه. كما يهدف تأمين المسؤولية المدنية إلى (2) حماية صاحب المسؤولية أيضا من رجوع الغير عليه بالمسؤولية، الأمر الذي يسبب له ضائقة مالية قد لا يقوى على حملها. ومن خلال حماية الغير وصاحب المسؤولية يحقق تأمين المسؤولية المدنية الاستقرار المادي لأفراد المجتمع الأمر الذي يعمل على تقدم المجتمع ورقيه.

أنواع أخطار المسؤولية المدنية

إن أخطار المسؤولية المدنية التي قد يتعرض لها الأشخاص والمنشآت كثيرة ومتعددة وبالإمكان تجميع هذه الأخطار في أربعة مجموعات هي:

1- أخطار المسؤولية المدنية لرب العمل تجاه العاملين لديه.

2- أخطار المسؤولية المدنية لأصحاب المهن تجاه المتعاملين معهم.

3- أخطار المسؤولية المدنية الخاصة.

4- أخطار المسؤولية المدنية للمنشآت تجاه الغير.

1. أخطار المسؤولية المدنية لرب العمل تجاه العاملين لديه

في الأردن غالبا ما يتم نقل مسؤولية رب العمل تجاه العاملين لديه في حالة تعرض أي من العاملين لديه لإصابة العمل وأمراض المهنة والوفاة والعجز الكلي الدائم والعجز الجزئي وبدل التعطل عن العمل إلى مؤسسة الضمان الاجتماعي مقابل قيام رب العمل بتسديد رسوم الاشتراك في تأمين إصابات العمل بمقدار 2% عن أجر العاملين لديه شهريا، أما في حالة كون هؤلاء لعاملين غير خاضعين لأحكام قانون الضمان الاجتماعي فإن مسؤولية رب العمل تجاه العاملين لديه يحددها قانون العمل الأردني. ويقوم رب العمل بنقل هذه المسؤولية إلى شركة التأمين من خلال التأمين على هذه المسؤولية. فعندما يفرض القانون على رب العمل تعويض عامل لديه، تعرض لإصابة ما، أو تعويض ذويه إذا اصيب هذا العامل إصابة أدت إلى وفاته، يستطيع رب العمل أن يطالب شركة التأمين بهذا التعويض من خلال وثيقة تأمين "المسؤولية المدنية لرب العمل" التي تمنحه نفس التعويض الذي فرضه عليه القانون. وبالإضافة إلى ذلك تغطي هذه الوثيقة رسوم الدعاوي القضائية المتعلقة بإصابات العمل إن وجدت. والغرض من هذه الوثيقة هو حماية رب العمل وتعويضه بما يترتب عليه من مسؤولية تجاه العاملين لديه، غير أن الوثيقة لا تغطي الأضرار التي تتعرض لها ممتلكات هؤلاء العاملين.

2- أخطار المسؤولية المدنية لأصحاب المهن تجاه المتعاملين معهم

إن أصحاب المهن كالاطباء والمحامين والمهندسين والمقاولين وغيرهم من أصحاب المهن معرضون لارتكاب الخطأ أثناء مزاولة مهنهم. وهم مسؤولون بموجب القانون عن كل خطأ يصدر عنهم سواء كان الخطأ في الأعمال الفنية التي يقومون بها أو كان في الاحتياطات التي يتوجب عليهم مراعاتها عند ممارستهم لمهنهم. وهم بحاجة إلى الطمأنينة والثقة بالنفس، وعدم التفكير في عواقب أعمالهم الفنية حتى يقبلوا عليها في غير تردد.

ولذلك قامت شركات التأمين بتوفير التأمينات الضرورية لممارسة مهنهم دون خوف أو تردد. ومن هذه التأمينات على سبيل المثال لا الحصر وثائق التأمين الخاصة بالممارسة الخاطئة للأطباء ووثائق التأمين الخاصة بالأخطاء المهنية للمحامين والمهندسين والمقاولين. وإن مثل هذه الوثائق متوفرة بكثرة في البلدان الأوروبية والولايات المتحدة. ولا يوجد الكثير منها في الأردن وفي الدول العربية، لعدم تطور مثل هذه الأنواع من التأمين التطور الكافي والضروري.

3- أخطار المسؤولية المدنية الخاصة

لقد ذكرنا في تعريف المسؤولية المدنية يكون مرتكب الفعل الضار (المؤمن له) فقد ارتكب فعلا ضارا بمصالح شخص أو اشخاص معينين، ويتوجب عليه تعويض الضرر. ولكن نطاق المسؤولية الخاصة يتسع ليشمل مسؤولية الشخص عن أعمال الأشخاص الخاضعين لرقابته مثل أولاده القصّر وعن الأشياء التي يملكها إذا سببت هذه الأشياء ضررا لأشخاص آخرين نتيجة فعل الشخص الذي يملكها بالطبع مثل السيارة، الدراجة، الطائرة، السفينة، الخ، ويمتد نطاق المسؤولية ليشمل أيضا الحيوانات التي يقتنيها مثل الكلاب أو الخيول أو الطيور.

إن وثيقة تأمين المسؤولية المدنية الخاصة غير متوفرة في السوق الأردني فيما عدا التأمين ضد الغير الخاص بتأمين المركبات، وتأمين ما يدعى بـ "ادعاءات الجيرة"، وهو ملحق يضاف إلى وثائق التأمين من أخطار الحريق. ويقصد بتأمين "ادعاءات الجيرة" تأمين المسؤولية القانونية التي تترتب على مالك البناء أو مستأجره في حالة تحقق أي

من الأخطار المغطاة بوثيقة الحريق، ويؤدي ذلك إلى إحداث أضرار بالممتلكات المجاورة للمبنى المؤمن عليه يكون مالك البناء او مستأجره مسؤولا عنها.

4- **أخطار المسؤولية المدنية للمنشآت تجاه الغير**

يقصد بأخطار المسؤولية المدنية للمنشآت تجاه الغير تلك الأخطار التي يتعرض لها أفراد المجتمع نتيجة قيام المنشآت المختلفة، سواء كانت تعمل بإنتاج السلع او تقدم الخدمات، بنشاطاتها المختلفة والمتنوعة. وقد جاءت وثائق التأمين لمثل هذا النوع من المسؤولية لتساعد أصحاب هذه المنشآت على تحمل تبعات الأضرار التي يتعرض لها أفراد المجتمع نتيجة أعمال المنشآت المختلفة، فتقوم شركات التأمين بدفع التعويضات التي تترتب على أصحاب هذه المنشآت. وقد يكون التأمين من اخطار المسؤولية المدنية للمنشآت تجاه الغير على شكل وثائق منفصلة متكاملة أو على شكل ملاحق تضاف إلى وثائق التأمين المختلفة، مثل وثائق التأمين من اخطار الحريق، أو وثائق تأمين أخطار المقاولين على سبيل المثال. وبغض النظر عن شكل وثائق تأمين المسؤولية للمنشآت تجاه الغير، فإن تلك الوثائق تقدم الحماية للغير من الأضرار المادية أو من الأضرار الجسدية التي يتعرضون لها أو من الاثنين معا.

وثيقة تأمين المسؤولية المدنية (Public Liability Insurance)

تقوم شركات التأمين في الأردن بإصدار هذه الوثيقة للمنشآت على اختلاف أنواعها مثل الفنادق والمستشفيات والمصانع والمقاولين.

وتغطي هذه الوثيقة التعويضات التي يتوجب على المنشأة دفعها للغير عندما تترتب عليها مسؤولية قانونية جراء تعرض الغير نتيجة قيام المنشأة بنشاطها المعتاد للأضرار التالية:

1- الوفاة العرضية أو الإصابة البدنية أو العلة أو المرض الذي يلحق بالغير.

2- الأضرار التي تلحق بممتلكات الغير.

3- مصاريف الدعاوى القانونية التي تتكبدها المنشأة المؤمن لها في سبيل الدفاع عن الدعاوي التي تقدم ضدها بشأن المسؤولية التي تترتب عليها.

واجبات المؤمن له لدى وقوع حادث تنشأ او يحتمل أن تنشأ عنه مطالبة

1- أن يخطر الشركة كتابة في أسرع وقت ممكن.

2- أن يمد الشركة كتابة على نفقته بجميع التفاصيل وذلك في اسرع وقت ممكن.

3- ان يخطر الشركة كتابة بمجرد أن يصل إلى علمه تهديد بإقامة دعوى أو اجراء تحقيق له علاقة بأي حادث قد تنشأ عنه مسؤولية مدنية.

4- أن يرسل إلى شركة التأمين كل خطاب أو أعلان او استدعاء أو غير ذلك من الاعلانات القضائية التي توجه إلى المؤمن له أو تتخذ قبله وذلك بمجرد تسلمها.

5- ألا يتفاوض أو يدفع أو يسوي أو يقبل أو يرفض أية مطالبة بدون موافقة شركة التأمين كتابة.

6- أن يبذل أقصى جهد في المحافظة على أية أدوات أو أشياء بقصد امكان استخدامها كدليل سواء كانت تالفة أو أصابها خلل أو غير ذلك.

7- أن يعطي جميع المعلومات الضرورية والمساعدات لتمكين الشركة من تسوية أية مطالبة أو رفضها أو رفع دعوى.

الاستثاءات:

اية مسؤولية أيا كانت طبيعتها تنجم أو تتسبب أو تنشأ مباشرة أو غير مباشرة عن:

1- الحرب، الغزو، الأعمال العدائية.

2- مصادرة الممتلكات أو وضع اليد عليها لأغراض عسكرية أو الاستيلاء عليها او تدميرها أو الحاق الضرر بها.

3- الأشعاع الذري وتلوث المياه.

4- تعويض الأضرار الجسدية التي يتعرض لها أي فرد من أفراد عائلة المؤمن له، أو أي شخص آخر إذا كان مثل هؤلاء الأشخاص يعملون في خدمة المؤمن له عند وقوع الحادث.

5- تعويض الأضرار التي تلحق بأي ممتلكات تعود ملكيتها للمؤمن له أو تكون تحت رعايته أو تعود ملكيتها لأي فرد من أفراد عائلة المؤمن له أو خدمه.

6- تعويض الأضرار الجسدية أو الأضرار التي تلحق بالممتلكات، إذا كانت هذه الأضرار ناتجة عن حريق البويلرات، او استخدام المؤمن له للرافعات التي تعمل بقوة المحركات، أو تلك الناتجة عن تسمم الأطعمة أو المشروبات.

7- تعويض الأضرار الجسدية أو الأضرار التي تلحق بالممتلكات إذا كانت هذه الأضرار ناتجة عن أي سلع ينتجها المؤمن له أو يقوم بإصلاحها أو خدمتها أو توريدها أو توزيعها.

- التحكيم

تحتوي جميع وثائق تأمينات الممتلكات – والمسؤولية المدنية على شرط اللجوء إلى التحكيم إذا حصل خلاف بين شركة التأمين والمؤمن له على تحديد مبلغ الضرر أو الخسارة. وفي هذه الحالة يحال الخلاف إلى محكم يعينه الفريقان المتنازعان تحريرا. وإذا عجز الفريقان عن الاتفاق على محكم يحال الخلاف إلى محكمين حياديين يعين كل من الفريقين أحدهما. وإذا رفض أو عجز أحد الفريقين عن تعيين محكم حيادي يحق للفريق الآخر تعيين محكم فرد. وإذا حصل خلاف بين المحكمين الحياديين يحال الأمر إلى فيصل يكون المحكمان قد عيناه قبل الشروع في درس الخلاف الحاصل. ويجلس هذا الفيصل مع المحكمين ويترأس جلساتهما ويكون قراره حاسما في حالة اختلافهما. ولا يجوز للمؤمن له اللجوء إلى القضاء قبل حصول التحكيم كما هو مبين أعلاه.

تأمينات الممتلكات

سنتناول في هذا الفصل أهم أنواع تأمينات الممتلكات التي تقدمها شركات التأمين الأردنية للعملاء، ومن أهم هذه الأنواع ما يلي:

2-4 مفهوم تأمين الحريق Fire Insurance

ظهرت فكرة التأمين من خطر الحريق قديماً، ففي عهد الرومان كان من أبرز المبادىء التي تقوم عليها الجماعات الدينية والتي انتشرت في ذلك الحين مبدأ التعاون في حالة تحقق خطر الحريق لعضو من أعضاء الجماعة.

وكان لحادث حريق لندن الشهير 1666 أثر كبير للتحول من فكرة التعاون عند تحقق خطر الحريق إلى فكرة التعاون في التعويض من خطر الحريق، وتدرجت فكرة التأمين من الحريق في العصر الحديث ولقد ظهر وتطور تأمين الحريق بصورته الحديثة في انجلترا ثم انتقل منها إلى باقي الدول الأوروبية والأمريكية خلال القرن التاسع عشر ومن ثم انتشر بين دول العالم وأصبح يغطي جميع الثروات المنقولة والثابتة مهما كان حجمها أو نوعها.

تنص وثيقة التأمين من أخطار الحريق التي تستخدمها شركات التأمين في الأردن على أنه: إذا هلكت الأموال المؤمن عليها أو تضررت بفعل الحريق أو الصاعقة (سواء صاحب الصاعقة حريق أو لم يصاحبها في أي وقت طول مدة التأمين) فإن شركة التأمين تلتزم بتعويض الضرر المادي الذي يصيب هذه الأموال.

إن مفهوم الحريق كما تنص عليه وثيقة التأمين من الحريق هو "اشتعال فعلي ظاهري يصحبه لهب ومرارة، وأن يكون هذا الاشتعال مفاجئا وعرضيا وأن لا يكون طبيعة الممتلكات المؤمن عليها في حالة احتراق.

تتضمن وثيقة التأمين من الحريق بنوداً وشروط عامة، واستثناءات يتوجب على المؤمن له (أو المستأمن) الاطلاع عليها، عادة ما يسبق تنفيذ سريان مفعول التأمين قيام شركة التأمين بمسح لتقييم الأخطار المراد التأمين عليها .

تشير وثيقة التأمين إلى ضرورة استعراض الموجودات بدقة، وذلك في بيان المؤمن عليها، وفي معظم أحوالها تتكون من:

1- البناء ويتكون من جدران وأسقف وحوائط وأرضية ومكوناتها.

2- الملصقات والملحقات في البناء وتتكون من توصيلات كهربائية وتكييف وملصقات تركيبات على الحوائط والأسقف والأرضيات وديكور وما في حكم ذلك.

3- المعدات والآلات والموتورات إن تواجدت تذكر بالتفصيل.

4- الكمبيوتر إن وجد يذكر بالتفصيل وعادة ما يدخل في التأمين على الحريق.

5- الأثاث.

6- الموجودات: ويدخل في عدادها ما يتم ممارسته من قبل رجل الأعمال من تجارة وأدوات وخلاف ذلك.

7- بضاعة الأمانة على أن يشار إليها بنص صريح في الوثيقة.

خسائر الحريق:

تصنف الخسائر التي تنتج عن الحريق إلى ما يلي:

1- خسائر الحريق المباشرة:

وهي التي تكون نتيجة فعلية ومباشرة وتلحق بالأصل موضع الحريق، وهذا النوع من الخسائر تغطيها وثيقة تأمين الحريق وتنقسم إلى ما يلي:

أ- خسائر الحريق الطبيعية

وهي الخسائر التي تنشأ نتيجة الحرارة واللهب المنبعث من النار وتشمل:

1- الخسائر التي تلحق بالشيء موضوع الحريق.

2- الخسائر الناشئة عن الدخان المتولد عن الحريق أو عن حرارة الحريق.

3- خسائر انهيار الجدران والأسقف والأدوار على الممتلكات الموجودة أو المحيطة بمكان الحريق.

ب- الخسائر الحتمية

وهي التي تكون نتيجة محاولة الحد من انتشار الحريق مثل خسائر استخدام مياه الاطفاء والمواد الكيماوية في الأخطاء والخسائر التي يتسبب فيها رجال الاطفاء والخسائر الناشئة عن نقل الممتلكات أثناء الحريق وتشمل:

1- خسائر مياه الإطفاء والمواد الكيماوية المستخدمة في الإطفاء.

2- خسائر رجال الاطفاء عند محاولة إنقاذ ما يمكن انقاذه من الممتلكات.

3- خسائر نقل الممتلكات من مكانها إلى مكان آخر بهدف إنقاذها، ومن هذه الخسائر التلف الناتج عن عملية النقل، ونفقات النقل، ونفقات تأجير مكان جديد لتخزين الأشياء المنقولة.

4- الخسائر التي تصيب الممتلكات نتيجة لتعرضها للعوامل الجوية سواء عند نقلها من مكان الحريق أو في مكانها بدون نقل.

5- خسائر الإنفجارات بسبب الحريق.

6- خسائر تبخر بعض الممتلكات السائلة أو القابلة للتبخر.

7- خسائر السرقة أثناء الحريق.

2- خسائر الحريق غير المباشرة:-

هي التي تكون نتيجة تابعة لتحقق حادث الحريق وتلحق بالمركز المالي لصاحب الأصل موضع الحريق ولا تغطي في وثيقة تأمين الحريق ولكن يمكن تغطيتها بموجب ملحق لوثيقة تأمين الحريق وبنص صريح، ومن الخسائر غير المباشرة للحريق:

1- خسائر المسؤولية المدنية

وتنتج هذه الخسائر عن المسؤولية المدنية لصاحب الشيء موضع الحريق عن أية خسائر تصيب الغير من المارة او الجيران في ممتلكاتهم أو في اشخاصهم أو في كلاهما:

2- خسائر التوقف عن العمل:

بعد حدوث الحريق قد توجد أعباء مستديمة يضطر صاحب المشروع أو المنشأة في إنفاقها خلال فترة التوقف مثل الإيجارات وأجور ومرتبات العمال والموظفين، كما

يضيع على صاحب المشروع أو المنشأة العديد من الفرص الإنتاجية والربحية، وتسمى هذه الأعباء والنفقات ومقابل الفرص الضائعة من الإنتاج والأرباح بخسائر التوقف عن العمل.

3- خسائر فقد الأرباح والعمولات

وتتمثل هذه الخسائر في الأرباح والعمولات المفقودة والتي كان سيحققها صاحب وحدة الخطر لو لم يحدث الحريق.

4- مصاريف التشغيل الإضافية

وتتمثل هذه الخسائر في النفقات التي يتحملها المشروع خلال فترة التوقف نتيجة استخدام مباني وآلات وعدد إضافية مؤقته للعمل خلال فترة التوقف حتى يعود المشروع إلى الحالة الطبيعية من العمل والإنتاج.

5- مصاريف التأجير الإضافية:

بعد الحريق مباشرة يستمر المؤمن له في دفع القيمة الإيجارية للعقار خلال فترة التوقف عن العمل او الفترة اللازمة لإعادة البناء مرة أخرى، ذلك على الرغم من أن العقار يكون غير صالح للإستعمال أو السكن، وقد يضطر المؤمن له إلى البحث عن مكان مؤقت أو سكن آخر أو مخازن أخرى أو مصنع آخر أو الإقامة في فنادق، بالإضافة إلى مصاريف الإنتقال إلى هذه الأماكن، وكل هذه التكاليف والمصاريف تعتبر عبء إضافي وخسارة غير مباشرة نتيجة تحقق خطر الحريق، ويمكن تغطيتها بوثيقة تأمين إضافية أو بملحق لوثيقة تأمين الحريق العادية.

واجبات المؤمن له لدى حدوث الخسارة بسبب الحريق:

1- إبلاغ شركة التأمين بوقوع الحادث.
2- المحافظة على الممتلكات المؤمن عليها منعاً لتفاقم الضرر الذي حلّ بها.
3- إعداد كشف مفصل ودقيق بالأضرار والخسائر.
4- إعداد كشف يبين التأمينات الأخرى والمتعلقة بالممتلكات المتضررة وذلك عندما تتمكن شركة التأمين تطبيق مبدأ المشاركة ومبدأ الحلول في الحقوق.

5- تقديم المستندات التي تدعم المطالبة بالتعويض وسبب الحادث.

6- تقديم المطالبة إلى شركة التأمين خلال 15 يوماً من تاريخ وقوع الحريق.

حقوق شركة التأمين عند حدوث الخسارة

1- الدخول إلى البناء المتضرر بالحريق ومعاينته والإشراف عليه.

2- تسلم جميع الممتلكات داخل البناء المتضرر والاحتفاظ بها وفحصها ونقلها واتخاذ أية إجراءات بشأنها بما في ذلك بيعها أو التصرف بها وذلك بعد أن تكون الشركة قد قامت بتسوية المطالبة على المؤمن له.

الأستثناءات:

هناك تحفظات على وثيقة التأمين من الحريق يمكن إجمالها بما يلي:

1- الممتلكات التي تسرق قبل الحادث أو خلاله أو بعده.

2- هلاك الممتلكات أو تضررها الناشئين عن تفاعلها الذاتي او تأكسدها الفعلي أو حرارتها الطبيعية أو احتراقها الذاتي.

3- فقرة الإشعاعات الذرية: تستثنى تغطية الأضرار الناجمة عن الاشعاعات الذرية. وفي أيامنا هذه لم يعد مستبعداً التأثر بهذا البند لما نتج من تخزين فضلات الإشعاع ونقلها من مكان لآخر عبر بحار العالم.

4- فقرة أعمال الشغب والإضراب والاضطرابات والأعمال الضارة وهي مستثناة أساساً من التغطية ما لم ترد نص صريح.

5- استثناء بند الحرب، والغزو الأجنبي، والحرب الأهلية من الغطاء التأميني بصورة مطلقة.

6- فقرة أعمال التغييرات والتصليحات: إذ لا يعقل أن يقوم المؤمن له باجراء هذا التغيير في محاله ومراكز عمله دون إشعار مسبق لشركة التأمين.

7- فقرة المواد الخطرة مثل البنزين والمواد الكيماوية والأصباغ وما في حكمها فقد جرت العادة على استبعاد المواد الخطرة صراحة من غطاء الوثيقة وتعرضت لجردها.

8- فقرة شروط الأمن والسلامة: وهو تحفظ ملقى على عاتق المؤمن له في إتباع خطوات الأمن والسلامة الضروريين لحماية أو وقاية ممتلكاته من الأخطار المختلفة.

9- الهلاك او الضرر الناشئ بصورة مباشرة أو غير مباشرة عن الأعمال العمدية من المؤمن له أو بتحريضه أو بتواطئه.

الأخطار الإضافية الملحقة بوثيقة الحريق والتي لا يشملها التأمين إلا بنص صريح

يمكن إضافة الأخطار التالية أو إحداها مع اعتبارها جزءاً مكوناً لوثيقة الحريق بمقابل قسط إضافي يتفق عليه بين المؤمن له والمؤمن (شركة التأمين).

1- الزلازل والعواصف، الزوابع، الفيضان أو السيول المائية والتلف الناتج عنها:

والمقصود بالسيول المائية أو الفيضان المفاجئ والعنيف وغير القابل للحسم على أن يكون فيضاناً أو سيولاً طبيعية ناتجة عن مياه البحر، النهر، البحيرة أو القنال وذلك نتيجة ارتفاع منسوب المياه أو انكسار في الموانع الواقية. كما يعتبر في حكم الفيضان والسيول المائية فائض خزانات المياه في المنازل أو المستودعات أو انفجار أنابيب المياه مما يتسبب معه تلف في الممتلكات.

2- الانفجارات ما عدا البويلرات والسخانات الشمسية

إن شركة التأمين لا تكون مسؤولة عن أي انفجار خلافاً لما هو مسبب في الحريق والضرر الناتج من جراء ذلك.

الانفجارات الناجمة عن الحرب، اكتساح العدو، (سواء حرب معلنة أم غير معلنة)، الحرب الأهلية، الثورة، العصيان المسلح أو القوة القسرية والأضرار بالتبعية كخسارة الأرباح والمسؤولية المدنية.

3- الإضراب، أعمال الشغب والأفعال الضارة:

المقصود بأعمال الشغب والإضراب الضرر أو الهلاك للأموال المؤمنة والناتج مباشرة عن الأفعال التي يرتكبها شخص بالاشتراك مع آخرين بقصد الإخلال

بالأمن العام، أو الإجراءات التي تمارسها أي حكومة لقمع أو محاولة قمع مثل هذه الاضطرابات أو بقصد تخفيف نتائجها .

4- الصدمة العنيفة المتأتية من اصطدام جسم صلب في البناء، بسبب سقوط الطائرات أو أي أجزاء منها والضرر أو التلف المتأتي عن ذلك.

5- الضرر الناتج عن انفجار أنابيب المياه العذبة على أن التأمين لا يشمل الضرر أو التلف المترتب على انفجار أنابيب المجاري والمسؤولية المترتبة على الروائح الكريهة لذلك.

6- كسر الزجاج نتيجة الحريق أو نتيجة حادث وبالأخص زجاج الواجهات الأمامية للمحال والشركات والمكاتب مع استثناء الضرر الناتج عن فعل متعمد.

7- الدخان والتلوث الذي يتعرض له ديكور وحوائط وبضائع المؤمن.

8- حريق الجيران ويقصد بها المسؤولية المدنية المترتبة على حريق ممتلكات المؤمن له والتي تسببت في حريق للمحال المجاورة أدت إلى إضرار مختلفة. فإنه يترتب على المؤمن له مسؤولية تعويض الجار على ما أصابه وأنه ضمن نطاق تأمين حريق الجيران (المسؤولية المدنية) الناجم عن الحريق فقط وذلك بحدود المبلغ الذي يتفق عليه الطرفان (المؤمن والمؤمن له).

9- الخسائر التبعية الناتجة عن حادث الحريق، مثل تعطيل الإنتاج وما يترتب على ذلك من خسارة الأرباح او الدخل أو الايجار أو أية خسائر أخرى.

ولابد من الإشارة إلى أن تأمين فوات الكسب يعتبر جزءاً ملحقاً بوثيقة الحريق وما يترتب عليها من تعطيل للأعمال نتيجة الحريق لممتلكات المؤمن له فتقوم هذه الوثيقة بالتعويض عن فترة عطل محددة للإيراد الذي توقف نتيجة الحريق الذي لم يمكن صاحب العمل من ممارسته لعمله الاعتيادي.

تدفع هذه الوثيقة مبالغ التعويض الناتجة عن:

1- الانخفاض في دخل المؤمن له بمعنى معدل إجمالي الربح المنخفض من جراء تعطل الأعمال.

2- الزيادة في تكاليف ممارسة الأعمال نتيجة التعطل من الحريق.

ويتضمن الغطاء التأميني لتأمين فوات الكسب ما يلي:

يضمن هذا التأمين تعويض المؤمن له عن الأضرار الناتجة عن الحريق والتي تؤثر على ما يلي:

1- بدل فقد الأرباح والعمولات لفترة الانقطاع وذلك بناء على سجلات الشركة ووقائع اقتصادية تؤكد تحقيق أرباح عن تلك الفترة وتقيم هذه الأرقام سنوياً بكل حالة تجديد للوثيقة ويستعان أساساً بإحصاءات آخر ثلاث سنوات.

2- بدل الإيجار: تمثل الإيجارات التي يتحملها المؤمن له لممارسة أعماله في محال ومكاتب ومستودعات بديلة حتى يتم إصلاح ما تم حرقه وإعادة تشغيله وذلك لفترة محدودة عادة.

3- مصارف التشغيل الإضافية:

وتتمثل بأجور ومرتبات العاملين والفنيين وملحقاتها التي يتحملها المؤمن له حتى يعود لممارسة أعماله الطبيعية، ومن الطبيعي أن يحافظ المؤمن له على ذوي الخبرة والفنيين من العاملين لعدم إمكان الاستغناء عنهم خلال فترة العطل.

* إجراءات تأمين الحريق (إجراءات الإصدار والتعويض)

أولا- إجراءات الإصدار

الحصول على طلب التأمين: يمكن الحصول على طلب التأمين إما عن طريق مندوب الشركة أو عن طريق وكيلها المعتمد أو مباشرة من الشركة.

تعبئة استمارة طلب التأمين: يقوم طالب التأمين بتعبئة استمارة خاصة تتضمن تفاصيل الأموال المطلوب التأمين عليها ويتم التوقيع عليها من قبله لتأييد صحة المعلومات المدونة في استمارة طلب التأمين.

الكشف الموقعي: يقوم مندوب عن الشركة بإجراء كشف موقعي على محل التأمين لتقييم الخطر والتأكد من صحة المعلومات المدونة في استمارة طلب التأمين.

التسعير: يقوم قسم الإصدار في دائرة الحريق بدراسة طلب التأمين وتقرير الكشف لتقدير السعر المناسب وفقاً لدرجة الخطر الذي ستتحمله شركة التأمين.

إصدار وثيقة التأمين: يحدد قسط التأمين وتعد الوثيقة متضمنة الشروط المتفق عليها وتفاصيل الأموال المؤمنة ومبالغها والأغطية الإضافية التي يطلبها المؤمن له مع الوثيقة الأصلية ويتم دفع قسط التأمين وتسلم نسخة من الوثيقة للمؤمن له.

ثانيا- إجراءات التعويض

الإبلاغ بالحادث: يقوم المؤمن له بإبلاغ شركة التأمين فور وقوع الحادث ويتم تعبئة الاستمارة الخاصة بطلب التعويض بتفاصيل الحادث وظروف وقوعه والأضرار والخسائر الحاصلة.

الكشف الموقعي: يقوم مندوب عن الشركة بإجراء الكشف الموقعي لتقدير الأضرار وتحديد سبب الحادث وفي حالة الأضرار الكبيرة يقوم مسوي خسائر معتمد من الشركة (خاصة في حالة الأضرار الكبيرة) بإجراء الكشف وإعداد تقرير مفصل بالأضرار وأسباب الحادث.

المستندات المطلوبة: يقدم المؤمن له مع المطالبة بالتعويض المستندات التالية: فواتير الشراء للأموال المتضررة، تقرير الدفاع المدني، تقرير الشرطة والبحث الجنائي بالحادث.

تسوية مبلغ التعويض: في ضوء المستندات وتقرير المُعاين خبير التأمين، يقوم قسم المطالبات في الشركة بدراسة المطالبة وفقاً لشروط وثيقة التأمين للتأكد من شمولها بالتعويض وتحديد قيمة الخسائر وعرض مبلغ التعويض على المؤمن له، وفي حالة عدم الاتفاق يحال الموضوع إلى التحكيم وفقاً لشروط الوثيقة.

تسديد مبلغ التعويض: يتم تسديد مبلغ التعويض المتفق عليه إلى المؤمن له ويوقع براءة الذمة باستلام المبلغ.

فترة التعويض: يبدأ التعويض مع مراعاة فترة انتظار تتراوح من أسبوعين إلى 8 أسابيع حسب الاتفاق بين المؤمن له من تاريخ وقوع الحريق وتعطل الأعمال ويستمر التعويض لفترة شهر، شهرين، ثلاثة أشهر، ستة أشهر، تسعة أشهر، اثني عشر شهراً وذلك حسب طبيعة الأعمال وبناء على اتفاق أيضاً بين المؤمن والمؤمن له.

عادة ما تمنح فترة التعويض لتجهيز المؤمن له الإعداد لإعادة الممتلكات وبنائها أو إيجاد البديل لاستمرار الأعمال كما كانت عليه قبل الحريق، ويشترط لقيام التعويض أن يستمر المؤمن له بعد الحريق بممارسة نفس العمل.

انهاء تأمين الحريق

يحق لكل من المؤمن له وشركة التأمين أن يطلب الغاء تأمين الحريق في أي وقت، ويجب ان يكون التبليغ كتابة. فإذا كان الإلغاء بناء على طلب المؤمن له، فإن شركة التأمين تعيد جزءا من القسط بموجب "تعريفة المدة القصيرة" كما في الجدول رقم (1)، أما إذا كان الالغاء بناء على رغبة شركة التأمين فتعيد الشركة جزءا من القسط يتناسب مع المدة المتبقية من التأمين.

جدول رقم (1)

تعريفة المدة القصيرة

نسبة ما تحتفظ به الشركة من القسط السنوي	مدة سريان التأمين
10% من القسط	مدة لا تتجاوز اسبوعين
20% من القسط	مدة لا تتجاوز شهر
25% من القسط	مدة لا تتجاوز شهرين
30% من القسط	مدة لا تتجاوز ثلاثة اشهر
40% من القسط	مدة لا تتجاوز اربعة اشهر
50% من القسط	مدة لا تتجاوز خمسة اشهر
60% من القسط	مدة لا تتجاوز ستة أشهر
70% من القسط	مدة لا تتجاوز سبعة اشهر
80% من القسط	مدة لا تتجاوز ثمانية اشهر
90% من القسط	مدة لا تتجاوز تسعة اشهر
100% من القسط	تسعة اشهر فما فوق

3-4 تأمين السرقة Theft Insurance

يقصد بالتأمين من السرقة أن تحدث السرقة قسراً : أي اقتحام مصاحب بالعنف (السطو) لسرقة موجودات أو ممتلكات مؤمن عليها، عادة ما يصاحب تأمين السرقة تأمين الحريق (حريق أو حريق وسرقة) وتتمثل السرقة هنا بكسر الباب عنوة أو الزجاج أو الشبابيك أو استخدام الاكراه والمقصود هنا هو الاستيلاء على ممتلكات الأشخاص باستخدام القوة أو التهديد باستخدامها كأن يصوب السلاح على المؤمن له ويطلب منه تسليم امواله.

ما يشمله تأمين السرقة:

1- سرقة الممتلكات المؤمن عليها كما في جدول الوثيقة.

2- سرقة بضاعة الأمانة.

الاستثناءات:

لا تكون شركة التأمين مسؤولة عن:

1- السرقة التي يرتكبها أحد افراد عائلة المؤمن له أو يساعد في ذلك.

2- السرقة التي يرتكبها أحد مستخدمي المؤمن له.

3- السرقة نتيجة الدخول إلى الممتلكات المؤمن عليها بواسطة مفتاح مقلد.

4- الأوراق المالية والكمبيالات والسندات والنقود والأحجار الكريمة واللوحات الفنية والمجوهرات.

5- الممتلكات الموجودة في حديقة العقار المؤمن عليه، أو الممتلكات الموجودة للعرض في واجهات العرض.

الشروط العامة لوثيقة تأمين السرقة:

1- يقصد بالسرقة: - سرقة الممتلكات المشار إليها في جدول الوثيقة - مع استعمال عامل العنف والقسر في إحداث السرقة.

2- ضرورة مساواة مبلغ التأمين مع القيمة المسروقة أثناء الحادث لأن التفاوت يسبب تغييراً في قيمة التعويض.

3- أن يتم الإبلاغ عن حادث السرقة خطياً لمركز المؤمن ومركز الشرطة فوراً.

4- أي تزوير أو اختلاف في البيانات التي تم إدلاؤها لشركة التأمين من شأنه أن يلغي الوثيقة وينتفي بذلك التعويض.

5- على المؤمن له أن يبذل قصارى جهده للتقليل والتخفيف من حدة الخطر والخسارة.

6- تزويد الشركة بكافة التفاصيل لكيفية وقوع حادث السطو أو السرقة.

7- لشركة التأمين الحق في المطالبة باسترداد المسروقات سواء باسمها أو باسم المؤمن له وعلى المؤمن له أن يوفر للشركة كل مساعدة في سعيها.

8- عندما تعوض شركة التأمين عن مسروقات تصبح المسروقات ملكا لها.

9- تختص المحاكم المحلية في إقرار التحكيم لما ينشأ من خلاف بين المؤمن والمؤمن له.

4-4 تأمين المنازل الشامل Home Owners Insurance Comprehensive

تغطي وثيقة تأمين المنازل الشاملة أكثر من نوع من أنواع التأمين في وثيقة واحدة، وتغطي وثيقة تأمين المنازل الشاملة أخطار الحريق، الصواعق، العواصف والأمطار والزلازل والبراكين وانفجار أنابيب المياه والسرقة والوفاة للأشخاص - كلها في وثيقة واحدة. إذ ترفق مع الشروط العامة قائمة بموجودات المنزل والتركيبات والديكور والأثاث، مع مراعاة أن الوثيقة تستثني لوحات الزيت ما لم ينص عليها بتغطية إضافية محددة القيمة لكل لوحة كما يستثنى أيضاً الرسوم والخرائط والمجوهرات والنقدية، ما لم تحفظ في خزانة حديدية مغلقة وتحديد الجهة التي تحتفظ بالمفاتيح وذلك ايضا في بند منفصل يحدد لها سعر خاص بها.

يتميز تأمين المنازل بأن الأسرة تخلي المنزل في فترات الإجازات والسفر وقد منح المؤمن مهلة شهر كحد أقصى لترك المنزل شاغراً.

تنطبق على وثيقة تأمين المنازل الشاملة نفس الشروط العامة التي تطبق على وثائق الحريق والسرقة والتي تم التعرض لها كذلك بالنسبة للاستثناءات.

5-4 تأمين النقدية Cash Insurance

يخضع تأمين النقدية لتأمين المنقولات، وتعامل الأوراق المالية، المجوهرات، والبنكنوت "النقد" معاملة واحدة في هذا الشأن.

1- أساس التغطية أن تكون هناك خزانة حديدية توضع فيها هذه الممتلكات وتكون التغطية تأمين من الحريق والسرقة على أن تحدث السرقة بالعنف والإكراه والسطو.

2- هنالك بند آخر للتغطية التأمينية للنقدية هو التأمين على تواجدها على الحاجز (الكونتر) كاستخدام الصرافين لها، أو الجواهرجية أو البنوك في شبابيك الصرافة.

3- النوع الثالث من الغطاء التأميني وينطبق على النقدية، الأوراق المالية أو المجوهرات أثناء النقل "في الترانزيت" تقوم التغطية أساسا على الضياع أو الفقدان أثناء النقل في سيارات المؤمن له أو بمعرفة موظفيه مع توفر الحراسة شرط أن يكون الفقدان أو ضياع النقد أو المجوهرات نتيجة حادث أو اعتداء ويحدد في طلب التأمين أماكن التنقل بوضوح ومن ضمن ما ينقل من أموال مثلا مرتبات موظفي الشركات من وإلى البنك، من وإلى محل الصرافة، من وإلى البنك والمطار وخلاف ذلك ويقصد بالنقود في تعريف الوثيقة أنها النقود، الكمبيالات، الشيكات والحوالات البنكية.

4- النقدية في المنازل وقد سبق وتعرضنا في وثيقة تأمين المنازل إلى أن هذا البند مستثنى بسبب تغطيته هنا.

استثناءات على وثيقة النقدية :

يستثنى من الغطاء التأميني ما يلي:

1- الخسارة، الاختلاس أو السرقة التي تنتج عن أحد موظفي المؤمن له.

2- الخسارة أو الضرر الحاصل والذي يخضع لنوع آخر من أنواع التأمين.

3- الخسارة أو الضرر الناتج عن أخطاء إدارية، مكتبية أو محاسبية.

4- الخسارة أو الضرر الناتج عن اكتساح أو غزو عدواني أجنبي، أعمال شغب، أو اضطرابات، أو أعمال قسرية.

6-4 التأمين من خيانة الأمانة Infidelity Insurance

سبق وأن تعرضنا في وثيقة تأمين النقدية إلى استثناء اختلاس، تزوير أو سرقة العاملين لأموال أو ممتلكات المؤمن له. أما في هذا البند (خيانة الأمانة) فيغطي التأمين الخسارة أو الضرر الناتج عن تصرفات العاملين لدى المؤمن له.

الأخطار التي يغطيها تأمين خيانة الأمانة :

1- التزوير في الحسابات أو البيانات التي من شأنها الإغناء المالي للموظف على حساب هذا التصرف.

2- الاختلاس الاحتيالي: وهو اختلاس احتيالي يقوم به الموظف أو المستخدم لأموال مؤتمن عليها بحكم مهام وظيفية.

3- الاستيلاء غير المشروع على أموال رب العمل المسحوبة باستعمال القوة أو العنف.

4- سوء التصرف أو سوء الإدارة.

5- تلفيق احتيالي: ادعاء كاذب أدلى به بقصد الغش أو بدون مبالاة أو اهتمام، وقد تؤثر البيانات الجوهرية الملفقة على قرار المؤمن له المالي.

6- تشمل الخسائر النقود، الشيكات، الأوراق المالية، تزوير الأرقام، التلاعب بالمخزون وسرقته.

الشروط العامة لوثيقة تأمين خيانة الأمانة:

1- على المؤمن له أن يخطر شركة التأمين "المؤمن" بأي حس أو شعور من شأنه مدلول الخسارة أو يراوده الشك لاتخاذ الإجراءات الضرورية في الوقت المناسب.

2- يحق للمؤمن الطعن في المطالبة بخسارة إن حدث التبليغ بعد شهرين من وقوع الخسارة.

3- عادة ما يقوم المؤمن بالتحقيق والإجراءات اللازمة والتعويض كل ذلك على حساب شركة التأمين.

4- يحق للمؤمن إلغاء التأمين إذا ما ارتأى ذلك ضرورياً في أي وقت.

7-4 التأمين البنكي الشامل Bankers Insurance

تستخدم شركات التأمين العاملة في الأردن وثيقة التأمين البنكي الشامل الصادرة عن اللويدز في لندن (Lioyd's Bankers Policy) وهي وثيقة تأمين خاصة بالبنوك. وتتلخص تغطيات وثيقة التأمين البنكي الشامل ما يلي:

فقرة التأمين الأولى: وتتعلق بخيانة الأمانة من قبل العاملين الذي يريدون الاغتناء من التزوير والخيانة.

فقرة التأمين الثانية: تأمين النقدية في الخزائن ضد السرقة، الاختلاس أو الاعتداء بالعنف. يستثني التعويض عن السرقة أو الاختلاس التي تنشأ والأموال في حوزة البريد أو السيارات المحصنة.

فقرة التأمين الثالثة: الأموال أثناء النقل (ترانزيت)

يستثني التعويض الخسارة أو الضياع أو الضرر الحاصل في حال تواجد الأموال بحوزة البريد، أو الجمارك، أو السيارات المحصنة.

فقرة التأمين الرابعة: الشيكات المزورة وتتضمن في طياتها السندات الإذنية ولحامله، شهادات الإيداع الكمبيالات والتحويلات المصرفية والصيرفية وأذونات الخزانة.

فقرة التأمين الخامسة: الأموال على الحاجز (الكاونتر) .

فقرة التأمين السادسة: الخسارة أو الضرر الحاصل للمكاتب ومحتوياتها نتيجة السرقة والسطو واستخدام القوة.

تستثني التغطية هنا الخسارة أو الضرر الناتج عن حريق وذلك لأن تأمين البنك من الحريق يقع تحت وثيقة التأمين من الحريق وهي منفصلة عن الوثيقة البنكية.

تفرض وثيقة التأمين البنكي شروطاً يجب على البنوك التقيد بها لكي تصبح شركة التأمين مسؤولة عن تعويض أية خسائر وتتلخص هذه الشروط بما يلي :

1- تلتزم إدارة البنك بتخصيص توصيف وتصنيف وظيفي لكل من العاملين والمهام وطبيعتها الملقاة على عاتق كل موظف.
2- تخصيص وتحديد الجهة التي تحتفظ بمفاتيح الخزائن الحديدية وإجراء جرد يومي ولحظي مشترك والعهدة الثنائية.
3- تبديل الموظفين بإشراف تبادلي بأن يقوم موظف بمسك أعمال موظف آخر لكشف أية عيوب وذلك بصورة دورية.
4- تخصيص أسبوعين على الأقل إجازة لكل موظف بحيث ينعزل عن ممارسة أية أعمال بنكية.
5- بالإضافة لأجهزة التدقيق الداخلي ضرورة تواجد أجهزة تدقيق خارجية مستقلة لاجراء تدقيق لاعمال المصرف مرة في السنة على الأقل.

8-4 التأمين الهندسي Contractor's Insurance

يتضمن التأمين الهندسي تناول موضوعات المقاولات وما في حكمها، ويغطي التأمين الهندسي.

الأمور المتعلقة بعقود الإنشاء والنصب والتركيب. ومن أهم أنواع الوثائق التي توفرها شركات التأمين في الأردن.

1- وثيقة تأمين جميع أخطار المقاولين.

2- وثيقة النصب والتركيب: وتغطي تجميع ونصب وتركيب الآلات والمكائن في المشاريع المختلفة.

3- وثيقة تأمين عطب المكائن: وتغطي الأضرار المادية التي تتعرض لها الالات والمكائن.

4- وثيقة تأمين انفجار البويلرات .

وثيقة تأمين جميع أخطار المقاولين Contractors All Risks Policy

وثيقة تأمين جميع اخطار المقاولين. تغطي هذه الوثيقة مشاريع البناء والهندسة المعمارية مثل المباني السكنية والمستشفيات والمصانع والطرق والمطارات والجسور والسدود... الخ. وهي مصممة بشكل يناسب تلبية كافة الاحتياجات والمتطلبات لتوفير الحماية للمقاولين فور بدء العمل أو بعد تفريغ المواد في موقع العمل وتنتهي التغطية التأمينية بانتهاء العمل في المشروع أو فور تسليمه أو وضعه قيد الاستعمال وأي تمديد للفترة التأمينية يخضع لموافقة شركة التأمين.

وتشمل التغطية التأمينية لجميع أخطار المقاولين ما يلي:

1- تأمين المواد والمعدات والأدوات: ويشمل تأمين المواد من إسمنت وأخشاب وحديد، من الحريق والسرقة والانهيار ومياه وسيول الأمطار والزلازل والبراكين وغيرها.

كما يشمل انجراف التربة بعد حفر الأساس وانطمارها بالمياه والرمل أو انكسار القضبان.

2- تأمين المعدات والآلات من الاخطار الشاملة من حريق، حوادث، كسر، ضرر أو تلف نتيجة ممارسة البناء.

3- تأمين العمال: وتشمل إصابات عاملي المقاولات من حوادث جزئية، كلية أو وفاة نتيجة حادث، ويخضع هذا النوع من التأمين لقوانين العمال وتنظيم العمل في القطاع الأهلي لكل بند.

4- تأمين إزالة الأنقاض .

وتشمل تأمين إعادة بناء الانهيارات الجزئية التي تحدث أثناء البناء.

5- تأمين المسؤولية المدنية: وقد سبق التعرض لها إذ من شأن هذا النوع من التأمين تعويض طرف ثالث عدا عن المؤمن له عن الأضرار التي تلحق به من سيارات زوار للورشة أو أشخاص ليسوا عاملي المؤمن له.

6- مقاولو الباطن والمقاول الرئيسي: يقصد بالمقاول الرئيسي المؤمن له وما يتبع المقاولة الرئيسية من أعمال بناء الهيكلي، أما الباطني، فهو مقاول الأدوات الصحية، التوصيلات الكهربائية، البليط، الطرق وما في حكمها.

تأمينات النقل Transportation Insurance

9-4 تأمينات النقل:

هي تلك التأمينات التي توفر الحماية من الأخطار التي تتعرض لها وسائل النقل والبضائع والسلع والأشخاص والممتلكات أثناء عملية النقل من مكان لآخر عن طريق البر أو البحر أو الجو.

وتقسم وثائق تأمينات النقل إلى ما يلي:

1- التأمين على وسائل النقل نفسها البرية والبحرية والجوية من خطر الحريق والتصادم والفقد... الخ.

2- التأمين على البضائع من الأخطار المختلفة أثناء عمليات الشحن أو النقل أو التفريغ.

3- التأمين على أصحاب أو الملاك لوسائل النقل المختلفة من المسؤولية المدنية لوسائل النقل السيارات، السفن، الطائرات... الخ.

ومن اهم تأمينات النقل:

1- التأمين البحري وسوف يتم تناوله بالتفصيل في الفصل الخامس.

2- تأمين السيارات وسوف يتم تناوله بالتفصيل في الفصل السادس.

3- تأمين الطيران.

تأمين الطيران

10-4 تأمين الطيران Aviation Insurance

لقد تطور تأمين الطيران منذ أصبحت الطائرة وسيلة للنقل بشكل كبير وسريع،
وان الأسباب الرئيسية لهذا النمو الكبير هي: العولمة، وإزدهار السياحة في معظم انحاء العالم
والانخفاض النسبي لأسعار السفر بواسطة الطائرات، وكون السفر بالطائرة أصبح أكثر امانا.

كما دلت الدراسات أن (80%) على الأقل من عمليات نقل الركاب تتم عن طريق
الطيران المدني، حتى أنه داخل الدولة الواحدة قد أصبح الطيران المدني له دور بارز في النقل
الداخلي وخاصة تلك الدول المترامية الأطراف. ولذلك كان لزاما ظهور وإنتشار التأمين على
وحدة النقل الجوي وهي الطائرة ضد خسائر الأخطار التي يمكن ان تتعرض لها في مراحل
الطيران المختلفة، وكذلك الخسائر المادية التي قد تلحق بالناقل الجوي تجاه الركاب أو تجاه
أصحاب الشحنات والبضائع التي تُنقل جوا.

أخطار الطيران:

تتعرض وسيلة النقل الجوي للعديد من الأخطار المختلفة، ونسوق بعض هذه
الأخطار على النحو التالي:

(1) أخطار الطبيعة:

وهذه الأخطار تنشأ عن تحقق بعض مسببات الخطر الطبيعية، ويترتب على
تحققها في صورة حوادث العديد من الخسائر التي غالبا ما تكون خسائر كلية، ومن هذه
المسببات:

(1) الرؤية السيئة نتيجة تكثف الضباب.

(2) الأعاصير والصواعق والمطبات الهوائية.

(3) تراكم الجليد والثلوج في المناطق الجليدية.

(4) حوادث التصادم في القمم العالية من الجبال.

(2) أخطار الطائرة الذاتية:

وهذه الأخطار تنشأ عن التكوين الذاتي للطائرة، وتتوقف على تصميم الطائرة والموديل والإمكانيات المتاحة فيها ونوع الوقود المستخدم ومدى قابليته للإشتعال، كما أن كثرة الأجهزة وتنوعها وتعقيدها ينتج عنه العديد من الأخطار الجسيمة حيث يترتب على تعطل تلك الأجهزة أو توقفها تعطل الطائرة نفسها عن العمل، فعلى سبيل المثال قد تتعطل بعض الأجهزة الأساسية فجأة عن العمل كأجهزة التكييف وأجهزة التشغيل وغيرها، ويترتب على ذلك الكثير من الخسائر في الممتلكات والأرواح، هذا في حين أنه إذا كانت الطائرة من الطراز الحديث المزود بأساليب الوقاية والأمان كأجهزة الإنذار المبكر، فإن ذلك يقلل من درجات الخطورة التي تتعرض لها الطائرة في الجو أو على سطح الأرض.

(3) أخطار البشر:

وتتمثل هذه الأخطار في تلك الأخطار التي يتسبب فيها مجموعة الأشخاص المسؤولين عن تسيير الطائرة منذ بداية إقلاعها وحتى تمام إرسالها في أرض أخرى. ومن هذه الأخطار:

1 أخطاء المهندس الفني الذي يختبر الطائرة قبل الإقلاع.

2 أخطاء الطاقم الفني الذي يوجه الطائرة للإقلاع والهبوط.

3 أخطاء المسؤولين عن حمولة الطائرة وطبيعة المواد أو البضائع المحمولة.

4 أخطاء ربان الطائرة.

(4) الأخطار الأرضية:

وتتمثل هذه الأخطار في تلك الأخطار التي تتعرض لها الطائرة أثناء تواجدها على سطح أرض المطار سواء قبل الرحلة الجوية أو بعدها، ومن هذه الأخطار:

1- عدم مطابقة الممرات الأرضية للمواصفات الفنية من حيث الطول والإتساع والإضاءة والنعومة.

2- عدم صيانة الممرات الأرضية وبصفة دورية.

3- تصادم الطائرات على أرض المطار نتيجة عدم التنظيم أو بسبب إزدحام المطار بالطائرات.

4- أخطاء الوحدات الميكانيكية المساعدة على أرض المطار.

5- أخطار الحريق والسرقة والسطو أثناء الإنتظار للإقلاع.

(5) أخطار الحروب والاستيلاء غير المشروع:

وتتمثل هذه الأخطار في تلك التي تصيب حركة الطيران نتيجة الحروب المعلنة وغير المعلنة وكذلك عمليات القرصنة والإختطاف والإستيلاء الغير مشروع، وسواء كان ذلك داخليا أو خارجيا.

وثائق تأمين النقل الجوي:

لقد تزايدت أهمية تأمين الطيران في العصر الحديث، وذلك نظرا لأن القيمة المعرضة للخطر في هذا التأمين تكون كبيرة، كما أن الخسائر التي تنتج من تحقق أخطار الطيران غالبا ما تكون خسائر كلية وفادحة.

إن سقوط طائرة واحدة من شأنه تدمير الطائرة دماراً كليا وهي باهظة الثمن بالإضافة إلى مقتل المئات من الركاب دفعة واحدة، وما ينتج عن سقوط الطائرة من دمار للأبنية والممتلكات الأخرى التي تحويها.

ويتصف تأمين الطيران بعدد من الصفات الخاصة التالية:

1- كبر حجم عملياته وضخامة مبالغ التأمين وذلك لإرتفاع قيمة الأصول المؤمن عليها.

2- ندرة حوادث الطيران وضخامة حجم الخسائر المالية التي تترتب على تحققها.

3- غالبا ما يتم تأمين الطيران عن طريق إعادة التأمين، ويحتاج تأمين الطيران إلى الاتصالات السريعة جدا بمختلف وسائل الإتصال سواء من المؤمن له أو من معيد التأمين.

وتغطي وثائق تأمين الطيران تلك الأخطار التي تتعرض لها وسيلة النقل الجوي وكذلك الشحنات المنقولة جوا، كما تغطي المسؤولية المترتبة على ذلك. فنجد أن تأمينات الطيران تغطي الخسائر المالية التي تترتب على أخطار نقل الشحنات الجوية والمسؤولية التابعة لها.

كما تغطي تلك الأخطار التي يتعرض لها ربان الطائرة وملاحيها وكذلك ركابها وطلاب الطيران المدني الذين يتدربون عليها.

ومن وثائق تأمين الطيران نذكر الأنواع التالية:

1- وثيقة تأمين الطائرة من جميع الأخطار.

2- وثيقة تأمين جسم الطائرة.

3- وثيقة تأمين المسؤولية المدنية للطائرة.

4- وثيقة تأمين المسؤولية المدنية لصناع الطائرة.

5- وثيقة تأمين البضائع المنقولة جوا.

أسئلة المناقشة

السؤال الأول: اذكر واجبات المؤمن له لدى حدوث الخسارة بسبب الحريق.

السؤال الثاني: ما هي شروط الأمن والسلامة التي يجب أن يلتزم بها المؤمن له؟

السؤال الثالث: ما المقصود بتأمين فوات الكسب وما هي التغطيات التي يشملها؟

السؤال الرابع: وضح المقصود بوثيقة تأمين المنازل الشاملة.

السؤال الخامس: ما هي التغطيات التي تشملها وثيقة التأمين البنكي الشامل ؟

السؤال السادس : ما هي أهم أنواع المسؤولية المدنية؟

السؤال السابع : عدد الشروط العامة لوثيقة التأمين ضد السرقة.

السؤال الثامن: أشرح أخطار الطيران.

الأسئلة الموضوعية

1- لا يغطي التأمين على الحريق الأضرار التالية:

أ- العواصف والزوابع والفيضانات.

ب- سقوط الطائرات من الجو .

ج- الحريق الناتج عن التماس الكهربائي.

د- الأضرار الناجمة عن الاحتراق الذاتي للأشياء.

2- أي من الآتية ليست من واجبات المؤمن له لدى حدوث الخسارة بسبب الحريق

أ- إبلاغ شركة التأمين بوقوع الحريق.

ب- المحافظة على الممتلكات المؤمن عليها منعاً لتفاقم الضرر.

ج- استلام الممتلكات المتضررة والتصرف بها.

د- تقديم المطالبة خلال 15 يوماً من تاريخ وقوع الحريق .

3- أي من الآتية ليست من الأخطار التي يغطيها تأمين خيانة الأمانة

أ- التزوير في الحسابات أو البيانات.

ب- إفلاس الموظف .

ج- الاختلاس الاحتيالي .

د- الاستيلاء غير المشروع على أموال رب العمل باستعمال القوة أو العنف.

4- تشمل وثيقة التأمين البنكي الشامل ما يلي باستثناء :

أ- تأمين النقود في الخزائن.

ب- تأمين خيانة الامانة.

ج- تأمين الأوراق المالية والنقود أثناء نقلها من البنك إلى فروعه المختلفة.

د- التأمين على حياة جميع موظفي البنك.

5- أي من الآتية لا يعتبر من تأمين وسائل النقل

أ- تأمين السيارات .

ب- تأمين الأقمار الصناعية والسفن الفضائية.

ج- التأمين البحري .

د- تأمين الدراجات .

الفصل الخامس

التأمين البحري

1-5 التأمين البحري تاريخه وتطوره

2-5 أهمية التأمين البحري.

3-5 أنواع التأمين البحري.

5-5 أنوع وثائق التأمين البحري.

الفصل الخامس

التأمين البحري

Marine Insurance

1-5 التأمين البحري تاريخه وتطوره :

يعتبر التأمين البحري من أقدم أنواع التأمين التي عرفها العالم، حيث مارسه الفينقيون والبابليون من خلال العمليات التجارية التي كانت تتم عبر البحر الأبيض المتوسط . وتعتبر القروض البحرية قديماً عقود تأمين بحري حيث ينص عقد القرض البحري على أن يقدم أحد الممولين إلى صاحب السفينة، قبل بدء الرحلة، مبلغاً من المال على أن يسترد هذا المبلغ بالإضافة إلى فوائده عند وصول السفينة إلى ميناء الوصول سالمة، أما إذا فقدت السفينة أثناء الرحلة فلا يسترد شيء من المبلغ.

وفي عام (916) قبل الميلاد ظهرت فكرة "الخسارة العامة" في تشريع (رودس) حيث جاء فيها ضرورة توزيع الخسارة على كافة منقولات السفينة من بضائع وأيضا على ما تم التخليص منه من شحنات ضمانا لسلامة الرحلة، ولقد ساعد في تطور عملية التأمين البحري تطور أسلوب النقل بصفة عامة وزيادة المخاطر، إلى جانب اتساع رقعة التعاون الدولي وازدهار عمليات التجارة الخارجية، وقد تم إصدار أول بوليصة تأمين بحري في عام (1347م) لتأمين إرسالية من جنوا إلى جزيرة مايوركا بوساطة السفينة (سانتا كلارا) وقد صدرت بوليصة تأمين أخرى في مرسيليا عام (1584م) للتأمين على شحنة من مرسيليا إلى طرابلس.

وعند هجرة سكان المدن الإيطالية اللومبارديون إلى لندن، نقلوا معهم أعمال التأمين البحري، حيث صدر عام (1601م) قانون (اليزابيث) لتنظيم أعمال التأمين البحري، وفي عام (1688م) افتتح (إدوارد لويدز) مقهى في لندن يجتمع فيه التجار لإجراء معاملات التأمين البحري وأصدروا صحيفة (Lioyds List) والتي ما زالت تصدر إلى الآن.

واستمر التأمين البحري يتطور في إنجلترا حتى عام (1906م) حيث صدر قانون التأمين البحري (Marine Insurance Act. 1906) والذي يتضمن القواعد والأسس التي يقوم عليها التأمين البحري الحديث.

2-5 أهمية التأمين البحري على الصعيد المحلي وعلى صعيد التجارة الخارجية:

يمكن تلخيص أهمية التأمين البحري كالتالي:

1- يعمل التأمين البحري على تشجيع الهيئات والأشخاص على استثمار أموالهم في التجارة الخارجية مطمئنين إلى الضمانات التي يقدمها لهم نتيجة لوقوع الخسائر خلال عملية النقل المختلفة.

2- يعتبر التأمين البحري أحد بنود التجارة غير المنظورة والتي تدخل ضمن تقسيمات ميزان المعاملات الجارية مما يجعل التأمين البحري يرتبط ارتباطا وثيقا بالدخل والإنتاج ويعتبر أحد عوامل دفع خطط التنمية الاقتصادية والاجتماعية.

3- وسيلة لإيجاد نوع من الروابط بين الدول وتحسين العلاقات التجارية والاقتصادية والسياسية.

4- العمل على إدخال عملات أجنبية وخروج عملات محلية.

5- يعتبر التأمين البحري ضمانا كافيا لما تقدمه البنوك من أموال لتمويل التجارة الخارجية.

3-5 أنواع التأمين البحري :

توجد ثلاثة أطراف في الرحلة البحرية وهي:

1- السفينة

2- البضائع المشحونة

3- أجرة الشحن.

وتعتبر أطراف الرحلة البحرية هي موضوع وأنواع التأمين البحري.

أولاً: التأمين على السفينة:

حيث يكون جسم السفينة هو محل التأمين وملحقاتها من (عدد وقوارب وأثاث وغيرها من لوازم الإيجار) والذي يهدف إلى توفير الحماية المادية لملاك السفن، وذلك عن طريق تعويضهم عن الخسائر المادية التي تتعرض لها هذه السفن نتيجة لتعرضها للأخطار البحرية من حريق وغرق وتلف وتصادم وفقد كلي أو جزئي مع استثناء الخسارة المادية الناتجة عن الاستهلاك نتيجة الاستعمال أو الخسائر الناتجة عن الصدأ أو النقص في الكفاءة لقيادة السفن.

ثانياً: التأمين على البضائع

يعتبر التأمين على البضائع من أكثر أنواع التأمين البحري شيوعا ويشمل كافة أنواع البضائع سواء على أشكال (سائلة أو جافة) سواء كانت مغلفة في صناديق خشبية أو ورقية، أو غير مغلفة كالحبوب والفحم ومواد البناء، وتمتد التغطية التأمينية إلى الأشياء الثمينة مثل الذهب والفراء واللوحات الثمينة.

ويهدف التأمين هنا إلى تعويض أصحاب البضائع المنقولة أو أصحاب المصلحة فيها أثناء الرحلة البحرية، من أخطار مياه الرحلة البحرية، مثل أخطار الغرق والتصادم والجنوح وأخطار الانفجار والبرق والهزات والغرق والسرقة، ولقد تضمنت وثائق التأمين على البضائع (وعلى اختلاف أنواعها) توضيحا لكل الأخطار الواجب تغطيتها وضمانها وأيضا ما هو مستثنى منها ولا تغطيها هذه الوثيقة كما أنها تشمل على مدة الغطاء التأميني بما في ذلك أسماء مينائي القيام والوصول إلى جانب مقدار التزام المؤمن له ونوع العملة النقدية التي يدفع بها التزامه المقرر .

كما ينص في الوثيقة على طريقة التعويض اللازم في حدود نوعية ونسب الخسارة المتحققة عليها، على أنه في معظم هذه الوثائق يحدد مبلغ التأمين مقدما والمبلغ الواجب دفعه عند وقوع الخطر البحري.

ومن وثائق التأمين البحري على البضائع المنتشرة المستخدمة في هذا المجال،
وثائق التأمين على البضائع بالرحلة والتي تعتمد في شروطها على صيغة مجمع مكتتبي
اللويدز بلندن، فيتم تغطية الخطر البحري المؤمن عليه خلال رحلة بحرية محددة، حيث
ينص صراحة في العقد على ميناء القيام وابتداء التغطية وتستمر تلك التغطية حتى وصول
السفينة إلى ميناء الوصول ورسوها فيه بالإضافة إلى استمرار التغطية حتى يتم تفريغ
البضاعة على رصيف الميناء في بعض منها، والبعض الآخر تمتد التغطية فيها حيث تشمل
عملية نقل البضاعة إلى المخازن.

ثالثاً: أجرة الشحن (النولون) :

تختص هذه العقود بضمان تعويض المؤمن له عن خسارته المتمثلة في ضياع أجرة
النقل البحري من خلال إصدار وثائق تأمين أجرة النقل، إذ يشمل هذا العقد ما يستحقه
مالك السفينة من أجرة الشحن وذلك مقابل نقله للبضائع إلى الجهة المطلوبة.

فمن المعروف أن السفينة أو البضائع التي تحملها قد يتعرضان إلى بعض المخاطر
البحرية مما ينتج عنه تحقق خسائر كلية أو جزئية وقد تحول دون حصول مالك أو مجهز
السفينة على أجرة النقل، مما يخول صاحب السفينة أن يؤمن ضد عدم حصوله على أجرة
الشحن، بشرط أن يقع الخطر أثناء وجود البضاعة على ظهر السفينة والذي يتسبب في ضياع
النولون ضياعا كليا أو جزئيا، كما يستثنى أيضا التعويض عن النولون كليا أو جزئيا في حالة
تأثير الرحلة البحرية حتى لو وقع خطر مؤمن منه أثناء فترة التأخير هذا في حالة استحقاق
(أجرة الشحن) في نهاية الرحلة، أما إذا كانت تلك الأجرة تستحق قبل بداية الرحلة فان
وثائق تأمين البضائع لا تغطي خطر التعرض للفقد الكلي أو الجزئي للإيجار أو الأجرة.

4-5 إجراءات التعاقد في التأمين البحري :

إجراءات التأمين البحري

إجراءات الإصدار

أولاً: طلب التأمين: ويتم بطريقتين :

أ- فتح اعتماد مستندي في البنك: ويتم ذلك من قبل العميل ويقوم البنك بإبلاغ شركة التأمين المدون اسمها على طلب الاعتماد بتفاصيل البضاعة والرحلة ومبلغ التأمين ونوع الغطاء وأية شروط يطلبها البنك.

ب- تأمين البضائع بضمان المستندات: ويتم مباشرة عن طريق العمل وذلك بإرسال فاتورة أو بوليصة شحن أو أية وثيقة أخرى يثبت فيها اسم العميل، طريقة الشحن، البضائع، تغليف البضائع، الرحلة، مبلغ التأمين، ويتم الاتفاق ما بين الشركة والمستورد أو المصدر على نوع التغطية وعلى تحديد سعر التأمين، تقوم الشركة بإصدار عقد التأمين حسب الشروط المتفق عليها وبثلاث نسخ كذلك إصدار الفاتورة ويتم التوقيع من قبل الشخص المفوض من شركة التأمين ويتم تزويد النسخة الاصلية من الوثيقة مرفقا بها كافة الشروط إلى البنك. وفي حالة التأمين المباشر ترسل النسخة الأصلية مرفقة مع الفاتورة إلى العميل وتحفظ نسخة في قسم الإصدار وترسل الفاتورة إلى قسم المحاسبة في الشركة .

ويعتبر التأمين البحري إلزاميا في حالة قيام المستورد باستيراد بضائع وذلك لأن عملية التأمين تفيد مصلحة المستورد، حيث يأتي الإلزام من خلال اشتراط المصرف ضرورة حصول المؤمن له على عقد تأمين بحري لأغراض فتح اعتماد مستندي بخصوص البضائع المستوردة وذلك ضمانا لقيمة الاعتماد لصالح المصرف.

ثانياً: إشعار التغطية

قد يواجه الشخص الطبيعي أو الاعتباري عند طلب التأمين بعض المشاكل نتيجة لعدم إلمامه بجميع المعلومات الخاصة بالصفقة التي يريد استيرادها مثل (ميعاد الشحن، كيفية الشحن...) مما يتعذر معه إصدار وثيقة التأمين وذلك لعدم توفر المعلومات اللازمة،

وللتغلب على هذه المشكلة ولحين استيفاء البيانات والإجراءات اللازمة لإصدار الوثيقة، تقوم شركة التأمين بإصدار إشعار تغطية للتأمين على الصفقة دفعة واحدة، ويتم فتح اعتماد في البنك للصفقة بأكملها، وطبقا لهذا يكون مبلغ التأمين إشعار التغطية هو قيمة الصفقة بأكملها وكذلك قيمة الاعتماد.

ويلتزم المؤمن له إخطار الشركة بمجرد علمه بشحن البضاعة المؤمن عليها أو أي جزء منها ببياناتها (القيمة، اسم السفينة الناقلة ...) وذلك حتى تقوم الشركة بإصدار الوثيقة وتحصيل القسط، حيث أن المؤمن له يعتبر مغطى في حالة عدم علمه بشحن البضاعة، أما إذا وقع حادث واتضح لشركة التأمين أن المؤمن له كان على علم بشحن البضاعة ولم يقم بإبلاغ الشركة فور علمه بذلك وقبل وقوع الحادث، فان ذلك يعتبر دليلا على سوء نيته ولا يستحق أي تعويض، ما لم يثبت خلاف ذلك، لهذا فإن للشركة الحق في إلغاء التغطية الممنوحة بموجب الإشعار حيث أن التعاقد قد يستمر فترة طويلة وقد يظهر خلال هذه الفترة عدم التزام المؤمن له بمبدأ منتهى حسن النية وعدم تعاونه مع شركة التأمين، وحتى لا تكون الشركة قد أخذت قراراً تعسفياً فهي تمنح المؤمن له مهلة للاتفاق مع شركة تأمين أخرى قبل إلغاء التغطية الممنوحة بموجب الإشعار.

من الناحية العملية يحتوي إشعار التغطية على معظم البيانات الخاصة بطلب التأمين (اسم المؤمن له، موضوع التأمين، الرحلة، السعر، الشروط، مبلغ التأمين الإجمالي الممثل في قيمة الصفقة بأكملها).

ثالثاً: تحديد سعر التأمين:

يعرف سعر التأمين: بأنه عبارة عن المقابل الذي تتقاضاه شركة التأمين من المؤمن له أو وكيله لقاء التعهد بالتعويض عن الخسارة ويعتمد تحديد هذا السعر (القسط) على العوامل التالية:

1- خبرة شركة التأمين: كلما كانت سنوات خبرة شركة التأمين في مزاولة التأمين أكبر أدى ذلك إلى قدرة الشركة على التوصل إلى السعر المناسب الذي يتعلق

بتغطية الخطر الذي سوف تتحمله الشركة، على عكس لو كانت شركة التأمين حديثة النشأة .

2- نتائج التعامل في نوع معين من السلع: إن كثرة تعامل شركة التأمين في تغطية سلعة معينة ضد الأخطار التي تتعرض لها تلك البضاعة، يزيد من قدرة الشركة على تحديد السعر المناسب للتأمين عليها.

3- نطاق التغطية التأمينية: حيث تعتبر شروط التغطية (أ) هي ذات أعلى قسط بالمقارنة مع شروط (ب) و (ج) وذلك لأنها تكفل تغطية جميع الأخطار مع الأخذ بعين الاعتبار عدم تغطية الأخطار المستثناة إلا بطلب تغطية إضافية خاصة ببعض الأخطار كخطر الحرب وخطر الشغب والإضراب.

4- حجم العميل: كلما كان العميل يتمتع بسمعة جيدة ومركز مالي جيد كلما عمدت شركة التأمين إلى تخفيض الأقساط لجذب العميل، مع الأخذ بعين الاعتبار عدد المرات التي يلجأ إليها المؤمن له أو العميل إلى تغطية البضائع المستوردة، فإذا كان العميل زبوناً دائماً لدى شركة التأمين تسعى الشركة إلى تخفيض الأقساط والعكس في حالة إذا كان المؤمن له يلجأ إلى شركة التأمين مرة واحدة فقط لغرض التغطية.

5- نوع البضاعة: تعتبر البضاعة عنصراً مهماً من عناصر التسعير، حيث يجب التأكد من نوع البضاعة هل هي سائلة أو هل تتصف بنقص الوزن الطبيعي أو هل هي ذاتية الاشتعال أو هل هي بضاعة سريعة التبخر أو التسرب العادي، وغيرها من مواصفات البضاعة التي يجب التركيز عليها لغرض تحديد القسط المناسب.

6- طريقة التغليف: وهي عملية توضيح للطريقة التي سوف تغلف أو تعبأ بها البضاعة، فهل سوف يتم تعبئة البضاعة في كراتين أو في صناديق خشبية أو في علب حديدية، حيث أن لعملية التغليف والتعبئة أهمية كبرى.

ففي بعض شروط التأمين تغطى وسيلة التعبئة ضمن مواصفات معينة، إذ قد يرفض التعويض بسبب ضعف في نوعية التعبئة والتغليف أو عدم ملاءمة وسيلة التغليف للبضاعة المشحونة.

من هنا نستنتج أن طريقة التغليف للشحنات مهمة جدا ويتحدد في ضوئها سعر التأمين فكلما كانت طريقة التغليف غير مناسبة أرتفع سعر التأمين وذلك يتم حسب الاتفاق بين شركة التأمين والمؤمن له. بالإضافة إلى التغليف يجب وضع الإشارات المناسبة على وسيلة التغليف والتي تدل على أن البضاعة الموجودة في الداخل قابلة للكسر مثلا، أو إشارة عدم تعرض البضاعة للماء وغيرها من الإشارات التي تهدف إلى التقليل من وقوع الخطر.

7- عمر الباخرة : كلما كان عمر الباخرة يقترب من التقادم، كلما أدى ذلك إلى زيادة السعر مما يؤدي إلى طلب سعر إضافي للتغطية وذلك لتجنب التعرض إلى خسارة فادحة لشركة التأمين نتيجة تأمينها على بضائع منقولة بوساطة سفن غير صالحة للملاحة.

8- الظروف المناخية: كلما كانت البضائع المنقولة والمؤمن عليها تتأثر بالظروف المناخية بسرعة كلما أدى ذلك إلى زيادة سعر التأمين.

9- الطرق الملاحية التي سوف تسلكها السفينة.

10- خبرة مكتتبي التأمين.

11- تصنيف السفينة : هل تحمل تلك السفينة شهادة علم ورخصة إبحار، فلو لم تكن السفينة مصنفة ارتفع سعر التأمين أو رفض التغطية نتيجة لمخاطر عدم قدرة شركة التأمين على التعرف على الجهة التي سوف تقوم بمطالبتها في مبدأ الحلول.

12- حجم المصاريف الإدارية.

رابعاً: وثيقة التأمين البحري:

يتم إصدار وثيقة التأمين التي تعطي للتعاقد رمزاً قانونياً، ومهما كان نوع وثيقة التأمين البحري الصادر يجب أن تحتوي الوثيقة على التعهدات الضمنية والبيانات الأخرى:

أ- التعهدات الضمنية:

1- أن تكون السفينة صالحة للابحار.

2- ألا تحيد السفينة عن المسار المرسوم للرحلة التي تقوم بها إلا في حالة انقاذ حياة شخص على متن السفينة أو سفينة أخرى أو لتجنب الأحوال الجوية السيئة.

3- أن يكون الهدف من الرحلة مشروعا.

ب- البيانات الأخرى:

1- شروط تصنيف السفينة.

2- شرط خاص بالمستندات الواجب توافرها عند طلب التعويض.

3- شروط السفن المؤجرة وهي:

أ- أن يكون المؤمن له على علم بأن السفينة صالحة للإبحار.

ب- يجب أن تكون عنابر ومعدات السفينة صالحة ومناسبة للشحن.

ج- يجب أن تحمل السفينة عضوية أحد نوادي التعويض والحماية المعتمدة، وأن تكون تلك العضوية سارية المفعول حتى نهاية الرحلة.

د- تتضمن الوثيقة شرطاً أساسياً وهو ضرورة تبليغ شركة التأمين في حالة إذا ورد للعميل خبرا عن تعرض السفينة إلى حادث أدى إلى إتلاف حمولتها، حيث يتوقف على هذا الشرط استيفاء المطالبة بالتعويض.

5-5 أنواع وثائق التأمين البحري :

1- الوثيقة الزمنية : وثيقة تغطي فترة زمنية محددة وعادة ما تكون سنة واحدة ومثال ذلك تغطية أجسام السفن على أساس الوثيقة الزمنية.

2- وثيقة الرحلة : وثيقة تغطي البضاعة لرحلة بحرية واحدة فقط، وتكون عادة "من المخزن إلى المخزن" أي التغطية تبدأ من مخازن المصدر وتنتهي عند تسليم البضائع إلى مخازن المستورد. وعادة ينتهي سريان مفعول هذه الوثيقة بعد 60 يوماً من تفريغ البضائع في ميناء التفريغ النهائي.

3- الوثيقة المختلطة: وهي خليط من الوثيقة الزمنية ووثيقة الرحلة بمعنى أنها تغطي الرحلة ومدة زمنية بعد انتهاء الرحلة كأن تنقل بضائع رحلة بحرية ومن ثم تؤمن عليها لمدة 3-4 شهور بعد التفريغ في ميناء التفريغ النهائي.

4- الوثيقة العائمة : وتستخدم عند شحن البضائع على عدة دفعات، وتكون قيمة البضائع عالية جدا، وتكون ذات سقف محدد (مبلغ التأمين)، ويجب على المؤمن أن يبلغ شركة التأمين بقيمة كل شحنة يتم ارسالها وبالتالي يتم خصمها إلى أن يتم استنفاذ السقف المحدد (مبلغ التأمين).

مثال ذلك مؤمن له يرغب بشحن بضاعة بقيمة 200 مليون دينار، وكل مرة بشحن بضاعة بقيمة 10-15 مليون . فيجب على المؤمن له إبلاغ الشركة عند شحن أي بضاعة إلى أن يتم استنفاد 200 مليون دينار.

5- الوثيقة المفتوحة : لا يوجد سقف محدد لوثيقة الغطاء المفتوح، ويتم الاتفاق بين المؤمن له وشركة التأمين على تحديد الحد الأقصى لمبلغ التأمين في الشحنة الواحدة، وتصدر شركة التأمين وثيقة تأمين منفصلة لكل شحنة ويتم سداد قيمة القسط عن كل شحنة أثناء فترة الوثيقة والتي غالبا ما تكون مدتها سنة. والوثيقة المفتوحة تعني أنها غير محددة عدد الشحنات.

6-5 مفهوم الخطر البحري والخسارة البحرية

1- مفهوم الخطر البحري

يشمل الخطر في التأمين البحري الأخطار التي يتعرض لها الشيء موضوع التأمين أثناء وجوده في البحر، سواء أكان الخطر ناشئاً عن فعل البحر ذاته أو كان ناشئاً عن سبب آخر، على أن يكون البحر هو مكان الحدوث.

السؤال: متى يكون هناك خطراً بحرياً :

حتى نكون بصدد خطر بحري، فإنه يجب أن توجد علاقة بين الخطر والملاحة البحرية، بمعنى أن كل ما ينشأ عن الملاحة البحرية من أخطار يعتبر خطرا بحريا سواء أكان ناشئاً عن البحر أم عن غيره طالما يربطه بالملاحة صلة تبعية، أي أن أخطار البحر لا تعد إلا نوعاً من أنواع الأخطار البحرية التي يشملها التأمين، كما يشمل التأمين كل ما ينشأ عن الملاحة البحرية من أخطار. وعليه تعرف **الأخطار البحرية** "بأنها الأخطار التي تحدث بسبب البحر مثل الغرق والتصادم والجنوح والحريق والقرصنة البحرية، والسرقة على سطح السفينة وهي في عرض البحر والأخطار التي تلحق بالممتلكات المنقولة بحرا أثناء الشحن والتفريغ".

2- الخسارة البحرية :

تعرف الخسارة البحرية بأنها : الخسارة التي تنشأ عن مخاطر بحرية ويكون المؤمن مسؤولا عن أي خسارة يكون سببها المباشر خطرا مؤمنا ضده .

7-5 أنواع الخسائر البحرية :

أولاً: الخسارة الكلية

وهي تعرض البضاعة إلى الهلاك أو الفقدان الكلي أو تعتبر في حكم الهالكة أو المفقودة كليا وتنقسم تلك الخسارة بدورها إلى نوعين:

أ- **الخسارة الكلية الحقيقية أو الفعلية:** تظهر الخسارة الكلية الفعلية في حالة هلاك الشيء موضوع التأمين هلاكا تاما أو إذا لحق به ضرر، بحيث يصبح مختلفا عن الشيء الذي أمن المؤمن له عليه، أو إذا أصبح المؤمن له في موقف العاجز عن استرداد الشيء المؤمن عليه.

وبالتالي تتحقق الخسارة الفعلية لدى أي من الحالات التالية :

1- تعرض البضاعة إلى التلف كليا، مثل احتراق البضاعة وتلفها كليا.

2- تضرر الأموال المؤمن عليها بشكل تصبح مواصفاتها مغايرة للمواصفات الأصلية، مثل تحجر الإسمنت من جراء تعرضه للماء، وتضرر الشاي برائحة الصابون في حالة وجود شحنة من الصابون بالقرب من شحنة الشاي، تعرض مادة دوائية للإصابة بالفطريات بشكل كامل مما يفقدها ميزتها الدوائية.

ب- **الخسارة الكلية الحكمية التقديرية:** تظهر تلك الخسارة في حالة ما إذا كانت المصاريف التي تنفق لإنقاذ البضاعة تزيد عن قيمة الشيء المؤمن عليه بعد إنقاذه، ويطلق عليها أحيانا خسارة كلية تجارية، حيث أن المؤمن له بالرغم من عدم هلاك الشيء موضوع التأمين أو فقده فقدا كليا، إلا أنه يعتبر أن هناك خسارة كلية من الناحية التجارية.

مثال:

تعرضت آلة كانت منقولة على ظهر السفينة إلى تلف نتيجة حادث مضمون بالوثيقة، ويتطلب إصلاح تلك الآلة مبلغ 20000 دينار في حين أن قيمتها الفعلية تساوي 10000 دينار، فيعتبر المؤمن له أن الآلة قد تعرضت إلى خسارة كلية حكمية.

من هنا يمكن تلخيص الحالات التي تعتبر البضاعة فيها قد تعرضت لخسارة كلية حكمية كالتالي:

1- في حالة توقع حدوث خسارة كلية حقيقية لا يمكن تفاديها مثل حجز السفينة بأمر قضائي بشرط أن يكون السبب الذي أدى إلى الحجز القضائي مشمولا بالتأمين،

وهي محملة ببضائع صلاحية نفاذها قصيرة (كالطحين) مما يفقد ميزته للاستهلاك البشري ويصبح ممكناً استخدامه كعلف للحيوانات.

2- في حالة إذا ترتب على منع وقوع الخسارة، نفقات تفوق مبلغ التأمين، مثل تلف البضاعة بفعل خطر مؤمن ضده وتحتاج إلى كلفة إصلاح التلف مضافا لها مصاريف إرسال تلك البضاعة إلى وجهة الوصول تزيد عن قيمتها وقت الوصول.

ثانياً: الخسائر الجزئية (العوارية)

وهي الخسائر التي تلحق بواحد أو ببعض أطراف الرسالة البحرية وتنقسم الخسارة الجزئية إلى نوعين :

أ- الخسارة الجزئية الخصوصية (العوارية الخاصة): الخسارة الخصوصية هي خسارة جزئية للشيء المؤمن عليه متسببة عن خطر مؤمن ضده، أي أنها خسارة تخص الشخص المعني بها فقط ومن أمثلتها تعرض جزء من بضاعة يملكها شخص للتلف، وكذلك تعطل السفينة نتيجة عيب ميكانيكي في محركاتها.

مثال: وجود إرسالية مكونة من ألف صندوق محملة بآلات طباعة، وأثناء الرحلة تعرض جزء من تلك الإرسالية والمكونة من عشرة صناديق إلى التلف، فتعتبر تلك الخسارة خسارة جزئية.

ب- الخسارة العامة (العوارية العامة): الخسارة العامة هي الخسارة التي يكون سببها، أو نشأتها عقب إجراء يقوم به ربان السفينة بقصد السلامة العامة وتشمل أي مصروفات تضحية بذلت لهذا الغرض، وتعتبر الخسارة العمومية خسارة مشتركة يتم توزيعها على كافة المشتركين في الرحلة البحرية. وقد نص قانون التجارة البحرية الأردني رقم (14) في المادة 336 على أن غرامة الخسارة البحرية المشتركة يتحملها المؤمنون بالنسبة إلى القيمة التي يؤمنونها،

مثال: في حالة تعرض السفينة الناقلة لعدة بضائع مؤمن عليها، لخطر العواصف والرياح الشديدة، مما اضطر ربان السفينة إلى إصدار أمر بإلقاء جزء من البضاعة تخص أحد المؤمن لهم في البحر، حتى يتمكن ربان السفينة من إعادة توازن السفينة، يشترك جميع أطراف الرحلة البحرية (البضائع، السفينة، وأجرة الشحن) في الخسارة.

مثال: سفينة قيمتها 14 مليون دينار أردني ، وشحنت عليها بضاعة لشركة (أ) قيمتها 2 مليون دينار، وبضاعة أخرى لشركة (ب) قيمتها 3 مليون دينار، وكانت أجرة الشحن المستحقة لمالك السفينة على البضائع 1 مليون دينار، تعرضت السفينة وشحنتها لخطر بحري عام، مما أضطر الربان لإلقاء بضاعة الشركة (أ) في البحر بالكامل.

تعتبر قيمة بضاعة الشركة (أ) في هذه الحالة عوارية عامة ومن ثم يجب أن تساهم فيها أطراف المخاطر البحرية وتتم التسوية وفقاً للقواعد الدولية "يورك وانتروب" كما يلي:

الحل: العوارية العامة 2 مليون دينار قيمة البضاعة لشركة (أ)

قيمة أطراف المخاطرة البحرية:

السفينة	14 مليون دينار
البضائع أ	2 مليون دينار
البضائع ب	3 مليون دينار
أجرة الشحن	1 مليون دينار
	20 مليون دينار

وتكون النسبة التي يساهم بها كل طرف من أطراف المخاطرة البحرية

$$\frac{2}{20} = 10\% \text{ من قيمته}$$

السفينة	= 14.000.000 × 10% = 1,400,000 دينار	
بضاعة الشركة أ	= 2.000.000 × 10% = 200,000 دينار	
بضاعة الشركة ب	= 3.000.000 × 10% = 300,000 دينار	
أجرة الشحن	= 1.000.000 × 10% = 100,000 دينار	
المجموع	= 2 مليون	

9-5 شروط اعتبار التضحية أو المصاريف خسارة عامة (عوارية عامة)

1- الخطر الجدي المحدق : وهو الخطر الذي يحدده ربان السفينة بالتشاور مع بعض أعضاء الطاقم ويشترط أن لا يكون الخطر المذكور قد تحقق قبل إعلان العوارية العامة، وذلك لأن تحقق الخطر قبل إعلان العوارية العامة يعتبر خسارة خاصة وليست عامة.

2- يجب أن تكون التضحية اختيارية: وهي تخص تشكيل قرار اختيار الربان بالتشاور مع بعض أعضاء الطاقم، ويشترط أن تكون التضحية معقولة بحيث لا تزيد عن قيمة الخسارة المحتملة المترتبة على الخطر الجدي. والهدف من الإجراء الاختياري هو السلامة العامة للرسالة البحرية بكاملها.

3- يجب أن تكون التضحية بقصد تفادي خطر ويتم إنقاذ السفينة في النهاية: معنى ذلك أن تتعرض الرحلة البحرية لخطر حقيقي قريب، ومن الضروري أن نميز بين العمل المتخذ لمواجهة خطر حقيقي والعمل الذي يعتبر مجرد إجراء احتياطي أو تدبير وقائي.

4- يجب أن تكون التضحية لأجل السلامة العامة: بمعنى أن التضحية قد اتخذت لغرض تحقيق السلامة العامة للرحلة البحرية وليست لصالح طرف معين في الرحلة، بمعنى أن الخطر الذي يهدد بضاعة معينة مشحونة فقط دون الإضرار بالسفينة أو البضائع الأخرى، لا يعتبر الأجراء المتخذ لغرض السلامة العامة.

5- أن يكون الطرف الذي يطالب بمساهمات العوارية العامة خالي من أية مسؤولية عمدية فيما يتعلق بالخطر الذي يهدد الرحلة.

بعض الأمثلة الخاصة بالعوارية العامة للبضاعة :

أولاً: التضحية بالبضاعة :

1- التضحية بالبضاعة : وهي عملية رمي أو إلقاء جزء من البضاعة المنقولة على ظهر السفينة بقصد تخفيف حمولتها عندما يستلزم الأمر السلامة العامة.

2- التضحية بالبضاعة باستعمالها كوقود للسفينة وذلك عندما يتضح للربان فجأة أن الوقود اللازم لاستكمال الرحلة غير كاف، وذلك بشرط أن تكون كمية الوقود التي كانت السفينة المزودة بها عند إبحارها من آخر ميناء كافية لتمام الرحلة.

3- التضحية بالبضاعة بالبيع: يقصد بها بيع البضاعة في ميناء لجأت إليه السفينة إذا لم يتمكن صاحب السفينة وأصحاب البضائع من تقديم المال اللازم مقابل التزامات السفينة في ذلك الميناء حتى تتمكن السفينة من استئناف رحلتها.

9-5 إجراءات التعويض

1- تقديم المطالبة : يعلم المؤمن له شركة التأمين (قسم المطالبات) هاتفياً أو خطياً ويتبع ذلك تبليغ خطي بحصول أضرار للبضاعة المؤمنة وتذكر تفاصيل أولية عن تلك الأضرار وقيمة التعويض المطالب به ورقم عقد التأمين.

2- المستندات المطلوبة: تقدم جميع المستندات الأصلية الخاصة بالحادث وهي: بوليصة التأمين، الفاتورة التجارية، بوليصة الشحن، شهادة المنشأ، قائمة التعبئة، البيان الجمركي، كتاب احتجاج على وكيل الباخرة و/أو وكيل شركة الطيران أو الناقل البحري، وتقوم الشركة بفتح ملف بالحادث يحتوي جميع هذه المستندات ويسجل الحادث في سجل خاص بالشركة.

3- الكشف الموقعي: يتم الكشف الموقعي على البضاعة المتضررة من قبل موظف تعويضات الشركة في مكان تواجد البضاعة لمعرفة الضرر وتقدير قيمة المطالبة.

4- الاستعانة بمسوي خسائر: في حالة تجاوز قيمة مطالبة التعويض عن 5000 دينار يتم الكشف على الأضرار من قبل مسوي خسائر (بموجب التعليمات الصادرة عن هيئة التأمين).

5- إجراءات إعادة التأمين: تقوم شركة التأمين بإعلام معيد التأمين عن المطالبة ويتم توزيع المبلغ حسب ما هو متفق عليه.

6- حالات الرجوع في حالة وجود مسبب للضرر، يتم الرجوع إليه بالمبلغ المدفوع ويتم توزيعه حسب توزيع الوثيقة الأصلية.

7- تسديد المطالبة: تعتمد التقديرات المتفق عليها بين الشركة والمؤمن له ويتم المصادقة على تسديد المبلغ من الشركة ويوقع المؤمن له على براءة ذمة باستلام مبلغ التعويض.

أسئلة المناقشة

السؤال الأول: عرف التأمين البحري ثم وضح تطور وتاريخ التأمين البحري.

السؤال الثاني: اشرح أهمية التأمين البحري .

السؤال الثالث: وضح أنواع التأمين البحري مع الأمثلة.

السؤال الرابع: عدد إجراءات التعاقد في التأمين البحري.

السؤال الخامس: وضح باختصار بخصوص الأخطار والخسائر والتعويضات المتعلقة بالتأمين البحري.

السؤال السادس: ما هي شروط توافر العوارية العامة؟

الأسئلة الموضوعية

1- أي التغطيات التالية تعتبر من أنواع التأمين البحري ؟

أ- شحنات البضائع   ب- السفينة

ج- أجرة الشحن   د- جميع ما ذكر

2- القرض البحري أو قرض السفينة يعني :

أ- الاقتراض بضمان السفينة

ب- الاقتراض بضمان البضاعة المشحونة

ج- الاقتراض بقيمة الخسائر الناتجة في حالة غرق السفينة

د- أ + ب فقط

3- يقصد بمصطلح النولون ما يلي :

أ- المسافة التي تقطعها السفينة خلال الرحلة البحرية

ب- أجور الشحن الذي يحصل عليها الناقل

ج- أجرة ربان السفينة نظير إنقاذه السفينة عند تعرضها للأخطار البحرية

د- وثيقة التأمين البحري

4- أي من التالية ليست من الأطراف المشاركة في المخاطر البحرية

أ- السفينة   ب- أجرة الشحن

ج- البضائع المشحونة   د- هيئة اللويدز

5- الآتية جميعها من شروط العوارية العامة باستثناء :

أ- يجب أن تكون التضحية اختيارية

ب- يجب أن تكون بقصد تفادي خطر داهم وحقيقي

ج- يجب أن تكون التضحية بقصد تدبير وقائي من خطر محتمل

د- يجب أن تكون لأجل السلامة العامة

الفصل السادس

تأمين السيارات

تأمين السيارات

Autombile Insurance

1-6 مقدمة:

السيارة هي كل مركبة تسير على الطريق وتعمل بالوقود، وذلك من آلات وأدوات النقل والجر بأنواعها المختلفة.

يتعرض أصحاب السيارات بأنواعها المختلفة لأخطار متعددة نتيجة لحيازتهم أو تسييرهم لها، وقد ازدادت حوادث السيارات في عصرنا الحديث في دول العالم عامة والدول النامية على وجه الخصوص، وساعدت عوامل مختلفة على زيادة الحوادث من أهمها زيادة عدد السكان وازدحامهم في بعض المدن الكبيرة والزيادة الكبيرة في عدد السيارات بأنواعها المختلفة في السنوات الأخيرة، وسوء حالة الطرق وأخيراً لعدم الاكتراث بقواعد المرور، كل ذلك ساعد في زيادة عدد الحوادث الناتجة عن استخدام السيارات بأنواعها المختلفة.

2-6 أخطار السيارات:

يمكن تعريف أخطار السيارات بأنها تلك الأخطار التي قد تصيب السيارة أو تتسبب هي فيها ويترتب على تحققها في صورة حوادث خسائر مادية. وعلى ذلك يمكن سرد أخطار السيارات على النحو الآتي:

(1) أخطار تلحق بالسيارة نفسها، كالتصادم والاحتكاك والانقلاب وكسر الزجاج والسرقة والحريق وتلف المعدات، وغير ذلك من الأخطار التي تتعرض لها السيارة سواء كانت متحركة أو في حالة ساكنه.

(2) أخطار تلحق بالركاب أو بالشحنات المنقوله كالحوادث التي قد تصيب الركاب أو الوفاة أو العجز، وما تتعرض له الشحنات والبضائع المنقوله من سرقه أو تبديد أو غرق أو حريق أو غير ذلك.

(3) أخطار المسؤولية المدنية: وهي مجموعة الأخطار التي تصيب الغير في أشخاصهم بالوفاة والعجز والإصابات البدنية، أو في ممتلكاتهم، ويكون مالك السيارة مسئولاً عن ذلك وعن تعويضهم بموجب القانون.

ويعتبر التأمين من أهم طرق إدارة الأخطار السابقة، حيث يهدف التأمين إلى حماية المؤمن له من الخسائر المادية الناتجة عن بعض أو كل هذه الأخطار- تبعاً لنوع الوثيقة- وذلك بالنسبة للخسائر التي تصيب الغير أو تصيب السيارة نفسها أو قائد السيارة أو ركابها.

أنواع التغطيات التأمينية على السيارات:

تختلف وثائق التأمين على السيارات من حيث مدى تغطيتها للأضرار والخسائر التي تلحق بالسيارة، ويمكن حصر أنواع وثائق التأمين على السيارات فيما يلي:

1- وثيقة التأمين الإلزامي (تأمين المسؤولية المدنية تجاه الغير)

2- وثيقة التأمين التكميلي

3- وثيقة التأمين الشامل

3-6 وثيقة التأمين الإلزامي

هذا النوع من التأمين يتم تنظيمه بموجب القانون، وفي الأردن ينظم هذا التأمين القانون رقم (32) لسنة 2001 والتعليمات والقرارات الصادرة بمقتضاه، لتأمين جميع المركبات المسجلة في الأردن والمركبات غير الأردنية القادمة إلى الأردن أو المارة به.

ويشمل تأمين المسؤولية الناشئة عن استعمال المركبة استعمالاً يتطلب المساءلة القانونية للسائق/ المؤمن له وذلك بما يتسببه من أضرار للغير من إصابات جسدية أو أضرار مادية، ويفرض هذا النوع في الأردن إلزامياً بموجب القانون ويعمل به بموجب نظام التأمين الزامي من المسؤولية المدنية الناجمة عن استعمال المركبات حيث يلزم كل صاحب مركبة بإجراء التأمين عند قيامه بترخيص المركبة كما وأن أسعاره وحدود

المسؤوليات محددة بموجب التعليمات الصادرة وفقاً للنظام، ويشرف على اصدار العقود الاتحاد الأردني لشركات التأمين عن، طريق المكتب الموحد التابع له وعن طريق مكاتبه في دوائر الترخيص ومراكزه الحدودية المنتشرة في كافة أنحاء المملكة، ويقوم بتوزيع الوثائق الصادرة عن هذه المكاتب على شركات التأمين المحلية. وقد تم مؤخراً إعطاء المؤمن له الحق بإختيار شركة التأمين التي يرغب بالتعاقد معها.

أولاً: التزامات شركة التأمين:

1- تلتزم شركة التأمين بتعويض الغير، ضمن المسؤولية الواردة في " جدول مسؤولية شركة التأمين عن الأضرار التي تلحق بالغير" عن المبالغ التي يكون المؤمن له مسؤولاً عن دفعها كتعويض عن الأضرار التي يسببها الغير.

2- يحق للغير المتضرر مطالبة شركة التأمين مباشرة بالتعويض عن الأضرار التي لحقت به ضمن المسؤولية الواردة في " جدول مسؤولية شركة التأمين عن الأضرار التي تلحق بالغير".

ثانياً: التزامات المؤمن له:

1- يعتبر كل من المؤمن له والسائق مسؤولاً بالتضامن عن أي مبالغ تزيد عن حدود مسؤولية شركة التأمين الواردة في " جدول مسؤولية شركة التأمين عن الأضرار التي تلحق بالغير ".

2- يلتزم المؤمن له أو السائق بتبليغ شركة التأمين خلال مدة مقبولة بالحادث الذي تسببت به المركبة ونجم عنه الضرر وعليه أن يتخذ كل الاحتياطات والإجراءات الضرورية لتجنب تفاقم ذلك الضرر أو زيادته.

3- يلتزم المؤمن له بأن يقدم إلى شركة التأمين جميع الوثائق المتعلقة بالحادث حال تسلمها بما في ذلك المراسلات والمطالبات والإعلانات والتبليغات.

" جدول مسؤولية شركة التأمين عن الأضرار التي تلحق بالغير "

تلتزم شركة التأمين بما يلي:

الرقم	نوع الضرر	طبيعة الضرر	مسؤولية شركة التأمين
أولاً	الوفاة	1- الوفاة	10000 دينار عن الشخص الواحد تدفع للورثة الشرعيين.
	الإصابات الجسمانية	2- العجز الدائم	10000 دينار مضروبة بنسبة العجز- للشخص الواحد.
		3- بدل مدة التعطيل	100 دينار أسبوعياً لمدة أقصاها 39 أسبوعاً للشخص الواحد.
ثانياً	الأضرار المعنوية	1- الوفاة	2000 دينار عن الشخص الواحد تدفع للورثة الشرعيين حتى الدرجة الثانية.
		2- العجز الدائم	2000 دينار مضروبة بنسبة العجز- للشخص الواحد.
ثالثاً	العلاج الطبي		5000 دينار كحد أقصى- للشخص الواحد
رابعاً	الخسائر والأضرار التي تلحق بممتلكات الغير وتشمل: 1- بدل الأضرار المادية 2- بدل فوات المنفعة 3- بدل نقصان القيمة		تحدد بقيمة الضرر وبحد أقصى قدره 75000 دينار للحادث الواحد.

تنبيه:

1- لا تخضع المبالغ الواردة في هذا الجدول إلى أي مبلغ إعفاء أو تحمل.

2- يجوز للمؤمن له زيادة المسؤولية الواردة في الجدول أعلاه، وذلك مقابل قسط إضافي يتفق عليه المؤمن له وشركة التأمين.

ثالثاً: حالات الرجوع:

أ- يجوز لشركة التأمين الرجوع إلى المؤمن له والسائق لاسترداد ما دفعته من تعويض إلى الغير في أي من الحالات التالية:

1- إذا كان السائق وقت وقوع الحادث غير حائز على فئة رخصة سوق لنوع المركبة أو كانت تلك الرخصة ملغاة بصورة دائمة أو مُعلقة لمدة يمتنع على السائق القيادة خلالها.

2- إذا كان السائق، وقت وقوع الحادث، غير قادر على التحكم بقيادة المركبة على النحو المألوف والمتوقع من الشخص العادي، بسبب وقوعه تحت تأثير مسكر أو مخدر أو عقار طبي.

3- إذا وقع الحادث أثناء استعمال المركبة في غير الأغراض المرخصة لأجلها.

4- إذا استعملت المركبة بطريقة تؤدي إلى زيادة الخطر بسبب مخالفة تشريعات السير المعمول بها أو استخدمت في أغراض مخالفة للقانون أو النظام العام شريطة أن تكون تلك المخالفة السبب المباشر في وقوع الحادث.

5- إذا وقع الحادث أثناء أو بسبب استعمال المركبة في تعليم قيادة المركبات ولم تكن المركبة مرخصة لهذه الغاية.

ب- يجوز لشركة التأمين الرجوع على المتسبب في الضرر لاسترداد ما دفعته إلى الغير في أي من الحالتين التاليتين:

1- إذا اثبت أن الحادث كان متعمداً من قبل السائق.

2- إذا كان الضرر ناجماً عن حادث سببته مركبة سرقت أو أخذت غصباً.

رابعاً: الشروط العامة:

1- لا يجوز لشركة التأمين أو للمؤمن له إلغاء عقد التأمين الإلزامي للمركبة إذا كان ترخيصها قائماً، ما لم يحل عقد تأمين إلزامي آخر محله. وفي حالة إلغائه يحق للمؤمن له أن يسترد من الشركة مبلغاً من قسط التأمين يتناسب مع المدة المتبقية من مدة عقد التأمين ما لم يكن متسبباً في حادث خلال مدة عقد التأمين.

2- يعتبر عقد التأمين الإلزامي ملغى بصورة تلقائية في حالة التلف الكلي للمركبة شريطة شطب تسجيلها بتقرير تصدره إدارة ترخيص المركبات يؤكد عدم صلاحيتها للاستعمال، وفي حالة إلغائه يحق للمؤمن له أن يسترد من شركة التأمين مبلغاً من قسط التأمين يتناسب مع المدة المتبقية من مدة عقد التأمين ما لم يكن متسبباً في حادث خلال مدة عقد التأمين.

3- لا يجوز لشركة التأمين رفض طلب تعويض الغير بحجة التأخير عن التبليغ عن الحادث.

4- لا تعتبر أية تسوية بين المؤمن له والغير المتضرر ملزمة لشركة التأمين إلا إذا تمت بموافقتها خطياً.

5- للغير المتضرر الخيار في أن يطلب من شركة التأمين دفع قيمة الأضرار التي لحقت بممتلكاته نقداً وفقاً للأسعار السائدة في السوق المحلية وقت وقوع الحادث أو إصلاح تلك الأضرار، دون خصم ما يقابل نسبة الاستهلاك أو الاندثار من مبلغ التعويض دون إثراء.

6- أ. لا تسمع الدعوى بالتعويض من المؤمن له أو الغير بعد انقضاء ثلاث سنوات تبدأ من تاريخ الواقعة التي نجمت عنها تلك المطالبة أو من تاريخ علم ذي المصلحة بتلك الواقعة.

ب. تنتهي حقوق المؤمن له وحقوق شركة التأمين، الناشئة عن حادث، بالمطالبة بهذه الحقوق بانقضاء ثلاث سنوات ابتداءً من التاريخ الذي ثبتت فيه مسؤولية أي منهما بمقتضى أحكام النظام رقم (32) لسنة 2001 .

خامساً: الاستثناءات:

لا تترتب على شركة التأمين أية مسؤولية عما يلي:

1- الضرر الذي يلحق بالمؤمن له أو بالمركبة العائدة له أو بالسائق أثناء قيادة المركبة.

2- الضرر الذي يلحق بالغير الناجم عن استعمال المركبة في سباق سيارات محلي أو دولي منظم أو في اختبارات تحمل المركبات.

3- الضرر الذي يلحق بركاب مركبة المؤمن له نتيجة لاستعمالها لتعليم قيادة المركبات، إذا لم تكن مرخصة لهذه الغاية.

4- الضرر أو الخسارة التي تلحق ببضائع الغير المنقولة بواسطة مركبة المؤمن له لقاء أجر.

5- الضرر الذي يلحق بالغير والناجم عن حادث نتيجة الفيضانات والأنواء والعواصف والأعاصير والانفجارات البركانية والزلازل والانزلاق الأرضي وغيرها من الأخطار الطبيعية أو الحرب والأعمال الحربية والحرب الأهليّة والفتنة والعصيان المسلح والثورة واغتصاب السلطة أو أخطار الطاقة النوويّة.

6- الضرر الناجم عن المركبة ذات الاستعمال الخاص، وفقاً لتعريفها في قانون السير النافذ المفعول إذا تم استعمالها للأغراض المخصصة لها.

الأشخاص المستفيدون من التأمين الإلزامي:

يمكن أن يستفيد من التأمين الإلزامي كل من:

أ- الغير في السيارة الخصوصية.

ب- الغير والركاب لباقي أنواع السيارات.

أ- الغير في السيارة الخصوصية:

أعطى نظام التأمين الإلزامي تفسيراً " موسعاً " (للغير)، فشمل جميع الأشخاص الذين تلحق بهم أضرار مادية أو جسدية من جراء حادث تسببت المركبة بوقوعه، ولم يحدد موقعاً " معيناً " لتواجد الغير إن كان داخل المركبة أو في خارجها، بل تركها "مطلقاً" واستثنى الركاب في المركبة الخصوصية في حالة هي المتسببة بوقوع الحادث.

وفي مفهوم المخالفة أنه في الحالة التي لا تكون المركبة الخصوصية هي المتسببة بوقوع الحادث يشمل مفهوم (الغير) جميع ركاب المركبة الخصوصية بمن فيهم السائق حيث أنهم سيكونون بحكم (الغير) تجاه مالك السيارة الأخرى بمقتضى وثيقة التأمين للسيارة الأخرى.

ب- الغير والركاب لباقي أنواع السيارات:

ينطبق مفهوم (الغير) على جميع المركبات بأنهم (جميع الأشخاص الذين تلحق بهم أضرار مادية أو جسدية من جراء حادث تسببت المركبة بوقوعه). وأضافت الفقرة في حكمها اعتبار ركاب المركبة العمومية من (الغير) في جميع الأحوال ويعني ذلك سواء أكانت المركبة هي المتسببة بوقوع الحادث أم خلافه.

2- الأشخاص المستثنون من الاستفادة من التأمين الإلزامي على المركبات في حال كون المركبة المؤمنة هي المتسببة في الحادث:

يستثني نظام التأمين الإلزامي من التغطية التأمينية أربع فئات عندما تكون المركبة المؤمنة هي المتسببة في الحادث وهم:

1- ركاب السيارة الخصوصية:

استثنى النظام من الحماية التأمينية جميع ركاب السيارة الخصوصية بمن فيهم السائق مشترطاً إذا كانت المركبة الخصوصية هي المتسببة بوقوع الحادث أما إذا لم تكن المركبة هي المتسببة في الحادث فيشملهم مفهوم الغير ويغطيهم التأمين.

2- سائق المركبة:

استثنى النظام من غطاء التأمين سائق المركبة الخصوصية وكذلك العمومية في حالة إذا كانت المركبة هي المتسببة في الحادث، أما إذا كانت المركبة ليست المتسببة في الحادث فيشملهم التأمين حيث يعدون في هذه الحالة من (الغير)، بمقتضى وثيقة التأمين للسيارة الأخرى المسببة للحادث وذلك بنشوء المسؤولية التقصيرية من مالك السيارة الأخرى وفقاً لأحكام القانون المدني، المسؤولية التقصيرية لمالك السيارة الأخرى وفقاً لأحكام "القانون المدني لتملكه السيارة" فيكون ضامناً لما تحدثه هذه السيارة من أضرار للغير.

3- زوج سائق المركبة العمومية وأبويه وأبناؤه:

استبعد النظام من غطاء التأمين زوجة سائق المركبة العمومية وأبويه وأبناءه في حالة إذا كانت المركبة هي المتسببة في وقوع الحادث وعدا ذلك يفهم أنهم مشمولون بالتأمين في حالة عدم تسبب المركبة بالحادث.

4- المؤمن له نفسه:

تنصب الحماية التأمينية في نظام التأمين الإلزامي على المركبات لتغطية أضرار الغير على تغطية المسؤولية المدنية الناشئة تجاه الغير ومن البديهي أن المؤمن له لا يعد من الغير بالنسبة إلى نفسه ونتيجة لذلك فإن التأمين الذي يشمل حمايته التأمينية المسؤولية المدنية قبل (الغير) لا يشمل الأضرار التي تلحق بالمؤمن له بسبب وجيه جداً وهو أن المؤمن له لا يعتبر مسؤولاً أمام نفسه.

4-6 وثيقة التأمين التكميلي

يغطي التأمين التكميلي ما يغطيه التأمين الالزامي (ضد الغير) بالإضافة إلى الحمايّة لهيكل السيارة المسببة في الحادث والتي لا يشملها التأمين الإلزامي، وكذلك ركاب السيارة المتسببة في الحادث ولكن باستثناء سائق السيارة وغالباً ما يكون هذا النوع من التأمين اختيارياً وأسعاره تحدد من قبل شركات التأمين طبقاً لشروط المنافسة فيما بينها، حيث تتعهد شركة التأمين بتعويض المؤمن له عن الضرر أو الخسارة التي تصيب السيارة وملحقاتها وقطع غيارها المشمولة وركابها وذلك حسب جدول مسؤولية الشركة عن الأضرار التي تلحق بالغير.

أولاً: حدود التغطية

1- تتعهد الشركة بتعويض المؤمن له عن الضرر أو الخسارة التي تصيب المركبة المؤمن عليها وملحقاتها وقطع غيارها وذلك في الحالات التالية:

أ- إذا حدث الضرر أو الخسارة عن حادث تصادم أو انقلاب.

ب- إذا حدث الضرر أو الخسارة عن حريق، أو انفجار خارجي، أو اشتعال ذاتي، أو بسبب الصاعقة، أو عن السرقة أو محاولة السرقة.

ج- إذا حدث الضرر أو الخسارة عن فعل صادر عن الغير.

د- إذا كان الضرر أو الخسارة متسبباً عن تساقط الأجسام أو تطايرها.

هـ- الأضرار التي تصيب المركبة المؤمنة أثناء قطرها بسبب عطل أصابها.

2- للشركة الخيار في أن تدفع التعويض عن الضرر أو الخسارة نقداً، أو أن تقوم بتصليح المركبة، أو استبدال أي جزء منها أو من ملحقاتها أو قطع غيارها على ألا تتعدى مسؤولية الشركة قيمة الأجزاء المتضررة أو الهالكة مضافاً إليها الأجور المعقولة لتركيب هذه الأجزاء، وهذا هو نقصان القيمة الذي تغطيه هذه الوثيقة وإذا كانت القطع اللازمة غير متوفرة في الأسواق المحلية فالتعويض الذي على الشركة دفعه لا يمكن أن يتجاوز آخر سعر محدد لهذه القطع في الأسواق المحلية. ويراعى في حالة تركيب قطع غيار جديدة مكان أخرى مستعملة، أو دفع قيمتها أن يتحمل المؤمن له نسبة الاستهلاك وفق قواعد الاستهلاك المبينة أدناه:

السنة الثانية	6%	(ست بالمائة)
السنة الثالثة	12%	(اثنا عشر بالمائة)
السنة الرابعة	18%	(ثماني عشر بالمائة)
السنة الخامسة	24%	(أربع وعشرون بالمائة)
السنة السادسة	30%	(ثلاثون بالمائة)
السنة السابعة	36%	(ست وثلاثون بالمائة)

3- أ- عند تعطل المركبة بسبب الخسائر أو الأضرار المغطاة بهذه الوثيقة فإن الشركة تتحمل ضمن التزاماتها المصاريف المناسبة لحراستها أو نقلها إلى أقرب ورشة

تصليح ومن ثم تسليمها داخل البلد الذي وقعت فيه الخسارة أو الضرر وذلك في حدود خمسين ديناراً.

ب- وللمؤمن له أن يجري التصليحات الضرورية للضرر الذي تكون الشركة مسؤولة عنه بموجب هذه الوثيقة لتمكين المركبة من السير بقوتها الذاتية بشرط:

* ألا تزيد كلفة هذه التصليحات عن المبلغ خمسين دينارا.

* ألا تزيد من الضرر نفسه أو تسبب أضراراً أخرى.

* أن يقدم إلى الشركة بياناً تفصيلياً مع جميع المستندات اللازمة وبعرض المركبة للكشف عليها خلال 72 ساعة.

* لا تكون الشركة ملزمة بإجراء التصليح في الوكالة أو في ورشة يحددها المؤمن له إلا في حدود المبلغ الذي تقدره للتصليح.

* لا تعتبر المركبة خسارة كلية إلا إذا رأت الشركة وثبت بأن تكاليف تصليحها تزيد عن (75) بالمائة من قيمتها المؤمن عليها قبل الحادث، ويكون التعويض في حالة الخسارة الكلية معادلاً لقيمة التأمين أو القيمة السوقية للمركبة أيهما أقل. وفي جميع الحالات يخصم من قيمة المركبة ما يقابل استهلاكها من تاريخ التأمين حتى تاريخ وقوع الحادث، وللشركة الحق في اعتبار المركبة خسارة كلية وتعويض المؤمن له على هذا الأساس وفي هذه الحالة يكون الحطام من حق الشركة.

* إذا كان الضرر جزئياً وتبين حين وقوع حادث مشمول بهذه الوثيقة أن القيمة السوقية للمركبة المؤمن عليها تزيد عن القيمة المؤمن عليها، فإن المؤمن له يعتبر ضامناً لنفسه بفرق القيمتين (القيمة الحقيقية والقيمة المؤمن عليها) ويتحمل في هذه الحالة حصته من الخسارة أو الضرر بنسبة الفرق بين القيمتين، مع عدم الإخلال بقاعدة الاستهلاك المنصوص عليها آنفاً في البند الثاني من أولاً (حدود التغطية).

* الأضرار أو الخسائر التي تصيب الغير وذلك طبقاً للحد الأعلى لمسؤولية الشركة عن أضرار الغير المغطاة بموجب عقد التأمين الإلزامي طبقاً لنظام التأمين الإلزامي الساري المفعول.

ثانيا: استثناءات من حدود التغطية:

لا تكون شركة التأمين مسئولة في أي حال من الأحوال عن:

1- ما يترتب على استعمال المركبة من خسارة تلحق بالمؤمن له أو من نقص في قيمة المركبة المؤمن عليها، أو عطب أو خلل أو كسر يصيب أجهزتها الميكانيكية أو الكهربائية نتيجة الاستعمال.

2- الخسارة أو الأضرار التي تصيب الإطارات أو الهوائي أو أدوات مسح الزجاج أو المرايا أو الزيادات الخارجية عدا ما كان ناشئاً عن حادث تغطية هذه الوثيقة.

3- الخسارة أو الأضرار التي تلحق بالمركبة نتيجة زيادة حمولتها، أو خروج هذه الحمولة عن جسم المركبة بشكل يخالف القانون أو إذا كان عدد ركابها وقت وقوع الحادث يزيد عن العدد المقرر قانونياً، بشرط أن تكون هذه المخالفة هي السبب الرئيسي في وقوع الحادث.

4- الخسارة أو الأضرار التي تصيب حمولة المركبة أو الأجهزة الاتصالية في المركبة كأجهزة الهاتف والتلفزيون وما شابه ذلك أو أية ممتلكات أخرى موجودة في المركبة، ما لم ترد صراحة في الوثيقة أو ملاحقها مع بيان قيمتها التأمينية ودفع قسط التأمين الإضافي المستحق عليها.

5- لا تعتبر الشركة مسؤولة عن دفع أي تعويض عن:

أ- نقصان قيمة المركبة بعد التصليح.

ب- الخسائر أو الأضرار التبعية، التي تلحق بالمؤمن له يسبب حادث مغطى بهذه الوثيقة يقع للمركبة ومنها حرمان المؤمن له من استعمالها.

جـ- التعويضات عن الأضرار الأدبية و/ أو النفسية و/أو المعنوية.

6- الخسائر أو الضرر اللذان يصيبان الغير إلا إذا شملها البند السابع من (أولاً حدود التغطية).

ثالثاً: الشروط العامة

1- يجب على المؤمن له أن يتخذ كافة الاحتياطات المعقولة للمحافظة على المركبة المؤمن عليها وحمايتها من الخسارة أو الضرر وإبقاؤها في حالة صالحة للاستعمال.

2- يجب على المؤمن له في حالة وقوع حادث نتج عنه خسارة أو ضرر عدم ترك المركبة المؤمن عليها دون حراسة، أو دون أن يتخذ الاحتياطات اللازمة لمنع تفاقم الخسارة، أو الضرر، أو أن يقودها قبل إجراء الإصلاحات اللازمة.

3- يجب على المؤمن له أن يظلّ طوال سريان هذه الوثيقة المالك الوحيد للمركبة المؤمن عليها، وإذا تصرف ببيع أو إيجار دون موافقة الشركة، فإن الوثيقة تصبح لاغيه اعتباراً من تاريخ هذا التصرف.

4- يجوز للشركة أن تقوم في أي وقت بمعاينة المركبة المؤمن عليها أو أي جزء منها وأن تتأكد من أهلية أي سائق أو مستخدم لدى المؤمن له.

5- يجب على المؤمن له في حالة وقوع حادث قد يترتب عليه مطالبة بالتعويض وفقاً لهذه الوثيقة:

أ- أن يخطر الشركة بذلك، كما عليه أن يخطر أقرب مركز للشرطة في أقرب وقت ممكن وقبل انقضاء 48 ساعة على وقوع الحادث وأن يزوده بكافة البيانات الخاصة بالحادث ليقوم بتنظيم الضبط اللازم، وذلك إذا لم تقع ظروف تحول دون هذا الإخطار.

ب- في حالة وقوع حادثة سرقة جزئية للمركبة المؤمن عليها أو أي عمل جنائي قد يترتب عليه مطالبة وفقاً لهذه الوثيقة، يتعين عليه أن يخطر الشرطة فوراً وأن يتعاون مع الشركة في سبيل إدانة مرتكب الجريمة، وألا يباشر أية تصليحات في المركبة قبل إخطار الشركة وأخذ موافقتها المسبقة.

6- لا يجوز للمؤمن له أو لمن ينوب عنه أن يقر بالمسؤولية أو يعرض التصالح أو يعد له
أو يتصالح مع الفريق الثالث المتسبب للخسارة أو الضرر اللاحق بالمركبة المؤمن عليها
دون موافقة الشركة التجارية، ويحق للشركة إذا رأت ذلك مباشرة الدفاع باسم المؤمن
له وتسوية أية مطالبة، وكذلك يحق لها الملاحقة باسم المؤمن له ولمصلحتها الخاصة
بشأن جميع التعويضات والتضمينات وما إليها ويكون لها مطلق الحرية في مباشرة
أية دعوى باسم المؤمن له بخصوص أية مطالبة قد تسأل عنها الشركة بموجب هذه
الوثيقة.

7- يحق للشركة في حالة السرقة الكلية للمركبة أن تؤجل دفع التعويض لمدة أقصاها ستة
أشهر.

رابعا: إلغاء التأمين التكميلي:

* يحق لكل من الشركة أو المتعاقد معها أن يطلب إلغاء التأمين التكميلي في أي وقت كان
وذلك:-

أ- بعد تبليغ الطرف الآخر بالرغبة بالفسخ بموجب طلب خطي مباشر وتوقيع هذا
الطلب من قبل هذا الطرف الآخر ومضى سبعة أيام على هذا التبليغ.

ب- بعد مضي خمسة عشر يوماً على وضع كتاب مسجل يتضمن الرغبة في الفسخ بدوائر
البريد أو البرق وذلك على آخر عنوان معروف للطرف المخاطب.

وتعيد الشركة للمؤمن له جزءاً من القسط يتناسب مع المدة المتبقية من التأمين
إذا ما وقع الفسخ من قبلها، أما إذا وقع الفسخ من قبل المؤمن له فتعيد الشركة له القسط
المقبوض ناقصاً القسط الذي تستوفيه الشركة عادة وفق تعريفة المدد القصيرة عن المدة
التي كانت خلالها الوثيقة سارية المفعول شريطة ألا تكون قد أثيرت أية مطالبة بالتعويض
خلال مدة سريان التأمين، إذ أنه في تلك الحالة لا تعيد الشركة له شيئاً.

تعريفة المدة القصيرة

مدة سريان التأمين	نسبة ما تحتفظ به الشركة من القسط السنوي
مدة لا تتجاوز أسبوعاً واحداً	%12.5 من القسط السنوي
مدة لا تتجاوز شهراً واحداً	%25 من القسط السنوي
مدة لا تتجاوز شهرين	%37.5 من القسط السنوي
مدة لا تتجاوز ثلاثة أشهر	%50 من القسط السنوي
مدة لا تتجاوز أربعة أشهر	%62.5 من القسط السنوي
مدة لا تتجاوز ستة أشهر	%75 من القسط السنوي
مدة لا تتجاوز ثمانية أشهر	%87.5 من القسط السنوي
مدة تزيد عن ثمانية أشهر	%100 من القسط السنوي

9- إذا تعدد التأمين لدى أكثر من مؤمن فلا تلزم الشركة سوى بدفع جزء من قيمة الخسارة أو الضرر أو التعويض أو المصاريف أو الأتعاب معادلاً للنسبة بين مبلغ هذا التأمين وإجمالي مبالغ التأمينات مجتمعة.

5-6 التأمين الشامل

يجمع هذا النوع من التأمين نوعي التأمين الإلزامي والتكميلي بالإضافة إلى تغطية سائق المركبة المتسببة في الحادث ويتم الحصول على هذا النوع، من الشركات مباشرة، ويتضمن العقد وثيقتين تخضع وثيقة التأمين الإلزامي فيه إلى شروط وأحكام نظام التأمين الإلزامي وفقاً للنظام والأسعار المقررة بموجبه ووثيقة التأمين التكميلي تخضع إلى شروط وثيقة التأمين الصادرة عن الشركة وبالأسعار التي تقررها.

6-6 إجراءات تأمين السيارات وإجراءات التعويض.

أ- إجراءات إصدار وثائق التأمين الإلزامي

تتم عملية إصدار وثائق التأمين الإلزامي عن طريق المكاتب المنتشرة في كافة أنحاء المملكة التابعة لمكتب التأمين الإلزامي الموحد في الاتحاد الأردني لشركات التأمين والمتواجدة مواقعها في مراكز الترخيص التابعة لدائرة السير حيث يقوم موظفو هذه المكاتب بتعبئة نموذج موحد (عقد تأمين مركبات لتغطية أضرار الغير) ويستوفي السعر المقرر حسب التعليمات الصادرة بموجب النظام وحسب شكل واستعمال المركبة ويقوم الاتحاد بتوزيع هذه الوثائق على شركات التأمين حسب دور كل شركة في مراكز الحدود أما في مراكز الترخيص فقد أعطي الحق للمواطن، باختيار شركة التأمين التي يرغب بالتعاقد معها عن طريق المكتب الموحد الأردني.

- إجراءات إصدار وثائق التأمين التكميلي والشامل

1- يتم طلب هذا النوع من التأمين من الشركة مباشرة أو عن طريق مندوبيها أو وكلائها المعتمدين.

2- يختار العميل نوع الغطاء وفقاً لحاجته وتدون المعلومات التفصيلية عن المركبة.

3- يتم تحديد سعر التأمين حسب نوع الغطاء والشروط التي تنص عليها وثائق التأمين.

4- تقوم الشركة بإجراء كشف على المركبة للتأكد من سلامتها وتثبيت الأضرار على الهيكل أو وجود نقص في محتوياتها إن وجدت.

5- يتم إصدار الوثيقة ويحتسب قسط التأمين وفقاً للسعر الذي تحدده الشركة ويدفع من قبل المؤمن له ويسلم نسخة من الوثيقة الصادرة.

ب- إجراءات التعويض

1- إبلاغ الشركة بالحادث وتقديم المستندات وهي تقرير الشرطة (الكروكي) ورخص السوق والمركبة وعقد التأمين الساري المفعول وقت وقوع الحادث.

2- يدفع مبلغ الإعفاء المقرر من قبل المؤمن له (مالك المركبة) عن التأمين التكميلي أو الشامل أما في التأمين الإلزامي فلا يوجد إعفاء.

3- يقوم مندوب الشركة بإجراء الكشف على المركبة المتضررة ويُعدّ كشفاً بالأضرار والأجزاء التي يلزم إصلاحها أو استبدالها.

4- يتم إصلاح المركبة بالتنسيق مع الشركة عن طريق وكلاء قطع الغيار وكراجات التصليح الذين تعتمدهم، وتخصم نسب الإعفاءات والاستهلاك المقررة في العقد في حالة استبدال الأجزاء المتضررة.

5- يتم تسوية المبلغ وتدفع المصاريف وتوقع براءة الذمة.

6- بالنسبة للأضرار الجسدية الناجمة عن الحادث فإن تسوية التعويضات الناجمة عن الإصابات الجسدية (نفقات المعالجة الطبية، العجز الكلي، المؤقت، العجز الدائم أو الوفاة) (الإصابات/ الوفاة) فإنها تتم حسب نوع التأمين (إلزامي تكميلي/ شامل) وبالشروط والمبالغ التي يقتضيها كل نوع.

7-6 البطاقات الدولية

1-1 البطاقة الخضراء

أنشأ عدد من الدول الأوروبية نظاماً سمي (بنظام البطاقة الخضراء) يهدف إلى التعاون المشترك وتقديم الخدمات التأمينية بين الدول المنضمة إليه ويتوخى مراعاة تشريعات التأمين الإلزامي في الدول التي يقصدها المؤمن له وتخفيف العبء المالي عنه بعدم تكرار دفعه لأقساط التأمين الإضافية، وبمقتضى هذا النظام لم تعد حاجة للمسافر بسيارته من بلد أوروبي لآخر لإجراء تأمين إلزامي مستقل. ولقد وضع نظام البطاقات الخضراء موضع التطبيق في 1952/1/1 . وانضمت إليه كل من بلجيكا والدنمارك وفنلندا وفرنسا وبريطانيا وإيرلندا واليونان ولوكسمبورج وهولندا والنرويج وإيطاليا والبرتغال ورومانيا وإسبانيا وتركيا ويوغسلافيا. إلا أن دولاً أوروبية أخرى لم تنضم إلى هذا النظام بالرغم من تطبيقها التأمين الإلزامي ومنها بلغاريا وبعض الدول الاشتراكية في

بادئ الأمر. تقوم بأعمال نظام البطاقات الخضراء مكاتب تأمين السيارات المنتشرة في مختلف الدول المُنضمّة إلى هذا النظام إذ أنها:

تقوم (شركات التأمين المحلية) بتجهيز الأعضاء المحليين بالبطاقات الخضراء. وبالنظر لأهمية هذه البطاقات واحتمال تعرض المكتب المجهز لها لمسؤولية المطالبة في حالة تأخر أو عجز العضو المحلي عن تسديد مبلغ التعويض المدفوع. فإن هذه البطاقة تجهز عادة للعضو المحلي لقاء كفالات مصرفية أو ضمانات أخرى.وإن منظمة البطاقات الخضراء تشترط على شركات التأمين غير المنضمة إليها الحصول على كفالة أحد الأعضاء المنتمين لها (الشركة الراغبة أو الكفيلة) قبل أن تجهزها بالبطاقات الخضراء.

تقوم بتسوية طلبات التعويض ودفع مبالغها نيابة عن العضو الأجنبي (شركة التأمين غير المحلية).

إن المؤمن له حامل البطاقة الخضراء يهمه عندما يكون في زيارة لبلد أجنبي بسيارته ويصبح عرضة للمسؤولية المدنية، سرعة البت وتسوية طلب التعويض ليتخلص من الإجراءات القانونية بسهولة، ولذا فإن نظام البطاقات هذا قد راعى تلك الناحية إذ خول المكتب ومنحه مطلق الصلاحية في تسوية ودفع مبلغ التعويض المطالب به العضو الأجنبي، ولكي يمارس المكتب هذه الصلاحية، فإنه ينبغي عليه الحصول على تعهد المؤمن له الزائر للبلد الأجنبي، بما يقيد تخويله في إدارة الدعوى، واتخاذ الإجراءات القانونية عنه وهذا التخويل يثبت مسبقاً في البطاقة نفسها ويعزز بتوقيع المؤمن له، ولما كان المكتب هو الذي يتولى البت في المسؤولية ودفع المبلغ المطالب به فإنه لا يحق للعضو الأجنبي الاعتراض على التسويات التي يقوم بها المكتب ولا على الإجراءات المتخذة بشأن ذلك، وإنما عليه أن يقوم بدفع المبلغ المطالب به خلال فترة أقصاها شهران وإذا تأخر الدفع لأبعد من هذه المدة فإن للمكتب حق إضافة الفوائد عند التأخر، وإذا عجز أو أمتنع العضو الأجنبي (شركة التأمين غير المحلية) عن الدفع فإن للمكتب الذي قام بالتسوية، مطالبة مجهز البطاقة الخضراء مباشرة.

ومن ذلك نلاحظ أن أساس نظام البطاقات الخضراء هو حسن الثقة المتبادلة التي يلزم توفرها بين المكتب المحلي وشركات التأمين المنضمة إليه وبين كل مكتب وآخر.

مميزات البطاقة الخضراء:

لا تصدر بمفردها وإنما كملحق وبتأمين قائم وسواء كان إلزامياً يغطي المسؤولية المدنية وحدها أو تكميلياً يغطي كافة الأخطار المتعارف على تغطيتها في هذا النوع من التأمين. وعليه لا يستطيع صاحب السيارة الحصول على البطاقة الخضراء ما لم يكن حائزاً على وثيقة تأمين نافذة المفعول.

يمتد التأمين تلقائياً إذا ما انتهت مدته المعينة في البطاقة وما زال المؤمن له خارج بلده بسيارته ولقاء ذلك يتعهد المؤمن له بدفع ما يترتب عليه من قسط إضافي من جراء هذا التمديد التلقائي ويلزم أن يستقيم تأمين المؤمن له مع أحكام التشريع الإلزامي في الدولة أو الدول التي يقصدها بسيارته سواء من ناحية مقدار المبلغ المؤمن له أو نطاق محل الضرر (أشخاص أو أموال أو كليهما) أو الشروط أو غيرها من الأمور الأخرى، فلو كان تشريع بلد المؤمن له يلزمه بأجراء التأمين عن الإصابة الجسمانية والوفاة (الأشخاص فقط) الناتجة عن استعمال السيارة ثم حصل هذا المؤمن له على البطاقة الخضراء قاصداً بلداً في سيارته وكان تشريع البلد الآخر يلزم بإجراء التأمين من المسؤولية عن استعمال السيارة للأشخاص والأموال معاً فإن البطاقة الخضراء يمتد غطاؤها تلقائياً لا لتستقيم مع ما اقتضاه البلد الآخر ويسري نفس ذلك الشروط والمبلغ المؤمن له.

البيانات التي تحتويها البطاقة الخضراء:

1- مدة تأمين البطاقة، إذ يذكر فيها ابتداء المدة وانتهاؤها.
2- اسم المؤمن له وعنوانه.
3- صنف السيارة، كسيارة خاصة أو دراجة نارية أو سيارة نقل أو حاملة أو غير ذلك.
4- رقم السيارة ورقم ماكينتها.
5- اسم المصدر وعنوانه وتوقيعه.

6- رقم وثيقة التأمين الملحق بها، بالإضافة إلى أن البطاقة الخضراء نفسها تحمل رقماً خاصاً بها.

7- بيان اسم الدول التي يقوم المؤمن له بزيارتها مع بيان المكاتب الموجودة في هذه الدول وأسماؤها، ومن المفروض أن تصدر كل من هذه الدول نسخة مستقلة من البطاقة خاصة بها ويدفع المؤمن له مبلغاً معيناً عن كل منها. ومن الجدير بالذكر أن حامل وثيقة التأمين يزود ببيان إضافي يتضمن بأن نظام البطاقة الخضراء لا يعفيه من التزامه بإشعار المؤمن مباشرة بأي حادث يقع.

2- البطاقة البرتقالية:

وهي بطاقات التأمين العربية الموحدة لسير السيارات عبر البلاد العربية فقد تم انعقاد مؤتمر الاتحاد العربي للتأمين في بغداد سنة 1965 وقد أثير موضوع إنشاء بطاقات شبيهه بنظام البطاقات الخضراء بين الدول العربية المطبقة للتأمين الإلزامي للسيارات.

إن العراق هو الذي تبنى هذه الفكرة فقد تم صدور القانون رقم (56) لسنة 1967 والذي اقتضى بتعديل قانون التأمين الإلزامي رقم (205) لسنة 1964 وذلك بإضافة الفقرة (جـ) إلى المادة الرابعة عشرة والتي كان نصها ما يلي:

" تصدر وثائق التأمين المنصوص عليها في هذا القانون من شركات تأمين عراقية ويجوز قبول الوثائق الصادرة من الشركات المنتمية إلى الاتحاد العام العربي للتأمين لتغطية المسؤولية المدنية لوسائط النقل البرية الداخلة إلى العراق أو المارة به على أن يتوفر مبدأ المعاملة بالمثل بين بلد الشركة المصدرة للوثيقة والجمهورية العراقية ويجوز أن تشمل هذه الوثائق على التغطيات التكميليه.

ومنذ انعقاد مؤتمر الاتحاد عام 1965 في بغداد والبحث مستمر للتداول واتخاذ الترتيبات من قبل الاتحاد وأعضائه ومؤسسات وشركات التأمين العربية لبحث نظام كنظام البطاقة الخضراء وتطبيق بطاقة مشابهة باسم البطاقة العربية.

وأخيراً أعدت الأمانة العامة للاتحاد العام العربي للتأمين مشروعاً لاتفاقية لتسير السيارات عبر البلاد العربية ببطاقة تأمينية موحدة.

" نص مشروع الاتفاقية بين دول جامعة الدول العربية بشأن انتقال السيارات عبر البلاد العربية ببطاقة دولية عربية لتأمين السيارات. ضم حكومات: المملكة الأردنية الهاشمية، والجمهورية التونسية، والجمهورية الجزائرية الديمقراطية الشعبية، الجمهورية العراقية، جمهورية السودان الديمقراطية، جمهورية مصر العربية، الجمهورية العربية الليبية (الجماهيرية الليبية)، الجمهورية العربية السورية، المملكة السعودية، دولة الكويت، الجمهورية اللبنانية، المملكة المغربية، الجمهورية العربية اليمنية، جمهورية اليمن الجنوبية الشعبية، دولة الإمارات العربية المتحدة، دولة قطر ودولة البحرين. وذلك إيماناً بأهمية تشجيع السياحة وزيادة عدد السائحين بين الأقطار العربية وتيسيراً لانتقال المواطنين العرب وغيرهم بين البلاد العربية بسياراتهم في ظل نظام يضمن لضحايا الطرق التعويض المناسب عن الأرواح والأموال وفقاً لقوانين البلاد المزارة ورغبة في الحد من المضايقات التي يتعرض لها سائقو السيارات عند عبورهم الحدود من دولة عربية لأخرى بسبب المطالبة بإجراء تأمين محلي.

فقد اتفق الموقعون على ما يلي:-

الأخذ بنظام البطاقة الدولية العربية لتأمين السيارات عبر البلاد العربية وعلى غرار البطاقة الدولية الخضراء المعمول بها بين كثير من الدول الأوروبية والمقبولة في بعض الدول العربية.

تقبل الدول العربية التي تتم زيارتها، هذه البطاقة بدلاً من إجراء التأمين محلياً، من المسؤولية المدنية الناجمة عن حوادث السيارات .

ينشأ في كل بلد من البلاد الموقعة على هذه الاتفاقية مكتب يسمى المكتب الموحد لتطبيق عملية إصدار البطاقة وتلغى المطالبات الناشئة عن حوادث السيارات المارة في بلده والحاملة لهذه البطاقة واتخاذ الإجراءات وتسويقها لحساب الشركات المصدرة لها من البلاد الأخرى، وتتفق شركات البلدان المنتجة للاتفاقية على وضع البروتوكول المنظم

لأعمال هذه المكاتب، كما تتفق أيضاً على الضمانات الخاصة بوفائها بالتزاماتها سواء أكان ذلك عن طريق تضامن الشركات العاملة في البلد الواحد بوساطة المكتب الموحد أو أية ضمانات أخرى تراها الشركات مناسبة.

تعمل كل دولة عربية على تيسير تحويل الأموال اللازمة لتسديد التعويضات والمصاريف الإدارية المختلفة إلى الدول التي تستحق نتيجة تطبيق هذا النظام.

يجوز لدول الجامعة العربية غير الموقعة على هذه الاتفاقية أن تنضم إليها بإعلان يرسل إلى الأمين العام لجامعة الدول العربية والذي يبلغ انضمامها إلى الدول الأخرى المرتبطة بها.

أسئلة المناقشة

السؤال الأول : ما هي أخطار السيارات ؟

السؤال الثاني : ما هي الحالات التي يجوز لشركة التأمين الرجوع فيها إلى المؤمن له أو سائق السيارة؟

السؤال الثالث : أذكر حدود التغطية في وثيقة تأمين السيارات التكميلي.

السؤال الرابع : عدّد الأشخاص المستفيدون والأشخاص المستثنون من التأمين الإلزامي على السيارات .

السؤال الخامس : ما المقصود بوثيقة التأمين الشامل للسيارات ؟

السؤال السادس : ما هي إجراءات إصدار وثائق التأمين التكميلي والشامل للسيارات ؟

السؤال السابع : ما هي إجراءات التعويض في تأمينات السيارات ؟

السؤال الثامن : اشرح مميزات البطاقة الخضراء .

الأسئلة الموضوعية

1- أي من الآتية من أخطار السيارات ؟

أ- التصادم

ب- أخطار المسؤولية المدنية

جـ- أخطار تلحق الشاحنات والبضائع المنقولة

د- جميع ما ذكر

2- أي من العبارات التالية صحيحة؟

الأولى: يجوز لشركة التأمين إلغاء وثيقة التأمين الإلزامي للمركبة إذا كان ترخيصها قائماً.

الثانية: يجوز لشركة التأمين إلغاء وثيقة التأمين التكميلي للمركبة إذا كان ترخيصها قائماًًً.

أ- العبارة الأولى صحيحة.	ب- العبارة الثانية صحيحة.
جـ- العبارتان صحيحتان.	د- العباراتان غير صحيحتين.

3- أي الأشخاص مستثنى من الاستفادة من التأمين الإلزامي للسيارات في حالة كون السيارة المؤمنة هي المتسببة في الحادث؟

أ- ركاب المركبة المتسببة في الحادث.

ب- المؤمن له نفسه.

جـ- زوج سائق المركبة العمومية المتسببة في الحادث.

د- جميع ما ذكر.

4- أي من الآتية ليست من الخسائر التي تصيب المركبة المؤمن عليها تأميناً تكميلياً للسيارات التي يتم التعويض عنها؟

أ- الخسارة الناتجة عن حادث تصادم أو انقلاب.

ب- الخسارة عن حريق بسبب اشتعال ذاتي.

جـ- الخسارة الناتجة عن تساقط الأجسام.

د- الخسارة الناتجة عن الاستعمال لأجهزة السيارة الميكانيكية.

5- إذا ألغى المؤمن له عقد تأمين السيارات الشامل السنوي الصادر بتاريخ 2006/2/1 في 2006/9/15 وكان القسط السنوي 1200 دينار فإن:

أ- تعيد شركة التأمين للمؤمن له مبلغ 300 دينار.

ب- لا تعيد شركة التأمين للمؤمن له شيئاً.

جـ- تعيد شركة التأمين 12.5% من القسط حسب تعريفة المدة القصيرة.

د- تعيد شركة التأمين للمؤمن له كامل القسط.

الفصل السابع

إعادة التأمين

7 - 1 مفهوم إعادة التأمين

7 - 2 تاريخ ونشأة إعادة التأمين

7 - 3 أهداف وبواعث إعادة التأمين

7 - 4 وظائف إعادة التأمين

7- 7 إعادة التأمين في الأردن

الفصل السابع

إعادة التأمين

Re – Insurance

7 - 1 مفهوم إعادة التأمين

فإعادة التأمين تعتبر وسيلة لتفتيت الخطر وتوزيعه على عدد كبير من شركات التأمين داخل الدولة أو خارجها. وتسمى الشركة التي قبلت التأمين على وحدة الخطر من المؤمن له بالمؤمن الأصلي أو المؤمن المباشر وتسمى الشركة التي يؤمن لديها المؤمن المباشر بشركة إعادة التأمين أو معيد التأمين وربما تكون شركة متخصصة في عمليات إعادة التأمين أو تقوم بعمليات التأمين المباشر بجانب عمليات إعادة التأمين.

وفي بعض الأحيان قد يقوم معيد التأمين بإعادة تأمين جزء من العملية التي قبلها، لدى شركة إعادة تأمين أخرى وتسمى هذه العملية بالتأمين على إعادة التأمين (إعادة إعادة التأمين) كما يسمى المبلغ الذي يتنازل عنه المؤمن المباشر إلى معيد التأمين بالمبلغ المعاد تأمينه كما يسمى المبلغ الذي لا يعاد تأمينه بالمبلغ المحتفظ به.

ويتقاضى المؤمن المباشر من هيئة إعادة التأمين، عمولة عن العمليات المتنازل عنها وتحسب هذه العمولة كنسبة من القسط المستحق لمعيد التأمين وتختلف هذه النسبة من نوع تأمين لآخر.

ويمكن أن يعرف عقد إعادة التأمين، بأنه اتفاق بين المؤمن المباشر ومعيد التأمين بمقتضاه يتعهد معيد التأمين بأن يتحمل جزءاً من التزام المؤمن المباشر والذي يتمثل في التعويض، على أن يقوم المؤمن المباشر بدفع جزء من القسط إلى معيد التأمين، ويسمى هذا الجزء من القسط بقسط إعادة التأمين. هناك تعاريف كثيرة لإعادة التأمين.

عرفها الدكتور محمد كامل مرسي بأنها: " عقد بمقتضاه تلتزم إحدى شركات التأمين في تحمل أعباء المخاطر المؤمن منها لدى شركة أخرى ".

وعرفها الدكتور زياد رمضان بأنها: " اتفاق بين هيئتين من هيئات التأمين (أي شركتين) تتعهد بمقتضاه إحدى الهيئتين (أي شركة إعادة التأمين) بتحمل جزء من العقد

الذي تلتزم به الثانية (أي شركة التأمين المباشرة) لأحد الأشخاص في مقابل مبلغ تدفعه الهيئة الثانية إلى الهيئة الأولى ".

أما الدكتور سليمان بن ثنيان فعرفها بأنها: عملية فنية يقوم بموجبها المؤمن المباشر بتأمين جزء من الأخطار التي تعهد بتأمينها عند مؤمن آخر خوفاً من عجزه عن تعويضها ".

أما الدكتور عبد الستار أبو غُدّة فبين المراد بإعادة التأمين بأنها: دفع شركة التأمين جزءاً يتفق عليه من أقساط التأمين التي تحصل عليها من المستأمنين لشركة إعادة التأمين، تضمن لها نظير أقساط إعادة التأمين هذه مقابله جزء من الخسائر. فإذا وقع الخطر المؤمن ضده وطالب المستأمن بتعويض ما لحقه من أضرار تدفع شركة التأمين كل الخسارة ثم تطالب شركة إعادة التأمين بدفع حصتها من التعويض حسب الاتفاق معها.

ويعرفها الدكتور محمد عثمان شبير بأنها: قيام شركة التأمين الإسلامي بالتأمين على الأخطار التي يتعاون المستأمنون على ترميمها فيما بينهم لدى شركات إعادة التأمين العالمية مقابل أقساط تدفعها للشركة العالمية وتتحمل الأخيرة عن الأولى التعويضات التي يستحقها المستأمنون في حال وقوع الأخطار.

وبناءً عليه فيمكن تعريف إعادة التأمين بأنها: عقد بين شركة التأمين المباشرة وشركة إعادة التأمين تلتزم بمقتضاه شركة التأمين المباشرة بدفع حصة من أقساط التأمين المستحقة لها من المستأمنين لشركة إعادة التأمين مقابل التزام شركة إعادة التأمين بتحمل حصة من المخاطر التي تلتزم بها شركة التأمين المباشرة.

والصورة التطبيقية لإعادة التأمين أنه في الأحوال التي يعرض على إحدى شركات التأمين المباشرة أن تؤمن ضد خطر معين بمبلغ كبير يفوق إمكانياتها المالية، فإن الشركة تقبل ذلك العرض غالباً وتحتفظ بجزء منه وتقوم بالتأمين على الجزء المتبقي لدى إحدى شركات إعادة التأمين لتوزيع الخطر على الشركتين.

ومثال ذلك: إذا تقدم أحد مصانع الأدوية بطلب إلى شركة التأمين الإسلامية في الأردن يطلب فيه أن تؤمن له الشركة المصنع ضد خطر الحريق مثلاً وقبلت الشركة ذلك بحيث يكون مبلغ التأمين مليوني دينار وقسط التأمين عشرين ألف دينار. فإن الشركة

تؤمن على المصنع وتحتفظ بحصة من الخطر تتناسب مع ملاءتها المالية فتحتفظ لنفسها بنسبة معينة وتعيد تأمين الباقي لدى إحدى شركات إعادة التأمين التجاري في حالة تعذر الإعادة الجزئية أو الكلية لدى شركات إعادة التأمين الإسلامي.

وهذا يعني أن أقساط التأمين التي يدفعها المستأمن (مصنع الأدوية) تقسم بين شركة التأمين الإسلامية وشركة إعادة التأمين بنسبة تحمل الخطر المشار إليه سابقاً فتأخذ شركة التأمين منها حصتها ويكون نصيب شركة إعادة التأمين الباقي منها.

وفي حالة تحقق الخطر المؤمن منه (الحريق كما في المثال) فإن المستأمن (مصنع الأدوية) يستحق التعويض المتفق عليه في العقد. فيتم تعويضه عن الخسارة المتحققة بسبب الحريق من شركة التأمين الإسلامية وشركة إعادة التأمين وبالنسبة نفسها التي اقتسما فيها اقساط التأمين فالغنم بالغرم.

وتقوم شركات إعادة التأمين أحياناً بإعادة جزء من التأمين المعاد لدى شركات إعادة تأمين أخرى ذات طاقة تأمينية عالية.

7 - 2 تاريخ ونشأة إعادة التأمين

بدأت فكرة إعادة التأمين في القرن الرابع عشر للميلاد مصاحبة للتأمين التجاري الذي ظهر في القرن نفسه وأول وثيقة معروفة في إعادة التأمين يرجع عهدها إلى عام 1370م ولكنها لم تكن قائمة وقتئذ على أسس فنية صحيحة بل كانت أقرب ما تكون إلى الرهان. وقد منعت إعادة التأمين في إنجلترا في سنة 1746م واستمر المنع حتى عام 1864م، ولم تبدأ إعادة التأمين بداية حقه إلا في بداية القرن التاسع عشر بعد ان انتشر التأمين انتشاراً مطرداً مدة طويلة، ولم تكن هناك في بادىء الأمر شركات متخصصة في إعادة التأمين بل كانت شركات التأمين المباشرة تنشئ فروعاً فيها لإعادة التأمين، وأول شركة مستقلة متخصصة في إعادة التأمين كانت شركة كولونيا لإعادة التأمين التي أنشئت عام 1853م ثم الشركة السويسرية لإعادة التأمين التي أنشئت عام 1863م ثم شركة ميونخ لإعادة التأمين التي أنشئت عام 1883م ثم توالى إنشاء تلك الشركات وانتشرت انتشاراً واسعاً في معظم الدول الصناعية.

وبعد أن تكللت فكرة التأمين التعاوني بالنجاح وأنشئت على أساسها شركات التأمين الإسلامي في العديد من البلاد الإسلامية ونظراً لحاجة تلك الشركات الماسة لإعادة التأمين فقد أسست بعض الشركات الإسلامية لإعادة التأمين منها:

الشركة الإسلامية للتأمين وإعادة التأمين التي ظهرت إلى حيز الوجود سنة 1405هـ الموافق 1985م في البحرين.

وبَيْتُ إعادة التأمين التونسي السعودي في تونس، وشركة التكافل وإعادة التكافل الإسلامية في البهاما.

7 - 3 أهداف وبواعث إعادة التأمين

إن الباعث على إعادة التأمين أمران: **الأول:** عجز شركات التأمين المباشرة عن التأمين على الممتلكات ذات القيم المالية الضخمة كالطائرات العملاقة والمصانع الكبيرة والمباني الفخمة، والمتاجر الكبيرة ونحو ذلك لأن تعويضاتها عند وقوع الخطر المؤمن منه تتجاوز إمكانياتها المالية.

لذلك فهي تقوم بإعادة التأمين على تلك الأشياء ذات القيمة العالية لدى شركات إعادة التأمين للتغلب على الأخطار الجسيمة التي تتهددها.

فإعادة التأمين تقدم لشركات التأمين المباشرة الحماية عند حصول خسائر كبيرة في حال وقوع الخطر المؤمن منه والذي تفوق تعويضاته المالية قدراتها وطاقاتها وتعجز عنه إمكانياتها.

والثاني: زيادة الطاقة الاستيعابية لشركات التأمين المباشرة في مجال قبول الأخطار لزيادة مكاسبها. ففي حالة قيام شركات التأمين المباشرة بإعادة التأمين، فإن العلاقة تتحدد فقط بين شركة التأمين المباشرة وشركة إعادة التأمين. أما الطرف المؤمن لدى شركة التأمين المباشرة فلا يتمتع بأية حقوق لدى شركة إعادة التأمين وتنحصر علاقته بالشركة التي أمنت له فيما يتعلق بجبر الضرر عند حدوث الخطر المؤمن منه.

وبموجب اتفاقيات إعادة التأمين تدفع شركة التأمين المباشرة، إلى شركة إعادة التأمين، مبلغاً مالياً بصورة أقساط، تحدد قيمتها تبعاً لحجم الخطر المؤمن منه، يسمى قسط

إعادة التأمين، وتقوم شركة إعادة التأمين بواجبها كطرف مؤمن. حيث تتحمل حصة من المخاطر التي تلتزم بها شركة التأمين وذلك مقابل ما تتقاضاه من الأقساط.

وتقدم شركة إعادة التأمين للشركات المؤمنة لديها مبالغ مالية تسمى عمولة إعادة التأمين وأخرى تسمى عمولة أرباح إعادة التأمين.

أما عمولة إعادة التأمين فتكون بمثابة تعويض لشركة التأمين عن النفقات التي تتحملها الشركة في سبيل الحصول على العمل الأصلي (ممارسة التأمين) ومساهمة من شركة إعادة التأمين في النفقات الإدارية التي تخص الخطر المؤمن منه.

وأما عمولة أرباح إعادة التأمين فتقدم على أساس أنها مكافأة لشركة التأمين على مهاراتها في ممارسة التأمين وتقديم أفضل الخدمات التأمينية لعملائها المؤمنين لديها وذلك من خلال استقطاب ذوي الخبرات الفنية العالية في مجال التأمين وإعادة التأمين بغض النظر عن الكلفة المالية.

4-7 وظائف إعادة التأمين:

لإعادة التأمين وظائف أساسية متعددة تتمثل في الآتي:

1- تفتيت الأخطار المركزة، وبذلك تتحول إلى أخطار قابلة للتأمين مما يساعد على توفير الحماية التأمينية لمثل هذه الأخطار، فكل شركة تفضل الاحتفاظ بأجزاء بسيطة من عدد كبير من عمليات التأمين، بدلاً من احتفاظها بأجزاء من عدد صغير من هذه العمليات، لما في ذلك من تحقيق للتوازن في المحفظة المالية للشركة.

2- تشجع إعادة التأمين المؤمنين على زيادة قدرتهم الاستيعابية وذلك بقبول الاكتتاب في عمليات كثيرة، مهما كانت مسؤولياتها، لأن المؤمن المباشر يعلم مقدماً أن في إمكانه الاحتفاظ لنفسه بجزء من هذه العمليات تتلاءم مع قدرته المالية وإعادة تأمين ما يزيد عن قدرته المالية المشار إليها.

4- تؤدي إعادة التأمين إلى توفير نوع من الرقابة على كل من معدلات الخسارة ومعدلات المصروفات، بما تبذله شركات إعادة التأمين المتخصصة الكبرى من جهد لتطوير هذه الصناعة، بجانب تزويدها لشركات التأمين المباشرة بالخبرة الفنية

والإدارية التي تحتاج إليها لدراسة وفحص العمليات الجديدة المركزة قبل الاكتتاب فيها، بالإضافة إلى أن وجود حق التفتيش لمعيد التأمين على سجلات المؤمن المباشر المتصلة بعمليات إعادة التأمين - خاصة في إعادة التأمين بالاتفاقيات - له أثر كبير في تحقيق هذه الوظيفة.

4- تساعد إعادة التأمين من الناحية التمويلية - المؤمن المباشر ومعيد التأمين - عن طريق تحويل الأقساط والتعويضات بينهما بالصورة والعملة المناسبة المتفق عليها والتي تعبّر ذات أهمية بالغة لأطراف التعاقد هنا.

5-7 العوامل المؤثرة في القدرة الإستيعابية للمؤمن المباشر

يعتبر تقدير المبلغ الذي يحتفظ به المؤمن المباشر من كل عملية تأمينية ذات أهمية بالغة له، فعلى أساسه يتم تحديد الجزء المعاد تأمينه، كما أنه كلما زاد المبلغ المحتفظ به زادت الحصة التي يحتفظ بها هذا المؤمن من الأقساط المدفوعة، وفي المقابل تقل حصة هذا المؤمن في قيمة التعويضات المدفوعة من معيدي التأمين إذا ما تحقق الخطر المؤمن منه، ولا يعتبر حد الاحتفاظ المشار إليه جامداً ولكنه يتغير تبعاً لبعض العوامل من أهمها:

1- المركز المالي للمؤمن المباشر:

فهناك علاقة طردية بين متانة المركز المالي للمؤمن المباشر والجزء المحتفظ به من كل عملية، وتتمثل متانة المركز المالي، في زيادة قيمة رأس المال، وزيادة قيمة الاحتياطيات الفنية بأنواعها المختلفة، وزيادة دخل المؤمن المباشر من الأقساط المدفوعة سنوياً وكفاءة السياسة الاستثمارية لمثل هذه الأموال، لكل ما تقدم نجد أن حد الاحتفاظ في أي عملية من اي نوع يكون أقل في الشركات المنشأة حديثاً عنه في الشركات القائمة منذ فترة طويلة.

2- درجة الخطر المؤمن منه:

المقصود بدرجة الخطورة هنا هي حجم الخسائر المالية المتوقعة فهناك علاقة عكسية، بين درجة الخطر المؤمن عليه والذي يتعرض له الشيء موضوع إعادة التأمين

وبين قيمة الجزء المحتفظ به، فيقـل هـذا الحـد في العمليات شديدة الخطـورة منـه في العمليات متوسطة الخطورة وفي الأخير يكون أقل منه في العمليات ذات الخطورة البسيطة.

لذلك نجـد أن حـد الاحتفاظ يقـل في تأمين الحيـاة علـى الطيارين أو العاملين بمحطات الطاقة الذرية عنه في التأمين على حياة الأشخاص العاديين – وذلـك بفـرض تسـاوي مبلغ التأمين في الحالات جميعها.

3- عدد العمليات المكتتب فيها سنوياً:

فكلما قل عدد هذه العمليات، زادت الحاجة إلى إعادة التامين – وذلك لأن هـذا العدد المحدود، لن يحقـق قانون الأعـداد الكبيـرة وبالتـالي سـيؤدي إلى أن معدل الخسـارة المتوقع لن يكون قليلاً حتى لا يتعرض مركزه المالي للخطر، وعلى عكس ذلك يزيد هذا الحد بزيادة عدد العمليات المكتتب فيها سنوياً.

4- متوسط مبلغ التأمين:

يعني متوسط مبلغ التأمين بالوثيقة من بين الوثائق التي يصدرها المؤمن المباشر وهو ناتج قسمة مجموع مبالغ التأمين في فرع معين علـى عـدد الوثائق المصـدرة في هـذا الفرع وكقاعدة عامة يجب ألا يزيد المبلغ المحـتفظ به مـن أي عمليـة عـن متوسـط مبلـغ التأمين للعمليات من نفس النوع، وخاصة بالنسبة للتأمين علـى الحيـاة في الشركات حديثـة العهد، نظراً لضعف مركزها المالي.

5- التشريعات التأمينية:

يلزم قانون التأمين الأردني شركات التأمين العاملة بضرورة إعادة نسبة معينة مـن العمليات التأمينية المقبولة لديها لدى شركات إعادة التأمين الأجنبية

6- خبرة المؤمن المباشر:

فكلما توفرت خبرة كافية لدى المؤمن المباشر من التعامل مع الأنواع المختلفة من العمليات التأمينية كلما زاد حجم الجزء المحتفظ به لديه والعكس صحيح حيث نلاحظ

أن شركات التأمين الجديدة في سوق التأمين تقوم بإعادة جزء كبير من العمليات التي تحصل عليها حتى تثبت أقدامها في سوق التأمين.

7 – 6 الطرق المختلفة لإعادة التأمين:

تتم عمليات إعادة التأمين بين المؤمن المباشر وشركة إعادة التأمين بثلاثة طرق رئيسية في الحياة العملية.

وتختلف كل منها عن الأخرى من حيث إجراءاتها وظروف استخدامها وفيما يلي شرح مبسط لكل من هذه الطرق.

أولاً: الطريقة الاختيارية لإعادة التأمين Facultative Reinsurance :

في هذه الطريقة حرية الاختيار مكفولة لكل من المؤمن المباشر ومعيد التأمين، فللمؤمن المباشر حرية تحديد الجزء الذي يحتفظ به، والجزء الذي يعيد تأمينه من كل عملية، فإذا كانت العملية جيدة فإنه يحتفظ لنفسه بجزء كبير منها، أو قد يحتفظ بها كاملة لنفسه ولا يعيد أي جزء منها، وعلى العكس إذا كانت العملية رديئة فإنه يحتفظ بجزء بسيط منها ويعيد تأمين الجزء الباقي. ومن ناحية ثانية فإن له حرية اختيار الشركة التي يتنازل لها عن الجزء الذي يريد إعادة تأمينه. وفي المقابل فإن لهيئة إعادة التأمين حرية تحديد وقبول جزء العملية المعروض عليها من المؤمن المباشر أو رفضه، وذلك بعد دراستها الفنية لمثل هذه العملية.

وتعتبر الطريقة السابقة من أقدم الطرق التي تم استخدامها في عمليات إعادة التأمين، إلا أن استخدامها حالياً اصبح محدوداً لما لها من عيوب، حيث يلجأ إليها إذا لم تتوافر الظروف المهيأة للمؤمن المباشر لعمل اتفاقية – مع شركات التأمين الأخرى – خاصة إذا ما كان عدد العمليات التأمينية لديه محدودة وغير منتظمة، أو كان الخطر المؤمن منه غير عادي، وأخيراً إذا ما فاقت مبالغ التأمين المحتفظ بها – بناء على اتفاقيات إعادة التأمين – القدرة المالية لهذا المؤمن، فيلجأ للطريقة الاختيارية للتخلص من هذه الزيادة.

عيوب الطريقة الاختيارية:

1- تتطلب إجراءات طويلة ومعقدة خاصة أنها تتم بالنسبة لكل عملية على حدى، فعندما تعرض عملية معينة على المؤمن المباشر يقوم بعد فحصها وقبل قبولها بالإتصال بشركات إعادة التأمين للحصول على موافقتها بالنسبة للأجزاء التي تقبل إعادة تأمينها من هذه العملية، وتتطلب مثل هذه الإجراءات وقتاً طويلاً نسبياً - هذا بالإضافة إلى الجهد والوقت والمال - فإذا لم يكن هذا المؤمن قد اتخذ قراراً بقبول العملية من المؤمن له الأصلي، فقد يضطر المؤمن له إلى عرض نفس العملية على شركة تأمين أخرى، مما يؤدي إلى ضياع العملية من الشركة الأولى وإذا ما قبل المؤمن المباشر التأمين على هذه العملية بالكامل، فقد يتحقق الخطر المؤمن منه قبل حصوله على موافقة معيدي التأمين، وبالتالي سيتحمل وحده تعويض الخسارة المستحقة عن هذه العملية، مما يؤدي إلى الإخلال بمركزه المالي أو إفلاسه إذا ما فاقت هذه الخسارة قدرته المالية.

2- عدم قدرة شركة التأمين (المؤمن المباشر) من معرفة قرار شركة إعادة التأمين سواء بقبول أو رفض اعادة التأمين قبل إصدار شركة التأمين المباشرة وثيقة التأمين للمؤمن له.

ويمكن تحديد إجراءات إعادة التأمين وفقاً لهذه الطريقة في الخطوات التالية:

1- يلخص المؤمن المباشر بينات العملية المراد إعادة تأمينها على إشعار خاص متضمناً اسمه وعنوانه، واسم وعنوان المؤمن له الأصلي وبيانات عن العملية التأمينية كنوع التأمين ومبلغه، وقيمة القسط المستحق وطريقة سداده، وقيمة الجزء الذي سيحتفظ به المؤمن المباشر من مبلغ التأمين الأصلي.

3- تقوم هيئة إعادة التأمين بدراسة بيانات الإشعار السابق، وتقرر رفض العملية أو قبول إعادة التأمين. وفي الحالة الأخيرة تحدد مقدار الجزء الذي تقبل إعادة تأمينه وتوقع على الإشعار بما يفيد ذلك، فإذا لم يغطي الجزء المراد إعادة تأمينه بالكامل، فيعرض

المؤمن المباشر الإشعار على شركة إعادة تأمين أخرى ... وهكذا حتى يتم تغطية المبلغ المراد إعادة تأمينه بالكامل.

3- يلي ذلك إرسال المؤمن المباشر لكل شركة من شركات إعادة التأمين التي وقعت على الإشعار السابق، بطلب إعادة التأمين، ولا تخرج بيانات هذا الطلب تقريباً عن البيانات التي يتضمنها الإشعار الخاص السابق.

4- بعد وصول طلب إعادة التأمين، تقوم كل شركة من شركات إعادة التأمين، بالرد على المؤمن المباشر، بمذكرة تغطية الخطر وتعتبر هذه المذكرة بمثابة الموافقة الرسمية للاشتراك في إعادة التأمين، ويصدر المؤمن المباشر وثيقة إعادة التأمين بعد وصول مذكرات التغطية إليه.

ثانياً: طريقة إعادة التأمين بالاتفاقية (الطريقة الإجبارية) (Treaty Reinsurance :

وبمقتضى هذه الطريقة تكون هناك إتفاقية معقودة مسبقاً بين كل من المؤمن المباشر ومعيد التأمين، توضح هذه الاتفاقية النسبة أو الأجزاء التي يقبلها معيد التأمين من كل عملية يتعاقد عليها المؤمن المباشر في فرع معين أي أن الاتفاقية تكون ملزمة (إجبارية) لكل من المؤمن المباشر ومعيد التأمين في حدود النسبة أو الجزء المتفق عليه.

مثلاً قد تعقد إحدى شركات التأمين (س) إتفاقية مع إحدى شركات إعادة التأمين (ص) على أن تعيد الأولى للثانية كل ما يزيد عن 50 ألف دينار من مبلغ التأمين عن خطر الحريق للمباني السكنية، فإذا تعاقدت (س) مع صاحب عقار سكني بمبلغ تأمين قدره 80 ألف دينار لتغطيته من خطر الحريق فبمقتضى هذه الاتفاقية فإن (س) يحتفظ لنفسه بمبلغ 50 الف دينار الأخرى، وتكون الشركة (ص) ملزمة أيضاً بقبول إعادة تأمين هذا المبلغ. لكن إذا كان مبلغ التأمين 25 الف دينار فيحتفظ به (س) كاملاً ولا يكون ملزماً بإعادة تأمين أي جزء منه لـ (ص) لعدم تخطي مبلغ التأمين الحد الذي نصت عليه الاتفاقية.

وطريقة الاتفاقية السابقة تقضي على العيوب التي شابت الطريقة الاختيارية، كما أنها تعمل على توفير الجهد والوقت والمصروفات بما يساعد على أن تكون العمولة بها

أكبر من العمولة بالطريقة الاختيارية، كما أنها تتميـز بضمان عمليـات منتظمة ومسـتمرة لمعيدي التأمين بما يساعد على تحقيق قانون الأعداد الكبيرة.

وإن كـان يعيبها أن المـؤمن المبـاشر يكـون مجـبراً بإعـادة تـأمين جميـع العمليات التي تدخل ضمن نطاق الاتفاقية، الجيد منها والردي،ء بمـا يعمل عـلى تفويت أرباح محققة للمؤمن المباشر بالنسبة للعمليات الجيدة، أمـا بالنسبة لهيئـة إعادة التـأمين فإنها مجبرة أيضاً على تغطية عمليات رديئة (خطرة) نظراً لدخولها ضمن نطاق الاتفاقية.

وتقسم طريقة إعادة التأمين بالاتفاقية إلى:

أ-   اتفاقية إعادة التأمين النسبية.

ب-   اتفاقية إعادة التأمين غير النسبية.

أ- اتفاقية إعادة التأمين النسبية.

تقوم شركات التأمين (المؤمن المباشر) بموجب هذا النوع مـن الاتفاقيـات مـن تحديد الحصة أو النسبة التي تريد ان تتحملها مـن مبلـغ التـأمين، ومـن ثـم تسـند الرصيد المتبقى من مبلغ التأمين إلى شركات إعادة التأمين. ويتم توزيـع أقسـاط التـأمين والخسائر المترتبة بالتناسب بين شركة التأمين وشركات إعادة التأمين.

وينقسم هذا النوع من عمليات إعادة التأمين إلى نوعين هما:

1- اتفاقية المشاركة Quota – Share Treaty

تنص اتفاقية المشاركة على ضرورة احتفاظ شركة التأمين بنسبة معينة محدد مثل 10% أو 20% - الخ من قيمة مبلغ التأمين ومن كل عملية يتم إعادة تأمينها حتى تضمن شركة إعادة التأمين أن شركة التأمين (المؤمن المباشر) قد راعى الأساليب العلمية والموضوعية في دراسة واختيار الأخطار المعاد تأمينها.

ويتم اقتسام الأقساط والتعويضات بين شركة التأمين وشركة إعادة التأمين عـلى أساس النسبة التي يتحملها كل منهما:

مثال (1): عقدت شركة القدس للتأمين اتفاقيـة المشاركة لإعـادة التـأمين عـن عملياتها مـع الشركة السويسرية لإعادة التأمين على ان تحتفظ شركة القدس بنسبة 25% من كل عملية.

فإذا قبلت شركة القدس التأمين على فندق من الحريق بمبلـغ 10000000 دينـار، وكان قسط التأمين يقدر بـ 0.006 من مبلغ التأمين، فإذا حدث حريق في الفندق وقـدرت الخسائر بمبلغ 3000000 دينار.

والمطلوب:

1- تحديد حصة الشركة السويسرية لإعادة التأمين وشركة القدس للتأمين.

2- تحديد قسط التأمين المحصل من الفندق.

3- تحديد حصة شركة القدس للتأمين والشركة السويسرية لإعادة التأمين في كـل مـن الأقساط والتعويضات.

الحل:

1- المبلغ الذي تحتفظ به شركة القدس = 0.25 × 10000000 = 2500000 دينار.

المبلغ المعاد للشركة السويسرية = 0.75 × 10000000 = 7500000 دينار.

2- قسط التأمين = مبلغ التأمين × 0.006

= 10000000 × 0.006

= 60000 دينار

3- حصة شركة القدس للتأمين من القسط = قسط التأمين × نسبة الاحتفاظ

= 60000 × 0.25

= 15000 دينار

حصة الشركة السويسرية لإعادة التأمين من القسط = قسط التأمين × نسبة إعادة التأمين

= 60000 × 0.75 = 45000 دينار.

حصة شركة القدس من التعويض = الخسارة × نسبة الاحتفاظ

$= 3000000 \times 0.25$

$= 750000$ دينار

حصة الشركة السويسرية من التعويض = الخسارة × نسبة إعادة التأمين

$= 3000000 \times 0.75$

$= 2.250000$ دينار

2- اتفاقية الفائض: Surplus Share Treaty

في هذا النوع يتم الاتفاق بين شركة التأمين (المؤمن المباشر) وشركات إعادة التأمين على أن تكون حصة شركة التأمين محددة بمبلغ معين وليس بنسبة مئوية. وهذا الجزء المحتفظ به لدى شركة التأمين يسمى بالخط. أما باقي مبلغ التأمين فيسمى بالفائض ويتم تقسيمه إلى عدة خطوط على أساس الخط المحتفظ به لدى المؤمن المباشر. ويتم توزيع هذه الخطوط على شركات إعادة التأمين الذين يشملهم اتفاقية الفائض ويكون ذلك حسب قدراتهم الاستيعابية. ويتم اقتسام الأقساط والتعويضات بين شركة التأمين وشركات إعادة التأمين بقيمة الخط إلى مجموع الخطوط التي تشكل مبلغ التأمين.

مثال (2)

عقدت شركة القدس للتأمين اتفاقية فائض مع الشركة الامريكية لإعادة التأمين. فإذا عقدت شركة القدس للتأمين وثيقة تأمين بمبلغ 100000 دينار على مصنع ضد خسائر خطر الحريق، وكان التأمين في ذلك الوقت 0.006 من مبلغ التأمين. وترغب شركة القدس للتأمين بالاحتفاظ بمبلغ 10000 دينار، فإذا شب حريق بالمصنع المؤمن عليه خلال مدة التأمين وقدرت الخسارة المالية نتيجة الحريق بمبلغ 5000 دينار.

المطلوب:

1- تحديد قسط التأمين المحصل من المصنع.

2- تحديد قيمة الخط، عدد الخطوط.

3- تحديد حصة كل من شركة القدس للتأمين والشركة الأمريكية لإعادة التأمين في المشاركة في تحمل الخسارة.

الحل:

(1) قسط التأمين = 100000 × 0.006

= 600 دينار

(2) قيمة الخط = المبلغ المحتفظ به لدى شركة القدس للتأمين

= 10000 دينار

عدد الخطوط = $\frac{\text{مبلغ التأمين}}{\text{قيمة الخط}}$ = $\frac{100000}{10000}$

= 10 خطوط

(3) حصة شركة القدس من الخسارة = 5000 × $\frac{10000}{100000}$

= 500 دينار

حصة الشركة الأمريكية من الخسارة = 5000 × $\frac{90000}{100000}$

= 4500 دينار

ب- اتفاقية إعادة التأمين غير النسبية:

الأساس في توزيع عمليات إعادة التأمين بين شركة التأمين وشركات إعادة التأمين في اتفاقية إعادة التأمين غير النسبية هو الخسارة المالية التي تنشأ عن الحادث المؤمن منه وليس على الحصة التي ترغب في الاحتفاظ بها من مبلغ التأمين.

وتوافق شركات إعادة التأمين في مثل هذه الاتفاقيات على تعويض الخسائر التي تزيد عن حد معين يتم الاتفاق عليه. وكذلك تحدد قسط إعادة التأمين الذي تحصل عليه من شركات التأمين.

ويمكن تقسيم اتفاقيات إعادة التأمين غير النسبية إلى:

1- اتفاقية إعادة التأمين على الجزء الزائد من الخسارة Excess of Loss Treaty

في هذه الاتفاقية يتم الاتفاق بين شركة التأمين (المؤمن المباشر) وشركة إعادة التأمين على ان تتحمل شركة التأمين مبلغ معين من الخسائر الناتجة عن الحادث الواحد فقط، وتتحمل شركة إعادة التأمين ما تبقى من الخسائر عن هذا الحادث ولغاية حدود معينة ايضا.

مثال (3)

اتفقت شركة القدس للتأمين مع الشركة الأمريكية لإعادة التأمين على ان تتحمل شركة القدس مبلغ 3000 دينار عن كل حادث حريق، فإذا زادت الخسارة عن هذا الحد فإن الشركة الامريكية لإعادة التأمين تتحمل الفرق وأن الحد الأقصى لإلتزام الشركة الامريكية هو 2000 دينار، فإذا أظهرت سجلات شركة القدس للتأمين وقوع حوادث الحريق المنفصلة التالية خلال فترة زمنية معينة:

الحادث الأول: قدرت التعويضات المدفوعة بمبلغ 2000 دينار.

الحادث الثاني: قدرت التعويضات المدفوعة بمبلغ 4000 دينار.

الحادث الثالث: قدرت التعويضات المدفوعة بمبلغ 6000 دينار.

المطلوب: تحديد إلتزام الشركة الأمريكية لإعادة التأمين في التعويضات السابقة

الحل:

الحادث الأول: لا تتحمل الشركة الأمريكية بأي تعويض.

الحادث الثاني: تتحمل الشركة الأمريكية بمبلغ 1000 دينار.

4000 – 3000 = 1000 دينار

الحادث الثالث: تتحمل الشركة الأمريكية فقط 2000 دينار.

علما بأن التعويض المطلوب من الشركة هو 6000 – 3000 = 3000 دينار

لكن الشركة الأمريكية تدفع 2000 دينار فقط (الحد الأقصى)

أما الباقي وهو 1000 دينار تتحملها شركة القدس.

2- اتفاقية إعادة التأمين على أساس وقف الخسارة Stop Loss Treaty

يتم الاتفاق بين شركة التأمين (المؤمن المباشر) وشركة إعادة التأمين على أن تتحمل شركة التأمين مبلغ معين من الخسائر الناتجة في فرع من فروع التأمين المختلفة مثل التأمين الصحي، تأمين الحريق، التأمين البحري ... الخ.

وذلك خلال فترة زمنية معينة غالبا سنة، أو نسبة معينة من الأقساط المحصلة سنويا مثل 90% من مجموع الأقساط.

فإذا زادت الخسائر في هذا الفرع عن المبلغ أو النسبة المحددة، فإن شركة إعادة التأمين تلتزم بتغطية الخسارة التي تزيد عن الحد المتفق عليه ولكن ضمن الحد الأقصى لمسؤولية شركة إعادة التأمين.

مثال (4)

عقدت شركة القدس للتأمين مع الشركة الالمانية لإعادة التأمين اتفاقية على أساس وقف الخسارة عن فرع التأمين الصحي خلال السنة المالية 2007/1/1 - 2008/12/31، بحيث تتحمل شركة القدس بموجبه مبلغ 3000000 دينار سنويا. فإذا كانت مجموع التعويضات المدفوعة في نهاية العام 4000000 دينار.

المطلوب: ما قيمة الخسائر التي تتحملها الشركة الالمانية لإعادة التأمين.

الحل:

قيمة الخسارة التي تتحملها الشركة الألمانية = 4.000000 - 3000000

= 1000000 دينار

ثالثاً: طريقة مجمعات إعادة التأمين :

يتم استخدام هذه الطريقة في حالة الأخطار ذات درجة الخطورة العالية والتي ينتج عن تحققها خسائر فادحة وغير عادية، كما هو الحال في أخطار الكوارث الطبيعية كالزلازل وفي أخطار الطيران والتأمين البحري على ناقلات البترول العملاقة.

وبمقتضى هذه الطريقة يتم الاتفاق بين مجموعة من شركات التأمين على إنشاء مجمع لإعادة التأمين، على أن تقوم كل شركة مشتركة في هذا المجمع بتمويل كافة العمليات التأمينية التي تحصل عليها من النوع المتفق على تحويله إلى إدارة المجمع والتي تكون مستقلة عن باقي شركات التأمين المشتركة في مجمع إعادة التأمين.

7-7 إعادة التأمين في الأردن:

لا يوجد شركات أردنية لإعادة التأمين، وعادة تحتفظ الشركات الأردنية بجزء من إجمالي أقساط التأمين ويعاد المتبقي إلى شركات إعادة التأمين الأجنبية.

أسئلة المناقشة

السؤال الأول: وضّح مفهوم إعادة التأمين.

السؤال الثاني: اشرح تاريخ ونشأة إعادة التأمين.

السؤال الثالث: عدد أهداف وبواعث إعادة التأمين.

السؤال الرابع: ما هي وظائف إعادة التأمين؟ مع الشرح .

السؤال الخامس: اشرح الطرق المختلفة لإعادة التأمين.

السؤال السادس: ما هي أساليب إعادة التأمين ؟ مع الشرح.

الأسئلة الموضوعية

1- تقوم شركات التأمين بإعادة التأمين على بعض عملياتها وذلك:

أ- التأمين ضد خطر مبلغ كبير يفوق إمكانياتها المالية.

ب- لنقل جزء من المخاطر الى شركة إعادة التأمين.

ج- زيادة الطاقة الاستيعابية لشركات التأمين.

د- جميع ما ذكر صحيح.

2- الحماية أحد أسباب قيام شركات التأمين بإعادة التأمين:

أ- لحماية شركة التأمين من وقوع المخاطر الجسمية التي تتهددها.

ب- لحماية المؤمن له من وقوع المخاطر الجسمية التي تتهدده.

ج- لحماية شركات إعادة التأمين من وقع المخاطر الجسمية التي تتهددها.

د- (أ + ب) فقط.

3- أي من الآتية ليست من العوامل الرئيسية التي تؤثر في تقدير المبلغ المحـتفظ بـه لـدى المؤمن المباشر.

أ- المركز المالي للمؤمن المباشر

ب- درجة الخطر المؤمن منه

ج- قيمة الأرباح المتحققة للمؤمن المباشر

د- عدد العمليات المكتتب بها سنوياً

4- تعتبر التالية من الطرق المختلفة لاعادة التأمين باستثناء:

أ- الطريقة الاختيارية

ب- الطريقة الإجبارية

ج- الطريقة المباشرة

د- طريقة مجمعات إعادة التأمين

5- في حالة إعادة التأمين فإن العلاقة تتحدد فقط بين كل من:

أ- شركة التأمين المباشرة والمؤمن له.

ب- شركة إعادة التأمين والمؤمن له.

ج- شركة التأمين المباشرة وشركة إعادة التأمين.

د- (ب + ج) فقط.

الفصل الثامن

التأمين الإسلامي

8 - 2 أنواع التأمين

8 - 4 خصائص التأمين الإسلامي

8 - 5 التكيف الفقهي للتأمين الإسلامي

8 - 9 إعادة التأمين في شركات التأمين الإسلامية

الفصل الثامن

التأمين الإسلامي

Islamic Insurance

8 - 1 مقدمة:

يعتبر التأمين نوعاً من الأنشطة الاقتصادية (الخدمية) الحديثة. وفي رأي الفقهاء فإن عقد التأمين هو أحد العقود المستحدثة التي لم تكن معروفة كما في صورتها الحالية أو في أي صورة أخرى إلا في نظام العاقلة والموالاة. ولم تكن المجتمعات الإسلامية بحاجة إلى التأمين لأن موارد الزكاة وبيت أموال المسلمين والصدقات والتكافل الاجتماعي كانت كافية لتغطي جميع المخاطر المحتملة. كما أن الدولة الإسلامية في حكم الإسلام تلتزم بتأمين فرصة العمل لكل قادر عليه، وبتأمين العاجز عن العمل بإعطائه ما يكفيه في أكله وشربه وملبسه وسكنه حتى مركبه وعلاجه.

والتأمين قد تطور كغيره من الأنشطة الاقتصادية في كنف النظم الاقتصادية الغربية، واستوردته المجتمعات الإسلامية في هذه الصورة التي لا تتفق وقوانين الشريعة الإسلامية. ولما للتأمين من أهمية في الحياة الاقتصادية للمجتمع المسلم، فقد أخضع علماء المسلمين صور التأمين المستورد من الغرب للبحث والتدقيق الفقهي بغرض التوصل لصورة مثلى لعقد تأمين لا تشوبه شائبة الربا أو الضرر، كما هو حادث الآن في عقود التأمين المستوردة التي يمكن تسميتها عقود التأمين التقليدية في مقابل التأمين الإسلامي، وقد أثمرت هذه الجهود الفقهية نظام التأمين التعاوني الإسلامي الذي تبنته شركات التأمين الإسلامية كبديل إسلامي للتأمين التجاري.

2-8 أنواع التأمين

ينقسم التأمين من حيث شكله إلى قسمين:

القسم الأول: التأمين التجاري كما تقدم، فهنالك عدة تعريفات للتأمين التجاري ولكن عموما يعرف التأمين بأنه " التزام بين طرفين: الطرف الأول (شركة التأمين) والثاني (المستأمن). تلتزم شركة التأمين بموجبه بتعويض نقدي للطرف الثاني المستأمن أو لمن

يعينه، عند تحقق حادث احتمالي معين في العقد، مقابل ما يدفعه لـه المستأمن مـن مبلغ نقدي في صورة قسط أو نحوه ".

ويتضمن هذا التعريف انفصال المؤمن (شركة التأمين) عن المستأمنين الـذين تتعاقد مع كل واحد منهم على حدى ويقوم المؤمن بتوزيع المخاطر عليهم في صورة أقساط دورية ثابتة يحددها طبقاً لما تقتضيه الأسس الفنية التي يعتمد عليها والمتمثلة في قواعد الإحصاء. وتلتزم شركة التأمين طبقاً لهذا الاتفاق بدفع مبلغ التأمين عند تحقق حدوث الواقعة التي يتوقف عليها استحقاقه وتدفع شركة التأمين هذا المبلغ بدون التضامن ولا التنسيق مع المستأمنين وما يزيد لديها من مبالغ تستأثر به وتتحمل الخسارة ".

حكمة: افتى بحرمته جمهور الفقهاء المعاصرين باستثناء الشيخ الدكتور مصطفى الزرقاء.

القسم الثاني: التأمين التبادلي التعاوني

التأمين التبادلي هو قيام مجموعة من الناس بتأمين أنفسهم ضد مخاطر مشتركة وظروف متشابهة، والجهة المشرفة عليه هم المشتركون أنفسهم الذين ينتظمون إما في صورة جمعية أو شركة، ولا تهدف الجمعية أو الشركة إلى الربح وإنما الغرض منها تمكن أعضائها من الحصول على خدمات التأمين بأقل تكلفة ممكنة.

ويتميز التأمين التبادلي بأن العضو فيه يجمع بين صفتي المؤمن والمؤمن لـه ولا تقصد به الربح أولاً، ويدفع أعضاؤه اشتراكات أو دفعات مقدمة تكون قابلة للتغير بحسب الخسائر المتحققة، وعندما تزيد التعويضات المطلوبة عن الاشتراكات المجمعة يطالب الأعضاء بدفع حصة إضافية لكل عضو بحسب مساهمته لتكملة وتغطية التعويضات المطلوبة، وإن زادت عما صرف من تعويض كان للأعضاء حق استرداد هذه الزيادة. هذا، وقد فرقت الكتابات بين التأمين التبادلي المحدود أو المباشر والتأمين التبادلي المتطور غير المباشر.

فالأول يكون على صورة جمعيات صغيرة لأصحاب المهنة الواحدة يدفعون سنوياً اشتراكات تزيد او تنقص حسب الحاجة، ويديرها متبرعون من المشتركين دون أجر. أما النوع الثاني فهو التأمين التبادلي المتطور الذي تقوم به جمعيات تبادلية كبرى أو شركات

متخصصة تقبل جميع أنواع الأخطار ولكل الناس، دون أن يقتصر عملها على تغطية نوع معين من الأخطار أو أن تقتصر على أعضائها كما في النوع الأول من التأمين التبادلي.

حكمه: أفتى جميع الفقهاء المعاصرين بجوازه

8 – 3 الآراء الفقهية حول التأمين:

تعددت كثيراً الآراء الفقهية حول التأمين، ويمكن الخلوص إلى أن هذه الآراء تلخصت في رأيين أساسيين متعارضين في موقفيهما، ورأي ثالث يوفق بينهما. فالرأي الأول يقول بإجازة عقد التأمين (التجاري) كما تمارسه شركات التأمين التقليدية، أما الرأي الثاني فيرد خلاف ذلك تماماً ويذهب إلى عدم صحة عقد التأمين في صورته التقليدية. أما الرأي الثالث فيقف موقف الرأي الثاني من عدم الصحة ولكن أصحاب هذا الرأي أوضحوا البديل الشرعي للتأمين التجاري بحيث يقوم على أساس تعاوني تبادلي خالٍ من الاستغلال والجهالة والغرر.

أ- أراء القائلين بالجواز

يمكن إجمال آراء هذا الفريق في القول بأنهم يستندون إلى القياس في الحكم والرأي الذي توصلوا إليه. وتتلخص هذه الآراء في:

أ- أن الأصل في العقود الإباحية إلا ما دل الدليل الشرعي على تحريمه ومن هذه المباحات عقد التأمين كأحد العقود التي لم يرد نص بتحريمه.

ب- القول بضمان خطر الطريق وهو مذهب الحنفية. ويرى هذا الفريق أن بين التأمين وضمان خطر الطريق شبهاً يسمح بقياس التأمين عليه، فالتزام ضامن خطر الطريق هو نفس التزام شركة التأمين بضمان المؤمن عليه عند وقوع الخطر، وبما أن خطر الطريق جائز شرعاً فكذلك التأمين.

ج- أن يشبه عقد الاستئجار على الحراسة فالحارس الأجير يحقق الأمان والاطمئنان لمن استأجره. فهكذا الحال في عقد التأمين إذ يبذل فيه المستأمن جزءاً من ماله في سبيل الحصول على الأمان من نتائج الأخطار التي يخشاها.

د- يرى المجيزون أن هناك شبهاً بين الجعالة والتأمين ذلك أن الشخص في الجعالة - كما يرون - يلتزم بدفع مبلغ من المال لمن يقوم له بعمل معين، وفي التأمين يلزم المؤمن بدفع مبلغ التأمين للمؤمن له إذا قام بعمل معين هو دفع الأقساط. وبما أن الجعالة جائزة شرعاً فكذلك عقد التأمين.

هـ- هنالك نفر من هذا الفريق قاس التأمين على الوديعة بجامع المصلحة في كل، فكما تستفيد الشركة المؤمنة من الأقساط المجتمعة لديها مقابل ضمانها المؤمن عليه، يستفيد المودع إليه من أجرة حفظ الوديعة، وهو يضمنها إن تلفت.

و- مما أستدل به المجيزون للتأمين قياسه على السلم، فقالوا إن الشارع قد أجاز السلم نظراً لحاجة الناس إليه، رغم ما فيه من الجهالة حيث إنه معدوم. والناس كذلك في حاجة إلى التأمين، فيكون جائزاً كالسلم رغم ما قد يكون فيه من المحاذير.

ز- أجاز هذا الفريق التأمين قياساً على المضاربة ذلك أنه في المضاربة يدفع صاحب المال رأس المال إلى المضارب ليتاجر به ويكون الربح بينهما تراضياً. وفي التأمين يدفع المؤمن لهم أقساط التأمين ليتاجر بها المؤمن، ويكون مبلغ التأمين الذي يدفعه المؤمن عند وقوع الخطر هو ربح المؤمن لهم، وتكون أقساط التأمين التي يدفعها المؤمن لهم هي ربح المؤمن، وبما أن المضاربة جائزة شرعاً فكذلك يجوز التأمين.

ح- يرى جماعة المجيزين أن من أقوى الأدلة على مشروعية عقد التأمين هو عقد المولاة، إذ يحتجون بأن بعض صور التأمين مثل التأمين ضد المسؤولية، يمكن قياسها على عقد المولاة في مذهب من أجازه من الفقهاء. ووجه القياس - في رأيهم - أن المؤمن يتحمل عن المؤمن له مسؤولية الأحداث المؤمن ضدها مقابل الأقساط كتحمل العربي المسلم جنايات حليفه مقابل إرثه إياه. وفي كل من العقدين جهالة وخطر فلا يعلم أيهما يموت قبل صاحبه.

ط- مما جاء به المجيزون من أدلة قياسهم للتأمين على الوعد الملزم عند المالكية فذهبوا إلى أنه كما يتحمل الواعد في مذهب الملكية خسائر الموعود التي التزم بها، يتحمل المؤمن ما التزم به المؤمن له في حادث معين محتمل الوقوع بطريق الوعد الملزم.

وبالنظر إلى مـذهب المالكيـة الأوسـع في هـذه المسـألة، أي الوعـد الملـزم، نجـد في قاعـدة الالتزامات هـذه متسعاً لتخريـج عقـد التـأمين عـلى أسـاس أنـه التـزام مـن المـؤمن للمستأمنين ولو بلا مقابل.

ك- كذلك من الحجج التي يسوقها هذا الفريق مـن الفقهـاء هـو قيـاس التـأمين عـلى نظـام العواقل في الإسلام، فيقولون: إن الشرع قـد أمـر مـع الإلـزام أن تتحمـل العاقلـة ديـة الخطأ لما في ذلك المصلحة والتعاون، فما المانع إذاً من أن يستفاد من ذلك لتنظيم هذا التعاون على ترميم الكوارث المالية وجعله ملزماً بطريق التعاقد والإرادة الحرة كـما جعله الشرع الزامياً دون تعاقد في نظام العواقل.

ل- أقر بعض المجيزين مشروعيته بناءً عـلى المصـلحة المرسلة، فيقـول هـؤلاء: إن المصلحة المرسلة هي أحد الأدلة الشرعية التي تبنى عليها الأحكام، فإذا وجدت مصلحة ظاهرة ملائمة لتصرفات الشرع جاز بناء الأحكام اسـتناداً إليهـا. وعليـه – حسـب رأيهـم – أن التأمين يحقق مصالح عامة هامة، فيكون حكم الجواز شرعاً اعتبـاراً لما يحققـه مـن المصالح العامة، ففي جواز التأمين تيسير على الناس ودفع للحرج والعسر عنهم.

م- يقول الذين رأوا مشروعية التأمين أن العرف يقضي إباحة التأمين والتأمين قد عم وانتشـر- حتى أصبح عرفاً عاماً بين الناس، والعرف في الفقه الإسلامي خصوصاً الفقـه الحنفـي حجة معتبرة.

ف- قيس عقد التأمين من قبل المجيزين له على نظام الضمان الاجتماعي ونظـام المعاشـات. إذا يقولون أن هذا النظام التقاعدي ونظام المعاشات يقره علماء الشريعة ولا يـرون فيه أية شبهة أو شائبة، بل يرونه ضرورياً في نظام الدولة، ومصلحة عامة لا بـد منهـا شرعاً لمساعدة العاملين في الدولة بعد تركهم العمل إما بسبب الوفاة أو العجـز عـن العمل أو بسبب التقاعد.

ب- أراء القائلين بعدم الجواز (بالحرمة):

بعد الدراسة الوافية، وتداول الرأي في ذلك. قرر مجلس المجمع الفقهي بالإجماع عدا فضيلة الشيخ مصطفى الزرقا تحريم التأمين التجاري بجميع أنواعه، سواء كان على النفس أو البضائع التجارية أو غير ذلك للأدلة الآتية:

الأول: عقد التأمين التجاري من عقود المعاوضات المالية الاحتمالية المشتملة على الغرر الفاحش؛ لأن المستأمن لا يستطيع أن يعرف وقت العقد مقدار ما يعطي أو يأخذ؛ فقد يدفع قسطا أو قسطين، ثم تقع الكارثة؛ فيستحق ما التزم به المؤمن، وقد لا تقع الكارثة أصلاً فيدفع جميع الأقساط ولا يأخذ شيئاً، وكذلك المؤمن لا يستطيع أن يحدد ما يعطي ويأخذ بالنسبة لكل عقد بمفرده، وقد ورد في الحديث الصحيح عن النبي صلى الله عليه وسلم " النهي عن بيع الغرر ".

الثاني: عقد التأمين التجاري ضرب من ضروب المقامرة، لما فيه من المخاطرة في معاوضات مالية ومن الغرم بلا جناية أو تسبب فيها، ومن الغنم بلا مقابل أو مقابل غير مكافىء؛ فإن المستأمن قد يدفع قسطاً من التأمين، ثم يقع الحادث؛ فيغرم المؤمن كل مبلغ التأمين، وقد لا يقع الخطر، ومع ذلك يغنم المؤمن أقساط التأمين بلا مقابل، وإذا استحكمت فيه الجهالة كان قماراً، ودخل في عموم النهي عن الميسر في قوله تعالى " (يا أيها الذين آمنوا إنما الخمر والميسر والأنصاب والأزلام رجس من عمل الشيطان فاجتنبوه لعلكم تفلحون) الآية 90 من سورة المائدة.

الثالث: عقد التأمين التجاري يشتمل على ربا الفضل والنسأ فإن الشركة إذا دفعت للمستأمن أو لورثته أو للمستفيد أكثر مما دفعه من النقود لها فهو ربا فضل، والمؤمن يدفع للمستأمن بعد مدة، فيكون ربا نسأ، وإذا دفعت الشركة المستأمن مثل ما دفعه لها يكون ربا نسأ فقط، وكلاهما محرم بالنص والإجماع.

الرابع: عقد التأمين التجاري من الرهان المحرم؛ لأن كلا منهما فيه جهالة وغرر ومقامرة، ولم يبح الشرع من الرهان إلا ما فيه نصرة للإسلام وظهوراً، وقد حصر النبي صلى الله عليه وسلم رخصة الرهان بعوض في ثلاثة بقوله صلى الله عليه وسلم: " لا سبق إلا في خف أو حافر أو نصل "، وليس التأمين من ذلك ولا شبيها به؛ فكان محرماً.

الخامس: عقد التأمين التجاري فيه أخذ مال الغير بلا مقابل، والأخذ بلا مقابل في عقود المعاوضات التجارية محرم لدخوله في عموم النهي في قوله تعالى: (يا أيها الذين آمنوا لا تأكلوا أموالكم بينكم بالباطل إلا أن تكون تجارة عن تراض منكم) الآية 29 من سورة النساء.

السادس: في عقد التأمين التجاري الإلزام بما لا يلزم شرعاً فإن المؤمن لم يحدث الخطر منه ولم يتسبب في حدوثه، وإنما كان منه مجرد التعاقد مع المستأمن على ضمان الخطر على تقدير وقوعه مقابل مبلغ يدفعه المستأمن له، والمؤمن لم يبذل عملا للمستأمن؛ فكان حراماً.

وأما ما استدل به المبيحون للتأمين التجاري مطلقاً أو في بعض أنواعه.

فالجواب عنه ما يلي:

1- الاستدلال بالاستصلاح غير صحيح، فإن المصالح في الشريعة الإسلامية ثلاثة أقسام: قسم شهد الشرع باعتباره فهو حجة، وقسم سكت عنه الشرع فلم يشهد له بإلغاء ولا اعتبار فهو مصلحة مرسلة وهذا محل اجتهاد المجتهدين. والقسم الثالث ما شهد الشرع بإلغائه. وعقود التأمين التجاري فيها جهالة وغرر وقمار وربا؛ فكانت مما شهدت الشريعة بإلغائه لغلبة جانب المفسدة فيه على جانب المصلحة.

2- الإباحة الأصلية لا تصلح دليلا هنا؛ لأن عقود التأمين التجاري قامت الأدلة على مناقضتها لأدلة الكتاب والسنة والعمل بالإباحة الأصلية مشروط بعدم المناقل عنها وقد وجد فبطل الاستدلال بها. " الضرورات تبيح المحظورات " لا يصح الاستدلال بها هنا؛ فإن ما أباحه الله من طرق كسب الطيبات أكثر أضعافاً مضاعفة مما حرمه عليهم؛ فليست هناك ضرورة معتبرة شرعاً تلجىء إلى ما حرمته الشريعة من التأمين.

3- لا يصح الاستدلال بالعرف فإن العرف ليس من أدلة تشريع الأحكام، وإنما يبنى عليه في تطبيق الأحكام، وفهم المراد من ألفاظ النصوص، ومن عبارات الناس في إيمانهم وتداعيهم وأخبارهم وسائر ما يحتاج إلى تحديد المقصود منه من الأفعال والأقوال؛

فلا تأثير له فيما تبين أمره، وتعين المقصود منه، وقد دلت الأدلة دلالة واضحة على منع التأمين.. فلا اعتبار به معها.

4- الاستدلال بأن عقود التأمين التجاري من عقود المضاربة أو ما في معناه غير صحيح؛ فإن رأس المال في المضاربة لم يخرج عن ملك صاحبه، وما يدفعه المستأمن يخرج بعقد التأمين من ملكه إلى ملك الشركة، حسبما يقضي به نظام التأمين. وإن رأس مال المضاربة يستحقه ورثة مالكه عند موته، وفي التأمين قد يستحق الورثة نظاماً مبلغ التأمين، ولو لم يدفع مورثهم إلا قسطا واحدا، وقد لا يستحقون شيئا إذا جعل المستفيد سوى المستأمن وورثته، وإن الربح في المضاربة يكون بين الشريكين نسبا مئوية مثلا بخلاف التأمين؛ فربح رأس المال وخسارته للشركة وليس للمستأمن إلا مبلغ اللتأمين أو مبلغاً غير محدد.

5- قياس عقود التأمين على ولاء الموالاة عند من يقول به غير صحيح؛ فإنه قياس مع الفارق، ومن الفروق بينهما أن عقود التأمين هدفها الربح المادي المشوب بالغرر والقمار وفاحش الجهالة بخلاف عقد ولاء الموالاة؛ فالقصد الأول فيه التآخي في الإسلام والتناصر والتعاون في الشدة والرخاء وسائر الأحوال، وما يكون من كسب مادي فالقصد إليه بالتبع.

6- قياس عقد التأمين التجاري على الوعد الملزم عند من يقول به لا يصح؛ لأنه قياس مع الفارق، ومن الفروق أن الوعد بقرض أو إعادة أو تحمل خسارة مثلا من باب المعروف المحض، فكان الوفاء به واجباً أو من مكارم الأخلاق، بخلاف عقود التأمين فإنها معاوضة تجارية باعثها الربح المادي؛ فلا يغتفر فيها ما يغتفر في التبرعات من الجهالة والغرر.

7- قياس عقود التأمين التجاري على ضمان المجهول وضمان ما لم يجب قياس غير صحيح؛ لأنه قياس مع الفارق أيضاً، ومن الفروق أن الضمان نوع من التبرع يقصد به الإحسان المحض بخلاف التأمين فإنه عقد معاوضة تجارية يقصد منه أولا الكسب المادي؛ فإن ترتب عليه معروف فهو تابع غير مقصود إليه، والأحكام يراعى فيها الأصل لا التابع ما دام تابعاً غير مقصود إليه.

8- قياس عقود التأمين التجاري على ضمان خطر الطريق لا يصح فإنه قياس مع الفارق كما سبق في الدليل قبله.

9- قياس عقود التأمين التجاري على نظام التقاعد غير صحيح؛ فإنه قياس مـع الفـارق أيضاً؛ لأن ما يعطي من التقاعد حق التزم به ولي الأمر باعتباره مسؤولاً عـن رعيتـه، وراعـى في صرفه ما قام به الموظف من خدمة الأمة، ووضع له نظاماً راعى فيه مصلحة أقـرب الناس إلى الموظف، ونظر إلى مظنـة الحاجـة فيهم؛ فليس نظام التقاعـد مـن بـاب المعاوضات المالية بين الدولة وموظفيها. وعلى هذا فلا شبه بينه وبين التأمين الذي هو من عقود المعاوضات المالية التجارية التي يقصد بها اسـتغلال الشركات للمسـتأمنين والكسب من ورائهم بطرق غير مشروعة، لأن ما يعطي في حالة التقاعد يعتبر حقـاً التزم به من حكومات مسؤولة عن رعيتها وتصرفها لمن قام بخدمة الأمة.

10- قياس نظام التأمين التجاري وعقوده على نظام العاقلة لا يصح فإنه قيـاس مـع الفـارق، ومن الفروق ان الأصل في تحمل العاقلة الدية الخطأ وشبه العمد ما بينها وبين القاتل خطأ أو شبه عمد مـن الـرحم والقرابة التـي تـدعو إلى النصرة والتواصل والتعاون وإسـداء المعـروف ولـو دون مقابـل، وعقـود التـأمين التجارية اسـتغلالية تقوم على معاوضات مالية محضة لا تمت إلى عاطفة الإحسان وبواعـث المعـروف بصلة.

11- قياس عقود التأمين التجاري على عقود الحراسة غير صحيح؛ لأنه قياس مع الفارق أيضاً، ومن الفروق أن الأمان ليس محلا للعقد في المسألتين، وإنما محلـه في التـأمين الأقسـاط ومبلغ التأمين، وفي الحراسة الأجرة وعمل الحارس، أما الأمان فغايـة ونتيجـة وإلا لما استحق الحارس الأجرة عند ضياع المحروس.

12- قياس التأمين على الإيداع لا يصح؛ لأنه قياس مع الفارق أيضاً؛ فـإن الأجرة في الإيـداع عوض عن قيام الأمين بحفظ شيء في حوزته يحوطه بخـلاف التـأمين، فإن مـا يدفعـه المستأمن لا يقابله عمل من المؤمن، ويعود إلى المستأمن بمنفعة إنما هو ضمان الأمـن والطمأنينة، وشرط العوض عن الضمان لا يصح بل هو مفسد للعقد،

221

وإن جعل مبلغ التأمين في مقابلة الأقساط كان معاوضة تجارية جعل فيها مبلغ التأمين أو زمنه، فاختلف في عقد الإيداع بأجر.

13- قياس التأمين على ما عرف بقضية تجار البز مع الحاكة لا يصح، والفرق بينهما أن المقيس عليه من التأمين التعاوني وهو تعاون محض، والمقيس تأمين تجاري، وهو معاوضات تجارية؛ فلا يصح القياس.

ج- آراء القائلين بعدم الجواز ووجود البديل الشرعي

من الاراء الفقهية التي أوضحت المخالفات الشرعية في عقد التأمين واقترحت البديل الشرعي له – الرأي الفقهي لمجلس المجمع الفقهي برابطة العالم الاسلامي وقد جاء رأي المجمع الفقهي مفصلاً للمسألة مبيناً اسباب تحريم التأمين التجاري بأنواعه حيث جاء في حيثيات قرار المجمع.

عقد التأمين من عقود المعاوضات المالية الاحتمالية المشتملة على الغرر الفاحش وهو ضرب من ضروب المغامرة ونوع من المخاطرة في معاوضات مالية وفي الغرم بلا جناية أو تسبب فيها، وفي الغنم بلا مقابل أو مقابل غير مكافىء.

يشتمل العقد على ربا الفضل والنسأ، وهو كذلك من الرهان المحرم لأن كلا منهما فيه جهالة وغرر ومقامرة، وفيه أخذ مال الغير بلا مقابل وفيه إلزام بما لا يلزم.

كما اشتمل قرار المجمع الفقهي على رد القائلين بجواز التأمين التجاري ثم جاء قراره بجواز التأمين التعاوني بدلاً من التجاري المحرم وذلك للأدلة التالية:

كما قرر مجلس المجمع بالإجماع على الموافقة على جواز التأمين التعاوني للأدلة الآتية:

الأول: إن التأمين التعاوني من عقود التبرع التي يقصد بها اصالة التعاون على تفتيت الأخطار، والاشتراك في تحمل المسؤولية عند نزول الكوارث، وذلك عن طريق إسهام أشخاص بمبالغ نقدية تخصص لتعويض من يصيبه الضرر، فجماعة التأمين التعاوني لا

يستهدفون تجارة ولا ربحاً من أموال غيرهم وإنما يقصدون توزيع الأخطار بينهم والتعاون على تحمل الضرر.

الثاني: خلو التأمين التعاوني من الربا بنوعية: ربا الفضل، وربا النسأ. فليست عقود المساهمين ربوية، ولا يستغلون ما جمع من الأقساط في معاملات ربوية.

الثالث: أنه لا يضر جهل المساهمين في التأمين التعاوني بتحديد ما يعود عليه من النفع لأنهم متبرعون، فلا مخاطرة ولا غرر، ولا مقامرة بخلاف التأمين التجاري فإنه عقد معاوضة مالية تجارية.

الرابع: قيام جماعة من المساهمين أو من يمثلهم باستثمار ما جمع من الأقساط لتحقيق الغرض الذي من أجله أنشيء هذا التعاون، سواء كان القيام بذلك تبرعاً أو مقابل أجر معين.

وقد اقترح المجمع أن يكون التأمين التعاوني على شكل شركة تأمين تعاونية مختلطة حيث يستغل المتعاونون بالمشروع كله من حيث تشغيل الجهاز التنفيذي ومسؤولية إدارة المشروع.

ويلاحظ أن رأي مجلس المجمع الفقهي تميز بكونه كان شاملاً وكافياً في تصوره لعقد التأمين التجاري وبالتالي جاء التكيف الشرعي له وافياً. كما يميز هذا الرأي وضوحه في تقديم البديل الشرعي المناسب الذي قدم في صورة أولية مبسطة وسهلة التطبيق. إضافة إلى ذلك، فقد اقترح مجلس المجمع الفقهي أن تكون هناك شركة للمشتركين تدير أموالهم وتنميها، ليس بغرض الاسترباح، وإنما لمقابلة ما ينشأ من أضرار ربما تلحق بأي من المشتركين.

ولكن لم يبد في القرار ما يشير إلى مسألة إعادة التأمين والتي هي جزء مكمل للتأمين الأولى. هذا ورغم أن شركات التأمين الإسلامية قد نجحت في تطبيق فكرة التأمين التعاوني كما جاء في قرار مجلس المجمع الفقهي إلا إنها لا زالت تفتقد الجهات التي تقدم خدمات إعادة التأمين على أسس اسلامية.

8 - 4 خصائص التأمين الإسلامي

1- أساسه عقد التبرع الشرعي وهو تبرع يلزمه الله. وعلى هـذا يكون العضو ملتزماً بـدفع القسط بمجرد توقيعه على العقد، وبالتـالي يكون الأعضـاء متبرعـين بالأقساط التـي يدفعونها، وبعوائد استثمار هذه الأقساط، وفي حدود المبالغ اللازمة لدفع التعويضات عن الأضرار التي تصيب أحدهم. كما يتضمن التوقيع على وثيقة التأمين قبـول العضو للتبرع من مجموع أموال التأمين أي الأقساط وعوائدها الاستثمارية وفقاً لأحكام وثيقة التأمين والنظام الأساسي للشركة حسـب أحكـام الشـريعة الإسلامية، والعضـو لا يتبـرع بالأقساط وعوائدها جملة، بل يتبرع منه بما يكفي لدفع التعويضات.

2- يقوم على مبدأ التعاون من أجل تلافي آثار الأخطار التي تحددها عقود التـأمين. فيعـوض المشترك عن الأضرار الناجمة عن هذه الأخطار.

3- أموال التأمين ملك لهيئة المشتركين، وليس لشركة التأمين، وهـم يـدفعون منهـا مـا يكفـي لدفع التعويض عن الأضرار.

4- شركات التأمين التعاوني شركات خدمات، أي أنها تدير عمليـات التـأمين وتسـتثمر أمـواله نيابة عن هيئة المشتركين، وعلاقة الشركة بهيئة المشتركين علاقة معاوضة، فهـي الأمينـة على أموال التأمين، وتقوم بالإدارة نيابة عـن هيئـة المشـتركين، والعـوض الـذي تأخـذه الشركة مبلغ مقطوع، أو نسبة من الأقساط التي تجمعها، أو التعويضات التي تدفعها باعتبارها وكيلاً، أو في نسبة معلومة من عائد الاستثمار باعتبارها مضارباً، أو هماً معاً.

5- طرفا العقد هما: المشترك وشركة التأمين، فالمشترك هو المستأمن أو المؤمن لـه مـن جهة، وشركة التأمين باعتبارها ممثلة لهيئة المشتركين وهي هيئة اعتباريـة أو حكميـة لازمـة لترتيب أحكام عقد التأمين.

6- هيئة المشتركين: وهي تمثل المشتركين، وهي هيئة اعتبارية يدفع أعضاؤها الأموال الطائلة للشركة التي تدير عمليات التأمين وتستثمر أموالهم نيابة عنهم.

ووجود هذه الهيئة الحكمية مهم من الناحية الشرعية حتى ولو لم يكن لها وجود في الخارج ولم تفرغ في الصيغ القانونية.

ويمكن التمثيل بعقد المضاربة فإنه يمثل شركة مضاربة بين رب المال والمضارب، فتترتب أحكام المضاربة باعتبارها شخصية معنوية لها ذمة مالية مستقلة عن ذمة المضارب ورب المال، حتى جاز لهما البيع والشراء مع المضاربة وكانت مسؤوليتهما محددة برأس المال لا تتعداها إلى أموالهما، وهناك مصروفات تتحملها المضاربة وأخرى يتحملها المضارب، وشركة المضاربة قد لا توجد قانوناً في الخارج، ومع ذلك يقال بمشروعية عقد المضاربة، والأحكام المترتبة عليها تفترض وجود مثل هذه الشخصية المعنوية، ومثل ذلك بيت المال والوقف.

وبمنظور آخر فإنه يجب أن يكون في شركات التأمين هيئتان: هيئة المشتركين، أي حملة وثائق التأمين باعتبارهم متبرعين من أموال التأمين المملوكة لهذه الهيئة لا تشاركها فيها شركة التأمين.

وهيئة المديرين أو المضاربين وهم مساهمو شركة التأمين التي تدير عملية التأمين وتستثمر أمواله نيابة عن هيئة المشتركين في مقابل أجرة الوكالة أو حصة المضاربة، أو هما معاً بأن تأخذ أجراً على إدارة عمليات التأمين باعتبارها وكيلاً، وحصة من عوائد استثمار أموال التأمين باعتبارها مضارباً.

7- العلاقة بين المشترك وشركة التأمين الإسلامية:

تتمثل هذه العلاقة في عقد إدارة مع (هيئة المشتركين) شركة التأمين الإسلامية، ويترتب على هذه العلاقة قيام شركة التأمين بإبرام عقود التأمين، وجمع الأقساط ودفع التعويضات نيابة عن هيئة المشتركين، وهي تستثمر أموال التأمين لحسابهم وعلى مسؤوليتهم باعتبارها مملوكة لهم في مقابل حصة من عوائد استثمارها، فالعقد إذن عقد إدارة ومضاربة بين شركة التأمين والهيئة الاعتبارية.

والعقد الذي تبرمه شركة التأمين مع المشارك، عقد تبرع، يقوم فيه المشترك بالتبرع، يجسد ذلك قبوله لنظام الشركة، وحينئذ يكون عضواً في هيئة المشتركين،

وبتوقيع العقد من قبله تكون شركة التأمين قبلت عضويته وتبرعه باعتبارها نائبة عن هيئة المشتركين التي تملك الأقساط.

8- محل عقد التأمين.

محل عقد التأمين شيئان:

أ- القسط: وهو التبرع الذي يدفعه مرة واحدة أو على أقساط ليستفاد منه في الغرض الـذي قامت له الشركة وهو دفع الأخطار المحددة حسب نظام الشركة، وهذا القسط يحدده عقد التأمين الذي يوقعه العضو مع شركة التأمين.

والقسط يتناسب مع نوع الحظر المؤمن منه ومبلغ التأمين، والعضو لا يتبرع بكامل القسط وعوائد استثماره، بل بما يكفي لدفع التعويضات المطلوبة من الشركة خلال المدة، والبـاقي باق على ملك المشترك، ويمكن توزيعه على أفراد جماعة المشتركين على شكل فـوائض تـأمين، وذلك بعد خصم بعض الاحتياطات لصالح أفراد المشتركين في المستقبل ويجوز في بعض أنواع التأمين ان ينص في وثيقة التـأمين علـى أن المشترك يعفى مـن القسط في حالات وظـروف خاصة، ويعفى ورثته بعد موته من دفع القسط، ولا يؤثر ذلك في استحقاق مبلغ التعويض في حالة وقوع الخطر كـالحريق أو العجـز ونحوهما، أو تحقق المسـؤولية مـثلاً، لأن مبنـي التعاون الإسلامي على التعاون القائم على التبرع، وللمتبرع أن يضع مـن الشروط مـا يراه مناسباً لتبرعه إذا كانت هذه الشروط مشروطة وهـذه الشروط يتضمنها النظام الأساسي لشركة التأمين الإسلامية.

ويعتبر العضو قابلا لذلك بتوقيعه على العقد ويجب أن يطبـق ذلك علـى جميـع المشتركين بعدالة ومن غير تميز ولا محاباة.

ب- التعويض: وهو التعويض عن الأضرار الفعلية التي تصيبهم حين تتحقق الأخطار المـؤمن عليها. وهو يستحق هذا التعويض كونه متبرعاً، لأنه شرطه في تبرعه، والشروط في التبرعـات جائزة، فمن تبرع بمال لطائفة موصوفة بصفة معينة كالفقر أو العلم أو المرض، فإنه يستحق الأخذ مما تبرع به إذا كان من أهل هذه الصفة.

9- توزيع الفائض التأميني على المشتركين: وهو يتمثل في المبلغ المتبقي بعد دفع التعويضات والالتزامات مضافاً إليه عوائد الاستثمار الشرعي فيوزع على المشتركين بنسب اشتراك كل منهم.

10- المشاركة في الخسارة: ذلك لأن مبنى التأمين الإسلامي على التعاون والتكافل، فهو تضامن في السراء والضراء، فإذا كان رأس المال، والاحتياطات، وجملة الأقساط لا تكفي للوفاء بحجم الخسارة فيوزع القدر الزائد من الخسارة على المشركين كل حسب نسبة ما دفع، ولكن بالممارسة العملية لشركات التأمين الإسلامية يكاد يكون هذا نظرياً، إذ أن فكرة إعادة التكافل خير سند في تحمل الخسارة.

11- فصل أموال حملة الأسهم عن أموال حملة العقود (الوثائق):

تلتزم شركة التأمين الإسلامي بهذا الفصل، وتستثمر المالين بصورة منفصلة، وتضيف لكل وعاء عائد استثماراته، وإذا تحمل حملة الوثائق مصروفات الاستثمار تضاف لهم نسبة معينة من عوائد استثمار رأس المال، وبالعكس، وذلك كله بطريق المضاربة وفي سبيل تحقيق ذلك والاطمئنان فيه يجب على شركة التأمين الإسلامية أن تمسك حسابين منفصلين:

أحدهما: لأموال التأمين وهي الأقساط وعوائدها لحملة الوثائق.

ثانيهما: لأموال الشركة أي حقوق المساهمين وعوائدها، وما تستحقه الشركة من حصة في الأرباح مقابل استثمار أموال حملة الوثائق أو أجر مقابل الوكالة.

والسبب في هذا الفصل وجود ذمتين ماليتين مستقلتين:

الأولى: ذمة جماعة حملة الوثائق الذين يملكون التأمين على الشيوع.

الثانية: ذمة جماعة حملة الوثائق الذين يملكون رأس مال الشركة وغيره من حقوق المساهمين ويستثمرونها لحسابهم في وعاء خاص بهم أو مشترك مع أموال التأمين وهذا العقد الأخير ليس محل اتفاق بين الفقهاء المعاصرين الذين قالوا بجواز التأمين التعاوني الإسلامي، فقد جاء في كل من قراري هيئة كبار العلماء في المملكة والمجمع الفقهي في

الرابطة بانه إذا حصل العجز فتقوم الدولة والمشاركون بتحمل هذه الزيادة، وبخاصة أنه قد يكون من المشتركين حديثو الانضمام إلى الشركة والعجز قد حدث قبل انضمامهم.

ولكن إذا ضمن ذلك في نصوص العقد المبرم بين الشركة والمستأمن فلعل في ذلك ما يرفع الإشكال.

8 - 5 التكييف الفقهي للتأمين الإسلامي:

ينتظم التأمين الإسلامي خمسة عقود تتداخل فيما بينها لتحقيق العملية التأمينية:

العقد الأول: عقد تأميني جماعي: ويتمثل بالاتفاق التعاوني التكافلي الذي يجمع المؤمن لهم، وتنشأ به علاقة حكمية بين المستأمنين تقوم على أساس التعاون والالتزام، وتبادل التضحية، وتقاسم آثار الأخطار.

العقد الثاني: عقد هبة: وهو عقد التبرع الذي يقوم به المستأمن ليدفع لمستحقه التعويض من المتضررين وفي ذات الوقت هو متبرع له بما يأخذ من تعويض عند حلول الضرر به.

العقد الثالث: عقد الوكالة: وهو عقد بين شركة التأمين (وكيل) وبين المستأمنين (موكلين) وبموجبه تقوم الشركة بإدارة العمليات التأمينية نيابة عن المتسأمنين.

العقد الرابع: عقد المضاربة: حيث تقوم الشركة (المضارب) باستثمار المتوفر من أقساط التأمين من المستأمنين (رب المال) ومن ثم تقسم الأرباح بينهم حسب الاتفاق بما يتوافق مع أحكام الشريعة.

العقد الخامس: عقد الكفالة: ويكون ذلك حين إجمالي أموال المستأمنين لا تكفي لدفع حصتهم من التعويضات للمتضررين فتقوم الشركة بدور الكفيل عن المستأمنين فتتكفل بتحمل الالتزامات المالية المستحقة للمتضررين من أموال الشركة قرضاً حسناً لتستردها من أموال المستأمنين بعد ذلك.

8 - 6 خصائص التأمين التجاري:

هذا إيراد لبعض الخصائص التي تبين فيها طبيعة التأمين التجاري ويتميز بها مما يساعد على تجلية الحكم الشرعي في التأمين التعاوني.

1- التأمين عقد إلزامي ليس من باب الإعانات ولا التبرعات.

2- يغلب على عمليات التأمين القصد التجاري، وإن وجد فيه التعاون فالغالب أنه جاء بطريق التبع لا بطريق القصد الأول.

3- ليس لشركة التأمين (المؤمن) مجهود في اتفاق المخاطر، بل مجهودها محصور في استقصاء المعلومات عن احتمال وقوع الخطر بملاحظات المؤثرات والظروف ودراسة الأحوال المحيطة لا لأجل دفع الخطر ولكن لتقدير احتمالات وقوعه لتحيد قيمة التعويض لتجنب نفسها الخسارة.

4- التأمين في حق الشركة (المؤمن) التزام احتمالي أي معلق قيامه على وقوع الخطر المؤمن عنه. وأما بالنسبة للمؤمن له فالتزامه بدفع الأقساط التزام منجز ليس للاحتمال فيه مجال.

5- من عقود الإذعان: لإذعان المؤمن له لقبول شروط المؤمن.

6- عقد معاوضة: لالتزام المؤمن بمبلغ التأمين مقابل الأقساط التي يدفعا المؤمن له.

7- المؤمنون قد يتعاونون ضد المستفيدين ليؤلفوا جماعات احتكارية، فيرفعون رسوم التأمين أضعافاً مضاعفة، مما يؤكد القول بأن غاية التأمين التجاري هو الكسب وليس التعاون، بل يفرضون شروطاً تعسفية استغلالاً لحاجة الناس الى التأمين، فضلاً لرفع الأخطار عن مطالبتهم بأقساط تأمين مبالغ فيها جرياً وراء الكسب الفاحش.

3. الفرق بين التأمين التجاري والتعاوني.

لقد ذكر الفقهاء المعاصرون عدة فروق، وتكمن أبرزها فيما يلي:

الفرق الأول: إن التأمين التعاوني من عقود التبرع التي يقصد بها أصالة التعاون على تفتيت الأخطار، فالأقساط المقدمة من حملة الوثائق في التأمين التعاوني تأخذ صفة الهبة (التبرع) أما التأمين التجاري فهو من عقود المعاوضات المالية الاحتمالية.

الفرق الثاني: أن التعويض في التأمين التعاوني يصرف من مجموع الأقساط المتاحة. فإذا لم تكن الأقساط كافية في الوفاء بالتعويضات طلب من الأعضاء زيادة اشتراكاتهم لتعويض الفرق. وإذا لم يمكن زيادة الاشتراكات للوفاء بالتعويض لم يقع التعويض، إذ ليس هناك التزام تعاقدي بالتعويض. أما التأمين التجاري فهناك التزام بالتعويض مقابل أقساط التأمين. ويترتب على هذا الالتزام تحمل الشركة لمخاطرة الأصل المؤمن عليه دون سائر المستأمنين. ولذا كان الهدف من العقد هو المعاوضة، ولكن هذه المعاوضة لا تسمح بربح الطرفين، بل إن ربحت الشركة خسر المستأمن وإن ربح المستأمن خسرت الشركة. فهي معاوضة تتضمن ربح أحد الطرفين مقابل خسارة الآخر ولا بد وهذا أكل المال بالباطل.

الفرق الثالث: في التأمين التجاري لا تستطيع الشركة أن تعوض المستأمنين إذا تجاوزت نسبة المصابين النسبة التي قدرتها الشركة لنفسها، أما في التأمين التعاوني، فإن مجموع المستأمنين متعاونون في الوفاء بالتعويضات التي تصرف للمصابين منهم، ويتم التعويض بحسب المتاح من اشتراكات الأعضاء. فالمستأمن في التأمين التعاوني لا ينتظر مقداراً محدداً سلفاً إذا وقع الخطر، وإنما ينتظر تضافر قرنائه بتعويضه بحسب ملاءة صندوق التأمين وقدرة الأعضاء على تعويضه. فالطمأنينة التي يشعر بها المستأمن تعاونياً نابعة من شعوره بوقوف الآخرين معه، وليس من عوض محدد بمقتضى التزام تعاقدي غير صادق في حقيقته، كما هو الحال في التأمين التجاري.

الفرق الرابع: إن التأمين التعاوني لا يقصد منه الاسترباح من الفرق بين أقساط التأمين التي يدفعها المستأمنون وتعويضات الأضرار التي تقدمها الجهة المؤمن لديها بل إذا

حصلت زيادة في الأقساط المجبية عن التعويضات المدفوعة لترميم الأضرار ترد الزيادة إلى المستأمنين بينما الفائض التأميني في التأمين التجاري يكون من نصيب الشركة.

الفرق الخامس: المؤمنون هم المستأمنون في التأمين التعاوني، ولا تستغل أقساطهم المدفوعة لشركة التأمين التعاوني إلا بما يعود عليهم بالخير جميعاً. أما في شركة التأمين التجاري فالمؤمن هو عنصر خارجي بالنسبة للشركة، كما أن شركة التأمين التجاري تقوم باستغلال أموال المستأمنين فيما يعود عليها بالنفع وحدها.

الفرق السادس: شركة التأمين التعاوني هدفها هو تحقيق التعاون بين أعضائها المستأمنين، وذلك بتوزيع الأخطار فيما بينهم، أي بمعنى ما يشتكي منه أحدهم يشتكون منه جميعاً. وبمعنى آخر أنها لا ترجو ربحاً وإنما الذي ترجوه تغطية التعويضات والمصاريف الإدارية. وعلى العكس من ذلك فإن شركة التأمين التجاري هدفها الأوحد هو التجارة بالتأمين والحصول على الأرباح الطائلة على حساب المستأمنين.

الفرق السابع: في شركة التأمين التعاوني تكون العلاقة بين حملة الوثائق وشركة التأمين على الأسس التالية:

أ‌- يقوم المساهمون في الشركة بإدارة عمليات التأمين، من إعداد الوثائق وجمع الأقساط، ودفع التعويضات وغيرها من الأعمال الفنية، في مقابل أجرة معلومة وذلك بصفتهم القائمين بإدارة التأمين وينص على هذه الأجرة بحيث يعتبر المشترك قابلاً لها.

ب‌- يقوم المساهمون باستثمار (رأس المال) المقدم منهم للحصول على التراخيص بإنشاء الشركة، وكذلك لها أن تستثمر أموال التأمين المقدمة من حملة الوثائق، على أن تستحق الشركة حصة من عائد استثمار أموال التأمين بصفتهم المضارب.

ج- تمسك الشركة حسابين منفصلين، أحدهما لاستثمار رأس المال، والآخر لحسابات أموال التأمين ويكون الفائض التأميني حقاً خالصاً للمشتركين (حملة الوثائق).

د- يتحمل المساهمون ما يتحمله المضارب من المصروفات المتعلقة باستثمار الأموال نظير حصته من ربح المضاربة، كما يتحملون جميع مصاريف إدارة التأمين نظير عمولة الإدارة المستحقة لهم.

هـ- يقتطع الاحتياطي القانوني من عوائد استثمار أموال المساهمين ويكون من حقوقهم وكذلك كل ما يتوجب اقتطاعه مما يتعلق برأس المال.

بينما العلاقة بين حملة الوثائق وشركة التأمين، في التأمين التجاري، أن ما يدفعه حملة الوثائق من أموال تكون ملكاً للشركة ويخلط مع رأس مالها التأمين. فليس هناك حسابان منفصلان كما في التأمين التعاوني.

الفرق الثامن: المستأمنون في شركات التأمين التعاوني، يعدون شركاء مما يحق لهم الحصول على الأرباح الناتجة من عمليات استثمار أموالهم.

أما شركات التأمين التجاري فالصورة مختلفة تماماً؛ لأن المستأمنين ليسوا بالشركاء، فلا يحق لهم أي ربح من استثمار أموالهم، بل تنفرد الشركة بالحصول على كل الأرباح.

الفرق التاسع: شركات التأمين التعاوني لا تستثمر أموالها في النواحي التي يحرمها الشرع وعلى النقيض من ذلك فشركة التأمين التجاري لا تأبه بالحلال والحرام.

الفرق العاشر: في التأمين التعاوني لابد أن ينص في العقد على أن ما يدفعه المستأمن ما هو إلا تبرع وأنه يدفع القسط للشركة لإعانة من يحتاج إليه من المشتركين أما في التأمين التجاري لا ترد نية التبرع أصلاً وبالتالي لا تذكر في العقد.

ولما كانت طبيعة التأمين التجاري لا تتفق مع أحكام الشريعة الإسلامية لما فيه من الضرر والجهالة واستثمار أقساط التأمين بالربا. كان لا بد من التفكير بالبديل الإسلامي. وقد بذلت في سبيل ذلك جهود مشكورة نتج عنها إيجاد البديل الإسلامي المتمثل بشركات التأمين الإسلامي التي تعتمد التأمين التعاوني أساساً ومحوراً لممارسة العمليات التأمينية.

ومن المستحسن أن يسمى التأمين الذي يتفق مع أحكام الشريعة الإسلامية بـ (التأمين الإسلامي) بدلاً من التأمين التعاوني أو التبادلي أو غيرها من التسميات التي قصدها الأساس التعاون والتكافل وليس الربح والتجارة ذلك أن هذه الأسماء من (التبادلي

أو التعاوني وأمثالها): موجودة لدى غير المسلمين ولا سيما في بلاد الغرب التي هي أصل منشأ هذا النوع من التأمين، وليست متطابقة مع الصيغة الإسلامية ذلك أن الشريعة تتطلب في هذا النوع من التعاون أو التكافل شروطاً وخصائص لا تتوافر في أنواع وصيغ التأمين التعاوني والتبادلي في الغرب.

8 – 8 المبادىء والأسس التي تمارس على أساسها شركات التأمين الإسلامية التأمين التعاوني

1. تمارس شركات التأمين الإسلامية التأمين التعاوني كبديل مشروع عن التأمين التجاري المجمع على حرمته عند أغلب العلماء، بحيث تشمل الممارسة جميع أنواع التأمين المعروفة: التأمين على الممتلكات والتأمين على المسؤولية القانونية تجاه الغير والتأمين على الأشخاص ومنه تأمين الحوادث الشخصية، وإصابات العمل والتأمين الصحي ونظام التكافل الاجتماعي (وهو ما يعرف في التأمين التجاري بالتأمين على الحياة).

2. الالتزام بالأحكام الشرعية في جميع أعمال الشركة وذلك وفق توجيهات هيئة الرقابة الشرعية للشركة. والتي تقوم بالتدقيق على سجلات الشركة وعقودها، واتفاقيات إعادة التأمين، وفي مجالات استثماراتها، وتتأكد من أن جميع تلك الأعمال قد تمت إدارتها وفق الأصول وأحكام الشريعة الإسلامية.

3. عدم التأمين على الممتلكات التي تدار بطريقة غير مشروعة كالبنوك التي تتعامل بالربا، وكذلك على الممتلكات المحرمة كالتماثيل ....إلخ.

4. إدارة العمليات التأمينية وأموال التأمين من قبل شركات التأمين الإسلامية كجهة مستقلة على أساس الوكالة بأجر معلوم يحدد ابتداء / قبيل بداية كل سنة مالية، وتدفع من اشتراكات المستأمنين.

5. الفصل بين حساب المساهمين في الشركات بوصفها مديرا لعمليات التأمين وبين حساب المستأمنين (حملة الوثائق) بحيث يكون رأس مال الشركة التابع للمساهمين مفصولا فصلا كاملا عن أموال المستأمنين.

6. تحقيق مبدأ التعاون والتكافل بين المستأمنين وذلك من خلال قيام الشركة بالاحتفاظ بجميع أقساط التأمين المأخوذة من المستأمنين في حساب واحد تحقيقا لفكرة التكافل فيما بنيهم، حيث يتم جبر أضرار من يتعرضون لخسارة من هذا الحساب.

7. تحقيق مبدأ العدالة بين المساهمين من جهة والمستأمنين من جهة أخرى وكذلك تحقيق مبدأ العدالة بين المستأمنين أنفسهم. ففيما يتعلق بتحقيق العدالة بين المساهمين والمستأمنين تراعى الأمور التالية:

- يقدم المساهمون رأس مال الشركة لإشهارها وإعطائها الوضع القانوني لتزاول أعمال التأمين. ويقدم المستأمنون الاشتراكات (أقساط التأمين).
- يقوم المساهمون بدفع جميع المصاريف العمومية مثل الرواتب والإيجارات والمصاريف الإدارية الأخرى بالإضافة إلى المصاريف الرأسمالية والتي تخص الأصول الثابتة.
- يتقاضى المستأمنون ما يستحق لهم من تعويضات مقابل ما دفعوه من اشتراكات طبقا لشروط الوثائق (الأسس المعمول بها في الشركة الخاصة بذلك).
- يستحق المساهمون أرباح استثمار رأس المال كاملة بصفتهم أصحابه.
- تسدد المطالبات (التعويضات) ومصاريف إعادة التأمين وكل ما يخص الوثائق من حساب الاشتراكات (أقساط التأمين).
- يؤخذ الاحتياطي المالي القانوني من مستحقات المساهمين حسب النسب المنصوص عليها في قانون الشركات التي أسست الشركة على أساسه حيث سيرد إليهم في نهاية عمر الشركة.
- تقتطع من أموال المستأمنين (أقساط التأمين) الاحتياطات الفنية، حيث سيتم التبرع بها في وجوه الخير في نهاية عمر الشركة بعد أن تكون الشركة قد قامت بتسديد كافة الالتزامات والحقوق التي ترتبت عليها نتيجة ممارستها للعمليات التأمينية.

- يتم توزيع الفائض المستحق للمساهمين بنسبة ما يملك كل مساهم مـن إجمالي أسهم الشركة.

8. استثمار المتوفر من أقساط التأمين على أساس عقد المضاربة بحيـث تكون الشركة طرفـا مضاربا والمستأمنون الطرف صاحب المال والأرباح بين الفريقين حصة شائعة محـددة ابتداء قبيل كل سنة مالية.

9. تقديم الدعم المالي اللازم لحساب المستأمنين من أموال المساهمين بصفة القرض الحسن إذا لم تف الأقساط المستوفاة من المستأمنين لتغطية العجز، ولم يكن لدى الشركة رصيد احتياطياً من الأرباح المتوفرة من أقساط التأمين.

10. توزيع فائض أقساط التأمين على المستأمنين لأنهم أصحاب الحق فيه بنسبة ما ساهم كل مستأمن. حيث يـتم توزيع الفائض التأميني إجمالي الأقسـاط التـي شـارك بهـا كـل مستأمن بغض النظر عن نوع المشترك فيه بعد خصم مخصص الأخطار السارية حسب النسب المقررة نظاما.

ومن أشهر شركات التأمين الإسلامي وأسبقها تأسيساً ما يلي:

1- شركة التأمين الإسلامية السودانية: وهـي أولى شركـات التـأمين الإسلامي ظهـوراً، حيث ظهرت إلى حيز الوجود سنة 1399هـ الموافق 1979م. في الخرطوم من قبل بنك فيصل الإسلامي السوداني.

2- الشركة الإسلامي العربية للتأمين (إياك) وقد ظهرت إلى حيز الوجود سنة 1399هـ الموافق 1979م في دبي من قبل بنك دبي الإسلامي.

3- شركة التكافل وإعادة التكافل الإسلامية: ظهرت إلى حيز الوجود في جـزر الباهامـا منذ 1983، وتتعامل مع شركات التأمين الإسلامية فقط.

4- شركة التكافل الماليزية: ظهرت إلى حيز الوجود سنة 1984 في ماليزيا، ويملكها البنك الإسلامي الماليزي.

5- الشركة الوطنيـة للتـأمين التعـاوني: وقـد ظهـرت إلى حيـز الوجـود في الريـاض، في المملكة العربية السعودية سنة 1405هـ الموافـق 1985م بموجـب مرسـوم ملـكي. وهي شركة حكومية بالكامل.

6- الشركة الإسلامية للتأمين وإعادة التأمين وقد ظهرت إلى حيز الوجود سنة 1405هـ الموافق 1985م في البحرين.

7- شركة الأمان وهي شركة تأمين وإعادة تأمين مستقلة، أسست عام 1987.

8- شركة التأمين الإسلامية العالمية، وقد ظهرت إلى حيز الوجود سنة 1412هـ الموافق 1992م في البحـرين، ولبنـك البحـرين الإسـلامي دور مهـم في إنشـائها، واسـتثمار أموالها.

9- شركة التأمين الإسلامية المساهمة العامة المحدودة وقد ظهـرت إلى حيـز الوجـود سنة 1416هـ الموافق 1996م في الأردن من قبل البنك الإسلامي.

10- بيت التأمين وإعادة التأمين السعودي التونسيـ أسـس مـن قبـل مجموعـة دلـة البركة السعودية سنة 1997.

8 -9 إعادة التأمين في شركات التأمين الإسلامية

لا تستطيع أي شركة تـأمين مهـما كـبر حجمهـا أو رأسـمالها، أن تمـارس أعـمال التأمين بشكل ناجح دون الاستعانة بشركات إعادة التأمين.

ولضمان نجاح شركات التأمين الإسلامي كان لا بـد لهـا مـن إعـادة التـأمين لأن الإعادة جزء لا يتجزأ عن التأمين الإسلامي فلا نجاح ولا ازدهـار للتـأمين الإسـلامي إلا بإعـادة التأمين لأن رأس مال شركات التأمين الإسـلامي لا يقـوى عـلى تغطيـة آثـار الأضرار الجسـيمة المؤمن منها والتي قد تبلغ عشرات أو مئات الآلاف فكان لا بد من غطاء مالي لهذه الشركات يمكنها من ترميم آثار تلك الأضرار، وهذا الغطاء هو شركات إعادة التأمين.

ونظراً لأهمية إعادة التأمين كسبيل لضمان دفع التعويضات للمستأمنين المتضررين حال تحقق الأخطار المؤمن منها قد اشترطت بعض الدول للموافقة على إنشاء شركات تأمين إسلامي وغير إسلامي إبراز اتفاقيات إعادة التأمين مسبقاً وإلا فلا يوافق على تأسيس وإنشاء تلك الشركات.

ومعلوم أن شركات التأمين الإسلامي حديثة الإنشاء والتأسيس مقارنة مع شركات التأمين التجاري، وكذلك شركات إعادة التأمين الإسلامي فهي حديثة أيضاً وقليلة وليست ذات ملاءة مالية عالية بالنظر إلى شركات إعادة التأمين التجاري.

آراء العلماء في إعادة التأمين

1- قسم أباح إعادة التأمين ومنهم هيئة الرقابة الشرعية لشركة التأمين الإسلامية الأردنية وبنك فيصل الإسلامي السوداني لشركة التأمين السودانية والشركة العربية الإسلامية للتأمين (إياك) البحرين وذكروا أدلة الإباحة التالية:

مبررات إعادة التأمين من وجهة نظر شركات التأمين الإسلامية:

1- قيام الحاجة إلى إعادة التأمين.

2- عدم توفر شركات إسلامية لإعادة التأمين.

3- تخفيف الغرر الذي من أجله حرم التأمين التقليدي وذلك بالاقتصار على ما يحصل من تعويض الضرر الفعلي.

والمبرر الأول قالوا: بأن الضرورة أملته لازدهار صناعة التأمين المتسقة مع النهج الإسلامي وتمهيداً لقيام شركات إعادة تأمين إسلامية.

والمبرر الثاني قالوا: هو بسبب محدودية شركات التأمين الإسلامية.

واستند الذين برروا ذلك إلى أن شركات التأمين الإسلامي تعتمد القاعدتين الشرعيتين (الضرورة أو الحاجة تقدر بقدرها) و (الميسور لا يسقط بالمعسور)، وأن هذه الشركات لا تتدخل في طريقة استثمار إعادة التأمين لأقساط إعادة التأمين (وهي تعلم أنها تستثمرها بطرق محرمة شرعاً) وتتفق معها على أقصر مدة. مع إبداء التحفظات التالية:

1- ان يقلل ما يدفع لشركة إعادة التامين إلى أدنى حد ممكن - القدر الذي يزيل الحاجة عملاً بقاعدة الحاجة تقدر بقدرها وقاعدة ما يزيل الحاجة متروك للخبراء في البنك فإذا رأوا أن 55% هي الحد الأدنى فلا اعتراض للهيئة عليه - كما أنه لا اعتراض على النسبة التي ستضمنها شركة إعادة التأمين من الخسارة التي تتعرض لها شركة التأمين التعاوني.

2- أن شركات التأمين التعاوني لن تتقاضى عمولة أرباح - ولا أية عمولة أخرى من شركة إعادة التأمين.

3- أن شركة التأمين التعاوني لن تحتفظ بأي احتياطيات عن الأخطار السارية لأن حفظها يترتب عليه دفع فائدة ربوية لشركة التأمين.

4- عدم تدخل شركة التأمين التعاوني في طريقة استثمار شركة إعادة التأمين لأقساط إعادة التأمين المدفوعة لها - وعدم المطالبة بنصيب في عائد استثماراتها وعدم المسؤولية عن الخسارة التي تتعرض لها.

5- أن يكون الاتفاق مع شركة إعادة التأمين لأقصر مدة ممكنة وأن ترجع شركة التأمين الإسلامية إلى الهيئة إذا أريد تجديد الاتفاق.

6- تحث الهيئة الشركات الإسلامية على أن تعمل منذ الآن على إنشاء شركة إعادة تأمين تعاوني إسلامية عن التعامل مع شركة إعادة التأمين التجاري.

2- قسم حرم إعادة لتأمين عند شركات إعادة التأمين التجارية التي تتعامل بالربا. وهم معظم العلماء في مجمع البحوث الإسلامية في الأزهر ومجمع الفقه الإسلامي في جدة واستدلوا بأن الربح ليس غاية ولكنه وسيلة ولذلك ينبغي أن نضع ضوابط للحصول على هذا الربح ومنها ألا يكون فيه الربا ولو بشبهة الشبهة لأن شبهة الشبهة تنزل منزلة الشبهة في الربا، واستشهدوا بأن عمر رضي الله عنه قال: " تركت تسعة أعشار الحلال خشية الوقوع في الحرام "، وقالوا إنه ليس هناك حاجة ولا ضرورة لإعادة التأمين مع شركات تتعامل بالربا، بل إن أحكام التأمين في الزكاة والعاقلة وبيت المال وغيرها كانت تطبق طيلة حكم الدولة الإسلامية المتعاقبة

والرسول ﷺ يقول: " من ترك ديناً أو ضياعاً فإلي وعلي " والاحتياط أولى خشية الوقوع في الحرام.

وخاصة لوجود بعض الشركات الإسلامية لإعادة التأمين مثل:

الشركة الإسلامية للتأمين وإعادة التأمين التي ظهرت إلى حيز الوجود سنة 1405هـ الموافق 1985م في البحرين.

بيت إعادة التأمين التونسي السعودي في تونس.

شركة التكافل وإعادة التكافل الإسلامية في البهاما.

أسئلة المناقشة

السؤال الأول : ما هي آراء القائلين بجواز التأمين التجاري الخاص؟

السؤال الثاني : ما هي الأسس التي يرتكز عليها القائلين بعدم جواز التأمين التجاري؟

السؤال الثالث : ما هي الأدلة على جواز التأمين التعاوني؟

السؤال الرابع : اذكر خصائص التأمين التجاري؟

السؤال الخامس : عدد مع الشرح خصائص التأمين الإسلامي؟

السؤال السادس : وضّح أوجه الاختلاف بين التأمين التجاري والتأمين التعاوني؟

السؤال السابع : ما هي المبادىء والأسس التي تمارس على أساسها شركات التـأمين الإسـلامية التأمين التعاوني؟

السؤال الثامن : ما هو حكم إعادة التأمين في شركات التأمين الإسلامية لـدى شركات إعـادة التأمين التجاري؟

السؤال التاسع : ما هو الحل الإسلامي لمشكلة إعادة التأمين؟

الأسئلة الموضوعية

1- الآتية جميعها من العقود التي تنظم عقد التأمين الإسلامي ما عدا.

أ. عقد مضاربة	ب. عقد إذعان

ج. عقد وكالة	د. عقد هبة

2- حسب النظرة الإسلامية إلى التأمين.

أ. التأمين التعاوني حلال	ب. التأمين التعاوني حرام

ج. التأمين بكل أنواعه حرام	د. التأمين بكل أنواعه حلال

3- أي العبارات التالية صحيحة فيما يتعلق بإعادة التأمين من وجهة نظر شركات التأمين الإسلامية: الأولى – لاإزدهار لشركات للتأمين الإسلامي إلا بإعادة التأمين.

الثانية – لا تتوفر شركات إسلامية لإعادة التأمين.

أ. العبارتان صحيحتان	ب. العبارة الأولى صحيحة

ج. العبارة الثانية صحيحة	د. كلتا العبارتين غير صحيحتين

4- أي العبارات التاية صحيحة فيما يتعلق بشركات التأمين الإسلامية.

الأولى – أموال التأمين ملك حملة الوثائق وليس لشركة التأمين الإسلامية وهم يدفعون منها ما يكفي لدفع التعويض عن الأضرار.

الثانية – فصل أموال حملة الأسهم عن أموال حملة الوثائق.

أ. العبارتان صحيحتان	ب. العبارة الأولى صحيحة

ج. العبارة الثانية صحيحة	د. كلتا العبارتين غير صحيحتين

5- أي من الأدلة التالية ليست من الأدلة التي استند عليها علماء وفقهاء المسلمين في تحريمهم التأمين التجاري؟

أ. يشتمل عقد التأمين التجاري على الربا.

ب. يشتمل عقد التأمين التجاري على الغرر الفاحش.

ج. عقد التأمين التجاري ضرب من ضروب المقامرة.

د. الهدف الأساسي لشركة التأمين التجاري هو تحقيق الأمان من خلال تحريم آثار المخاطر.

الفصل التاسع

تحديد أقساط التأمين والاحتياطيات

الفصل التاسع

تحديد أقساط التأمين والاحتياطيات

Premiumes and Reserves

9 - 1 مقدمة:

تعتبر خدمة التأمين خدمة آجلة لا يمكن تحديد التكلفة الفعلية لها إلا في نهاية المدة، ومن هنا تختلف أسس تحديد أسعار خدمة التأمين عن أسس تحديد أسعار خدمة التأمين عن أسس تحديد أسعار السلع والخدمات الأخرى، فعند تسعير سلعة أو خدمة من قبل المنتج أو البائع، فإن سعر البيع يتضمن التكلفة الكلية للوحدة الواحدة بالإضافة إلى هامش الربح، أما في خدمة التأمين فإن شركات التأمين (المؤمن) لا تعرف مسبقاً حجم الالتزامات إلا بعد وقوع الخطر المؤمن ضده وبالتالي ستعرف عندها شركة التأمين كم سيكون التعويض المدفوع للمؤمن له، وبناءً عليه فإن القسط المدفوع من قبل المؤمن له قد يكون كله ربحاً لشركة التأمين إذا لم يتحقق الخطر المؤمن ضده، وقد يقع الخطر المؤمن ضده وتدفع شركة التأمين التعويض ولربما يكون التعويض أكبر بكثير من القسط أو الأقساط التي حصلت عليها شركة التأمين.

لذلك عند تسعير خدمة التأمين، فإن شركات التأمين تحاول التوصل إلى تكلفة متوقعة بالاعتماد على الخبرات الفعلية في الماضي وكذلك بالاعتماد على الأسس الرياضية والإحصائية . ويتم حساب قسط التأمين في تأمينات الممتلكات والمسؤولية وكذلك في التأمين على الحياة على مرحلتين أساسيتين:

المرحلة الأولى: حساب القسط الصافي Net premium

المرحلة الثانية: حساب القسط التجاري Gross premium

المرحلة الأولى: حساب القسط الصافي

يقصد بالقسط الصافي المبالغ التي لو حصلت عليها شركة التأمين من المؤمن لهم ستغطي قيمة مبالغ التأمين التي تستحق للمؤمن عليهم الذين يلحق بهم الخطر المؤمن منه، أي أن القسط الصافي هو المبلغ الذي يكفي لسداد التزامات شركة التأمين لحملة الوثائق أو

المستفيدين عند تحقق الخطر المؤمن منه، لذلك كان أساس حساب مثل هذه الأقساط " مبدأ التعادل " أو معادلة القيمة بين القيمة الحالية لهذه الأقساط والقيمة الحالية لألتزامات المؤمن للمؤمن عليهم أو المستفيدين.

ويتم حساب القسط الصافي في تأمين الممتلكات والمسؤولية على أساس الخبرة الماضية للأخطار المختلفة من حيث عدد الحالات المحققة فعلاً من الخسائر، والمقدار المادي لكل خسارة بافتراض أن تلك الخبرة ستعيد نفسها، أي ستظل ثابتة في المستقبل، مع الأخذ في الاعتبار معامل تعديل مناسب بين المتوقعة والمتحققة فعلاً في المستقبل. بينما يعتمد حساب القسط الصافي في التأمين على الحياة على العناصر الفنية فقط وهي احتمالات الحياة والوفاة ومعدل الفائدة.

المرحلة الثانية: وفيها يتم الوصول لحساب القسط التجاري ويقصد به المبلغ أو المبالغ التي يقوم المؤمن له بدفعها فعلاً للمؤمن نظير شراء عقد التأمين، بحيث يغطي كلاً من مبالغ التأمين التي تستحق للمؤمن عليهم الذين يتحقق بالنسبة لهم الخطر المؤمن منه، بجانب ما يتعلق بعقود التأمين هذه من أعباء إدارية، ونسبة ربح يستهدفها المؤمن. أي أن القسط التجاري هو المبلغ الذي يكفي لتغطية كافة التزامات شركة التأمين سواء قبل المؤمن عليهم (عند تحقق الخطر المؤمن منه) أو قبل الغير من أعباء إدارية، والأخيرة تتمثل في:

1- **المصروفات الإدارية:** وتشمل المصروفات التي تتصف بالتكرار مثل أجور ومرتبات الموظفين والعمال، وإيجارات المباني، والنور والمياه والتليفون، والإهلاكات ... الخ.

2- **مصروفات التعاقد:** وتشمل المصروفات التي تتم بهدف الحصول على عمليات التأمين مثل العمولات التي تدفع للمنتجين، ومصاريف الإعلان عن وثائق التأمين المختلفة بوسائل الإعلان كافة، ومصاريف الكشف الطبي في التأمين على الحياة ... الخ.

3- **مصروفات تحصيل الأقساط:** وعلى ذلك فالقسط التجاري يشمل القسط الصافي بالإضافة إلى الأعباء الإدارية المشار إليها أعلاه بجانب نسبة الربح المستهدفة.

9 – 2 حساب القسط الصافي في تأمين (الممتلكات والمسؤولية المدنية).

عند حساب أقساط التأمين نفترض مبدأ تعادل التزامات المؤمن لهم مع التزامـات المؤمن (شركة التأمين).

أي أن: التزامات المؤمن لهم = التزامات المؤمن (شركة التأمين)

أي أن: الأقساط الصافية المحصلة = التعويضات المدفوعة

القسط الصافي = معدل حدوث الخطر (معدل الخسارة) × مبلغ التأمين

مثال (1)

فيما يلي معلومات إحصائية خاصة بالتأمين ضد خطر الحريق تـم الحصـول عليهـا من بيانات تاريخية من سجلات شركة التأمين العالمية:

قيمة الخسائر الناتجة	قيمة الممتلكات المؤمن عليها	السنة
90,000	1,200,000	2000
100,000	1,300,000	2001
10,000	1,000,000	2002
8,800	900,000	2003
100,000	180,000	2004
8,500	80,000	2005
82,700	340,000	2006

فإذا أراد محمد التأمين على منزله ضد الحريـق بمبلغ 1,000,000 دينـار. احسـب القسط الصافي والقسط التجاري، إذا كانت المصاريف الإداريـة والعموميـة 10% مـن القسط الصافي وهامش الربح 20% من القسط الصافي واحتياطي التقلبات العكسية 5% مـن القسط الصافي.

الحل:

$$\text{معدل الخسارة} = \frac{\text{مجموع الخسائر الناتجة فعلا}}{\text{مجموع قيمة الممتلكات المؤمن عليها}}$$

$$0.08 = \frac{400,000}{5,000,000} =$$

القسط الصافي = معدل الخسارة × مبلغ التأمين

= 0.08 × 1,000,000

= 80,000 دينار

القسط التجاري = القسط الصافي × (الإضافات +1)

= 80,000 (1 + 0.35)

= 108,000 دينار

9- 3 الاحتياطيات في تأمين الممتلكات والمسؤولية المدنية

يفرض القانون على شركات التأمين أن تحتفظ بحد أدنى من الاحتياطيات في ميزانياتها حيث أن أقساط التأمين يتم دفعها مقدماً وبما أن مدة الحماية تمتد إلى فترة معينة في المستقبل، يتوجب على شركات التأمين أن تحتفظ باحتياطيات معينة لضمان تسديد الخسائر التي قد تحدث. ويتوجب على شركات التأمين التي تزاول أعمال تأمين الممتلكات والمسؤولية أن تحتفظ بنوعين من الاحتياطيات.

احتياطي الأخطار السارية.

احتياطي التعويضات تحت التسوية

احتياطي الأخطار السارية:

تتحدد طبيعة هذا الاحتياطي في كون معظم عقود تأمينات الممتلكات والمسؤولية عقوداً سنوية، بمعنى أن هذه العقود عادة ما تصدر لمدة سنة تبدأ من تاريخ إصدار العقد، ولما كانت شركة التأمين تصدر عقوداً بصفة مستمرة وفي كل شهر من شهور السنة، أى أن عقود التأمين تصدر على مدار السنة ولمدة متفاوتة، فهذا يعني أن بعض هذه العقود تستمر سارية المفعول بعد إنتهاء السنة المالية للشركة.

وعلى ذلك عند إقفال حسابات الشركة في نهاية السنة المالية يتضح أن القسط المدفوع خلال السنة والذي يخص سنة كاملة يتكون من جزأين: جزء يخص هذا العام وحتى تاريخ إقفال الحسابات الختامية، وجزء آخر يخص مدة أخرى بعد تاريخ إقفال الحسابات الختامية وعمل الميزانية، وهذا الجزء من القسط (الجزء الثاني) الذي يخص سنة أو سنوات تالية يعتبر مدفوع مقدماً، اي يعتبر جزءاً غير مكتسب للعام موضع الدراسة.

وحيث أن قسط التأمين يحتسب على أساس مدة التأمين بالكامل، يتم إثباته في إيرادات الشركة بالكامل أيضاً عند الإصدار. كما أنه يغطي مدة التامين بأكملها، فيكون نتيجة لذلك أن تتضمن إيرادات الشركة للسنة المالية الحالية موضع الدراسة جزءاً من الأقساط يخص السنة أو السنوات المالية القادمة، ولذلك يتم تجنيب هذا الجزء في شكل احتياطي يسمى احتياطي الأخطار السارية.

مما سبق يمكن تعريف احتياطي الأخطار السارية بانه ذلك الجزء من أقساط التأمين المصدرة خلال السنة المالية ويخص الفترة التالية من تاريخ انتهاء هذه السنة لمواجهة الأخطار السارية لعقود التأمين في المدة الباقية والتي تدخل في السنة المالية التالية، ويطلق عليه مخصص أقساط غير مكتسبة.

إن احتياطي الأخطار السارية بند رئيسي من بنود المطلوبات في ميزانيات شركات التأمين. ويحدد قانون مراقبة أعمال التأمين في الأردن كيفية احتسابه فيما يتعلق بأنواع التأمين المختلفة. فإذا كانت شركة التأمين تمارس التأمين ضد أخطار النقل، يتوجب عليها الاحتفاظ باحتياطي للأخطار السارية بما لا يقل عن 30% من المجموع الإجمالي للأقساط المتحققة عن هذا النوع من التأمين حتى نهاية السنة المالية للشركة. وإذا كانت شركة التأمين تمارس ضد الحريق أو الحوادث أي نوع آخر من أعمال تأمين الممتلكات والمسؤولية، تكون نسبة احتياطي الأخطار السارية المطلوبة بما لايقل عن 40% من مجموع الأقساط المتحققة الإجمالية عن كل نوع من أنواع التأمين المشار اليها وحتى نهاية السنة المالية.

مثال (2) : أصدرت شركة القدس للتأمين وثيقة ضد خسائر خطر الحريق بتاريخ 2005/2/31 ومدتها سنة كاملة، وكان القسط المدفوع لهذه الوثيقة 15.000 دينار، وبلغت مصاريف "تكلفة الانتاج" 3000 دينار. المطلوب حساب احتياطي الأخطار السارية للوثيقة في 2005/12/31.

الحل:

المدة المنقضية من السنة التأمينية 11 شهراً.

المدة المتبقية التي تخص العام 2005 = شهر واحد.

القسط التجاري = القسط الصافي + المصاريف

15,000 = القسط الصافي + 3,000

القسط الصافي = 15,000 – 3,000

= 12,000 دينار

احتياطي الأخطار السارية للوثيقة = القسط الصافي × المدة المتبقية المرّحلة للعام التالي.

$$= 12,000 \times \frac{1}{12}$$

$$= 1000 \text{ دينار}$$

مخصص التعويضات:

تواجه شركات التأمين حوادث تتحقق خلال العام ويتم إبلاغها للشركة فعلاً قبل إعداد الحسابات الختامية ولكن لا يتم سدادها أو تسويتها خلال نفس العام، فقد تتم التسوية والسداد خلال العام أو الأعوام التالية. كما أن هناك حوادث تتحقق خلال العام وقبل تاريخ إعداد الحسابات الختامية ولم يتم الإبلاغ عنها بعد.

ولذلك تقوم شركات التأمين بحجز مبالغ من الإيرادات لتسوية خسائر هذه الأخطار التي تتحقق في صورة حوادث ولم تسو بعد أو تلك التي تم تسويتها ولم تسدد بعد أو تلك التي لم يبلغ عنها بعد، وهذه المبالغ تحتجز في صورة مخصص للسنة المالية

التي تعد عنها الحسابات، ويكون ذلك تحت بند مخصص التعويضات، ويظهر هـذا البنـد في ميزانيات جميع شركات التأمين، وتعتبر مبـالغ مخصـص التعويضـات حقـاً مـن حقـوق حملـة الوثائق ونفقة واجبة الخصم قبل الوصول للأرباح القابلة للتوزيع.

وتواجه شركات التأمين صعوبات كثيرة عند تقديرها لمخصص التعويضات، وذلك لصعوبة تقدير رقم التعويضات المستحقة عن الحوادث مقدماً وقبل إجراء التسوية، ولـذلك تستخدم طرقاً تقديرية، الأمر الذي يجعل ظهور هذه المخصصات إما مبالغاً فيها أو أقل مـن اللازم.

ويترتب على عدم دقة تقدير هذا المخصص عدم دقة الحسابات المالية حيـث أن تقدير المخصص بقيمة أقل من اللازم معناه تضخيم صورة الأرباح، في حـين أن المبالغـة في تقدير المخصص يعني تخفيضاً في الأرباح وتكوين مخصصات سرية، وكلتـا الحـالتين ليسـت في مصلحة الشركة، ففي الحالة الأولى تحصل الشركة على أرباح دون وجه حق، وفي الحالة الثانية تحرم الشركة من الحصول على حقها بالكامل في الأرباح.

ويمكن تقسيم الحوادث التي يعد عنها مخصص للتعويضات آخر العام في تأمينات الممتلكات والمسؤولية على النحو التالي:

أ- الحوادث المبلغ عنها قبل تاريخ إقفال الحسابات الختامية:-

وهذه الحوادث تنقسم بدورها إلى:

(1)- حوادث مبلغ عنها ومسواه ولم تسدد:

وتشمل هذه المجموعة تلك الحوادث التـي تـم التبليـغ عنهـا وتـم تسـويتها قبـل إعداد الحسابات الختامية للشركة، ولكن لم يتم سـدادها بعـد قبل تاريخ إقفـال الحسـابات الختامية، وهذه الحوادث لا تمثل مشكلة حيـث أن هـذه المبـالغ أصبحت معروفـة ونهائيـة، وبالتالي يجب إضافة هذه المبالغ إلى التعويضات المسددة فعلاً والتي تخص السنة المالية التي تعد عنها الحسابات.

(2)- حوادث مبلغ عنها ولم تسو بعد:

وتشمل هذه المجموعة تلك الحوادث التي تم التبليغ عنها ولكـن لم يـتم تسـويتها قبل إعداد الحسابات الختامية للشركة، وبالتالي لم تحدد قيمة التعويض النهائي، وبالنسبة لهذه الحوادث تلتزم شركة التأمين بحجز مبالغ مناسبة في حساب مخصص التعويضات.

ولا ينص قانون مراقبة أعمال التأمين في الأردن على اعتماد طريقـة معينـة لتقـدير المطالبات تحت التسوية، أي تلك التي لم تتم تسويتها بعد. ولكـن الطريقـة التـي تسـتخدمها شركات التأمين في الأردن لاحتساب مقدار احتياطي التعويضـات تحـت التسـوية هـي تقـدير كلفة كل مطالبة على حـدى، أي أنـه تـتم دراسـة جميـع المطالبـات المعلقـة ووضـع التقـدير المناسب لكل منها.

ب- الحوادث غير المبلغ عنها حتى تاريخ إقفال الحسابات الختامية:-

وهي الحوادث التي تحققت قبـل تـاريخ إعـداد الحسـابات الختاميـة اي حـدثت خلال السنة المالية التي تعد عنها الحسابات ولكن لم يـتم الإبـلاغ عنهـا وبالتـالي تلتـزم شركـة التأمين بحجز مبـالغ مناسبة في حسـاب مخصـص التعويضـات تحـت التسـوية لمقابلـة هـذه التعويضات.

9 - 4 حساب قسط التأمين على الحياة :

يعتمد حساب قسط التأمين أي وثيقة من وثائق التأمين على الحياة على بعض الأسس الفنية ومن أهم هذه الأسس:

1- قياس احتمال الحياة او احتمال الوفاة :

لحساب قيمة قسط التأمين على الحياة يتطلب قياس الخطر كمياً، أي قياس احتمال الوفاة أو احتمال الحياة لأي شخص يطلب التأمين على حياته. ويمكن إيجاد هذا الاحتمال من جداول الحياة. وحيث أن احتمالات الحياة والوفاة تتناسب طردياً مع السن فمن الطبيعي أن يتزايد قسط التأمين هو الآخر مع تزايد السن.

2- معدل الفائدة الفني:

عند حساب قسط التأمين على الحياة يؤخذ في الاعتبار عنصر الاستثمار ويتبلور هذا في معدل الفائدة الفني، ذلك أن شركات التأمين عندما تحصل على أقساط التأمين من المؤمن لهم فإنها لا تهمل الأموال المتجمعة من هذه الأقساط، ولكنها تستثمرها في أوجه استثمار متعددة - كالعقارات والأسهم والسندات والقروض ... الخ - وهي تحقق من وراء ذلك معدلات استثمار تختلف من وجه لآخر من أوجه الاستثمار المشار إليها، والمتوسط العام لهذه المعدلات يسمى معدل الاستثمار العام. ونظراً لأن الأموال التي استخدمت لتحقيق معدل الاستثمار السابق تعتبر حقوقاً للمؤمن عليهم (حملة الوثائق) قامت بإدارتها وتحملت مخاطر استثمارها شركة التأمين (المؤمن)، لذلك تقتضي العدالة أن يستفيد المؤمن لهم بجزء من هذه الاستثمارات، ويتم ذلك عن طريق تخفيض قيمة الأقساط المستحقة عليهم بقيمة هذا الجزء من الفوائد والتي تحسب على أساس معدل الفائدة الفني وهو عادة ما يكون جزءاً من معدل الاستثمار العام، وتتراوح قيمته ما بين 3% - 4% سنوياً.

ومن هنا تكون العلاقة عكسية بين معدل الفائدة وقيمة قسط التأمين المستحق، بمعنى أنه كلما زاد معدل الفائدة الفني انخفضت قيمة القسط والعكس صحيح، ذلك بفرض ثبات العناصر الأخرى والتي تدخل عند تحديد قيمة قسط التأمين على الحياة.

3- مبلغ التأمين:

يلعب مبلغ التأمين لأي عقد من عقود التأمين على الحياة دوراً هاماً بارزاً في تحديد قيمة قسط التأمين المستحق، فيزيد القسط بزيادة مبلغ التأمين ويقل بنقصه، أي أن هناك علاقة طردية بين قيمة القسط ومبلغ التأمين، وذلك بفرض ثبات العناصر الأخرى والتي تدخل في تحديد قيمة قسط التأمين على الحياة.

والخلاصة أنه وفقاً للعناصر الثلاثة السابقة وهي عنصر الاحتمال (حياة أو وفاة)، وعنصر الاستثمار (معدل الفائدة الفني)، ومبلغ التأمين، تتحدد القيمة الصافية أو الفنية للقسط، أي عقد من عقود التأمين على الحياة، فإذا ما أضيف إليها العنصر الرابع - وهو عنصر إداري يتمثل في الأعباء الإدارية للعقد والتي تتمثل في المصروفات الإدارية ومصروفات التعاقد والتحصيل التي سبق أن أشرنا إليها ينتج لنا القسط التجاري أو القسط الإجمالي الذي يلتزم بدفعه فعلاً المؤمن له للمؤمن (شركة التأمين).

كما توجد عوامل شخصية تؤثر على حساب أقساط التأمين بالاضافة الى العوامل الفنية الأساسية.

العوامل الشخصية المؤثرة في حساب قسط التأمين على الحياة:

1- الحالة الصحية لطالب التأمين، فهنالك نسبة متزايدة تضاف للقسط الأساسي كلما زاد وزن طالب التأمين عن حد معين أو إذا ما تعرض بتاريخه الصحي الى سلسلة من الأمراض والعمليات الجراحية وخلاف ذلك.

2- المهنة: نرى أن ملاحي الطائرة أو جنود وضباط الجيش والشرطة يخضعون لمعدل خاص وفقاً لدرجة الأخطار العالية التي ترتبط بممارستهم لهذه المهن.

3- طريقة دفع القسط: ننبه القارىء أنه كلما دفع القسط مرة واحدة كلما استفاد طالب التأمين من الخصم الزمني والذي هو بمثابة تعويض عن الفائدة التي يمكن أن يكون قد انتفع بها الاستثمار.

4- التدخين: يزداد قسط التأمين إذا كان المؤمن له مدخناً والعكس صحيح.

5- مدة التأمين.

6- أية منافع إضافية يرى المؤمن على حياته إضافتها كتأمين العجز والتامين ضد الحوادث.

7- الحالة الاجتماعية: مثل تعدد الزوجات، كثرة الأبناء، درجة الثقافة.

5-9 جدول الوفاة (الحياة) MORTALITY TABLE

جدول الحياة (أو جدول الوفاه) هو أداة رياضية تستخدم في تقدير احتمالات الحياة والوفاه عند كل عمر للشخص الطبيعي.

ويتم إعداد جدول الحياة إما بالاعتماد على بيانات الإحصاءات العامة للسكان أو بالاعتماد على البيانات المستخرجة من سجلات شركات التأمين على الحياة، وجدول الحياة الذي نحتاج إليه في هذه الدراسة يتكون من خمس خانات .

جدول الخبرة الأمريكي للحياة لعام 1958

السن س × ذكر	أنثى	عدد الأحياء ح س ix	عدد الوفيات و س dx	احتمال الوفاة ف س qx	احتمال الحياة ب س Px
0		10000000	70800	0.00708	0.99292
1		9929200	17475	0.00176	0.99824
2		9911725	15066	0.00152	0.99848
3		9896659	14449	0.00146	0.99854
4		9882210	13835	0.00140	0.99860
5		9868375	13322	0.00135	0.99865
6		9855053	12812	0.00130	0.99870
7		9842241	12401	0.00126	0.99874
8		9829840	12091	0.00123	0.99877
9		9817749	11879	0.00121	0.99879
10		9805870	11865	0.00121	0.99879
11	(1)	9794005	12047	0.00123	0.99877
12	15	9781958	12325	0.00126	0.99874
13	16	9769633	12896	0.00132	0.99868
14	17	9756737	13562	0.00139	0.99861
15	18	9743175	14225	0.00146	0.99854
16	19	9728950	14983	0.00154	0.99846
17	20	9713967	15737	0.00162	0.99838
18	21	9698230	16390	0.00169	0.99831
19	22	9681840	16846	0.00174	0.99826

(1) يرجع لجداول جمعية الأكتواريين الأمريكيين بالنسبة لقيم الاعمار من صفر الى 14

تابع جدول الخبرة الأمريكي للحياة لعام 1958

السن س × ذكر	أنثى	عدد الأحياء ح س ix	عدد الوفيات و س dx	احتمال الوفاة ف س qx	احتمال الحياة ب س Px
20	23	9664994	17300	0.00179	0.99821
21	24	9647694	17655	0.00183	0.99817
22	25	9630039	17912	0.00186	0.99814
23	26	9612127	18167	0.00189	0.99809
24	27	9593960	18324	0.00191	0.99807
25	28	9575636	18481	0.00193	0.99804
26	29	9557155	18732	0.00196	0.99801
27	30	9538423	18981	0.00199	0.99797
28	31	9519442	19324	0.00203	0.99792
29	32	9500118	19760	0.00208	0.99787
30	33	9480358	20193	0.00213	0.99781
31	34	9460165	20718	0.00219	0.99775
32	35	9439447	21239	0.00225	0.99768
33	36	9418208	21850	0.00232	0.99760
34	37	9396358	22551	0.00240	0.99749
35	38	9373807	23528	0.00251	0.99736
36	39	9350279	24685	0.00264	0.99720
37	40	9325594	26112	0.00380	0.99838
38	41	9199481	27661	0.00301	0.99699
39	42	9271491	30132	0.00325	0.99675
40	43	9241359	32622	0.00353	0.99647

تابع جدول الخبرة الأمريكي للحياة لعام 1958

السن س × ذكر	أنثى	عدد الأحياء ح س ix	عدد الوفيات و س dx	احتمال الوفاة ف س qx	احتمال الحياة ب س Px
41	44	9208737	35362	0.00384	0.99616
42	45	9173375	38253	0.00417	0.99583
43	46	9135122	41382	0.00453	0.99547
44	47	9093740	44741	0.00492	0.99508
45	48	9048999	48412	0.00535	0.99465
46	49	9000587	52473	0.00583	0.99417
47	50	8948114	56910	0.00636	0.99364
48	51	8891204	61794	0.00695	0.99305
49	52	8829410	67104	0.00760	0.99240
50	53	8762306	72902	0.00831	0.99168
51	54	8689404	79160	0.00911	0.99089
52	55	8610244	85758	0.00996	0.99004
53	56	8524486	92832	0.01089	0.98911
54	57	8431654	100337	0.01190	0.98810
55	58	8331317	108307	0.01300	0.98700
56	59	8223010	116849	0.01421	0.98579
57	60	8106161	125670	0.01554	0.98446
58	61	7980191	135662	0.01700	0.98300
59	62	7844528	145830	0.01859	0.98141
60	63	7698698	156592	0.02034	0.97966
61	64	7542106	167736	0.02224	0.97776

تابع جدول الخبرة الأمريكي للحياة لعام 1958

السن س × ذكر	أنثى	عدد الأحياء ح س ix	عدد الوفيات و س dx	احتمال الوفاة ف س qx	احتمال الحياة ب س Px
62	65	7374370	179271	0.02431	0.97569
63	6	7195099	191174	0.02657	0.97343
64	67	7003925	203394	0.02904	0.97096
65	68	6800531	21917	0.03175	0.96825
66	69	6584614	228749	0.03474	0.96526
67	70	6355865	241777	0.03804	0.96196
68	71	6114088	254835	0.04168	0.95832
69	72	5859253	267241	0.04561	0.95439
70	73	5592012	278426	0.04979	0.95021
71	74	5313586	287731	0.05415	0.94585
72	75	5025855	294766	0.05865	0.94135
73	76	4731089	299289	0.06326	0.93674
74	77	4431800	301894	0.06812	0.93188
75	78	4129906	303011	0.07337	0.92663
76	79	3826895	303014	0.07918	0.92082
77	80	3523881	301997	0.08570	0.91430
78	81	3221884	299829	0.09306	0.90694
79	82	2922055	295682	0.10119	0.89881
80	83	2626372	288848	0.10988	0.89002

جدول الخبرة الأمريكي للحياة لعام 1958

احتمال الحياة ب س Px	احتمال الوفاة ف س qx	عدد الوفيات و س dx	عدد الأحياء ح س ix	السن س × أنثى	ذكر
0.88065	0.11935	278983	2337524	84	81
0.78083	0.12917	265902	2058541	85	82
0.86062	0.13938	249858	179239	86	83
0.84999	0.15001	231433	1542781	87	84
0.83886	0.16114	211311	1311348	88	85
0.83886	0.17282	190108	1100037	89	86
0.82718	0.18513	168455	909929	90	78
0.81487	0.19825	146997	741474	91	88
0.78754	0.21246	126303	594477	92	89
0.77186	0.22814	106809	468174	93	90
0.75423	0.24577	88813	361365	94	91
0.73407	0.26593	72480	272552	95	92
0.71070	0.28930	57881	200072	96	93
0.68334	0.31666	45026	142191	97	94
0.64876	0.35124	34128	97165	98	95
0.59944	0.40056	25250	63037	99	96
0.51158	0.48842	18456	37787	100	97
0.33185	0.66815	12916	19331	101	98
0	1.00000	6415	6415	102	99

جدول الحياة

__الخانة الأولى__: (س - χ)

ومكونات هذه الخانة هي السن أو العمر، وهو يبدأ بالعمر (صفر أو 10 أو ..) وتنتهي بعمر معين قد يكون (100 أو 105 أو ...)، وعادة ما يرمز لآخر عمر في الجدول بالرمز (ω) وهو العمر الذي يكون عدد الأحياء عنده صفر أي أنه لا يوجد أحياء من مجموعة الأشخاص تحت الملاحظة عند هذا العمر. وتقتصر دائماً على الأرقام الصحيحة للعمر.

__الخانة الثانية__: (ح $_{س}$ - L_x)

ومكونات هذه الخانة تمثل عدد الأحياء عند تمام العمر (س) من بين الأشخاص الذين كانوا في عمر أقل من العمر (س). ويبدأ جدول الوفاة عادة بعدد فرضي أمام أول عمر في الجدول، وهذا العدد الفرضي يسمى أساس الجدول Radix، ويفضل أن يكون أساس الجدول رقماً كبيراً وهو قد يكون (1000 أو 10,000 أو 100,000 أو 1,000,000 الخ)، وعادة ما يرمز لأصغر عمر في الجدول بالرمز (α)، وعلى ذلك:

ح $_{س+1}$ = ح $_{س}$ - و $_{س}$ .... (1)

أي ح 15 = ح 14 - و 14

فعند العمر (20 سنة)، نجد أن ح س = ح 20 = 9664994 وهو يمثل عدد الأحياء عند تمام العمر 20 سنة، وهكذا يكون الحال عند أي عمر في الجدول الأمريكي CSO 1958.

__الخانة الثالثة__: (و $_{س}$ - d_x)

ومكونات هذه الخانة تمثل عدد الوفيات التي حدثت بين تمام العمر (س) وتمام العمر (س + 1)، أي عدد الوفيات التي حدثت خلال سنة، وهو رقم نسبي، فمثلاً، يمكن أن نقول من بين 9664994 شخصاً عند تمام العمر (س = 20 سنة) يموت 17300 شخص خلال سنة، أي يموتون قبل بلوغهم تمام العمر (21 سنة).

وهذا يعني أن: و 20 = 17300، بمعنى أن الأشخاص الأحياء عند تمام العمر 20 سنة يموت منهم 17300 شخص قبل بلوغهم تمام العمر 21 سنة. وهكذا يكون الحال عند بقية الأعمار في الجدول.

ومعنى ذلك أن عدد الأحياء عند تمام العمر (س+1) هو عدد الأحياء عند تمام العمر (س) مطروحاً منه عدد الوفيات التي حدثت خلال سنة، وبصفة عامة يكون:

$$و_{س} = ح_{س} - ح_{س+1} \quad .... (2)$$

فمثلاً:

و20= ح20 - ح20+1 = ح20 - ح21

17300 = 9647699 - 9664994

وهكذا يكون الحال بالنسبة لبقية الأعمار في الجدول.

__الخانة الرابعة__: (ف$_{س}$ - q_x)

ومكونات هذه الخانة تمثل احتمال أن شخصاً عند تمام العمر (س) يموت قبل بلوغه تمام السن (س+1)، أي يموت بين تمام السن (س) وتمام السن (س+1)، وعلى ذلك فإن:

$$ف_{س} = \frac{\text{عدد الوفيات التي حدثت بين تمام السن (س) وتمام السن (س+1)}}{\text{عدد الأحياء عند تمام السن (س)}}$$

$$\therefore \; ف_{س} = \frac{و_{س}}{ح_{س}} = \frac{ح_{س} - ح_{س+1}}{ح_{س}} \quad .... (3)$$

فمثلاً:

ف20 : يعني احتمال أن شخصاً في تمام العمر (20 سنة) يموت قبل بلوغه تمام العمر (21 سنة)، ويتم حساب هذا الاحتمال بالقاعدة السابقة، حيث:

$$ف_{20} = \frac{و_{20}}{ح_{20}} = \frac{ح_{20} - ح_{20+1}}{ح_{20}} = \frac{ح_{20} - ح_{21}}{ح_{20}}$$

$$= \frac{9664994 - 9647694}{9664994} = 0.00179$$

ومن هذه العلاقة الأخيرة والخاصة باحتمال الوفاه، يمكن استنتاج عدد الوفيات التي تحدث بين تمام العمر (س) وتمام العمر (س+1)، حيث:

و $_{س}$ = ح $_{س}$ × ف $_{س}$ .... (4)

فمثلاً:

و20 = ح20 × ف20 = 9664994 × 0.00179 = 17300

مثال(3): جِدْ احتمال أن شخصاً عمره 35 سنة يموت فيما بين العمر 35 والعمر 55.

الحل: 20 / ف 35 = (ح35 - ح55) / ح35

وبالكشف في الجدول عن ح35، ح55 ذكور

= (93773807 - 8331317) / 9373807

= 1042490 / 9373807 = 0.1112

مثال (4): جد احتمال وفاة شخص عمره 35 سنة فيما بين العمر 59 والعمر 60.

الحل: 24: ف 35 = و 59 / ح 35

= 145830 / 9373807 = 0.0156

الخانة الخامسة: (ب $_{س}$ - P_x)

ومكونات هذه الخانة تمثل احتمال أن شخصاً في تمام العمر (س) يعيش لمدة سنة، أي يعيش لحين بلوغه تمام العمر (س+1)، وعلى ذلك فإن:

$$ب_{س} = \frac{\text{عدد الأحياء عند تمام السن (س+1)}}{\text{عدد الأحياء عند تمام السن (س)}}$$

$$\therefore ب_{س} = \frac{ح_{س+1}}{ح_{س}} \quad .... (5)$$

ب20: يعنى إحتمال أن شخص في تمام العمر (20 سنة) يعيش لحين بلوغه تمام العمر (21 سنة)، ويتم حساب هذا الاحتمال بالقاعدة السابقة، حيث:

$$ب_{20} = \frac{ح21}{ح 20} = \frac{9647694}{9664994} = 0.99821$$

وهكذا يكون الحال بالنسبة لبقية الأعمار في الجدول.

وبطريقة أخرى نجد أن الشخص الطبيعي الذي عمره (س) إما أن يعيش حتى يبلغ تمام العمر (س+1) أو يموت قبل بلوغ هذا العمر، وعلى ذلك فإن:

$$ب_{س} + ف_{س} = 1 \quad .... (6)$$

وعلى ذلك يمكن حسب احتمال الحياة أو احتمال الوفاة بمعلومية أحدهما، أي أن:

$$ب_{س} = 1 - ف_{س}$$

$$ف_{س} = 1 - ب_{س}$$

مثال (5): شخص عمره الآن 35 سنه ما هو احتمال بقاء هذا الشخص على قيد الحياة لحين بلوغه العمر 44 ؟

الحل: 9ب 35 = $\frac{ح\ 44}{ح\ 35}$ بالكشف في جدول الوفاة (الحياة) الأمريكي CSO 1958

$$= \frac{9093740}{9373807} = 0.9701$$

9 – 6 تكوين جداول الحياة / الوفاة

إذا توافرت بيانات عن احتمالات الوفاة (أو احتمالات البقاء) عند كل عمر من الأعمار المختلفة، وإذا توافرت بيانات عن قيم بعض دوال جدول الوفاة عند أعمار متفرقة، فإنه يمكن استخدام القواعد والعلاقات التبادلية بين دوال جدول الوفاة في استكمال بقية معلومات الجدول، وذلك كما يتضح من الأمثلة التالية:

مثال (6)

اكمل بيانات جدول الحياة الآتي:

س	$ح_{س}$	$و_{س}$	$ف_{س}$	$ب_{س}$
10	1000000		0.00121	
11			0.00123	
12			0.00126	
13			0.00132	
14			0.00139	
15			0.00146	

الحل:

(1) $ب_{10} = 1 - ف_{10} = 1-0.00121 = 0.99879$

وهكذا يمكن ايجاد بقية خانة ب س في العامود

(2) $و_{10} = ح_{10} \times ف_{10} = 1000000 \times 0.00121 = 1210$

وهكذا يمكن إيجاد بقية خانة و س في العامود.

(3) $ح_{11} = ح_{10} - و_{10} = 1000000 - 1210 = 998790$

وهكذا يمكن ايجاد بقية خانة ح س في العامود.

مثال (7)

أكمل بيانات جدول الحياة الآتي:

س	ح س	و س	ف س	ب س
35	37712			
36	37335			
37	36887			
38	36333			
39	35715			
40	35000			

الحل: عند (س = 35 سنة)

(1) $و_{35} = ح_{35} - ح_{36} = 37712 - 37335 = 377$

(2) $ف_{35} = \frac{و_{35}}{ح_{35}} = \frac{377}{37712} = 0.010$

(3) $ب_{35}$ = 1- $ف_{35}$ = 1- 0.010 = 0.990

وهكذا يكون عند بقية الاعمار في الجدول

مثال (8)

أكمل بيانات جدول الحياة الآتي

س	ح س	و س	ف س	ب س
94				0.9901
95				0.9897
96				0.9881
97				0.9887
98				0.9882
99	9470	-	-	-

الحل:

(1) $ف_{94}$ = 1- 0.9901 = 0.0099

وهكذا يمكن ايجاد بقية خانة ب س في العامود.

(2) $ب_{س} = \frac{ح_{س+1}}{ح_{س}}$

$\therefore$ $ح_{س} = \frac{ح_{س+1}}{ب_{س}}$

$ح_{98} = \frac{ح_{99}}{ب_{98}} = \frac{9470}{0.9882} = 9583$

وهكذا يمكن ايجاد بقية خانة ح س في العامود.

(3) $و_{98} = ح_{98} - ح_{99} = 9583 - 9470 = 113$

وهكذا يمكن ايجاد بقية خانة و س في العامود.

9 - 7 حساب القسط المفرد الصافي في التأمين على الحياة

القسط المفرد الصافي: إن أقساط وثائق التأمين على الحياة يمكن دفعها بعدة طرق وهي: القسط المفرد، وهو القسط الذي يدفع دفعة واحدة عن كامل مدة وثيقة التأمين، أو القسط السنوي، أو القسط نصف السنوي، أو القسط الربعي أي الذي يدفع كل ثلاثة اشهر، أو القسط الشهري. ومع أن القليل من وثائق التأمين على الحياة تدفع أقساطها بطريقة القسط المفرد، إلا أن القسط المفرد الصافي هو أساس احتساب أقساط التأمين على الحياة.

إن القسط المفرد الصافي هو القيمة الحالية لمبلغ تأمين الوفاة المستقبلي، أي أن القسط المفرد الصافي هو ذلك المبلغ الذي يكون كافيا، بعد إضافة فائدة مركبة عليه، لدفع جميع مطالبات الوفاة. وفي عملية احتساب القسط المفرد الصافي تؤخذ بعين الاعتبار مبالغ الوفيات المحتملة وإيرادات الاستثمار المتوقعة، ولا يدخل في حساب القسط المفرد الصافي مصاريف شركة التأمين ومبالغ التحميل التي تدخل في حساب قسط التأمين الإجمالي:

ويعتمد احتساب القسط المفرد الصافي عدة افتراضات هي:

1- إن دفع الأقساط يتم في بداية السنة التأمينية.

2- إن دفع مبالغ الوفيات يتم في نهاية السنة التأمينية.

3- إن نسبة الوفيات تكون متجانسة خلال السنة التأمينية.

ويتوجب أيضاً الأخذ بعين الاعتبار احتمال الوفاة في نهاية كل سنة من سنوات عمر الإنسان. ويؤخذ هذا الاحتمال من جداول الحياة وهي جداول إحصائية تبين احتمال الوفاة في كل سنة من سنوات عمر الإنسان. ومع أن كل شركة من شركات التأمين تعتمد جداول الحياة التي قامت بإعدادها للأغراض الخاصة بها، إلا أننا سنستخدم هنا جدول الحياة (1958 CSO).

وحيث أننا افترضنا أن الأقساط تدفع مقدما أي في بداية السنة التأمينية، وأن الوفيات تدفع في نهاية السنة التأمينية، يتوجب خصم مبالغ الوفيات بمعدل فائدة مركبة. وسنفترض أيضاً أن مبالغ الوفيات يتم خصمها بفائدة مركبة قدرها 5%.

أ- احتساب القسط المفرد الصافي في التأمين المؤقت: إن احتساب القسط المفرد الصافي للتأمين المؤقت عملية سهلة، حيث أن مدة الحماية (مدة التأمين) تكون لمدة محددة أو لعمر محدد، ويتم دفع مبلغ التأمين إذا توفي المؤمن له خلال المدة المحددة، ولا يدفع شيء إذا توفي المؤمن له بعد انقضاء مدة الحماية أي مدة التأمين.

مثال (9) : شخص عمره 20 سنة اشترى وثيقة تأمين على الحياة لمدة سنة بمبلغ 10,000 دينار فاذا كان معدل الفائدة السنوي 5% احسب :

أ- القسط الصافي المفرد.

القسط المفرد الصافي = مبلغ التأمين × احتمال الوفاة × القيمة الحالية

= مبلغ التأمين × ($ح_{20}$ – $ح_{21}$) / $ح_{20}$ × القيمة الحالية

= 10,000 × (9664994 – 9647694)/ 9664994× 0.952

= 10000 × 0.00179 × 0.952

= 17.04 ديناراً

ملاحظة على الحل: احتمال الوفاة نحصل على الأرقام بالرجوع إلى جدول الوفاه الحياة الأمريكي 1958

نحصل على القيمة الحالية الموجودة في الملحق 2 عند تقاطع عمود الفائدة 5%، والفترة الزمنية سنة واحدة ، وهي (0.952) .

ب- احسب القسط الصافي للمثال أعلاه إذا تم شراء الوثيقة لمدة 5 سنوات

القسط المفرد الصافي = مبلغ التأمين × $\frac{ح20 - ح25}{ح20}$ × القيمة الحالية

القسط المفرد الصافي = 10,000 × $\frac{9575636 - 9664994}{9664994}$ × 0.784
المؤقت لمدة 5 سنوات

= 0.784 × 0.00924 × 10,000

= 72.48 دينار

ج- احسب القسط التجاري للوثيقة أعلاه إذا كانت المصاريف الإدارية والإنتاج وتحصيل الأقساط تقدر بنسبة 40% من قيمة القسط الصافي؟

القسط التجاري = القسط الصافي + (1 + نسبة الاضافات)

= 72.47 (1 + 0.4)

= 101.46 دينار

ب- احتساب القسط المفرد الصافي في التأمين على مدى الحياة: لاحتساب القسط المفرد الصافي لوثيقة التأمين على مدى الحياة تستخدم نفس الطريقة المتبعة في حساب القسط الصافي المفرد في التأمين المؤقت والاختلاف فقط هو المدة أي لا تتوقف عند 5 سنوات بل إلى نهاية جدول الحياة أي في نهاية العمر في الجدول المستخدم 99 سنة، أو 75 سنة.

مثال (10) : شخص عمره 49 سنة اشترى وثيقة تأمين لمدى الحياة بمبلغ 10,000 دينار. احسب القسط المفرد الصافي لهذه الوثيقة إذا كان معدل الفائدة 5%.

القسط المفرد الصافي = مبلغ التأمين × احتمال الوفاة × القيمة الحالية لدينار واحد

القسط المفرد الصافي = مبلغ التأمين × $\frac{\text{(ح49 – ح 99)}}{\text{ح 49}}$ × القيمة الحالية

$$\text{القسط المفرد الصافي} = 10,000 \times \frac{8829410 - 6415}{8829410} \times 0.087$$

القسط المفرد الصافي = 10,000 × 0.99927 × 0.087 = 869.37 دينار

9 – 8 القسط السنوي الصافي:

يفضل معظم المؤمن لهم (المستأمنين) شراء وثائق التأمين بالتقسيط على أساس (سنوي أو نصف سنوي أو ربع سنوي) بدلاً من شرائها على أساس القسط المفرد الصافي لما يتطلبه ذلك من دفع مبالغ نقدية كبيرة مرة واحدة.

وتمثل الأقساط السنوية الصافية الخطوة الأساسية لتحديد الأقساط السنوية التجارية. وتتميز الأقساط السنوية الصافية بانها تسدد أول كل سنة كما أنها ترتبط بحياة المؤمن عليه، بمعنى أنها تسدّد طالما كان المؤمن عليه على قيد الحياة خلال مدة دفع القسط، أي أن الأقساط السنوية تسدد طوال مدة السداد المحددة أو حتى وفاة المؤمن عليه أيهما أقرب تحققاً. ولذلك تعتبر الأقساط السنوية الصافية بمثابة دفعة معاش فورية، مبلغها هو قيمة القسط السنوي، ويسددها المستأمن لشركة التأمين طوال مدة سداد الأقساط المتفق عليها أو حتى للوفاة. وغالباً تكون الأقساط السنوية طول مدة التعاقد، ولكن في بعض الوثائق قد تسدّد الأقساط السنوية الصافية لمدة أقل من مدة التعاقد حسب الاتفاق بين المستأمنين وشركة التأمين. ولحساب القسط السنوي الصافي بغض النظر عن طريقة سداد الأقساط السنوية الصافية فإنه في تاريخ التعاقد يجب أن تتحقق العلاقة التالية:

القسط الوحيد الصافي = القيمة الحالية لدفعة معاش فورية مبلغها هو القسط السنوي الصافي

فإذا رمزنا للقسط المفرد الصافي بالرمز (أ)، ورمزنا للقسط السنوي الصافي بالرمز ط، ورمزنا للقيمة الحالية لدفعة فورية مدتها هي مدة دفع القسط السنوي ومبلغها دينار واحد بالرمز (د) فإن:

$$\text{أ} = \text{ط} \times \text{د}$$

$$\therefore \text{ط} = \frac{\text{أ}}{\text{د}}$$

القسط المفرد الصافي

القسط السنوي الصافي = ---
القيمة الحالية للدفعات السنوية

مثال (11) : شخص عمره 20 سنة اشترى وثيقة تأمين على الحياة مؤقتة لمدة 5 سنوات بمبلغ 10.000 دينار وكان القسط المفرد الصافي لهذه الوثيقة 72.48 ديناراً، على أساس معدل الفائدة 5%.

أ- ما هو القسط السنوي الصافي الذي يقوم بدفعه هذا الشخص ؟

القسط المفرد الصافي للوثيقة

القسط السنوي الصافي = ---
القيمة الحالية للدفعة السنوية ملحق3

القسط السنوي الصافي = $\dfrac{72.48}{4.329}$ = 16.74 ديناراً

ملاحظة على الحل: نحصل على القيمة الحالية للدفعة السنوية من الملحق 3 عند تقاطع عمود الفائدة 5% مع الفترة الزمنية 5 سنوات وهي (4.329)

القسط السنوي التجاري = القسط السنوي الصافي (1 + نسبة الإضافات)

ب- احسب القسط السنوي الصافي التجاري لنفس الوثيقة أعلاه إذا كانت نسبة المصاريف الإضافية 20% من القسط الصافي المفرد.

القسط السنوي التجاري = القسط السنوي الصافي (1+ نسبة الإضافات)

= 16.74 (1 + 0.20)

= 20.09 دينار

مثال (12) : شخص عمره 49 سنة اشترى وثيقة تأمين لمدى الحياة بمبلغ 10,000 دينار، وكان القسط المفرد الصافي لهذه الوثيقة (869) على معدل استثمار 5%.

أ- احسب القسط السنوي الصافي لهذه الوثيقة.

ب- احسب القسط السنوي التجاري لهذه الوثيقة.

الحل: أ- المدة = العمر في نهاية الجدول - عمر الشخص عند التعاقد

المدة = 99 - 49 = 50 سنة

$$القسط السنوي الصافي = \frac{القسط المفرد الصافي}{القيمة الحالية للدفعة السنوية بدينار(لمدة 50 سنة، وفائدة 5\%)}$$

$$= \frac{869}{18.256}$$

$$= 47.60 \text{ ديناراً}$$

ب- الحل الصافي التجاري= القسط الصافي+ القسط الصافي × نسبة الإضافات

$$= 869 + 869 \times 0.30$$

$$= 869 + 260.7$$

$$= 1129.8 \text{ دينار}$$

$$القسط السنوي الصافي التجاري = \frac{القسط المفرد الصافي التجاري}{القيمة الحالية للدفعة السنوية بدينار لمدة 50 سنة وفائدة 5\%}$$

$$= \frac{1129.7}{18.256}$$

$$= 61.88 \text{ ديناراً}$$

273

لقد لاحظنا عند حساب قسط التأمين بالطريقة السابقة أننا نحتاج إلى استخدام جداول الحياة، وجداول الفائدة المركبة من ناحية، كما نحتاج الى إجراءات عمليات ضرب بين عدد الأحياء أو عدد الوفيات وبين القيمة الحالية للدينار الواحد ومبلغ التأمين من ناحية ثانية.

ومما لا شك فيه أن استخدام أكثر من جدول أو إجراء أكثر من عملية ضرب تحتاج إلى مجهود ووقت من ناحية وتعرض مستخدمها للخطأ من ناحية ثانية، لذا تم إعداد كتاب المعدلات. وقد ساعد كتاب المعدلات على حساب أقساط التأمين على الحياة بأنواعها المختلفة بطريقة أسهل وأسرع.

9 – 9 كتاب المعدلات وكيفية استخدامه

كتاب المعدلات، هو مرجع تجميعي للأعمار المختلفة للذكور والإناث للأسر والأطفال مصنفة حسب الخطط التأمينية المختلفة، بحيث يتضمن كل عمر وجنس قسطاً معيناً مقاسا على أساس كل 1000 دينار. إذ يتحدد القسط النهائي بضرب القسط الخاص بألـ 1000 دينار بعدد الآلاف المطلوب التغطية بها (مبلغ التأمين) ممثلة كما يلي:

ذكر – سن 30

الخطة التأمينية: تأمين ادخاري مع اشتراك في الأرباح مقاسة لكل 1000 دينار.

قيمة القسط تأمين لمدة 65 سنة	قيمة القسط تأمين لمدة 20 سنة	قيمة القسط تأمين لمدة 15 سنة	قيمة القسط تأمين لمدة 10 سنوات	طريقة دفع القسط
27.090	50.310	68.360	104.680	سنوي
13.045	24.655	33.680	51.840	نصف سنوي
6.800	12.580	17.090	26.170	ربع سنوي
2.370	4.410	5.850	9.160	شهري

تتمثل الخطة التأمينية الواردة في كتاب المعدلات بما يلي:

1- تأمين لمدى الحياة.

2- التأمين الادخاري = مضاعفة الدخل وما يعادلها.

274

3-   تأمين الأطفال.

4-   التأمين المؤقت وملحقاته.

5-   خطط تأمينية خاصة.

6-   الوقفية والتقاعد.

حدد الهدف من تصميم كتاب المعدلات لتسهيل مهمة رجل تسويق التأمين والمرونة في خدمة العملاء (الأفراد، الأسر، الشركات) وبالتالي السماح لوكيل الإنتاج باختيار أنسب الخطط التي توافق حاجة الفرد أو الأسرة.

ويترتب على وكيل الإنتاج أن يتدرب على إمكان استخدام هذا الكتاب بجميع معطياته وبالتالي المقدرة على استخراج القسط وأية إضافات ضرورية في قياس درجة الخطر (تصنيف الحالة الصحية والسن) ويحتوي هذا الكتاب على:

1- خصم الكمية

مثال:

5000	إلى 10000 دينار	يمنح خصم 1 دينار
10000	إلى 25000 دينار	يمنح خصم 1.5 دينار
25000	إلى 50000 دينار	يمنح خصم 2 دينار
50000	إلى 100000 دينار	يمنح خصم 2.5 دينار
100000 فما فوق		يمنح خصم 3 دينار

2. الخصم الزمني

مثال:

دفع القسط سنوياً = يمنح خصم 1 دينار على كل 1000 دينار

دفع القسط نصف سنوي = لا شيء.

دفع القسط شهرياً = يقسم القسط السنوي على 12 شهرا ويضاف إليه نسبة 5 بالمئة من المعدل المخصص.

دفع القسط شهرياً بنكياً = يخصم من القسط الشهري نسبة معتدلة.

نموذج لإحدى لوحات المعدلات

تأمين ادخاري (مضاعفة الدخل)

مع الاشتراك في الأرباح

القسط السنوي بالمعدل لكل 1000 دينار من مبلغ التأمين

تدفع في بداية سنة التأمين

فترة التأمين بالسنوات					عدد سنوات التأمين / السن
30	25	20	15	10	
31.050	38.550	50.000	68.210	104.620	20
31.080	38.570	50.010	68.210	104.620	21
31.130	38.590	50.020	68.210	104.620	22
31.180	38.620	50.040	68.230	104.620	23
31.250	38.660	50.050	68.240	104.630	24
31.320	38.700	50.010	68.240	104.630	25
31.400	38.750	50.014	68.250	104.630	26
31.500	38.850	50.018	68.270	104.650	27
31.620	38.980	50.024	68.290	104.650	28
31.750	38.980	50.031	68.330	104.670	29
31.910	38.090	50.039	68.420	104.680	30
31.080	38.210	50.048	68.470	104.720	31
31.280	38.350	50.010	68.540	104.750	32
31.520	38.520	50.060	68.620	104.790	33
32.780	39.710	50.730	68.720	104.840	34
33.060	39.930	50.890	68.860	104.900	35
33.390	40.171	51.070	69.010	105.070	36
33.760	40.460	51.280	69.170	105.180	37
34.180	40.790	51.520	69.370	105.310	38
34.640	41.140	51.800	60.600	105.490	39
35.000	41.540	52.110	69.860	105.670	40
-	41.990	52.460	70.160	105.880	41

تابع للوحات المعدلات

عدد سنوات التأمين / السن	فترة التأمين بالسنوات				
	10	15	20	25	30
42	106.00	70.490	52.850	42.490	-
43	106.390	70.860	53.290	43.050	-
44	106.710	71.280	53.780	43.660	-
45	107.050	71.730	54.320	44.340	-
46	107.450	72.240	54.920	-	-
47	107.970	72.790	55.580	-	-
48	108.330	73.410	56.310	-	-
49	108.830	74.090	57.120	-	-
50	109.390	84.840	58.000	-	-
51	110.000	75.660	-	-	-
52	110.680	76.560	-	-	-
53	111.430	77.560	-	-	-
54	112.260	78.640	-	-	-
55	113.150	-	-	-	-
56	114.150	-	-	-	-
57	115.240	-	-	-	-
58	116.450	-	-	-	-
59	117.770	-	-	-	-
60	117.880	-	-	-	-

يلاحظ من لوحة المعدلات السابقة أن هذه الخطة التأمينية صالحة لفئات السـن المختلفـة – ولسن حده الأقصى 60، كما أن البرنامج لا تزيد مدته عن سن السبعين.

لنبسط هذه العبارة: نفترض أن شخصاً بسن الخمسين طلب التأمين على حياته لمدة 25 سـنة – فإننا نجد أن البرنامج يطبق عليه لمدة 20 سنة فقط وبالتالي لا يمكن لـه شراء وثيقـة تـأمين مدتها 25 سنة. كونه بهذه الحالة يبلغ سن 75 قبل أن يحصل مبلغ التأمين وعوائده (طالما لم تحدث وفاة) وبهذه اللوحة لا يتوافر له أكثر من 20 سنة.

مثال (13): شخص سنه 60 سنة، يمكنه التامين فقط لمدة 10 سنوات وهـو العمـود الثـاني في الجداول، تحت رقم 10 وقسط سنوي 117.880 لكل 1000 دينار مبلغ التأمين.

يستخلص مما سبق:

1- أن هذه الخطة وضعت على سبيل القياس وليس الحصر، حيث هناك العديد مـن البرامج والخطط التأمينية التي تختلف معاييرها الفنية.

2- أنه كلما كبرت السن، كلما ازداد احتمال خطر الوفاة وبالتالي ارتفـع القسـط لكـل 1000د. من مبلغ التأمين.

3- أن المعدل المطروح هو المعدل الأساسي إذ يمكن إضافة 20% على المعدل بحالة ما إذا زاد وزن طالب التأمين عن المعدل العادي.

مثال (14)

شخص سنه 30، طولـه 180 سـم، ووزنـه 73 كغم – بهـذه الحالـة يطبـق المعـدل الأساسي طالما أنه يتمتع بصحة جيدة.

مثال (15):

شخص سنه 30 سنة، طوله 180 سم، ووزنه 200 كغم، بهذه الحالة يطبق المعـدل الأساسي مضافاً إليه 20 بالمئة. كونـه موضـع خطـر ووزنـه أكـثر مـن معـدل الـوزن العـادي (الصحي). إذ يحتمل عندها تواجد السكري وخلافه من الأمراض.

مثال (16)

شخص سنه 30، طوله 180 سم، ووزنه 52 كغم. بهذه الحالة يطبق المعدل الأساسي مضافا إليه نسبة 20 بالمئة على القسط، كونه موضع خطر ووزنه أقل من معدل الوزن العادي " الصحي".

4- إن كتاب المعدلات يرد القسط سنوياً وفي حالات أخرى شهريا. لذا يراعى أن الأقساط الواردة في اللوحة السابقة هي سنوية. وعليه تكون الأقساط نصف السنوية لشخص سنه 30 سنة وقسطه السنوي 104.680 بطرح 500 فلس – وقسمة هذا الرقم على 2 فيكون القسط لكل 1000 دينار.

$$104.180 = 0.500 - 104.680$$

$$دينار 52.090 = 2 \div 104.180$$

9 – 10 حساب الاحتياطي الحسابي في التأمين على الحياة

الاحتياطي الحسابي:

هذا الاحتياطي يخص تأمينات الحياة، والتي تمتاز بأنها عقود طويلة الأجل ويقابل هذا الاحتياطي احتياطي الأخطار السارية في تأمينات الممتلكات. إن معظم وثائق التأمين على الحياة ذات أقساط ثابتة أي أنها لا تزداد بازدياد عمر المؤمن له، ولذلك تكون أقساط التأمين في السنوات الأولى من عمر وثيقة التأمين أعلى مما هو ضروري لتسديد مطالبات الوفيات، وتكون الأقساط في السنوات الأخيرة لوثيقة التأمين غير كافية لتسديد مطالبات الوفيات من قبل شركة التأمين. إن هذه الأقساط الزائدة التي يدفعها المؤمن له في السنوات الأولى من وثيقة التأمين يتم استثمارها من قبل شركة التأمين لاستخدامها في تمويل العجز في الأقساط التي يدفعها المؤمن له في في السنوات الأخيرة من وثيقة التأمين.

وتقوم شركات التأمين بتجميع الزيادة في الأقساط السنوية المتساوية عن المبالغ اللازمة لتغطية خطر الوفاة في العقود المصدرة مع فوائد استثمارها في حساب مستقل

يعرف باسم الاحتياطي الحسابي، الذي يفرضه القانون من أجل التحوط لدفع مزايا وثائق التأمين لدى استحقاقها أو وفاة أصحابها.

ويمثل الاحتياطي الحسابي التزاماً على شركات التأمين تجاه حملة الوثائق ويظهر في جانب الخصوم في الميزانية.

ويلاحظ أن الزيادة في الأقساط المتساوية خلال الفترة الأولى للعقد مع فوائد استثمارها في حالة عقود التأمين لمدى الحياة والعقود المختلطة لا يجب أن تكون كافية لتغطية العجز في الأقساط السنوية خلال الفترة الأخيرة للعقد فقط، وانما يجب أن يسمح لهيئة التأمين بتكوين مبلغ يعادل مبلغ العقد في نهاية مدة العقد، أيضا. وبمعنى آخر فان الزيادة الموجهة لتكوين الاحتياطي خلال السنوات الأولى يمكن اعتبارها مكونة من جزأين: الجزء الأول منها موجه لتغطية العجز في القسط السنوي خلال الفترة الأخيرة من العقد، أما الجزء الثاني فيوجه نحو تكوين مبلغ يعادل مبلغ التأمين في نهاية مدة التأمين.

وهذا يفسر كيف أن الاحتياطي بالنسبة للعقود المؤقتة يزداد في الفترة الأولى ثم يتناقص بعد ذلك حتى يتلاشى تماما في نهاية مدة العقد، بينما في حالة العقود المختلطة ومدى الحياة يظل الاحتياطي يتزايد من سنة لأخرى حتى يصل إلى ما يعادل مبلغ العقد في نهاية المدة. ويرجع السبب في ضرورة تعادل الاحتياطي مع مبلغ العقد في نهاية آخر سنة للعقد في حالة العقود المختلطة أو مدى الحياة إلى أن احتمال تحقق الخطر عندئذ يكون مؤكدا، وبالتالي يلزم أن تكون هيئة التأمين في وضع يسمح لها بدفع المبلغ المضمون في العقد سواء توفى المؤمن عليه أم ظل باقيا على قيد الحياة، أما في حالة العقود المؤقتة فإن دفع مبلغ العقد في أي سنة من سنوات العقد يمثل حادثا احتماليا بحتا يتوقف تحققه على وقوع الخطر وإذا لم يتحقق الخطر (وفاة المؤمن عليه) خلال مدة العقد انقضى العقد بدون أي التزام على أي من طرفيه. وبالتالي فإنه يجب استنفاذ الاحتياطي بالكامل عند هذه النقطة.

تعريف الاحتياطي الحسابي:

يمكن تعريف الاحتياطي الحسابي بأنه الزيادة في الأقساط الصافية المحصلة وفوائد استثمارها عن تكلفة المزايا المدفوعة لحملة الوثائق. ويطلق على هذا التعريف اسم

التعريف الماضي للاحتياطي. وهذا التعريف كما هو واضح ينظر إلى الاحتياطي الحسابي من زاوية الماضي متتبعا منشأه وكيفية تكوينه. فالاحتياطي ما هو إلا تلك الزيادات في القسط المتساوي الصافي عن ما هو لازم فعلا لتقديم المزايا التي يضمنها العقد مضافا إليها فوائد الاستثمار.

ومن ناحية أخرى يمكن تعريف الاحتياطي الحسابي بالنظر الى المستقبل. فمن المعروف أن الأقساط الصافية لعقود التأمين على الحياة يجري تحديدها على أساس معادلة القيمة الحالية لمزايا العقد مع القيمة الحالية للأقساط عند إصدار العقد. وعلى هذا الأساس فإنه يمكن تعريف الاحتياطي الحسابي المستقبلي بأنه الفرق بين القيمة الحالية لالتزامات شركة التأمين نحو المؤمن له والتزامات المؤمن له تجاهها.

طرق حساب الاحتياطي الحسابي:

تحسب قيمة الاحتياطي الحسابي، سواء أكان احتياطي أول السنة أو آخرها أو المتوسط، إما على أساس طريقة الماضي أو باستخدام طريقة المستقبل. وغني عن البيان أن القيمة المتوصل إليها للاحتياطي تكون واحدة أيا كانت الطريقة المستخدمة طالما كانت أسس الحساب واحدة.

أولا: طريقة الماضي

تعتمد طريقة الماضي في حساب الاحتياطي على أساس تتبع مجموعة الوثائق المصدرة وتحديد جملة الأقساط الصافية عن السنة الأولى ثم خصم المزايا المسددة للمنتفعين خلال السنة الأولى منها للوصول إلى الاحتياطي آخر السنة الأولى. وفي السنة الثانية يضاف إلى احتياطي نهاية السنة الأولى قيمة الأقساط الإضافية عن السنة الثانية ثم نوجد جملة هذه المبالغ في نهاية السنة. وبطرح قيمة المزايا التي سددتها الهيئة لمن استحق مبلغ التأمين خلال السنة نتوصل إلى قيمة الاحتياطي آخر السنة الثانية. وتكرر الخطوات بالنسبة لكل سنة من سنوات العقد.

ويوضح الجدول التالي كيفية تكوين الاحتياطي الحسابي بطريقة الماضي لعقد تأمين مدى الحياة بمبلغ 1000 دينار على حياة شخص عمره 45 سنة وذلك بعد خمس سنوات من إصدار العقد والذي يبلغ قسطه السنوي الصافي 7.84 دنانير، باستخدام جدول الوفاة الأمريكي C.S.O. 1958 ومعدل فائدة 5% لأقرب دينار.

جدول رقم (1)

الاحتياطي الحسابي بطريقة الماضي في نهاية السنة الخامسة لوثيقة تأمين مدى الحياة

بمبلغ 1000 دينار على حياة شخص عمره 45 سنة

والقسط الصافي السنوي 7.84 دنانير

باستخدام جدول الوفيات الأمريكي C.S.O 1958 ومعدل فائدة 5%

8	7	6	5	4	3	2	1	سنة الوثيقة
احتياطي آخر السنة للوثيقة الواحدة	الاحتياطي آخر السنة	مبالغ الوفيات المدفوعة آخر السنة	عدد الوفيات خلال السنة	جملة احتياطي اول السنة	الاحتياطي الحسابي اول السنة	الأقساط الصافية المحصلة أول السنة	عدد الوثائق السارية أول السنة	
2.9	26079360	48412000	48412	74491360	70944152	70944152	9048999	1
5.40	49003160	52473000	52473	101476160	96643962	70564602	9000587	2
-	-	-	-	-	-	-	8948114	3

ثانياً: طريقة المستقبل

ذكرنا فيما سبق أن الاحتياطي الحسابي بالنظر إلى المستقبل يمثل الفرق بين القيمة الحالية لمزايا العقد والقيمة الحالية للأقساط الصافية التي لم تدفع. وعلى هذا الأساس فإنه لتحديد قيمة الاحتياطي الحسابي في نهاية أي سنة يجب أن نحدد ما يلي:

1- القيمة الحالية للمزايا التي يضمنها العقد في تاريخ إيجاد قيمة الاحتياطي.

2- القيمة الحالية للأقساط الصافية التي لم تسدد بعد.

ولما كان القسط الوحيد الصافي يمثل القيمة الحالية للمزايا التي يضمنها العقد في تاريخ الشراء، فإن القيمة الحالية للمزايا التي يضمنها القعد في أي تاريخ لاحق لشرائه تعادل

القسط الوحيد الصافي المطلوب من نفس الشخص لشراء العقد في ذلك التاريخ. فإذا كنا بصدد إيجاد القيمة الحالية للمزايا التي يضمنها عقد تأمين لمدى الحياة بمبلغ 1000 دينار على حياة شخص يبلغ من العمر 30 عاما وذلك بعد عشر سنوات من تاريخ إصدار العقد، فإن القيمة الحالية لمزايا العقد في ذلك التاريخ تعادل مقدار القسط الوحيد الصافي اللازم لشراء عقد تأمين لمدى الحياة بنفس المبلغ لشخص عمره 20 سنة، والذي بدوره يساوي (س) ديناراً.

أما القيمة الحالية للأقساط الصافية التي لم تدفع بعد فإنه يمكن تحديد قيمتها بضرب مقدار القسط السنوي الصافي للعقد المطلوب حساب الاحتياطي الخاص به، في القيمة الحالية لدفعة حياة فورية للمدة المتبقية من فترة دفع الأقساط. ولنفرض أن القيمة الحالية للأقساط التي لم تستحق بعد تساوي (ص) ديناراً.

وعلى هذا الأساس فإن الاحتياطي الحسابي لعقد التأمين لمدى الحياة المذكور بعد عشر سنوات من تاريخ الإصدار تساوي (س – ص) ديناراً.

أسئلة المناقشة

السؤال الأول: ما المقصود بالقسط الصافي؟

السؤال الثاني: ما المقصود بجداول الوفاة؟

السؤال الثالث: وضح مفهوم الاحتياطي الحسابي وما الهدف من احتسابه.

السؤال الرابع: ما المقصود بكتاب المعدلات، وما هو الهدف من تصميمه؟

السؤال الخامس: وضح العوامل الشخصية التي تؤثر على حساب أقساط التأمين على الحياة؟

الأسئلة الموضوعية

1- تم إصدار وثيقة لتأمين ضد خسائر خطر الحريق بتاريخ 2006/1/16 ومدتها سنة كاملة وكان قسطها التجاري 1500 دينار منه مصروفات 200 دينار. المطلوب حساب مخصص الأخطار السارية في 2006/12/31 .

أ- 53.4 ديناراً   ب- 35.4 ديناراً

ج- 61.6 ديناراً   د- 52.5 ديناراً

2- إذا كان معدل حدوث خطر الحريق في مدينة عمان هو 0.0060 وأراد مالك منزل يعيش في مدينة عمان أن يؤمن على منزله ضد خطر الحريق بمبلغ 500,000 دينار. احسب القسط الصافي الذي يجب أن يدفعه مالك المنزل

أ- 300   ب- 3000

ج- 2000   د- 200

ملاحظة: الإجابة على الاسئلة (3-5) يعتمد على هذا السؤال

شخص عمره 30 سنة، اشترى وثيقة تأمين على الحياة مؤقتة لمدة 5 سنوات بمبلغ تأمين قيمة 30,000 دينار، وإذا كانت المصاريف الإضافية تعادل 30% من القسط الصافي المفرد، ومعدل الاستثمار 5%.

3- القسط المفرد الصافي للوثيقة أعلاه يساوي :

أ- 462.34 ديناراً   ب- 59.20 ديناراً

ج- 264.34 ديناراً   د- 360.20 ديناراً

4- القسط السنوي الصافي للوثيقة أعلاه يساوي :

أ- 61.06 ديناراً   ب- 34.06 ديناراً

ج- 16.06 ديناراً   د- 43.06 ديناراً

5- القسط السنوي التجاري للوثيقة أعلاه يساوي :

أ- 473.64 ديناراً   ب- 76.96 ديناراً

ج- 468.26 ديناراً   د- 343.64 ديناراً

الفصل العاشر

التسويق التأميني

الفصل العاشر

التسويق التأميني

Insurance Marketing

10 - 1 مقدمة:

ان شركات التأمين تعتبر جزءاً من المنظمات فهي تحتاج إلى معرفة وتفهم لأسـواقها وجماهيرها وللبيئة التي تعمل بها لتمكينها مـن توجيـه إمكاناتهـا المتاحـة لتحقيـق أهـدافها وخاصة في تحقيق كم ملائم من المبيعات، هـو ضمان وسبب كافٍ لنجاحها واشتهارها في السوق.

ففي الدول المتقدمة تعد وظيفـة التسـويق مـن الوظـائف المهمة التي تمارسهـا شركات التأمين بسبب اعتماد نجاحها واستمرارها على مدى إمكاناتها حسب ما ذكرت سـابقاً من بيع أكبر عدد ممكن من الوثائق (بواليص التأمين) وتوزيـع الأخطـار عـلى أكبر عـدد مـن المؤمن لهم. وأما في الـدول النامية فتواجـه شركات التـأمين العديـد مـن المشـاكل وتسويق الخدمات التأمينية ومن أهم هذه المشاكل ما يلي:

1- معرفة احتياجات ورغبات واتجاهات وعـادات المسـتفيدين الحـاليين والمـرتقبين الذين تقدم لهم الخدمات التأمينية.

2- تقديم الخدمة التأمينية بوثائق تتلاءم وحاجات ورغبات المسـتفيدين وتسـعيرها بما يتناسب وقدرتهم المالية، واستخدام بـرامج ترويجيـة للتـأثير عـلى المسـتفيدين وإعداد النظم اللازمة لدراسة ردود الفعل عنـدهم لمعرفة مـدى قنـاعتهم بهـذه الخدمة.

10 - 2 مفهوم التسويق:

التسويق هو نشاط الأعمال الذي يتضمن كافة العمليات والمعاملات التـي تتعلـق بتيسير انسياب السلع والخدمات ما بين منتجيها ومستهلكيها. ولا قيمة لإنتاج بغير تسـويق وليس من الضروري أن يبدأ التسويق دائماً بعد الانتهاء من الإنتاج حيث يقتضي الأمر في بعض الأحيان أن تدرس الأسواق قبل البدء في الإنتاج وذلك بغرض التعرف على

حاجات العملاء من المنتجين أو الوسطاء وكذلك المستهلكين النهائيين ومعرفة حقيقة رغباتهم وأذواقهم وما يحرك هذه الرغبات والأذواق وما يتحكم في الحاجات من عوامل مثل دوافع الشراء وعاداته. ودراسة الأسواق عنصر هام من عناصر الوظيفة التسويقية.

10 - 3 أغراض التسويق:

وتتلخص أغراض الوظيفة التسويقية في:-

تقديم سلعة أو خدمة جيدة للمستهلكين الملائمين في المكان المناسب وبالثمن المعقول وفي الوقت المناسب.

فالسلعة أو الخدمة الجيدة هي الخدمة التي تحقق المنافع للمستهلكين ويرضون عنها إذا اشتروها لأنها تشبع حاجاتهم وتناسب رغباتهم وتتفق مع أذواقهم. أما تقديمها للمستهلكين الملائمين فمعناه أن لكل سلعة أو خدمة سوقها أي أن المستهلكين لسلعة ما أو خدمة ما قد تجمعهم خصائص محددة أو يمكن تقسيمهم إلى فئات أو قطاعات من حيث السن والجنس ودرجة التعليم والحالة الزواجية وحجم الأسرة والدخل والمهنة ومحل الإقامة وما إلى ذلك من العوامل التي تميز المستهلكين. لهذا لا بد للمنتج من أن يتعرف على خصائص المستهلكين للسلعة أو الخدمة التي ينتجها كما ينبغي عليه أن يلم بدوافع شرائهم لها وعاداتهم في ذلك حتى يقدمها لهم بالطريقة التي تلائمهم. وهكذا فان نشاط التوزيع والبيع والإعلان يتوقف على معرفة خصائص المستهلكين وما يؤثر في سلوكهم من عوامل نفسية.

أما فيما يتعلق **بالمكان المناسب** فإن المنتج الناجح هو الذي يقدم سلعته إلى المستهلك بحيث لا يتكبد هذا الأخير أية مشقة للحصول عليها أو نفقات لا ضرورة لها في سبيل ذلك. والتعرف على المكان المناسب لمجموعة المستهلكين أو لقطاعاتهم هو الذي يتحكم في اختيار أنواع المتاجر التي سوف تباع فيها السلعة أو الخدمة وبالتالي مسالك التوزيع التي سوف تمر بها السلعة في طريقها من المنتج إلى المستهلك.

وأما **الثمن المناسب** فهو الثمن الذي يحقق للمنتج عائداً معقولاً بعد أن يغطي تكاليف الإنتاج وفي ذات الوقت هو الثمن الذي يقدر عليه المستهلك. وتلعب سياسات التسعير دوراً هاما في تسويق المنتجات بأنواعها.

أما **الوقت الملائم** لتقديم السلعة للمستهلك فهو الوقت الذي يحتاج اليها فيه وليس الوقت الذي يتم فيه الإنتاج. لذا فان وظيفة التخزين تلعب دوراً هاماً في هذا المجال. هذا من ناحية المصلحة الذاتية للمنشأة وهي التي تترتب في ذات الوقت على تحقيق مصالح المستهلكين وبالإضافة إلى ذلك فهناك ناحية أخرى تتعلق بالمصلحة العامة للمجتمع حيـث يستهدف التسويق إضافة أكبر قدر من القيمة بأقل مقدار من التكاليف وهذا غرض رئيسي- من أغراض التسويق ويتم عن طريق خلق المنافع الاقتصادية المختلفة وهي المنفعة الشكلية والمنفعة المكانية والمنفعة الزمنية.

10 – 4 عناصر المزيج التسويقي:

تتكون عناصر المزيج التقليدي للسلع او الخدمات من أربعة عناصر وعادة يطلق عليها بـ (4Ps) وهي:

1- المنتج Products.

2- الترويج Promotion.

3- التوزيع (المكان) Place.

4- السعر Price.

10 – 5 المنتج التأميني (Product)

يعني المنتج التأميني: الخدمات التي تقدمها شركات التأمين لحامل الوثيقة التأمينية وما تقدمه تلك الوثيقة من منفعة متمثلة بالحماية والأمان والاستقرار الـذي تمنحـه وثيقة التأمين لحاملها في تعويضه عن الخسارة المتحققة نتيجة الخطر المؤمن منه مقابل مبلغ من المال يدفعه حامل الوثيقة إلى شركة التأمين يعرف بالقسط التأميني، سواء أكان هذا الخطر مغطى بتأمينات الممتلكات أو تأمين الحياة أو تأمينـات المسـؤولية. هذا مـن جانـب،

ومن جانب آخر فإن هذه المنفعة تؤثر في الأفراد من حيث اتخاذ القرارات وما ينشأ عنها من مخاوف أو تردد في تنفيذها مما قد يضيع على متخذ القرار المنفعة.

وبناء على ما تقدم يمكن تعريف المنتوج التأميني بأنه:

المنفعة أو مجموع المنافع التي يمكن أن يحصل عليها من وثيقة التأمين جراء اقتنائه لها، وتؤدي إلى إشباع حاجاته ورغباته.

وطبقا لهذا المقهوم فشركة التأمين تقوم بتسويق المنافع الناتجة عن الخدمة التأمينية المتمثلة بالحماية التي تقدمها لحاملها من الأخطار المادية المحتملة الوقوع التي تم التأمين عليها. وفيما يلي أهم أنوع المنتجات التأمينية والمتمثلة في وثائق التأمينات العامة:

1- التأمين على الحريق.
2- التأمين البحري.
3- تأمين السيارات.
4- تأمين السرقة.
5- تأمين السفن.
6- تأمين الطيران.
7- التأمين الهندسي.
8- تأمين الحوادث العامة.
9- تأمين الألواح الزجاجية.
10- تأمين ضمان الأمانة.
11- تأمين النقد أثناء النقل والحفظ.
12- التأمين الصحي.
13- التأمين على الحياة.

10 - 6 الترويج التأميني (وسائل الاتصال بالعملاء) Promotion

تعرف شركة التأمين في السوق كشركة خدمات عن طريق الوجوه التي تمثلها في هذا السوق، وعادة ما تخالف شركات التأمين بطرق اقترابها من العملاء ولكن في جميع الحالات، لا يمكن لشركة تأمين الاستمرار بنشاطها دون خلق روابط واتصالات مباشرة مع العميل وذلك عن طريق إرسال مندوبيها أو الاتصال المباشر عن طريق التليفون أو المرسلات البريدية.

ومن هنا ترد أهمية المندوبين وإعدادهم للانتشار في السوق وتربية علاقات جيدة وقوية مع العملاء، إذ أول ما يبدو من شركة التأمين في وجه العميل هو المندوب. مما يبرز هنا أهمية تحديد وسائل الاتصال بالعملاء على الوجه التالي:

1- وسيلة التلفون.

2- الرسائل البريدية.

3- المقابلات الشخصية.

أولاً: وسيلة الاتصال التلفوني:

مزايا وحالات التلفون كوسيلة للاتصال:

1- السرعة في الإنجاز والاتصال بالعميل.

2- الإحساس المبدئي برغبة العميل في التعامل أو عدمه.

3- أقل وسائل الاتصال تكلفة.

4- من أجود الوسائل في حالة التأمين على الحياة والتأمينات الاجتماعية.

5- وسيلة فاعلة لتوفير عامل الوقت.

6- وسيلة جيدة لتسوية المنازعات والمشاكل المعلقة التي يمكن حلها بدون الاتصالات الشخصية.

7- يستخدم التليفون كوسيلة للمتابعة.

8- وسيلة جيدة للاتصال في الأماكن البعيدة جغرافيا.

عيوب استخدام التليفون:

1- إن غياب العامل النفسي والتأثير الشخصي على العميل يضعف أثر هذه الوسيلة على التسويق.

2- غير مجدٍ في حال تطلب الأمر للتفسير والتحليل للتأمين الجديد.

3- إن وسيلة التلفون لا تشعر العميل بأن هنالك اهتماماً خاصاً له من قبل الشركة أو الشخص المسوق.

4- إن وسيلة التلفون لا تراعي الظروف التي يعانيها العميل إثر لحظة الاتصال، فقد يكون العميل في ظروف نفسية سيئة، وقد يكون العمل متراكم عليه لدرجة أنه لا يرغب بالتحدث إلى أحد، لذا يرى أن هذا الشعور لا يمكن بأي حال عكسه من خلال استقبال التليفون.

5- إن التلفون قد لا يعكس الشخصية الحقيقية للمتكلم (وكيل الإنتاج) وعادة ما تكون فترة المكالمة قصيرة بحيث لا تسنح الفرصة مدار البحث أو التعبير عن الرأي.

6- عدم توافر التسهيلات والتليفونات بسهولة في الظروف المحلية وازدياد الضغط على الأجهزة التليفونية مما يسبب عقبة في التسويق.

7- إن نجاح التسويق من خلال التليفون يتطلب مراعاة مجموعة من العوامل:

(أ) طريقة تقديم الشخص نفسه إلى العميل.

(ب) طريقة الاستفسار وعرض موضوع البحث.

(ج) الصوت وكيفية تغيير الموجة الصوتية.

(د) مقدرة الطالب على اكتشاف نفسية العميل من خلال مجموعة من الاسئلة والاستفسارات التي يلقيها الطالب ومن ثم تقدير وتقييم الإجابات عليها من قبل العميل.

(هـ) مرونة الطالب وكيفية الردود على مختلف الأسئلة التي يطرحها العميل.

(و) تجنب النقاط التي ينفر منها العميل والتي أبداها أكثر من مرة أو عدم تجنبها وازدياد الاشمئزاز دون إدراك حسي من قبل الطالب.

(ز) التركيز على نواحي الضعف التي يغفلها العميل وتداركها ومن ثم الضرب عليها وتأكيدها وبذلك خلق الحاجة لدى العميل أو عدم إدراك الطالب لذلك وتجاهل هذه النواحي وبذا يفشل الطالب في كسب العميل.

كيفية الاستفادة من استخدام جهاز التليفون وجعله أداة بيعية ناجحة:

1- تجنب الجدال في موضوعين أساسيين:

(أ) الدين

(ب) السياسة

2- الاستماع الجيد لآراء ووجهات نظر العملاء واستخدام الموضوعات التي يطرحها العميل كنقطة تحول لتوجيه حديث الطالب (رجل التأمين) على إثرها.

3- عدم التركيز على المواضيع الي تثير قلقه وكثرة استفساره.

4- إثارة مجموعة من الأسئلة ومن ثم الاستماع لردودها وعليه يمكن تقييم الرغبة او عدمها.

5- اختصار الاسئلة التليفونية إن أمكن.

6- التركيز على نوعية الأسئلة حسب طبيعة عمل العميل أو ميوله.

7- عدم قطع العلاقة كليا بين الطالب والعميل حتى ولو رفض العميل استمرار مجرى المحادثة بل إبقاء الباب مفتوحاً. بمعنى إبداء الرغبة في اللقاء مرة ثانية شخصيا.

8- التنبيه إلى أن التليفون وسيلة جيدة في معظم الاحيان لتسهيل مهمة المقابلة الشخصية أو اعتبارها مقدمة للقاء الشخصي وفاتحه للعلاقة.

بحيث إذا حضر الطالب (الوكيل) لزيارة العميل كان الصوت والحديث مألوفا لدى هذا الأخير.

9- أهمية المرونة في الحديث التليفوني، إذا حدث وأن وقع المندوب (وكيل الإنتاج) في خطأ أدى إلى استفزاز العميل أو عدم درايته برد الفعل تجاه موضوع معين فعلى الوكيل (الطالب) بهذه الحالة تدارك الموقف فورا وتغطية الفجوة بصورة لبقة.

10- يجب أن تكون المرونة بحدود معينة، إذ أحيانا يضطر الطالب إلى اتهام العميل بـالإهمال بحق مصلحته وأسرته وعمله إلى آخره ... أو مـا يسـمى بالردعـة النفسية والمبـادرة في إضعاف العميل حتى يتحول إلى مستمع جيد لوكيل الإنتاج.

ولكن بهذه الحالة لا بد على وكيل الإنتاج ألا يتخذها عادة وخصوصا إذا نجح مـرة في هذه المبادرة بل عليه تحسين الموقف أدبيا لاحقا.

يراعى أن هذا الوضع يستخدم في بعض الأحيان ومع أشخاص معينين فقط ولكنها ليست سياسة.

أمثلة وحالات تطبيقية:

يدرب وكلاء الإنتاج عمليا على كيفية استخدام التليفون والتصرف مع العملاء.

يتم اختيار العميل عشوائياً من دليل التليفون.

يجري المدرب أول محادثة تطبيقية.

ثم يمارس كل وكيل الاتصال التليفوني مع حالة اختيار عشوائي أخرى.

تسجل هذه المكالة ثم يراجع مع الوكيل والمدرب نقاط الضـعف ونقـاط القـوة في كل حالة.

يساعد مثل هذا البرنامج على اختبار كفـاءات الـوكلاء وكيفيـة استئصـال النواحي السلبية فيهم.

يساهم مثل هذا البرنـامج في تسـهيل مهمـة وكيـل الإنتاج وتعزيـز الثقـة بنفسـه وتشجيعه على مواجهة العملاء بصورة أكثر جرأة.

ثانيا: وسيلة الاتصال البريدي:

إن مجالات هذه الوسيلة محـدودة نسـبياً ولكـن لا مـانع مـن اسـتخدام وتوسيع نشاط هذا الاسلوب ليس فقط بين الشركات كما هو وارد بل بين الأفراد والأسر.

مزايا الاتصال البريدي:

1- إن هذه الوسيلة تفسيرية من حيث إمكان سرد أكبر قدر من المعلومات بصورة مكتوبة بحيث تسهل على القارىء الإمعان وتشرب هذه المعلومات وأخذ القرار بالرد أو عدمه.

2- إنها وسيلة جيدة للتوعية التأمينية.

3- إنها تعطي لمستلم البريد وقتا كافيا للتفكير وإبداء الرأي.

4- إنه يمكن الاتصال بأعداد كبيرة من الناس أو العملاء دون جهد حقيقي وذلك عن طريق قسم السكرتارية.

5- إنها وسيلة تمهيدية للزيارة الشخصية حيث تهيء العميل أو الشخص لقبول تفسيرات لاحقة للبيانات المرسلة.

6- إنه يمكن من خلال هذه الوسيلة الحصول على ردود من قبل العملاء وبالتالي ترتيب اتصال تليفوني يمكن من إنشاء العلاقة بين العميل والمراسل والتي عادة ما تستكمل بزيارة شخصية.

يراعى أن تستخدم هذه الوسيلة وحدها معزولة عن وسائل الاتصال الأخرى كالتلفون والاتصال الشخصي.

ثانيا: وسيلة الاتصال الشخصي:

تعتبر هذه الوسيلة أكثر الوسائل قوة وأثرا على العميل وتتم بأخذ موعد تليفوني مسبق أو من خلال المراسلة أو بمجرد طرق باب العميل والدخول. وعادة ما يكون الاتصال التليفوني المسبق إثر التعريف والتمهيد لمثل هذه المقابلات.

وهذه الوسيلة هي الأكثر تطبيقا في السوق الأردني ولكن هذا لا يمنع من محاولة استخدام وتقوية مفعول الوسائل الأخرى السالفة الذكر.

مزايا وسيلة الاتصال الشخصي:

1- إنها أكثر وسائل الاتصال فاعلية من حيث الوقع النفسي على العميل.

2- إنه يمكن توخي نتائج سريعة من حيث الحصول على الرد.

3- إنه من خلال المقابلات يمكن حل الكثير من المشاكل التي يعجز عنها من خلال التليفون أو البريد.

4- عادة ما يؤثر المظهر الشخصي وطريقة الإدلاء بموضوع التسويق على العميل.

5- إن هذه الوسيلة تشمل طابع التوعية التسويقية والتأمينية للعميل.

6- التقدير الأدبي الذي يلتزم به العميل في مواجهة رجل التسويق.

7- الامتزاج العاطفي والإنساني الذي يبدو من خلال المقابلات.

8- إن هذه الوسيلة تمكن مسوق التأمين من تدارك ما إذا كان العميل منشغلاً في أعماله أو منهمكا في اجتماعات بحيث يمكن الرجوع إليه لاحقا.

بينما تعجز وسائل الاتصال الأخرى عن كشف مثل هذه الظواهر.

9- توفر السرعة في إنجاز التسويق واختصار طرق الاتصال.

من التحفظات التي يجب مراعاتها في مثل هذه المقابلات:

هي شخصية رجل التسويق وطريقة مدخله لعرض موضوع التأمين لدى العميل ومن ثم دقة التوقيت من حيث اختيار الوقت والظرف المناسبين والمكان المناسب ليتم التفرغ لعرض الموضوع وتفهمه.

والناحية الأخرى ذات الأهمية هي مقدرة رجل التسويق الفنية في التكيف بالشيء موضوع التسويق وحسن مداولة المحادثة.

(أ) نقاط أساسية يرى مراعاتها أثناء إجراء المقابلة:

1- عدم التحدث في السياسة أو الدين.

2- الانتظار حتى يستكمل العميل عرض موضوعه ثم الرد عليه دون مقاطعة كلامه أو تكذيبه حتى ولو لم يكن صحيحا.

3- عدم معارضة العميل في الأشياء التي يؤكد عدم رغبته بها. كما يراعي أن تغطى المعارضة بإيجاد بديل يعالج نفس المشكلة لهذا لعميل.

مثال:

إذا عرض موضوع التأمين ضد الحريق، وأصر العميل على عـدم رغبتـه في تغطيـة هذا النوع من التأمينات فإن على رجل التأمين طـرح نـوع إضـافي مثـل الحـوادث العامـة أو الحياة ...... الخ.

وفي أحيان أخرى عدم عرض موضوع التأمين علـى الإطـلاق ومـن ثـم إنشاء علاقة ودية شخصية بين العميل ومندوب المبيعات (رجل التأمين) بحيث تكون الخطوة التالية عرض التأمين على نفس العميل بصفة رجل التأمين الصديق والحريص على مصالح هذا العميل.

4- عدم إثارة الموضوعات التي يمكن أن يستفز بها العميل.

5- عدم الاستطراد بالحديث مع العميل دون معرفة كافية به وبرغبته وكما ذكر سـالفا إن إثارة الأسئلة المختلفة ومن إجابتها يمكن تقييم نوع العميل وعليه يـنظم رجـل التـأمين طريقه التحدث بلغـة العميـل التي يفهمهـا وقـد يضـطر رجـل التـأمين إلى النـزول إلى المستويات كافة: الذهنية والعقلية في سبيل تبسيط وتسهيل مهمـة تسويق التـأمين او الارتقاء إلى الدرجات العليا – لذا كـان رجـل التـأمين إنسـاناً مختلفـاً ليـس مجـرد رجـل عادي.

كما يجب أن يكيف رجل التأمين نفسه لأن يرقـى بمعرفتـه ومرونتـه للتعامـل مـع مسؤولي الشركات وربط علاقات جيدة معهم على أن يكون مقبولا لديهم.

وهنالك وسائل يمكن لرجل التأمين أن يختبر بها مدى رغبة هذه الشركة أو العميل به عن طريق عمل بحث تسويقي استقصائي أو عن طريق زيارة العميل الواحد مـن قبـل مندوب آخر لنفس الشركة واتخاذ سياسة مفتوحة بـالردود علـى العمـلاء مـن قبـل مسؤولي الشركات بالاتصال المباشر.

(ب) نواحٍ يجب تأكيدها في المقابلات الشخصية:

1- نواحٍ متعلقة بشركة التأمين التي يمثلها الشخص:

وذلك بعرض نبذة تاريخية عن الشركة لتوطيد وخلق الثقة بين العميل والشركة التي يمثلها الشخص ومن هنا يبدر فن الردود على المشاكل السابقة إن وجدت والتي تعرف بها الشركة بالسوق. ومن خلال المحاضرات التطبيقية تبرز كيفية الـردود علـى كـل مشكلة حسب تقلبها وتؤكد ثقة الزبون.

2- نواحٍ متعلقة برجل التأمين نفسه:

لا بد من إيجاد الثقة بين العميل ونفس ممثل مبيعات الشركة (رجل التأمين) وهنا تلعب المقومات الشخصية والذاتية لرجل التأمين دورا هاما في قبول العميل له أو رفضه وهنا ايضاً تبرز أهمية انتقاء وتدريب رجل التأمين من قبل القائمين بأعمال شركة التأمين.

3- نواحٍ متعلقة بالتأمين ذاته: أثره، أهميته، فوائده.

وهذه نواحٍ يجب على رجل التأمين الإلمام الكافي بها للـتمكن مـن تفسيرها بدقـة وبساطة للعميل ويلعب برنامج التدريب لمندوبي الشركة دورا فاعلاً في رفع كفاءتهم الفنية.

4- من النواحي الأخرى الأساسية في المقابلة إثارة مندوب المبيعات لعدد من الأسئلة تمكنه من تقدير العميل والتقرب إليه، ومن ثم تنشيط النواحي التي تسترعي اهتمام العميل وتهمه مع مراعاة الصدق في تأكيدها له والتركيز على تغطيتها وتعتبر هذه النقاط نواحي الضعف التـي تتوافر في العميل والتي يمكن من خلالها تسويق التأمين.

مثال:

النواحي العاطفية في التأمين علـى الحيـاة حب الأب لأبنائـه، رغبتـه في تعلمهـم، مصلحة العميل بمحله التجاري، مستقبله في الأعمال، الالتزامـات الماليـة التي تترتـب علـى إصابات العمال وغير ذلك من الأمور التي تثير اهتمام العميل وتخلق عنده مخاوف متعددة.

(ج) شخصية رجل التسويق:

1- السن:

بعض العملاء يفضلون كبار السن والذين هم من الوقار والجدية بحيث يناسبون رغبة العميل، والبعض الآخر يفضل رجل التأمين الأكثر مرونة والأصغر سنا بحيث تثار بعض النكات التي تلطف جو المقابلة وتخلق نوعا من التقرب بين الأفراد. ولكن أحيانا يعاب على صغار السن ضعف روح المسؤولية في العمل كما يعاب على صغار السن عدم توفر طول النفس وروح المثابرة.

عموما، على شركات التأمين أن تجمع بين مختلف هذه النوعيات من رجال التأمين.

2- الدراية في السوق، وفهم نفسية الناس:

من العوامل الهامة هنا، هو اختيار رجل التأمين بحيث يناسب سوقه الطبيعي بالأحرى يتم اختيار رجل تأميني أردني للتعامل في السوق الأردني كما يتم اختيار عراقي للتعامل مع الجالية العراقية ...الخ ، وهذا هو مفهوم ما يسمى السوق الطبيعي وهذا أمر في غاية الاهمية لتسويق التأمين. لذا كان على شركات التأمين مراعاة هذه النواحي على أن هذه العلاقة ليست مسألة ثابتة بل على النقيض هي مسألة نسبية تؤدي الى تسهيل ومضاعفة التسويق ولكن لنجاحها هذه يجب أن يتوفر الشخص المناسب في كل سوق.

3- المظهر الشخصي:

يلعب المظهر الشخصي- دورا أساسياً في تسويق التأمين إذ أن العميل لا يتعامل بالتأمين كسلعة ملموسة ولكنه يتعامل من خلال اقتناعه برجل التأمين وطريقة عرضه لموضوع التأمين على أننا استثنينا هنا شخصية العميل نفسه إذ أن لها اثراً أيضاً على تسويق التأمين ولكن على المدى البعيد.

وأمام الحاجة التأمينية له يصبح التعرض لهذا الباب شيئا ثانويا. يعتبر المظهر الشخصي من أسس التأثير النفسي على العميل ولكن هذه أيضاً مسألة نسبية إذ تختلف من عميل لآخر، وفي نفس العميل من وقت لآخر على أنها يجب أن تحتوي على حد أدنى من المظهر المقبول بحيث لا يمكن بحال أن يحضر رجل التأمين للعميل عاري القدمين أو برائحة كريهة أو بشكل قبيح .... الخ.

4- درجة ثقافة رجل التأمين ومدى اتقانه لمختلف اللغات:

من المعروف أن سوق الأردن يحتوي على عدد لا بأس به من الجنسيات والملل فمنها الانجليزي، الالماني، الفرنسي، وخلافها. كما أنه في اللغة العربية نفسها تختلف اللهجات وهنا تبرز أهمية تكيف رجل التأمين مع هذه الملل، اللغات واللهجات، بحيث تجعل منه إنسانا مقبولا لدى معظم، إن لم يكن جميع، هذه الجاليات وتعمل منه إنسانا ناجحا في عمله. يراعى ان رجل التأمين الناجح ينجح في أي مكان وبأي لغة. حيث توافر المرونة والصلابة الذاتية.

5- نفسية رجل التأمين (مندوب المبيعات):

أمام مقابلة مختلف الفئات من الناس ودرجات الثقافة والوعي والتي تنعدم لدى بعض العملاء كان على رجل التأمين أن يكون من الصلابة والثقة بالدرجة التي تمكنه من الصمود أمام كافة العقبات وأحيانا بعض الإهانات التي ترد من بعض العملاء لأن مهمة رجل التأمين تحدٍ وإثبات وجود وعادة ما تقوم شركات التأمين بتشجيع المبتدئين في مجال التسويق حتى تعوضهم عن مثل هذه الردعات النفسية السيئة التي هي في بعض الأحيان كفيلة بان تطيح برجل التأمين إن لم يكن لديه المناعة الذاتية الكافية أو إن لم يتوفر لدى القائمين على شركة التأمين الوعي الكافي لفهم هذه النواحي.

6- النواحي الشخصية والاجتماعية الخاصة برجل التأمين:

على القائمين بأعمال شركة التأمين فهم ظروف مندوب المبيعات الخاصة لأنها جزء من مهمة التسويق وتنعكس على نفسية المندوب بشكل مباشر، فحالة المندوب الاجتماعية من حيث كونه اعزباً أو متزوجاً، وعدد الاولاد، الحاجة المالية، رغبة زوجته في مثل هذا العمل، خلق نوع من الاحترام لمثل هذه الوظيفة وإعطاؤها الاعتبار الأولى في شركة التأمين أمر في غاية الأهمية.

وتقوم عادة بعض الشركات الأجنبية بزيارة المرشح لشغل مندوب تأمين في بيته لدراسة أحواله الاجتماعية ومدى موافقة زوجته والانعكاس المتوقع على الإنتاج التأميني وما يعزى له. لم يعط الاهتمام الكافي بعد في بلادنا لمثل هذه الاعتبارات.

وحديثاً تتبنى شركات التأمين في الأردن إعـداد وتنفيـذ مختلـف الـبرامج التدريبيـة نظريا وعمليا محاولة بذلك رفع كفاءة مندوب التأمين وإعطائه الاعتبار الاجتماعي والوظيفي الذي يمكنه من أداء مهمته التسويقية بجدارة ونجاح.

7- الجنس:

لم تصل درجة التسويق إلى أن تقوم المرأة بعـرض الخـدمات التأمينيـة عـلى نطـاق واسع خارج المكتب ولكنها تقوم بالتسويق المحلي الداخلي (داخل المكتب) بصـورة أكـبر ومـا زال الرجل هو الجنس الأساسي المحتمل لهذه المهمة على أن البادرة ليست معلقة أمام المـرأة من أن تقوم بمثل هذه المهمة في القريب العاجل غير أنها ربما لم تعط الأهمية الكافية.

النواحي التطبيقية للاتصالات الشخصية بالعملاء:

- عادة ما يستخدم المسجل كوسيلة أساسـية لاختبـار مقـدرة منـدوب المبيعـات في التسـويق وذلك عن طريق اجراء مقابلات في مركز الشركة كجزء من التدريب بأن يمثل أحد العـاملين بالشركة دور العميل ويقوم المنـدوب تحـت التـدريب بـإجراء المقابلـة وإعطائهـا الصـبغة الواقعية بحيث تسجل المقابلة ومن ثـم يعـاد عرضـها ليكتشـف المنـدوب نقـاط الضـعف فيسعى لتجنبها ونقاط القوة فيؤكدها. على أن يتم التعليق على كل حالة. لا بد وأن تكرر مثل هذه البرامج التدريبية وعـلى فـترات متباعـدة حتـى يصـبح منـدوب المبيعـات رجـلاً متمكناً من السوق ولديه دراية تامة وقادر على التغلب على كافة العقبات. والمفـروض أن لدى رجل التأمين مقدرة على الإجابة على كل سؤال يطـرح أمامـه عـلى أن تكـون الإجابـة بواقعية وأن أي تخلف عن الإجابـة معنـاه فقـدان الصـفقة البيعيـة وبالتـالي فقـدان ثقـة العميل.
- ومن النواحي التطبيقية أيضاً مشاركة المدرب للمندوب في زيارته المبدئية بالسوق وإعطـاؤه الملاحظات اللازمة لرفع كفاءته.

10 – 7 التوزيع (المكان) Place

التوزيع يعني إصال السلعة أو الخدمة التأمينية إلى أماكن تواجد المؤمن لهم المحتملين.

وقبل البدء بدراسة منافذ تقديم الخدمات التأمينية لا بد من تعريف الأشخاص الذين يعملون على تقديم هذه الخدمة والذين يعرفون بالوسطاء.

الوسطاء : مجموعة من الأفراد يقومون بتسويق الخدمة التأمينية المتمثلة بما تقدمه وثيقة التأمين ويعملون بين المستفيدين المرتقبين الراغبين بشراء الخدمة التأمينية وبين المؤمنين. ومعظم الأفراد يحتاجون إلى خدمة يقدمها التأمين، وتعمل شركات التأمين على تقديم هذه الخدمة إلى من يحتاجها منهم، لذلك فإن وجود الوسطاء ضروري جداً للقيام بإيصال هذه الخدمات إلى أكبر عدد من الأفراد الذين يحتاجون تلك الخدمات عن طريق بيعها لهم، فهم يعتبرون باعة وثائق التأمين.

إن شخصية البائع لها أهمية كبيرة في تحقيق أفضل المبيعات ولذلك فإنهم غالباً ما يسمون بالمنتجين، ومن هنا يتضح ضرورة الدمج بين الإنتاج الكبير والمبيعات لمثل هذه الأعمال.

إن أهم الوسطاء الذين يعملون على تسويق وثائق التأمين هم الوكلاء والسماسرة.

1- الوكلاء:

إن وكلاء التأمين يقومون ببيع وثائق التأمين التي تصدرها شركة تأمين واحدة أو أكثر حيث يتقاضون عمولة كنسبة مئوية من كل قسط وثيقة تأمين يحصلون عليه من بيعهم لها.

ويمثل الوكيل شركة التأمين في السوق حسب اتفاق مكتوب بين الطرفين ويقوم باستخراج إجازة مزاولة عمليات تسويق التأمين من جهات حكومية مختصة على نفقة شركة التأمين وتشترط هذه الشركة في عقد الوكالة ألا يقوم الوكيل بتمثيل أي شركة تأمين أخرى بدون أن تصرح له بذلك. ويختلف الوكيل عن مندوب البيع الخاص بشركة تأمين معينة والذي يكون عادة موظفاً لديها، والذي يختص ببيع وثائق التأمين لمصلحتها ويتقاضى مرتباً أكبر من العمولة التي يتقاضها نظير بيعه للوثائق.

إن عقد الوكالة الذي تمنحه شركات التأمين العامة يعطي الحق للوكيل بقبول التأمين مباشرة من المستفيد واستلام القسط الأولي عن الوثيقة بمقابل إعطائه ما يفيد كونه أصبح مؤمناً له. دون الرجوع إلى الشركة التي يمثلها وتلتزم الشركة بقبول هذا التأمين: كما أن العقد يحدد بعض أنواع وأعداد الوثائق التي يسوقها الوكيل.

إن عملية قبول الوكيل للتأمين واستلامه القسط الأول من المستفيد تؤدي إلى نشوء عقدٍ بينهما، وقد يكون هذا العقد شفوياً أو تحريرياً، مؤقتاً، ويكون ملزماً لشركة التأمين لحين إلغائه أو إحلال وثيقة تأمين محله.

2- السماسرة:

إن السماسرة يمثلون حملة الوثائق في سوق التأمين وذلك بما يقدمونه لهم من خدمات، كما أنهم يقدمون الغطاء المناسب لكل حامل وثيقة بما يتلاءم مع حاجته ورغبته، فهم يمثلون حملة الوثائق أمام شركات التأمين، في حين أن الوكيل يمثل شركات التأمين بتسويق وثائقها بدلاً منها، كما أن السماسرة يعملون أحراراً في تقديم إنتاجهم إلى أية شركة تأمين دون أن يكونوا مقيدين بأي تعاقد مع أية شركة، كما أنهم غير مخولين بأي حق من قبل شركات التأمين - كما هو الحال في الوكيل - ولكنهم على الرغم من ذلك يتقاضون عمولة عن المبيعات من الشركات التي يقدمون إنتاجهم لها، ويحتاج عمل السماسرة إلى الحصول على ترخيص من شركات تأمين معينة ليقدموا إنتاجهم إليها من خلال عرض وبيع الأغطية المتاحة التي تقدمها تلك الشركات إلى المستفدين المرتقبين.

وتستخدم شركات التأمين الوكلاء والسماسرة في تسويق منتجاتها التأمينية من خلال منافذ التوزيع المختلفة التي تستخدمها في بيع وثائقها بغية إيصال خدماتها إلى أكبر عدد ممكن من الراغبين في خدماتها.

منافذ تقديم (توزيع) الخدمة التأمينية

تستخدم شركات التأمين منافذ عدة في تقديم خدماتها التأمينية، وبشكل عام فإنها تمارس عملية التقديم هذه عن طريق ثلاثة منافذ رئيسية من خلال الوسطاء الذين يعملون بها، وهذه المنافذ هي:

1- الوكالات المستقلة.

2- الوكالات المتخصصة.

3- البيع المباشر.

1- الوكالات المستقلة:

يعتبر هذا المنفذ من أوسع وأكثر المنافذ شيوعاً في استخدامه من قبل شركات التأمين، العامة والحياة، إذ أنه يعتمد أساساً على مبدأ الحرية والاستقلال للوكيل في عمله عن شركة التأمين التي يمثلها، كما أنه قد يمثل شركة تأمين واحدة أو أكثر، فهو إضافة إلى هذه الحرية فإنه يتخصص بنوع معين من أنواع التأمين، ومن هذا المنطلق تظهر مدى أهمية هذا المنفذ بالنسبة لشركات التأمين.

ويعتمد هذا المنفذ على الوكلاء المستقلين في عملهم حيث يرتبط مع الشركات التي يمثلونها بعقود خاصة، ولذلك فإنهم يعملون على إثبات شهرتهم التجارية في السوق من خلال الشركات التي يمثلونها ولذلك فعند محاولتهم إقناع أحد المستفيدين فإنهم في الغالب لا يذكرون اسم الشركة التي يمثلونها، وإنما يعتمدون على سمعة وشهرة وكالتهم في السوق.

إن عمل الوكالات المستقلة موزع بين شركات التأمين التي تمثلها وبين المستفيدين المرتقبين، فهي تقوم باستلام الوثائق التي تجهزها لها شركات التأمين عند تحقيقها عملية بيع لأحد المستفيدين، وتقوم بملء هذه الوثائق بالبيانات الخاصة بالمؤمن لهم في مكاتبها، كما أنها تعمل على إرسال إشعارات تجديد الوثائق المستحقة إلى المؤمن لهم، كما أنها تعمل على تحصيل أقساط الوثائق الجديدة والمجددة، وتجميعها، ثم تقوم باحتساب وخصم حصتها من عمولة الإنتاج حسب النسب المتفق عليها مع شركات التأمين التي تمثلها بموجب العقد المبرم بينهما من هذه الأقساط مباشرة وتحويل باقي الأقساط الى شركات التأمين المعنية.

إن الوكالات المستقلة تختلف بعضها عن البعض الآخر من حيث الشكل والحجم فهناك وكالات تعود ملكيتها لفرد واحد أو لشركة أو جمعية، أما من حيث الحجم فقد تكون

وكالة يملكها فرد واحد، ولكنها تتضمن عدداً كبيراً من المستفيدين ويعمل بها أكثر من وكيل إضافة إلى وجود عدد من المسؤولين يعملون مع الوكلاء في مكتب واحد، ويحتوي هذا المكتب عادة على السجلات الخاصة بعمله وكتب الإشعارات والوثائق التي يجهز بها المستفيدين كل ما تحتاجه الوثيقة من تعديلات ضرورية، وتثبت البيانات الخاصة بتجديد السعر والقسط للوثيقة.

ومن وظائف الوكالة أيضاً القيام بتحسين الوثائق لتلائم الاحتياجات المتجددة للمستفيدين وشرح مزايا الوثيقة، والقيام بإجراءات تسوية التعويضات وتحديد الوثائق المستحقة وكذلك الإشراف والرقابة على مستخدمي الوكالة مع تخصيص الوقت الكافي للحصول على إنتاج جديد.

إن المصدر الرئيسي لأموال الوكالة يتحقق من الوثائق الجديدة التي تصدرها مضافاً إليها المبالغ المتحققة من تجديد الوثائق المستحقة والمهم في هذه الوكالة هو انتهاء آجالها، أي انتهاء مدة تمثيل الوكالة لشركة التأمين حسب العقد أو انتهاء أجل الوثائق حيث يعطي العقد الحق للوكالة أن تحدد الشركة أو الشركات التي ستجدد لديها الوثائق المستحقة وهذه الأهمية تظهر في الآتي:

أ- للوكلاء حق التفاوض مع شركات التأمين التي يمثلونها في تجديد الوثائق المستحقة لديها في تقديمها إلى نفس الشركة أو إلى شركات أخرى من خلال عدم اقتناع الوكلاء بمكتتبي هذه الشركات أو موظفيها أو في طرق تسويتها للتعويضات وفي حالة رفض الشركة إجراء أية تعديلات فللوكيل الحق بنقل إنتاجه إلى شركات تأمين أخرى تقبل بمثل هذه التعديلات.

ب- لملاكي الوكالة الحق ببيع وكالتهم أو نقلها مع إنتاجها عند انتهاء مدة العقد وعند اعتزالهم إلى أي شخص أو شركة أخرى دون الحاجة لاستحصال موافقة الشركة أو الشركات التي يمثلونها.

2- الوكالات المتخصصة:

تستخدم هذه الوكالة بشكل واسع في تسويق تأمينات الممتلكات والمسؤولية فهي متخصصة بتمثيل شركة واحدة أو عدة شركات بحيث تكون هذه الشركات متخصصة بنوع

معين من أنواع التأمين وقد لاقت هذه الوكالات نجاحاً كبيراً في الوقت الحاضر، ويعزى ذلك إلى عدة عوامل منها:

أ- توفير أغطية متاحة واسعة ومختلفة في اتجاهين: الاتجاه الأول نحو التأمين الفردي كتأمين دور السكن والسيارات، وتأمين الحياة والتأمين الصحي. والاتجاه الثاني: التأمين التجاري كالتأمين على الشركات والجمعيات الكبيرة، لذلك فقد كرست هذه الوكالة معظم قدراتها وجهودها وإمكاناتها المالية باتجاه تأمين الوحدات الكبيرة والوحدات ذات الأعمال المركبة المعرضتين للخطر، ولها القدرة على استخدام طرق المقارنة لوسائل التقنية المتطورة التي حققت لها إنتاجات كبيرة، حيث بلغ إنتاج البعض منها ملايين الوثائق المتشابهة.

ب- استخدام الطرق الحديثة في إنتاج وثائقها الخاصة في اتجاه الوثائق الفردية. فبدلاً من اعتمادها على الوكلاء، في كتابة الوثائق، وجمع الأقساط وحفظ السجلات وغيرها من الأمور التي تستخدمها الوكالات المستقلة، استخدمت نظام تنسيق البيانات مما أدى إلى تكثيف الجهود نحو زيادة حجم مبيعاتها كما أنها أول من استحدث طريقة جديدة في تجديد الوثائق المنتهية، التي تعرف بالإشعار المباشر.

ج- إن نظام الوكالات المتخصصة في تأمينات الممتلكات يضمن الزيادة في توصيل وثائق التأمين نتيجة لزيادة المبيعات وذلك من خلال عمل مستخدمي إدارة المبيعات في شركات التأمين مع وكلائهم، كما أن الرقابة والتخطيط يعملان معاً في توجيه أعمال الشركة نحو الإنتاج الجديد لها مما يجعل دورها كبيراً وفاعلاً إضافة إلى الدور المتميز للعمولة في تشجيع رجال البيع على زيادة مبيعاتهم من وثائق التأمين الجديدة بحصولهم على مستفيدين جدد وذلك لارتفاع نسبة العمولة للأعمال الجديدة عنها في الأعمال المجددة فتكون نسبة 15% من القسط كعمولة للمبيعات من الوثائق الجديدة في حين تكون هذه النسبة 6.5% من القسط عن الوثائق المجددة.

د- أما العامل الأخير فهو الإعلان العام، وهنا تظهر ميزة الإعلان في الوكالات المتخصصة ذاتها لا تعلن عن نفسها فقط وإنما تتفق مع شركة التأمين في إنتاج

الإعلان العام الذي يتضمن التعريف بإنتاج تلك الشركة والوكالات المتخصصة المرتبطة بها وبهذا يكون الإعلان مركزاً وشاملاً، من خلال التعاون مع شركات التأمين والوكالات مما يؤدي إلى تقديم خدمة جديدة للوكالات المتخصصة وفي هذا المجال يظهر الإعلان التنافسي بين هذه الوكالات والوكالات المستقلة.

3- البيع المباشر:

استخدمت شركات التأمين هذا النظام في بداية صناعة التأمين. إذ لم يكن لديها في حينه وسطاء تأمين. فكانت تقوم بالإعلان عن إنتاجها من وثائق التأمين إلى الراغبين في شراء تلك الوثائق وعلى الراغبين في الشراء التقدم الى مكاتب هذه الشركات مباشرة.

أما اليوم فإن شركات التأمين تستخدم هذا النظام ويسمى بنظام الاكتتاب المباشر إضافة إلى الأنظمة الأخرى كما أن هذا النظام يستخدم في تسويق وثائق التأمينات العامة أكثر منه في الوكالات المستقلة، حيث تعمل شركات التأمين على تسويق وثائقها عن طريق مستخدمي الشركة (ويعرف هؤلاء بالمنتجين) وعن طريق البريد والبيع الآلي.

أ- المنتجون:

يعد المنتجون من مستخدمي شركات التأمين فهم موظفون يعينون في هذه الشركات ولا تربطهم بها عقود كما في الوكلاء، وكذلك فهم يتقاضون مرتباً ثابتاً إضافة إلى عمولة إنتاجهم من المبيعات وهذه العمولة تكون أقل من العمولة التي يتقاضها الوكيل والسمسار ولا يحتاج هؤلاء سوى موافقة شركة التأمين على تخويلهم حق إنتاج وثائقها وقد تطور عملهم إلى عمل متخصص بنوع التأمين، مثل بيع وثائق تأمين السيارات والحريق والحوادث.

ب- البريد:

حققت عدة شركات تأمين نجاحاً عن طريق استخدام البريد في بيع إنتاجها من وثائق التأمين، وقد اشترطت أن يكون مستخدم البريد منتجاً مخولاً من قبلها ويتم الإعلان عن الوثائق التي تباع بهذه الطريقة بوساطة الوسائل البصرية، والسمعية، والسمعية البصرية، وغالباً ما يستخدم في بيع وثائق التأمين لمنتسبي الدولة ومستخدمي القطاعات الأخرى، وكذلك يستخدم بشكل واسع في أعمال التأمين المجددة.

ج- البيع الآلي:

اعتمدت شركات التأمين في الوقت الحاضر هذا الأسلوب لبيع وثائق التأمين بالنسبة لوثائق تأمين الحوادث الشخصية خاصة. فقد وضعت المكائن الآلية في الأماكن المخصصة لنقل المسافرين كالطائرات حيث يقوم الراغب بالحصول على هذه الوثيقة بدفع القسط المحدد لوثيقة التأمين المطلوب الحصول عليها للآلة وتقوم الأخيرة بتزويد تلك الوثيقة.

منافذ توزيع وثائق التأمينات العامة في السوق الأردنية :

تتشابه شركات التأمين التي تمارس إنتاج وتسويق التأمينات العامة من حيث اختيارها لمنافذ توزيع وثائق هذه التأمينات وإن اختيارها لهذا المنفذ يتماشى مع طبيعة تكوين المجتمع الأردني في كيفية إيصال الخدمة التأمينية لأكبر عدد ممكن من أفراده من خلال خبرتها وتجربتها في السوق وعلى ذلك فإن أهم منافذ التوزيع هي:

1- المنافذ المباشرة:

هي السبل التي تسلكها الشركة في إيصال خدماتها مباشرة إلى المستفيدين المرتقبين سواء عن طريق قسم الإصدار أو المكاتب أو الفروع المرتبطة بها أو عن طريق رجال البيع المشترين في السوق، ويمكن تحديد تلك المنافذ بالآتي:

أ- قسم الإصدار:

يقوم قسم الإصدار في الشركة باستقبال المستفيدين الراغبين في الحصول على الحماية التأمينية عن طريق ملء استمارة معدة لهذا الغرض تعرف باستمارة طلب التأمين وبعد موافقة المكتتبين في الشركة على قبول الخطر المغطى بها يقوم هذا القسم بإصدار الوثيقة اللازمة، دون وجود وسطاء ويتمثل ذلك غالباً في أعمال التأمين الحكومية عن طريق المراسلات والوثائق المستحقة حيث يقوم هذا القسم بإرسال أسعار التجديد الى المؤمن له لغرض استحصال موافقته على التجديد وبيان التعديلات التي يرغب فيها إن وجدت، ثم يسدد القسط اللازم، وبعدها تصدر الوثيقة ثم ترسل للمؤمن له أما بطريق البريد أو بمراجعة المؤمن له مقر الشركة لاستلامها.

ب- قسم الإنتاج:

يضم قسم الإنتاج رجال البيع العاملين في حقل تسويق وثائق التأمينات العامة يعرفون بالمنتجين، ويعد هؤلاء من موظفي الشركة الدائمين وهم يتقاضون مرتباً ثابتاً يحدد حسب المستوى العلمي لكل واحد منهم إضافة الى العمولة والتي يحصلون عليها من بيعهم للوثائق التأمينية.

ويقوم المنتجون ببيع وثائقهم من خلال تجوالهم في الأسواق والمناطق السكنية أو من خلال تواجدهم في المكاتب الموزعة في المناطق الجغرافية المختلفة، وبذلك فهم يقومون بتعريف الجمهور بوثائق التأمين واختيار أفضل الأنواع التي تشبع رغبة أولئك الأفراد لتشجيعهم وإقناعهم شراء وثيقة التأمين.

كما أنهم يشاركون الإدارة في الشركة عند اتخاذها للقرارات الخاصة بإصدار وثائق جديدة أو إجراء تعديلات على الوثائق الحالية وكذلك المشاركة في وضع الحلول المناسبة للمشاكل التي قد تنشأ أمام تسويق وثائق التأمين والتي من شأنها أن تؤدي إلى انخفاض الإنتاج في الشركة من خلال خبرتهم وتجربتهم العملية في السوق.

ج- المكاتب والفروع:

المكاتب وحدات إدارية تابعة لإدارة شركة التأمين، ويتم عن طريقها بيع الوثائق إما من قبل المكتب مباشرة - كما هو الحال في قسم الإصدار - او عن طريق المنتجين التابعين له من خلال تجوالهم في تلك المناطق لغرض تعريف الجمهور بأنواع الوثائق التي تنتجها شركة التأمين، وتقدم إنتاجها من الوثائق إلى الفروع المرتبطة بها والمتخصصة حسب نوع التأمين.

أما الفروع فهي وحدات إدارية أكبر من المكاتب التي تربط بها، ومهمتها تسويق وثائق التأمين التي تنتجها شركة التأمين وتقوم بالإشراف والرقابة على هذه المكاتب، كما أنها تقوم بإصدار وثائق التأمين، وتظهيرات التعديل التي يطلبها حملة الوثائق، وكذلك تسوية التعويضات حسب الصلاحية المالية المخولة لها من قبل إدارة الشركة.

2- المنافذ غير المباشرة

يتم تقديم الخدمات التأمينية عن طريق وكالات تأمين خاصة يعرف مالكها بالوكيل وتمثل هذه الوكالات شركة التأمين وتكون موزعة جغرافياً وترتبط معها بعقد تلتزم بموجبه بتقديم الخدمات مباشرة لها من خلال بيعها وثائق التأمين التي تصدرها الشركة، ويتطلب عمل الوكيل الحصول على إجازة خاصة بمزاولة عمليات تسويق التأمين ولا يحق له ممارسة نفس العمل لجهة أخرى إلا بموفقتها، فيقوم الوكيل بموجب هذا العقد بجميع أعمال التوعية اللازمة لبيع وثائق التأمين في منطقته، كما يقوم بتهيئة عمال البيع لمساعدته في بيع وثائق التأمين لقاء حصولهم على عمولة عن إنتاجهم من الوكيل نفسه.

8-10 السعر Price

أن تسعير الخدمات التأمينية تم تناوله بالتفصيل في الفصل الثاني "وظائف شركات التأمين" من هذا الكتاب تحت وظيفة التسعير.

أسئلة المناقشة

السؤال الأول: عرف التسويق ثم اشرح أغراض التسويق.

السؤال الثاني: وضحّ بالتفصيل عناصر المزيج التسويقي.

السؤال الثالث: عدد أهم أنواع المنتجات التأمينة والمتمثلة في وثائق التأمينات العامة.

السؤال الرابع: ما هي وسائل الاتصال بالعملاء من قبل شركات التأمين، عددها فقط.

السؤال الخامس: اشرح مزايا وعيوب استخدام وسيلة الاتصال التليفوني.

السؤال السادس: إن نجاح التسويق من خلال التليفون يتطلب مراعاة مجموعة من العوامل. عدد هذه العوامل.

السؤال السابع: وضحّ كيفية الاستفادة من استخدام جهاز التليفون وجعله أداة بيعية ناجحة.

السؤال الثامن: وضحّ مزايا وسيلة الاتصال البريدي.

السؤال التاسع: اشرح بالتفصيل كل ما تعرفه عن وسيلة الاتصال الشخصي مع العميل لتسويق وثائق التأمينات العامة.

السؤال العاشر: عدد العوامل الهامة في شخصية رجل التسويق في شركات التأمين.

الأسئلة الموضوعية

1. الآتيـة جميعهـا مـن وسـائل تسـويق خـدمات التـأمين والممتلكـات والمسـؤولية المدنيـة باستثناء:

أ- الوكالات المستقلة | ب- السماسرة

ج- وكالات التسوية | د- الوكالات المتخصصة

2. أي من الآتية تعتبر من وسائل الاتصال بالعملاء التي تستخدمها شركات التأمين.

أ- وسيلة التلفون | ب- الرسائل البريدية

ج- المقابلات الشخصية | د- جميع ما ذكر صحيح

3. اي من العبارات التالية صحيحة فيما يتعلق بالتسويق التأميني.

الأولى: تختلف أغراض التسويق في حالة التأمين عن نطاق أغراضـه في حالـة تسـويق السـلع عنها في الخدمات التأمينية.

الثانية: الدوافع التي تحفز العملاء على التعامل مع شركات التأمين هي نفسها التي تـدفعها الى شراء السلع.

أ- العبارة الأولى صحيحة | ب- العبارة الثانية صحيحة

ج- العبارتان صحيحتان | د- العباراتان غير صحيحتين

4. تعتبر من أفضل وسائل الاتصال بالعملاء التي تستخدمها شركات التأمين.

أ- التلفون | ب- الرسائل البريدية

ج- المقابلات الشخصية | د- الإعلان

5. يعمل أحمد في تسويق الخدمات التأمينية وهو يمثل حملة الوثائق في سوق التأمين أمـام شركات التأمين، وهو غير مقيد بالتعاقد مع أي شركة لذلك يسمى أحمد بأنه.......

أ- وكيل ب- سمسار

ج- منتج د- وسيط

الفصل الحادي عشر

الضمان الاجتماعي

الفصل الحادي عشر

الضمان الاجتماعي

Social Insurance

1-11 مقدمة:

كيف نشأت التأمينات الاجتماعية:

إن وجود الخطر يعد جزءاً لا يتجزأ من حياة الإنسان، والخطر قد يكون مصدره الطبيعة وقد يأتي من أنشطة الإنسان اليومية لكسب قوته ومعيشته، وتلك المخاطر سواء في الماضي أو الحاضر كانت محل تفكير الإنسان ومصدر قلقه ومخاوفه المستمرة. ولذا حاول أن يدبر الوسائل المثلى لتأمين نفسه ضد تلك المخاطر سواء باتقائها أو الحد من آثارها. فقد تلمس الإنسان منذ فجر التاريخ اتجاهين رئيسيين لتوخي الخطر وهما: التضامن الاجتماعي، وتراكم الثروة، وقد كان التضامن الاجتماعي عاملاً مؤثراً في تحقيق الأمان وكان ذلك متوافراً في المجتمعات البدائية الصغيرة، كالعشيرة أو القبيلة أو الإقطاع. أما تراكم الثروة فإنه عامل من عوامل الأمان إلا أنه بطبيعته لا يتحقق إلا لعدد قليل من الأفراد.

ومع تطور البشرية ودخول الإنسان عصر الصناعة ازدادت نزعات الأفراد الفردية نحو تراكم الثروة مما أدى إلى نمو الشعور بالاستقلال الفردي، ومع الوقت تحول الشعور بالأحادية والانفصال إلى شعور بالتبعية لا للمجتمع بل لطبقة معينة فيه، فقد أدت الفردية إلى تقطيع أواصر التضامن الاجتماعي، كما أدت حرية المبادرة في ظل الثروة الصناعية الناشئة إلى تركز الثروة في أيدٍ قليلة وتحولت مجموعات متلاحقة من الأفراد إلى العمل التبعي، ومن ثم انقسم المجتمع إلى أقلية تملك وسائل الإنتاج دون جهد يذكر، وأغلبيته لا تملك وسائل الإنتاج، فتعطي ثمرة عملها لصالح هذه الأقلية.

وقد ترتب على التحول إلى الصناعة، تزايد وتنوع المخاطر التي يتعرض لها الإنسان وعلى هذا الأساس اختصت الدعامة الأساسية لأمن الإنسان وهي التضامن الاجتماعي، كما انحصر في الدعامة الأخرى – وهي القدرة على تراكم الثروة – في الطبقة الرأسمالية، وظهرت مشكلة الأمن الاقتصادي كمشكلة قانونية تحظى بعناية المشرع

في الدول المختلفة، وتجد حلها في نظام مستحدث هو نظام التأمينات الاجتماعية، الذي ظهر لأول مرة في نهاية القرن التاسع عشر، وأصبح نظاماً له أهدافه وأدواته المتميزة خلال القرن العشرين وقد كانت ألمانيا هي الأرض الخصبة لميلاد أول نظام في العالم للتأمينات الاجتماعية بسبب توافر الكثير من العوامل السياسية والاقتصادية. أصدرت ألمانيا ثلاثة تشريعات أساسية للتأمينات الاجتماعية، الأول عام 1883 خاص بالتأمينات ضد المرض، والثاني في عام 1884 خاص بالتأمين ضد حوادث العمل، والثالث في عام 1889 خاص بالتأمين ضد العجز والشيخوخة. وقد جمعت هذه التشريعات في تقنين واحد عام 1911، وقد أضيف إليها بعد ذلك التأمين ضد الوفاة، ثم التأمين ضد البطالة في عام 1929.

إن تشريعات التأمين الاجتماعي في ألمانيا انتشرت لتشمل كافة الأمم المتقدمة حيث التماثل في الظروف الاجتماعية والاقتصادية، إلا أن النظرة إلى التأمين الاجتماعي قد اتسعت وأصبحت مطلباً إنسانياً يجب تحقيقه للناس كافة، وأصبح حقاً من حقوق الإنسان التي يجب الاعتراف بها وحمايتها، مما دفع معظم دساتير وقوانين دول العالم إلى كفالة هذا الحق.

2-11 نشأة نظام الضمان الاجتماعي في الأردن:

* انشئت المؤسسة العامة للضمان الاجتماعي بموجب قانون الضمان الاجتماعي المؤقت رقم 30 لسنة 1978 والذي استهدف الفئات غير المشمولة بأنظمة التقاعد المعمول بها.

* وباشرت المؤسسة أعمالها بتاريخ 1980/1، آخذة بمبدأ التدرج في تطبيق أحكام القانون.

* وتم إدخال عدداً من التعديلات على القانون المؤقت وصدر القانون المعدل له بتاريخ 2001/5/31 تحت رقم 19 لسنة 2001.

* تعتبر المؤسسة تنظيماً ذا استقلال مالي وإداري. وتشارك أطراف الإنتاج الثلاثة وهي الحكومة، وأصحاب العمل والعمال في إدارة المؤسسة حيث نجد أن الإدارة العليا في المؤسسة العامة للضمان الاجتماعي، تتمثل في مجلس الإدارة الذي يتألف من 7 أعضاء

يمثلون الحكومة وأربعة أعضاء يمثلون أصحاب العمل - اثنان منهم تختارهم الغرفة الصناعية والاثنان الآخران يختارهما اتحاد الغرف التجارية، وأربعة أعضاء يمثلون العمال يختارهم الاتحاد العام لنقابات العمال كما يلي:

(أ)

1- الوزير رئيساً

2- المدير العام عضواً ونائباً للرئيس

3- أمين عام وزارة العمل عضواً

4- أمين عام وزارة الصحة عضواً

5- نائب محافظ البنك المركزي عضواً

6- أمين عام وزارة المالية عضواً

7- أمين عام وزارة الصناعة والتجارة عضواً

8- أربعة أعضاء يمثلون العمال ويختارهم الاتحاد العام لنقابات العمال.

9- أربعة أعضاء يمثلون أصحاب العمل: اثنان منهم تختارهم الغرف الصناعية أو اتحاد غرف الصناعة (في حال قيامه) والاثنان الآخران يختارهما اتحاد الغرف التجارية.

(ب)

* تكون مدة عضوية الأعضاء المنصوص عليهم في البندين (8 و 9) من الفقرة (أ) من هذه المادة سنتين، ولا يجوز تحديد عضوية أي منهم لأكثر من مرتين متتاليتين.

3-11 أهداف التأمين الاجتماعي:

تعتبر التأمينات الاجتماعية دعامة رئيسية من دعائم أي مجتمع لما لها من أهمية على المستويين الاقتصادي والاجتماعي معاً، ويهدف النظام التأميني إلى التأمين على المؤمن عليه (المستأمن) حال حياته أو تأمين أسرة المؤمن عليه بعد وفاته أو إعادة توزيع الدخول أو التخفيف عن أصحاب الأعمال في المسئوليات المالية المفاجئة أو زيادة الإنتاج.

1- التأمين على المؤمن عليه حال حياته:

أ- تأمين المؤمن عليه أثناء فترة عمله ويشتمل على عدة أنواع من التأمين:

- تامين إصابات العمل.
- تأمين البطالة.
- تأمين المرض.

ب- تأمين المؤمن عليه بعد انتهاء الفترة المنتجة من حياته ويشتمل على نوعين من التأمين:

- تأمين الشيخوخة.
- تأمين العجز الطبيعي (سواء كان عجزاً كاملاً أو عجزاً جزئياً)

2- تأمين أسرة المؤمن عليه بعد وفاته:

بالإضافة لأحقية الأسرة في راتب المؤمن عليه حال حياته سواء كان ذلك بسبب إصابة عمل أو عجز طبيعي أو شيخوخة، فهناك نوع آخر من التأمين الاجتماعي وهو التأمين ضد خطر الوفاة.

3- إعادة توزيع الدخول:

حيث يعمل نظام الضمان الاجتماعي إلى:

- تحويل الأموال من المجموعات النشطة اقتصادياً إلى المجموعات غير المنتجة من السكان.
- تحويل الدخول بين مجموعات المؤمن عليهم من ذوي الدخول الكبيرة إلى ذوي الدخول الصغيرة، وتختلف مدى فاعلية نظام التأمينات الاجتماعية تبعاً للعلاقة بين الاشتراكات التي يؤديها المؤمن عليهم سواء كانوا عمالاً أو أصحاب أعمال وبين المزايا الممنوحة في النظام مما يساعد على إعادة توزيع الدخول لصالح الفئات المستهدفة.

4- التخفيف عن كاهل أصحاب الأعمال في المسئوليات المالية المفاجئة ويتمثل ذلك في:

- مكافأة نهاية الخدمة التي كان يلتزم سدادها صاحب العمل في نهاية خدمة العامل حيث يمثل جزءاً من اشتراكات التأمينات الاجتماعية التي يتحملها صاحب العمل (حصة صاحب العمل في تأمين الشيخوخة والعجز والوفاة)، أقساط شهرية يدفعها مقابل التزام مؤسسة الضمان الاجتماعي بمسئوليتها تجاه العامل عند انتهاء خدمته.

- جزء من الاشتراكات التي يتحملها صاحب العمل، يمثل ترحيل صاحب العمل لمسئوليته عن إصابات العمل وأمراض المهنة، إلى مؤسسة الضمان.

5- زيادة الإنتاج:

لا شك أن النتيجة المنطقية للاستقرار النفسي للعمال والموظفين (أكثر الفئات المؤمن عليهم) واطمئنانهم على يومهم وغدهم بالنسبة لهم ولأسرهم من بعدهم، بالإضافة إلى حمايتهم من أمراض المهنة والارتقاء بالمستوى الصحي لهم عن طريق الكشف الدوري عليهم ومواجهة أمراض المهنة في مهدها، وكذلك الانتفاع بتأمين العامل ضد المرض أو العجز، كل ذلك يؤدي إلى تحقيق الاستقرار الاجتماعي والاقتصادي والنفسي مما ينعكس إيجابياً على الإنتاج.

6- المساهمة في تقليص جيوب الفقر من خلال توفير حد أدنى من الدخل للعامل وأسرته.

4-11 التأمينات التي يشتمل عليها القانون:

1- التأمين ضد إصابات العمل وأمراض المهنة.

2- التأمين ضد الشيخوخة والعجز والوفاة.

3- التأمين ضد العجز المؤقت بسبب المرض أو الأمومة.

4- التأمين الصحي للعامل والمستحقين.

5- المنح العائلية.

6- التأمين ضد البطالة.

*-التأمينان المطبقان هما الأول والثاني فقط ولمجلس الوزراء الصلاحية بالبدء بتطبيق بقية التأمينات بناء على توصية مجلس الإدارة.

5-11 الفئات المشتركة (المشمولة) بقانون الضمان الاجتماعي:

تسري أحكام القانون على جميع العمال ممن لا تقل أعمارهم عن 16 عاماً، دون أي تمييز بسبب الجنس أو الجنسية (الرجل: 16-60 سنة) (المرأة: 16-55 سنة)، ومهما كانت مدة العقد أو شكله وأياً كانت طبيعة الأجر وقيمته سواء أكان أداء العمل بصورة رئيسية داخل المملكة أو خارجها. وينفذ تطبيق القانون على الفئات التالية:

1- العمال الخاضعون لأحكام قانون العمل الساري المفعول.

2- الموظفون العامون غير التابعين لقانون التقاعد المدني وقانون التقاعد العسكري.

3- الأردنيون العاملون في البعثات السياسية أو العسكرية أو الدولية الأجنبية داخل المملكة بغض النظر عن عددهم.

الفئات غير المشتركة (المشمولة):

1- الموظفون العامون التابعون لقانون التقاعد المدني وقانون التقاعد العسكري.

2- الموظفون الأجانب الذين يعملون في البعثات الدولية أو السياسية أو العسكرية الأجنبية.

3- العمال الذين تكون علاقتهم بصاحب العمل غير منتظمة.

الفئات المعلق تطبيق التأمين عليها:

1-البحارة والصيادون البحريون.

2- خدم المنازل ومن في حكمهم.

3- العمال المستخدمون في الأعمال الزراعية الحرجية أو أعمال الرعي ما عدا العاملين منهم على آلات ميكانيكية أو في أعمال الري الدائم أو العاملين في الحكومة والمؤسسات العامة.

العامل المتدرب:

تسري أحكام القانون المتعلقة بالتأمين ضد إصابات العمل وأمراض المهنة على العمال المتدربين الذين لم يكملوا سن 16 سنة، من أعمارهم دون تحمل صاحب العمل لأية اشتراكات عنهم، وإذا تعرض أياً منهم لإصابة عمل فإن المنافع التي يحصل عليها:

1- إذا أصيب بالعجز الكلي الناشئ عن إصابة عمل أو توفي بسبب الإصابة فيستحق راتب اعتلال يعادل الحد الأدنى المقرر للرواتب.

2- إذا أصيب بالعجز الجزئي الناشئ عن إصابة عمل فيستحق تعويض الدفعة الواحدة ويحسب على أساس:

(نسبة العجز × 50 × 36 = التعويض المستحق)

إلزامية التأمين:

يطبق التأمين بصفة إلزامية على جميع المنشآت التي تستخدم خمسة عمال فأكثر وتعتبر المنشأة مشمولة بأحكام القانون من بداية الشهر الذي يصبح فيه عدد العمال خمسة فأكثر بغض النظر عن تاريخ مراجعة المؤسسة أو تاريخ التفتيش.

6-11 الاشتراكات:

تعتبر الاشتراكات التي يؤديها أصحاب العمل الممول الرئيس لأي نظام ضمان اجتماعي، حيث تقوم هذه الأنظمة على مبدأ المشاركة في التمويل والإدارة في إطار سياسة التمويل الذاتي، حيث تأخذ أي دولة من الدول التي ترغب في وضع نظام للضمان الاجتماعي في اعتبارها على أن يمول هذا النظام نفسه بنفسه، ويتم تحديد كلفة نظام الضمان الاجتماعي حسب دراسات اكتوارية يتبين من خلالها مجموع الحاجات التي يجب

تغطيتها ومجموع الالتزامات اللازمة لتلبية هذه الحاجات وأسلوب التمويل وتوزيع الأعباء بشكل يكفل للنظام كل عناصر الاستقرار والثبات. وقد أوصى خبراء الضمان في البلدان النامية بأسلوب تكوين الاحتياطات في مجال التمويل ليتوفر لمؤسسات الضمان الاجتماعي، في سنوات عمرها الأولى، فوائض مالية كبيرة نسبياً لتستعين بها في ضمان حماية نظم الضمان الاجتماعي وترسيخها والمساهمة في التنمية الاقتصادية، من خلال استثمار تلك الفوائض وزيادة المنافع التي تقدمها أنظمة الضمان الاجتماعي لمنتسبيها. ولقد أخذ المشرع الأردني بهذا المبدأ في قانون الضمان الاجتماعي رقم 19 لسنة 2001 الساري المفعول حيث نلاحظ ما يلي:

أولاً: في مجال التمويل:

- تتألف الموارد المالية للمؤسسة من المصادر التالية:

1- الاشتراكات الشهرية التي يؤديها أصحاب العمل والمؤمن عليهم.

2- المبالغ الإضافية والغرامات والفوائد المستحقة بسبب التأخر في دفع الاشتراكات.

3- ريع استثمار أموال المؤسسة.

ثانياً: التوازن بين الاشتراكات والحقوق التأمينية (الاستحقاقات):

تحدد الاشتراكات التي يدفعها المستفيدون من الضمان الاجتماعي كقاعدة عامة بنسبة معينة من أجورهم. كما تدفع الحقوق التأمينية على أساس هذه الأجور مهما بلغت وتحدد هذه الحقوق في ضوء فترات اشتراك المؤمن عليه - أي أن المؤمن عليه يأخذ حقوقه موازية في الغالب لما يدفع من حيث الأجر والمدة - هذا فيما يخص راتب تقاعد الشيخوخة. أما فيما يتعلق بالرواتب التقاعدية الأخرى فهي تقوم على مبدأ التكافل بالتأمين.

الاشتراكات الشهرية التي يؤديها العمال وأصحاب العمل:

لقد اشتمل قانون الضمان الاجتماعي على 6 أنواع من التأمين إلا أنه لم يطبق منها

سوى نوعين هما:

1- التأمين ضد إصابات العمل وأمراض المهنة.

2- التأمين ضد الشيخوخة والعجز والوفاة.

وقد تم تطبيقها على جميع العمال الخاضعين لقانون العمل الأردني الساري المفعول

والموظفين العامين غير التابعين للتقاعد بموجب أحكام قانون التقاعد الساري المدني والعسكري

والبلديات ممن لا تقل أعمارهم عن 16 عاماً ولا تزيد عن 55 عاماً للمؤمن عليهن و 60 عاماً

للمؤمن عليهم، على أن يتم تطبيق أنواع التأمينات الأخرى على مراحل بقرار من مجلس

الوزراء بناء على تنسيب من مجلس إدارة المؤسسة، انطلاقاً من مبدأ التدرج بالتطبيق.

أ- التأمين ضد إصابات العمل وأمراض المهنة:

وتتكون أموال هذا التأمين من مصدرين هما:

1- الاشتراكات الشهرية التي يؤديها صاحب العمل وبنسبة 2% من أجور المؤمن عليهم الـذين

يعملون لديه.

2- ريع استثمار هذه الاشتراكات.

هذا مع العلم أنه يجوز لمجلس الإدارة تخفيض هذه النسبة لتصبح 1% مـن أجـور

المؤمن عليه، شريطة أن يتولى صاحب العمل العلاج الطبـي وصرف البـدلات اليوميـة للمصـاب

بالعجز المؤقت وصرف بدل التنقلات. وقد أصدر مجلس الإدارة قرارات تفوض المـدير العـام

بالموافقة على منح تخفيض للشركات الصناعية والنقل والتعدين والمستشفيات والموظفين الذين

يعملون في الوزارات والدوائر الحكومية والبلديات والجامعات الرسمية ويكونوا مشمولين

بأنظمة التأمين الصحي الحكومي.

ب- التأمين ضد الشيخوخة والعجز والوفاة:

وتتكون أموال هذا التأمين من المصادر التالية:

1- الاشتراكات الشهرية التي يؤديها صاحب العمل بواقع 9% من أجور عماله.

2- الاشتراكات الشهرية التي تقتطع من العامل بنسبة 5.5%.

3- المبالغ التي يؤديها المؤمن عليه مقابل ضم مدد الخدمة السابقة التي لم يؤد عنها الاشتراكات.

4- المبالغ التي يؤديها المؤمن عليه مقابل اشتراكه في التأمين بصفة اختيارية وبواقع 14.5% من شريحة الأجر التي يختارها بين 100-1000 دينار إذا كان اشتراكه لأول مرة أو على آخر أجر كان مشمولاً عليه بحد أدنى 100 دينار.

5- الفوائد والغرامات والمبالغ الإضافية التي تترتب على عدم التقيد بأحكام هذا التأمين.

وفيما يلي توضيح لبعض النقاط :

أولاً: الأجر

عرّفت المادة 2 من قانون الضمان الاجتماعي بأنه "المقابل النقدي أو العيني الذي يتقاضاه المؤمن عليه لقاء عمله وفقاً لأحكام قانون العمل الساري المفعول". ويعرف الأجر الشهري الخاضع للاقتطاع كما ورد في التعليمات التنفيذية لاحتساب الأجر لسنة 1997 بما يلي: "كل ما يستحقه العامل لقاء عمله نقداً أو عيناً مضافاً إليه سائر الاستحقاقات الأخرى أياً كان نوعها إذا نص قانون العمل أو عقد العمل أو النظام الداخلي عليها أو استقر التعامل على دفعها باستثناء الأجور المستحقة على العمل الإضافي". ويعني ذلك الأجر الشهري الخاضع للاقتطاع ويشمل جميع العلاوات التي تتصف بالشمولية والثبات والاستمرار في منحها مهما كانت مسمياتها بدل العمل الإضافي، ولغايات احتساب الأجر في جميع الحالات يتبع ما يلي:

1- العامل بالأجر الشهري بحسب راتبه على أساس الراتب الأساسي مضاف إليه جميع العلاوات بما فيها رواتب الأشهر الإضافية (الثالث والرابع عشر) إذا كان العامل

يتقاضى تلك الرواتب وبحسب الأجر الشهري الإجمالي مضروباً في 14و 13 ومقسوماً على 12 وهكذا...

2- العامل الذي يتقاضى أجره بشكل يومي يضرب أجره اليومي في 30 يوماً ويكون ذلك هـو الأجر الشهري الخاضع للاقتطاع بغض النظر عن عدد أيام العمل التي عملهـا شريطـة أن تزيد عن 15 يوماً في الشهر.

3- العامل الذي يتقاضى أجره بالساعة، يحسب الأجر الخاضع للاقتطاع على أساس أجر الساعة مضروباً في عدد ساعات العمل اليومية المنصوص عليها في قانون العمل أو القوانين والأنظمة والتعليمات مضروباً في 30 يوماً.

يلتزم صاحب العمل بأداء الاشتراكات الشهرية عن البدلات والعلاوات مهما كانت مسمياتها إذا توفرت فيها الشروط التالية:

* الشمولية.
* الثبات في منحها.
* الاستمرار في صرفها.

ثانياً: ثبات أجور المؤمن عليهم خلال السنة لغايات تطبيق قانون الضمان الاجتماعي:

تحسب الاشتراكات التي يؤديها صاحب العمل، وتلك التي تقتطع من أجور المؤمن عليهم خلال سنة ميلادية على أساس ما يتقاضون من الأجر في شهر كانون ثاني مـن كـل سنة "وهذا يعني أنه يتم احتساب الاشتراكات على أساس أجور المؤمن عليهم في شهر كانون ثاني من كل سنة ميلادية. كما تحسب الاشتراكات الأولى للعاملين الذين يلتحقون بخدمة صاحب العمل لأول مرة بعد شهر كانون ثاني على أساس الأجر الكامل عن الشهر الذي التحقوا فيه بالخدمة، وهذا يعني أنه يتم احتساب الاشتراكات على أساس أجور المؤمن عليهم في الشهر الـذي يلتحقون فيه بخدمة صاحب العمل لأول مرة بعد شهر كانون ثاني علماً بأنه لا يعتد بأية زيادة أو نقصان يطرأ على الراتب. ويؤخذ بأية زيادة أو نقصان في شهر كانون الثاني مـن العام التالي كما أنه يؤخذ بالاعتبار أي زيادة أو نقصان على الراتب، بأثر رجعي، تكون إما من شهر كانون الثاني أو من بداية الشهر

الذي التحق فيه العامل بالعمل، إن كان بعد ذلك فعلى سبيل المثال: لو فرضنا أن موظفاً يعمل لدى بنك الأردن وكان راتبه في شهر كانون الثاني 2006 هو 450 ديناراً، فإنه يتم أداء الاشتراكات على هذا الراتب طيلة عام 2006 ولا تؤخذ أي زيادة أو نقصان على هذا الراتب إلا في شهر كانون الثاني 2007، إلا إذا كانت الزيادة أو النقصان على الراتب أقرّت مثلاً من 2006/4/1 على أن تكون من 2007/1/1 فإنه بهذه الحالة يتم الأخذ بتعديل الراتب أما التعديل من 2006/4/1 فقط، فإنه لا يؤخذ به وكذلك الحال لمن يلتحق بالعمل بعد كانون الثاني.

ثالثاً: عدد أيام العمل التي يجب أن تؤدى عنها الاشتراكات خلال الشهر الواحد:

تعتبر علاقة العمل منتظمة إذا استمرت 16 يوماً فأكثر خلال الشهر الواحد، ولذلك فإن الاشتراكات أو الاقتطاعات تؤدى عن المؤمن عليه إذا عمل 16 يوماً فأكثر خلال الشهر الواحد وإذا قلت مدة عمله عن ذلك خلال الشهر فلا تؤدى عنه أية اشتراكات أو اقتطاعات أما في حالات الوفاة أو ثبوت العجز أو إصابة العمل أو إكمال سن الشيخوخة فإن كسرـ الشهر يعتبر شهراً كاملاً ولو كان يوماً واحداً.

رابعاً: مواعيد استحقاق الاشتراكات

يتم احتساب الاشتراكات الشهرية المستحقة في ضوء البيانات التي يقدمها صاحب العمل عن العاملين لديه وعلى النماذج المقررة من قبل مجلس الإدارة والتي يجب أن تكون مطابقة للدفاتر والسجلات التي يحتفظ بها. وفي حال عدم توفرها فيتم احتساب الاشتراكات وفقاً لما تراه المؤسسة ويكون صاحب العمل ملزماً بدفعها بمقتضى أحكام هذا القانون وخلال الخمسة عشر يوماً الأولى من الشهر التالي للاستحقاق، فمثلاً اشتراكات شهر كانون ثاني 2006 على صاحب العمل أن يسددها في مدة أقصاها 2006/2/15. أما إذا صادف يوم 2006/2/15 عطلة رسمية فإن الاشتراكات تعتبر واجبة السداد قبل نهاية أول يوم عمل بعد ذلك التاريخ ويستطيع صاحب العمل تسديد المبالغ المستحقة عليه إما نقداً أو شيكات أو حوالات مالية.

7-11 الاشتراك الاختياري:

أولاً: مفهوم الاشتراك الاختياري

تعني عبارة (الاشتراك الاختياري) اشتراك العامل الأردني الذي يعمل لدى صاحب العمل أو لحسابه الخاص سواء كان مقيماً داخل المملكة أو خارجها أو المؤمن عليه الأردني الذي يخرج من نطاق تطبيق أحكام القانون بصفة اختيارية في تأمين الشيخوخة والعجز والوفاة شريطة أن يؤدي الاشتراكات التي يلتزم بها صاحب العمل والمؤمن عليه كاملة عن ذلك التأمين.

ثانياً: الفئات التي يشملها الاشتراك الاختياري :

1- العاملون لدى أي منشأة غير مشمولة بأحكام قانون الضمان الاجتماعي.

2- العاملون لحسابهم الخاص سواء أكانوا مقيمين داخل المملكة أو خارجها.

3- العاملون الأردنيون خارج المملكة.

4- المؤمن عليه الذي يخرج من أحكام القانون لدى منشآت مشمولة بأحكام القانون.

ثالثاً: غايات الاشتراك الاختياري :

يجوز للعامل الأردني الاشتراك بصفة اختيارية بهدف:

1- الحصول على راتب تقاعد الشيخوخة الوجوبي.

2- التأمين ضد العجز الجزئي والكلي الطبيعي.

3- التأمين ضد الوفاة الطبيعية.

4- الحصول على راتب الشيخوخة المبكر.

رابعاً: الشروط الواجب توافرها في المشترك اختيارياً

1- أن يكون أردني الجنسية.

2- أن يكون يعمل لحسابه الخاص أو لدى صاحب عمل غير مشمول بالضمان الاجتماعي.

3- أن لا يكون مشتركاً في الضمان الاجتماعي من خلال صاحب العمل.

4- أن لا يكون مشمولاً بقانون التقاعد المدني أو العسكري وقت تقديم الطلب.

5- أن يجتاز الفحص الطبي المقرر.

** ويعتبر مقدم الطلب مشمولاً بأحكام القانون اعتباراً من بداية الشهر الذي يقدم فيه الطلب المقترن بتسديد قيمة اشتراك الشهر الأول شريطة:

1- اجتياز الفحص الطبي الذي تقرره المؤسسة وعلى نفقته الخاصة وذلك في حال تقدمه للانتساب بصفة اختيارية لأول مرة.

2- يعتبر المؤمن عليه الذي سبق وأن شمل بأحكام القانون، مشمولاً بأحكام التأمين اعتباراً من بداية الشهر الذي توافق فيه المؤسسة على طلبه، شريطة اجتيازه الفحص الطبي الذي تقرره المؤسسة وعلى نفقته الخاصة بغض النظر عن فترة انقطاعه عن التأمين.

3- يستثنى من شرط اجتياز الفحص الطبي، المؤمن عليه الذي أكمل المدة الموجبة لاستحقاق راتب تقاعد الشيخوخة الوجوبي وهو 15 سنة دون استكمال شرط العمر، شريطة أن يتقدم بالطلب خلال مدة أقصاها ثلاثة أشهر.

4- للمدير العام للمؤسسة اعتماد مراكز طبية متخصصة داخل وخارج المملكة لإجراء الفحوص الطبية اللازمة للاشتراك في هذا التأمين وفقاً لمعايير طبية تضعها المؤسسة.

5- يعتمد طبيب المؤسسة نتائج الفحوصات الطبية اللازمة للاشتراك في هذا التأمين وله الحق بطلب أي فحوصات إضافية يراها ضرورية. وللمؤسسة ولمقدم الطلب حق الاعتراض على قرار الطبيب أمام اللجنة الطبية للانتساب الاختياري خلال 14 يوماً من تاريخ تبليغ القرار ويعتبر قرار اللجنة قطعياً.

** يقدم طلب الانتساب الاختياري في أي فرع من فروع المؤسسة أو أي مكتب من مكاتبها سواء داخل المملكة أو خارجها.

خامساً: الوثائق والبيانات المطلوبة للاشتراك الاختياري

1- عقد عمل أو كتاب يثبت أنه يعمل، موقع من صاحب العمل، ومصادق عليه من وزارة العمل الأردنية للعمال الذين يعملون داخل المملكة.

2- عقد عمل مصدق حسب الأصول للمغتربين من قبل خارجية البلد الذي يعملون فيها والسفارة الأردنية والخارجية الأردنية.

3- إثبات تسجيل مهنة لمن يعمل لحسابه الخاص (رخصة مهن سارية المفعول).

4- صورة عن سجل الصناعة والتجارة (لمن يعمل لحسابه الخاص).

5- صورة عن هوية الأحوال المدنية سارية المفعول.

6- فحوصات طبية.

7- لا يطلب إثبات عمل لمن سبق واشترك بالضمان.

8- تقديم طلب الانتساب الاختباري.

الفحوصات المطلوبة لغايات الفحص الطبي للاشتراك الاختياري:

* مخطط قلب مع تقرير أخصائي باطنية.
* صورة أشعة للصدر مع تقرير أخصائي الأشعة.
* صورة أشعة للظهر مع تقرير أخصائي الأشعة.
* فحص النظر بدون نظارة وبالنظارة.
* فحص سكر في الدم (F. B. S) (WBCs)، Creatinine .

**** ملاحظات:**

1- تطلب الوثائق الأصلية من المؤمن عليه ويتم تصويرها في الفرع المعني وتتم المصادقة عليها بختم شوهد الأصل من قبل الموظف المعني.

2- تصديق كافة الوثائق الصادرة خارج المملكة من وزارة خارجية الدولة التي صدرت عنها والسفارة الأردنية فيها أو سفارة الدولة التي صدرت عنها الوثائق ووزارة الخارجية الأردنية.

3- تكون قيمة الطوابع المطلوبة على الوثائق المقدمة من المؤمن عليه كما يلي:

- صورة عن الوثائق الشخصية (250) فلساً.

- الوكالة الخاصة ديناران.

- الوكالة العامة خمسة دنانير.

سادساً: الأجر الخاضع للاقتطاع:

1- يحدد الأجر الشهري من قبل المؤمن عليه الذي ينتسب بصفة اختيارية لأول مرة على أساس الشريحة من (150-1000) دينار.

2- مع مراعاة أحكام المادة 43 فقرة د من القانون للمؤمن عليه الذي سبق وأن شمل بأحكام القانون وله الحق في الاختيار وفقاً للبدائل التالية:

- يحدد الأجر الشهري إذا كان المؤمن عليه مشتركاً سابقاً في الضمان على أساس آخر اشتراك له شريطة أن لا يقل عن 150 ديناراً.

- زيادة أجر الذي كان يؤدي الاشتراكات عند تركه العمل بنسبة لا تزيد عن 12% سنوياً عن كل سنة من السنوات التي انقطع بها عن الاشتراك شريطة أن لا يزيد هذا الأجر عن 1000 دينار.

3- للمنتسب بصفة اختيارية العودة للشمول بأحكام القانون بصفة اختيارية شريطة أن تؤدي الاشتراكات في هذه الحالة على أساس أجوره التي كانت تؤدى عنه عند إيقاف الاقتطاع.

4- تؤدى الاشتراكات الشهرية المقررة للاشتراك الاختياري مقابل التأمين ضد الشيخوخة والعجز والوفاة بنسبة 14.5% من الأجر الشهري الذي تم تحديده ويجوز له أن يسدد أية مبالغ مقدماً على حساب اشتراكه.

5- يحق للمؤمن عليه زيادة أجره الخاضع للاقتطاع بنسبة 12% كحد أقصى سنوياً اعتباراً من بداية كانون ثاني من كل عام على أن يقدم طلب الزيادة خلال مدة أقصاها خمسة عشر يوماً، الأولى، من شهر شباط من ذلك العام. ويحق له إلغاء طلب الزيادة خلال نفس الفترة من ذلك العام.

سابعاً: تأدية الاشتراكات لقاء الاشتراك الاختياري:

يجب على المؤمن عليه تأدية الاشتراكات شهرياً خلال الخمسة عشر يوماً الأولى مـن الشهر التالي للاستحقاق. وفي حالة تأخره، يدفع فائدة تأخير مقدارها 2% شهرياً عن الاشتراكات التي تأخر عن أدائها بحيث لا تزيد قيمة هذه الفائدة عن 12% من قيمة الاشتراكات السنوية.

ثامناً: حالات إيقاف الاشتراك الاختياري عن المشترك اختيارياً:

1- التحاق المؤمن عليه بعمل مشمول بأحكام قانون الضمان الاجتماعي.

2- إذا تخلف المؤمن عليه عن تسديد اشتراكاته المستحقة بما مجموعه ستة أقساط.

3- بناء على طلب المؤمن عليه بإيقاف اشتراكه.

تاسعاً: حالات إعادة المبالغ :

1- تعاد المبالغ المدفوعة من المؤمن عليه مقدماً من تاريخ إيقاف الانتساب الاختياري.

2- يعاد مبلغ الاختياري عند صرف تعويض الدفعة الواحدة وتكون الإعادة بنسبة 13% حتى 2001/5/31 وبنسبة 14.5% ابتداء من 2001/6/1.

عاشراً: أحكام عامة :

1- للمؤمن عليه، الذي تنتهي خدماته، لإكمال السن القانونية أو الـذي أكمـل السـن القانونيـة واستمر بالخضوع لما بعد ذلك، طلب الاشتراك بصفة اختيارية لاستكمال المـدة الموجبـة، لاستحقاق راتب تقاعد الشيخوخة، وذلك قبـل إكمالـه الخامسـة والستين للمـؤمن عليـه والستين للمؤمن عليها.

2- يجوز للمؤمن عليه الذي أوقف اشتراكه الاختياري أن يعـود للانتفـاع بأحكـام القـانون مـرة أخرى بموجب تقديم طلب جديد وحسب الشروط السابقة.

3- تعتبر سنوات الاشتراك الاختياري مدداً فعلية، وللمؤمن عليه المشترك بأحكام القانون بصفة اختيارية ضم مدد الخدمة السابقة له أثناء اشتراكه سواء كانت داخل المملكة أو

خارجها وذلك لاستكمال المدة الموجبة لاستحقاق راتب تقاعد الشيخوخة أو لغايات زيادة الراتب التقاعدي.

الاشتراكات:

يلتزم صاحب العمل بدفع الاشتراكات شهرياً بنسبة 16.5% من حسابه ومن الأجور الشهرية للعاملين لديه بواقع:

1- 2% يؤديها صاحب العمل من أجور عماله لتأمين إصابات العمل وأمراض المهنة.

2- 9% يؤديها صاحب العمل من أجور عماله لتأمين الشيخوخة والعجز والوفاة.

3- 5.5% يقتطعها صاحب العمل من أجر العامل لديه مقابل تأمين الشيخوخة والعجز والوفاة.

الشكل (1)

11% يدفعها صاحب العمل وتمثل:

9% التأمين ضد الشيخوخة والعجز والوفاة

2% التأمين ضد إصابات العمل.

5.5% يقتطعها صاحب العمل من أجر العامل وتمثل:

الشيخوخة والعجز والوفاة.

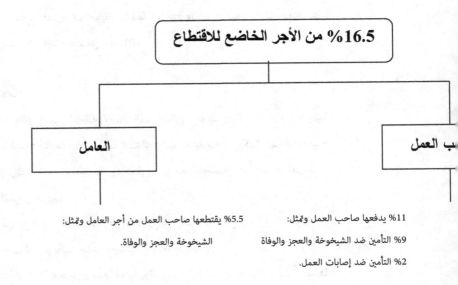

8-11 المنافع التأمينية :

الشكل (2)

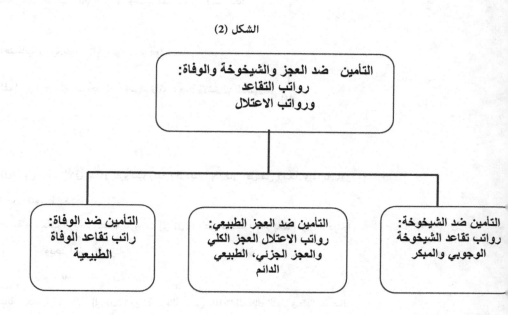

التأمين ضد العجز والشيخوخة والوفاة:
رواتب التقاعد
ورواتب الاعتلال
التأمين ضد الوفاة:
راتب تقاعد الوفاة
الطبيعية
التأمين ضد العجز الطبيعي:
رواتب الاعتلال العجز الكلي
والعجز الجزئي، الطبيعي
الدائم
التأمين ضد الشيخوخة:
رواتب تقاعد الشيخوخة
الوجوبي والمبكر

9-11 التأمين ضد الشيخوخة:

أ- راتب تقاعد الشيخوخة:

شروط استحقاق راتب تقاعد الشيخوخة الوجوبي:

1- إكمال سن الستين للمؤمن عليه والخامسة والخمسين للمؤمن عليها.

2- أن تبلغ مدة الاشتراك 180 اشتراكاً على الأقل منها 60 اشتراكاً فعلياً.

وسائل استكمال المدة القانونية:

إذا انتهت خدمة المؤمن عليه لبلوغه السن القانونية دون استكمال المدة الموجبة لتخصيص راتب التقاعد، يجوز للمؤمن عليه مواصلة العمل مشتركاً في الضمان لحين بلوغه سن الخامسة والستين شريطة إبلاغ المؤسسة وموافقة صاحب العمل، كما يجوز

ضم (شراء) مدة خدمته السابقة (قبل اشتراكه في الضمان) لغرض احتسابها في مدة التقاعد مقابل مبلغ يقدر حسب أجره الشهري وعمره منذ تقديمه طلباً بذلك.

معادلة احتساب راتب تقاعد الشيخوخة الوجوبي:

$$\text{الراتب الفعلي ن1} = \text{متوسط أجر آخر 24 اشتراكاً} \times \frac{\text{مدة الاشتراك بالأشهر}}{12} \times \frac{1}{40}$$

- يعدل (ن1) إلى الحد الأدنى المقرر للرواتب وهو 50 ديناراً إذا كان أقل من ذلك، وإذا تجاوز عن 75% من المتوسط يخفض إلى 75%.

الزيادة العامة - تضاف الزيادة العامة للرواتب إلى (ن1) وهي بنسبة 10% بحد أدنى 30 ديناراً وبحد أعلى 50 ديناراً.

ن1 + 10% منه = ن2

زيادة الإعالة- تضاف بعد ذلك إلى (ن2) زيادة الإعالة وهي (10% للمعال الأول و 5% للمعـال الثاني و 5% للمعال الثالث وبحد أعلى 20%).

ن2 + نسبة الإعالة منه = إجمالي الراتب التقاعدي المستحق الـذي يخصـص مـن بدايـة الشـهر الذي أكمل فيه شروط الاستحقاق.

الزيادة العامة:

يزاد راتب التقاعد بنسبة 10% منه على النحو التالي:

يزاد الراتب التقاعدي بنسبة 10% منه بحد أدنى 30 ديناراً وبحد أعلى 50 ديناراً.

زيادة الإعالة:

يزاد راتب التقاعد بمقدار 10% للمعال الأول، 5% للمعال الثاني، 5% للمعال الثالث وبحد أعلى 20%. يقصد بالمعالين ما يلي:

1- الزوجة، الزوج.

2- الأبناء والبنات.

3- الوالدان.

4- الأخوة والأخوات.

مثـــال:

مؤمن عليه أكمل سن الستين وكان لـه فـترة اشـتراك بالضـمان 20 عامـاً ومتوسـط أجـره خـلال السنتين الأخيرتين 500 دينار ويعيل ثلاثة أفراد من أسرته، ما هو الراتب الذي يستحقه؟

معادلة احتساب الراتب:

الراتب الفعلي $\frac{1}{40} \times 500 \times 20$ سنة $\left(\frac{240}{12}\right)$ = 250 دينار

الزيادة العامة = (10% × 250) = 25 دينار ترفع للحد الأدنى 30 دينار

الراتب مع الزيادة = 30+250 = 280 دينار

زيادة الإعالة = 280 × 0.20 = 56 دينار

الراتب المستحق = 280 + (56) = 336 ديناراً

قيود على احتساب الراتب المستحق:

يراعى عند احتساب الراتب التقاعدي ما يلي:

1- أن لا يزيد ناتج الراتب التقاعدي عما نسبته 75% من متوسط الأجر الشهري لآخر سنتين.

2- أن لا يزيد أجر المؤمن عليه في نهاية الستين اشتراكاً الأخيرة من خدمته عن أجـره في بـدايتها عن 60% وأن لا يقل عن 20% على أن تستبعد أي مـن الزيـادة أو الـنقص مـن المتوسـط الذي يحتسب من راتب التقاعد على أساسه ويستثنى من تطبيـق هـذه القاعـدة المـؤمن عليهم الذين يعملون لدى القطاع العام أو في الشركات المساهمة العامة، أو الذين تحـدد رواتبهم بموجب اتفاقيات جماعية صادرة وفقاً لقانون العمل الساري المفعول.

ب- راتب تقاعد الشيخوخة المبكرة:

شروط استحقاق راتب تقاعد الشيخوخة المبكر:

1- إكمال سن الخامسة والأربعين للمؤمن عليه والمؤمن عليها.

2- أن تبلغ مدة الاشتراك للمؤمن عليه 216 اشتراكاً فعلياً والمؤمن عليها 180 اشتراكاً فعلياً.

3- انتهاء الخدمة والتقدم بطلب الحصول على الراتب.

احتساب راتب الشيخوخة (التقاعد) المبكر:

- نفس معادلة احتساب راتب تقاعد الشيخوخة الوجوبي والقيود على احتساب المتوسط مع مراعاة ما يلي:

- يخفض الراتب التقاعدي الفعلي حسب نسب الحسم على راتب التقاعد المبكر كما يلي:

(للرجل):

- يتم حسم ما نسبته 18% من الراتب التقاعدي عند إكماله سن 45 فتتناقص بنسبة 2% عن كل سنة حتى سن الخمسين، وبنسبة 1% عن كل سنة حتى سن 59 كما في الجدول رقم (1) المرفق.

(للمرأة):

- يتم حسم ما نسبته 10% من الراتب التقاعدي من سن 45-50 و 5% من سن 51-54 كما في الجدول رقم (2) المرفق.

وتحدد نسبة الحسم حسب سن المؤمن عليه وقت تقديم طلب التقاعد.

معادلة احتساب راتب التقاعد المبكر:

$$= 0.025 \text{ أو } \frac{1}{40} \times \underline{\text{مدة الاشتراك بالأشهر}} \times \text{متوسط أجر آخر 24 اشتراكاً}$$

12

الراتب التقاعدي قبل الحسم (الناتج)

الناتج - نسبة الحسم = الناتج 1

الزيادة العامة = الناتج1 + الناتج 1 × 10% = الناتج 2

(30-50) ديناراً

الراتب المستحق = الناتج2 + الناتج2 × إعالة 20%

(في حال وجود 3 معالين)

نسب الحسم (التخفيض) على راتب التقاعد المبكر:

الجدول رقم (1)

العمر للمؤمن عليه	نسبة الخصم	العمر للمؤمن عليه	نسبة الخصم	العمر للمؤمن عليه	نسبة الخصم
من 45 إلى أقل من 46	%18	من 50 إلى أقل من 51	%9	من 55 إلى أقل من 56	%4
من 46 إلى أقل من 47	%16	من 51 إلى أقل من 52	%8	من 56 إلى أقل من 57	%3
من 47 إلى أقل من 48	%14	من 52 إلى أقل من 53	%7	من 57 إلى أقل من 58	%2
من 48 إلى أقل من 49	%12	من 53 إلى أقل من 54	%6	من 58 إلى أقل من 59	%1
من 49 إلى أقل من 50	%10	من 54 إلى أقل من 55	%5	من 59 إلى أقل من 60	-

الجدول رقم (2)

العمر للؤمن عليها	نسبة الخصم
من 45 إلى أقل من 50	%10
من 50 إلى أقل من 54	%5
من 54 إلى أقل من 55	-

مثـــال:

* معادلة احتساب الراتب لرجل عمره ما بين 45-46 عاماً ومتوسط أجره خلال آخر سنتين 200 دينار وله فترة اشتراك 18 سنة فعلية .

الراتب الفعلي = $\frac{1}{40}$ × 200 × 18 سنة (216/12) = 90 دينار

نسبة الحسم = 90 × 18%	= 16.200 ديناراً
90 - 16.200	= 73.800 ديناراً
الزيادة العامة = 73.800× 10%	= 7.380 دينار ترفع إلى 30 ديناراً
73.800+30	= 103.800 دينار
103.800 × 20%	= 20.760 ديناراً
الراتب المستحق =103.800+20.760	= 124.560 ديناراً

* معادلة احتساب الراتب لامرأة عمرها ما بين 45-46 عاماً ولها فترة اشتراك 15 سنة أي 180 اشتراكاً فعلياً ومتوسط أجرها خلال السنتين الأخيرتين 200 دينار.

الراتب الفعلي = $\frac{1}{40}$ × 200 × 15 سنة (180/12) = 75 دينار

نسبة الحسم = 75 ×10%	= 7.5 دنانير
75 - 7.5	= 67.5 ديناراً
الزيادة العامة = 67.5 ×10%	= 6.75 دنانير ترفع إلى 30 ديناراً
الراتب المستحق = 30 + 67.5	= 97.5 ديناراً

ملاحظة : إذا كانت معيلة لأفراد أسرتها بموجب حجة إعالة من القضاء الشرعي تضاف على الراتب نسبة الإعالة.

10-11 تعويضات الدفعة الواحدة:

حالات صرف تعويض الدفعة الواحدة:

أجاز قانون الضمان الاجتماعي صرف تعوض الدفعة الواحدة للمؤمن عليه الذي لم يكمل شروط استحقاق أي راتب تقاعدي وفقاً لما يلي:

1- إذا انتهت خدمة المؤمن عليه بسبب الوفاة أو العجز أو الشيخوخة دون استكمال شروط استحقاق راتب الأعتلال أو التقاعد أو راتب الوفاة يصرف له أو للمستحقين عنه تعويض الدفعة الواحدة بنسبة 15% من متوسط الأجر الشهري لآخر 24 اشتراكاً أو متوسط الأجر الشهري إن قلت مدة الاشتراك عن ذلك مضروباً بعدد الاشتراكات.

حالات تعويض الدفعة الواحدة بسبب الوفاة أو العجز والمؤمن عليه على رأس عمله دون إكمال المدة اللازمة لاستحقاق راتب التقاعد أو الاعتلال.

يستحق التعويض حسب المعادلة التالية :

15% من متوسط الأجر لآخر 24 شهراً أو أقل × مدة الاشتراك بالأشهر.

مثـال:

معادلة احتساب تعويض الدفعة الواحد لمؤمن عليه بلغ سن الشيخوخة وله فترة اشتراك 8 سنوات وكان متوسط أجره خلال السنتين الأخيرتين 300 دينار

قيمة التعويض المستحق = 300×15% × (12×8) = 4320 ديناراً

2- إذا انتهت خدمته قبل إكماله السن القانونية وتوفرت له حالة من حالات الخروج من نطاق أحكام القانون شريطة أن لا تقل مدة اشتراكه عن 12 اشتراكاً يصرف له أو للمستحقين (شريطة أن يكون سبب الصرف قائماً):

* 10% من متوسط الأجر السنوي إن قلت مدة الاشتراك عن 60 اشتراكاً.

* 12% من متوسط الأجر السنوي إذا كانت مدة الاشتراك من 60 إلى 179 اشتراكاً.

* 15% من متوسط الأجر السنوي إذا كانت مدة الاشتراك 180 اشتراكاً فأكثر.

معادلة احتساب تعويض الدفعة الواحدة للحالات أعلاه :

مجموع الأجور السنوية عن جميع سنوات الاشتراك × النسبة (10 ، 12 ، 15%)

مثـــال:

مؤمن عليها انتهت خدماتها ولها 4 سنوات اشتراك ورغبت بصرف التعويض بسبب زواجها وكان مجموع أجورها خلال هذه المدة 10000 دينار

10000× 10% = 1000 دينار قيمة التعويض المستحق.

حالات الخروج من نطاق أحكام قانون الضمان والتي تستحق تعويضات الدفعة الواحدة

1- شمول المؤمن عليه بأحكام قانون التقاعد المدني أو العسكري.

2- هجرة المؤمن عليه الأردني وحصوله على جنسية أخرى.

3- مغادرة البلاد للؤمن عليه غير الأردني.

4- التفرغ لشؤون الأسرة للمؤمن عليها المتزوجة والمطلقة والأرملة.

5- المؤمن عليها العزباء التي تجاوزت الخامسة والأربعين من العمر.

6- وفاة المؤمن عليه أو عجزه أو إكماله السن القانونية خارج الخدمة.

7- الحكم على المؤمن عليه بالسجن لمدة لا تقل عن خمس سنوات واكتساب الحكم الدرجة القطعية.

11-11 التأمين ضد العجز الطبيعي:

راتب الاعتلال:

- شروط استحقاق راتب اعتلال العجز الطبيعي الكلي والجزئي:

يشترط لاستحقاق المؤمن عليه راتب اعتلال العجز الكلي الطبيعي الدائم أو راتب اعتلال العجز الجزئي الطبيعي الدائم:

1- إنهاء الخدمة لأسباب صحية.

2- التقدم بطلب تخصيص الراتب قبل إكمال السن القانونية.

3- أن تبلغ مدة الاشتراك 60 اشتراكاً على الأقل منها 30 اشتراكاً متصلاً.

4- ثبوت العجز بقرار من المرجع الطبي.

5- حصول العجز أثناء الفترة المشمولة بالضمان.

الزيادات على راتب الاعتلال

1- الزيادة العامة:

يزاد الراتب التقاعدي بنسبة 10% منه بحد أدنى 30 ديناراً وبحد أعلى 50 ديناراً.

2- زيادة المدة:

- يزاد الراتب بنسبة 0.5% عن كل سنة من سنوات الاشتراك إذا بلغت مدة الاشتراك 60 اشتراكاً على الأقل.

- يزاد الراتب بنسبة 1% عن كل سنة من سنوات الاشتراك إذا بلغت مدة الاشتراك 120 اشتراكاً على الأقل.

3- زيادة الإعانة:

يزاد راتب اعتلال العجز الكلي الطبيعي فقط بنسبة 25% منه إذا كان المؤمن عليه بحاجة لمن يعينه على مباشرة حياته اليومية وبقرار من اللجنة الطبية المركزية لدى فحصه لأول مرة.

أ- احتساب راتب العجز الكلي الطبيعي:

الراتب الفعلي ن1 = متوسط أجر آخر 36 شهراً × 50% = (ن1 وهو الراتب الفعلي)

يعدل ن1 إلى الحد الأدنى المقرر للرواتب 50 ديناراً إذا كان أقل من ذلك

الزيادة العامة = تضاف الزيادة العامة للرواتب إلى ن1 وهي بنسبة 10% بحد أدنى 30 ديناراً وبحد أعلى 50 ديناراً.

زيادة المدة = ن1 × زيادة المدة (0.5% أو 1%) × $\frac{\text{مدة الاشتراك}}{12}$ = ن3

- حاصل جمع ن2 + ن3 = إجمالي راتب الاعتلال ويصرف من بداية الشهر الذي انتهت فيه خدمة المؤمن عليه.

بدل الإعانة = إذا ثبت أن المؤمن عليه بحاجة لمساعدة الغير يستحق زيادة بنسبة 25%:

(ن1+ن3) × 25% = مقدار الزيادة وتضاف إلى إجمالي الراتب.

مثـال:

معادلة احتساب الراتب لمؤمن عليه له مدة اشتراك 9 سنوات، وخصص له راتب عجز كلي طبيعي وكان أجره خلال آخر 36 شهراً 200 دينار.

50% × 200 = 100 دينار.

الزيادة العامة = 100 ×10%	= 10 دنانير ترفع إلى 30 ديناراً
الراتب مع الزيادة 100+30	= 130 ديناراً
الزيادة على مدة اشتراكه 100×4.5%	= 4.5 دنانير
الراتب المستحق =130 +4.5	= 134.500 ديناراً
بدل الإعانة = 130 ×25%	= 32.5 ديناراً

ب- احتساب راتب العجز الجزئي الطبيعي:

الراتب الفعلي ن1 = متوسط أجر آخر 36 شهراً × 50% ×75%

يعدل ن1 إلى الحد الأدنى المقرر للرواتب 50 ديناراً إذا كان أقل من ذلك:

الزيادة العامة = تضاف الزيادة العامة للرواتب إلى ن1 وهي بنسبة 10% بحد أدنى 30 ديناراً وبحد أعلى 50 ديناراً.

ن1 + (10%) منه = ن2

زيادة المدة - تحتسب زيادة المدة:

ن1 × زيادة المدة (0.5% أو 1%) × مدة الاشتراك = ن3

12

- حاصل جمع ن2+ ن3 = إجمالي راتب الاعتلال ويصرف من بداية الشهر الذي انتهت فيه خدمة المؤمن عليه.

مثـال:

معادلة احتساب الراتب لمؤمن عليه له مدة اشتراك 9 سنوات، وخصص لـه راتـب عجـز جـزئي طبيعي وكان متوسط أجره خلال آخر 36 شهراً 200 دينار.

الراتب الفعلي = 75% ×50% ×200	= 75%
الزيادة العامة = 75 ×10%	= 7.5 دنانير ترفع إلى 30 ديناراً
الراتب مع الزيادة العامة	= 75+30 = 105 دنانير
بدل الإعانة =75×4.5%	= 3.375 دنانير
الراتب المستحق =105+3.375	= 108.375 دنانير

12-11 التأمين ضد الوفاة الطبيعية:

راتب تقاعد الوفاة الطبيعية:

شروط استحقاق راتب تقاعد الوفاة الطبيعية:

1- أن تحدث الوفاة خلال خدمة المؤمن عليه الفعلية المسدد عنها الاشتراكات (المدة المشمولة)

2- أن تبلغ مدة الاشتراك على الأقل 24 اشتراكاً منها 12 اشتراكاً متصلاً.

معادلة احتساب راتب الوفاة الطبيعية:

الراتب الفعلي ن1 = متوسط أجر آخر 12 شهراً ×50%

يعدل ن1 إلى الحد الأدنى المقرر للرواتب 50 ديناراً إذا كان أقل من ذلك:

الزيادة العامة = تضاف الزيادة العامة للرواتب إلى ن1 وهي بنسبة 10% بحد أدنى 30 ديناراً وبحد أعلى 50 ديناراً.

ن1+ (10%) منه = ن2

زيادة المدة - تحتسب زيادة المدة:

ن1 × زيادة المدة (0.5% أو 1%) × مدة الاشتراك = ن3

12

- حاصل جمع ن2+ن3 = إجمالي راتب تقاعد الوفاة المستحق ويصرف من بداية الشهر الذي حدثت فيه الوفاة.

- نفقات الجنازة:

- يصرف مبلغ 500 دينار لتغطية نفقات جنازة المؤمن عليه وتدفع إلى أرملته أو أولاده أو أي شخص يثبت قيامه بصرف نفقات الجنازة.

مثـال:

مؤمن عليه له مدة اشتراك 12 سنة، وتوفي وفاة طبيعية وكان متوسط أجره خلال السنة الأخيرة 200 دينار. احسب الراتب المستحق للورثة

الراتب الفعلي = 50% ×200 = 100 دينار.

الزيادة العامة = 100×10% = 10 دنانير ترفع إلى 30 ديناراً

نسبة زيادة السنوات100×12% = 12 ديناراً

الراتب المستحق للورثة = الراتب الفعلي + الزيادة العامة + زيادة المدة

الراتب المستحق للورثة = 100 + 30 + 12 = 142 ديناراً

* يصرف لورثة المؤمن عليه 500 ديناراً بدل نفقات جنازة.

13-11 التأمين ضد إصابات العمل وأمراض المهنة:

أولاً: تعريف إصابة العمل

أ- المرض المهني:

هو الإصابة بأحد أمراض المهنة بناء على تشخيص من المرجع الطبي، سواء أصيب به المؤمن أثناء الخدمة الفعلية أو خلال سنتين بعد انتهاء الخدمة.

ب- حادث العمل:

الإصابة الناشئة عن حادث يقع فجأة للمؤمن عليه أثناء تأديته العمل أو بسببه وأي حادث يقع له خلال ذهابه لعمله أو عودته منه شريطة أن يكون الذهاب والإياب إلى مكان العمل ومنه.

ثانياً: أشكال وشروط إصابة العمل :

1- المرض المهني:

1- أن يكون ضمن الأمراض المهنية المتعارف عليها.

2- أن يكون المرض منتشراً بين أصحاب تلك المهن أكثر من غيرهم.

3- أن لا يكون المؤمن عليه مصاباً بالمرض قبل شموله بأحكام القانون.

4- أن تظهر الأعراض خلال فترة العمل أو خلال سنتين من تاريخ انتهاء الخدمة.

2- الحادث أثناء العمل أو بسببه:

1- أن يقع الحادث بسبب قوة خارجية.

2- أن يكون الحادث مفاجئاً ولا يمكن تفاديه.

3- توافر العلاقة السببية بين الحادث والعمل.

4- حدوث ضرر جسماني للمؤمن عليه.

5- أن تكون الأعراض المشكو منها ناتجة عن الحادث وليست حالات مرضية سابقة.

3- حادث الطريق أثناء الذهاب أو الإياب من وإلى مكان العمل:

أن يقع الحادث خلال فترة ذهاب المؤمن عليه من مكان سكنه لمباشرة عمله أو عودته منه. دون توقف أو انحراف أو تخلف عن الطريق الطبيعي المعتاد.

4- إصابات الملاعب:

1- أن يكون الفريق والمؤمن عليه مسجلان لدى أحد الاتحادات الرياضية في المملكة.

2- أن يكون المؤمن عليه مسجلاً في الفريق.

3- أن تقوم المنشأة بتزويد المؤسسة بالوثائق التي تبين أسماء وأعضاء الفريق من إداريين ولاعبين.

4- أن تقوم المنشأة بتزويد المؤسسة ببرنامج المباريات والتدريبات التي يقوم بها الفريق ومكان إقامتها.

ثالثاً: الإجراءات الواجب اتباعها عند وقوع الإصابة :

عند تعرض أحد المشمولين بالضمان الاجتماعي لإصابة عمل في أي منشأة يجب على
صاحب العمل أو من ينوب عنه اتباع ما يلي:

* نقل المصاب إلى جهة العلاج وإبلاغ الشرطة عن الإصابات الناتجة عن حوادث الطريق،
والحوادث الجنائية، والحوادث العامة كالحرائق والانفجارات.

* يلتزم صاحب العمل بنفقات البدل اليومي ليوم وقوع الحادث.

* إشعار المؤسسة بوقوع الإصابة خطياً بموجب إشعار إصابة العمل/المرض المهني خلال سبعة
أيام عمل من تاريخ وقوعها وإذا تأخر عن ذلك يترتب عليه دفع ما نسبته 15% من تكاليف
المعالجة وكامل البدل اليومي.

14-11 الخدمات التي يقدمها تأمين الإصابات:

الشكل (3)

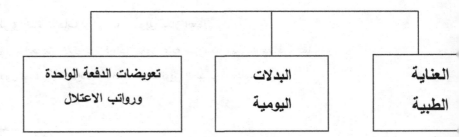

| العناية الطبية | البدلات اليومية | تعويضات الدفعة الواحدة ورواتب الاعتلال |

1- العناية الطبية:

وتشمل العناية الطبية ما يلي:

1- تكاليف المعالجة الطبية والإقامة في المستشفيات داخل وخارج المملكة.

2- نفقات انتقال المصاب من مكان سكنه أو عمله إلى جهة العلاج وبالعكس.

3- توفير الخدمات التأهيلية بما فيها الأطراف الصناعية.

2- البدلات اليومية:

إذا أدت إصابة العمل إلى عدم قدرة المؤمن على مزاولة عمله كالمعتاد، تلتزم المؤسسة بدفع بدل يومي يعادل 75% من الأجر اليومي عن الأيام التي يقضيها المصاب تحت العلاج في المستشفى أو المنزل ويستمر الدفع لحين استقرار الإصابة، على أن يلتزم صاحب العمل بأجر اليوم الذي وقعت فيه الإصابة.

3- رواتب التقاعد والاعتلال والتعويضات:

أ- راتب اعتلال العجز الكلي الإصابي الدائم:

إذا نشأ عن الإصابة عجز إصابي كلي دائم نسبته 100%، يستحق المصاب راتب اعتلال العجز الكلي وفقاً للمعادلة التالية:

الراتب الفعلي = الأجر بتاريخ وقوع الإصابة ×75%.

يرفع الراتب إلى الحد الأدنى للراتب التقاعدي إذا قل عن ذلك:

الزيادة العامة = يضاف للراتب الفعلي الزيادة العامة على الرواتب التقاعدية بنسبة 10% بحد أدنى 30 ديناراً وبحد أعلى 50 ديناراً.

بدل الإعانة = وإذا كان المصاب بحاجة لمساعدة الغير لمباشرة حياته اليومية يستحق بدل إعانة ويستحق زيادة على الراتب بنسبة 25% منه ويحتسب على الراتب الفعلي أي قبل الزيادة العامة.

مثـال:

احسب الراتب لمؤمن عليه أجره 300 دينار وخصص له راتب اعتلال كلي إصابي:

أ- بدون إعانة.   ب- مع إعانة.

أ- بدون إعانة:

الراتب الفعلي = 300 ×75% = 225 ديناراً.

الزيادة العامة = 225 ×10% = 22.5 ديناراً ترفع إلى 30 ديناراً.

الراتب المستحق = 225 + 30 = 255 ديناراً.

ب- مع إعانة:

الراتب الفعلي = 300 ×75% = 225 ديناراً.

الزيادة العامة = 225 ×10% = 22.5 ديناراً ترفع إلى 30 ديناراً.

بدل إعانة = 225×25% = 56.25 ديناراً.

الراتب المستحق = 225+30+56.25 = 311.25 ديناراً.

ب- راتب الاعتلال الإصابي الجزئي (30%) فأكثر:

إذا نشأ عن الإصابة عجز دائم نسبته 30% فأكثر يستحق المصاب راتب اعتلال العجز الإصابي وفقاً للمعادلة التالية:

نسبة العجز ×75% × الأجر بتاريخ وقوع الإصابة = الراتب الفعلي

يرفع الراتب إلى الحد الأدنى للراتب إذا قل عن ذلك = الناتج

- (الناتج ×10% زيادة عامة) = الناتج 1

الناتج + الناتج1 = الراتب المستحق.

مثـال:

معادلة احتساب راتب اعتلال جزئي إصابي لمؤمن عليه أجره 300 دينار وقدر عجزه الإصابي بنسبة 40%

الراتب الفعلي = 40% ×75% ×300 = 90 ديناراً.

الزيادة العامة = 90×10% = 9 دنانير ترفع إلى 30 ديناراً.

الراتب مع الزيادة = 90+30 = 120 ديناراً.

وفي هذه الحالة يجوز الجمع بين أجره المشمول من مكان عمله وهذا الراتب.

ج- تعويض الدفعة الواحدة لحالة العجز الإصابي الذي تقل نسبته عن 30%

إذا نشأ عن الإصابة عجز دائم تقل نسبته عن 30% يستحق المصاب تعويضاً من دفعة واحدة وفق المعادلة التالية:

نسبة العجز× نسبة العجز الكلي 75% ×36 شهراً × الأجر بتاريخ وقوع الإصابة

مثـال:

احسـب تعويض الدفعة الواحدة لمؤمن عليه أصيب بإصابة عمل قدرت بنسـبة العجـز الناشـئة لديه 20% وأجره 300 دينار.

مبلغ التعويض المستحق = 20%×75%×36×300 = 1620 دينار.

د- راتب تقاعد الوفاة الإصابية:

إذا أدت الإصابة إلى وفاة المصاب يخصص راتب تقاعد الوفاة الإصابية اعتبـاراً من بدايـة الشـهر الذي حدثت فيه الوفاة وفقاً للمعادلة التالية:

الراتب الفعلي = الأجر الخاضع عند وقوع الإصابة ×60%

يضاف للراتب الفعلي الزيادة العامة على الرواتب التقاعدية بنسـبة 10% بحـد أدنى 30 وبحـد أعلى 50 ديناراً.

وتصرف نفقات الجنازة 500 دينار.

ملاحظة : لا يوجد أي شرط لمدة الاشتراك في حالات الوفاة الإصابية.

مثـال:

احسب راتب الوفاة الإصابية لمؤمن عليه أجره 300 دينار.

الراتب الفعلي = 300×60%= 180 ديناراً.

الزيادة العامة = 180×10% = 18 ديناراً ترفع إلى 30 ديناراً.

الراتب المستحق للورثة = 180+30 = 210 دنانير.

تدفع 500 دينار نفقات الجنازة.

يسقط حق المصاب في البدل اليومي والتعويض النقدي في الحالات التالية:

1- إذا نشأت الإصابة عن فعل متعمد من المصاب.

2- إذا نشأت الإصابة عـن تعـاطي الخمـر أو المشـروبات الروحيـة أو المخـدرات أو المـؤثرات العقلية.

3- إذا خالف المصاب التعليمات الخاصة بالعلاج أو السلامة والصحة المهنية.

الورثة المستحقون لراتب الوفاة الطبيعية أو الإصابية:

1- الأرملة/ الأرامل أو الأرمل.

2- الأبناء والبنات.

3- الوالدان.

4-الجنين.

5- الإخوة والأخوات.

أولاً: الأرملة/ الأرامل أو الأرمل:

أ- الأرملة/ الأرامل:

- يحق للأرملة الجمع بين راتبها التقاعدي أو راتبها بسبب الاعتلال وكامل نصيبها من راتب زوجها المتوفى.

- يحق للأرملة الجمع بين راتبها من العمل وبما لا يزيد عن الحد الأدنى المقرر للرواتب التقاعدية من نصيبها من راتب زوجها المتوفى.

- الأرمل يشترط لاستحقاقه نصيباً من راتب زوجته المتوفاة عجزه كلياً عن العمل بقرار من اللجنة الطبية المركزية وعدم وجود دخل له يعادل نصيبه.

ثانياً: الأبناء والبنات:

1- الأبناء الذكور:

<u>الابن القاصر:</u> يشترط عدم تقاضيه أجراً من عمل.

<u>الابن البالغ:</u> يشترط عدم تقاضيه أجراً من عمل وأن يكون على مقاعد الدراسة على أن يستمر صرف النصيب حتى بلوغ الابن سن 26 أو إنهاء المرحلة الجامعية الأولى أيهما أسبق على أن يوقف صرف النصيب عند الانقطاع عن الدراسة ويعاد صرفه عند العودة إليها.

<u>الابن العاجز:</u> يشترط لاستحقاقه عدم تقاضيه أجراً من عمل وعجزه كلياً عن العمل والذي يثبت بقرار من اللجنة المركزية.

2- **البنات الإناث:** يشترط عدم تقاضيها أجراً من عمل وأن تكون غير متزوجة عند وفاة والدها.

3- **الوالدان:**

أ- الوالد: لا يوجد أي قيد عليه لاستحقاقه نصيباً من الراتب.

ب- **الوالدة:** القيد على استحقاقها النصيب هو أن لا تكون متزوجة من غير والد المتوفى أو تزوجت غيره بعد وفاته.

4- **الجنين:**

لا يستحق الجنين راتباً إلا بعد ولادته ويوزع الراتب التقاعدي على المستحقين باستثنائه ويعاد التوزيع بعد ولادته.

5- **الأخوة:**

يشترط لاستحقاق الأخوة نصيباً من راتب شقيقهم المتوفى أن لا يكون هناك ورثة مستحقين غيرهم، وما ينطبق من شروط على الأبناء والبنات ينطبق على الأخوة والأخوات.

15-11 ضم سنوات الخدمة:

مقدمة:

يحق للمؤمن عليه أن يطلب خطياً من المؤسسة مباشرة أو بوساطة صاحب العمل الذي يعمل لديه إضافة خدمة سابقة له على اشتراكه في التأمين شريطة أن لا يكون قد تقاضى عنها راتباً تقاعدياً بموجب أحكام قانون التقاعد المدني وقانون التقاعد العسكري وذلك لغايات احتسابها في مدة التقاعد، مقابل مبلغ إضافي يتم تقديره وفقاً للجدول رقم (3) **(انظر صفحة 364)** ويحدد على أساس أجره الشهري بتاريخ تقديم الطلب ويدفع للمؤسسة وفقاً للتعليمات التي يصدرها المجلس.

أولاً: مفهوم ضم سنوات الخدمة السابقة:

تعني عبارة "المدد السابقة" تلك المدد التي قضاها المؤمن عليه في خدمة صاحب عمل أو أكثر سواء كان داخل المملكة أو خارجها ولم يكن خلالها مشمولاً بأحكام قانون الضمان الاجتماعي، ولم يتقاضَ عنها راتباً تقاعدياً مدنياً أو عسكرياً.

ثانياً: الغاية من ضم مدد الخدمة السابقة:

استناداً لأحكام المادة 46 من القانون والتعليمات التنفيذية لضم مدة الخدمة السابقة يجوز للمؤمن عليه ضم مدد الخدمة السابقة قبل تخصيص الراتب بهدف:

1- إكمال المدة الموجبة لاستحقاق راتب تقاعد الشيخوخة للمؤمن عليهم الذين أوقف عنهم الاقتطاع بسبب إكمالهم السن القانوني دون استكمال المدة الموجبة لاستحقاق راتب تقاعد الشيخوخة وذلك خلال مدة أقصاها 6 ستة أشهر من تاريخ إيقاف الاقتطاع.

2- زيادة راتب تقاعد الشيخوخة.

3- زيادة راتب تقاعد الوفاة الطبيعية والعجز الطبيعي.

ثالثاً: الشروط الواجب توفرها في مدة الخدمة السابقة المراد ضمها

يشترط في مدد الخدمة السابقة المراد ضمها ما يلي:

1- أن تكون مدة الخدمة المراد ضمها قد قضاها المؤمن عليه في خدمة صاحب عمل أو أكثر داخل المملكة الأردنية الهاشمية أو خارجها، للأردني فقط.

2- أن لا يكون المؤمن عليه خلالها مشمولاً بأحكام القانون.

3- أن لا يكون المؤمن عليه قد تقاضى عنها راتباً تقاعدياً مدنياً أو عسكرياً.

4- أن تثبت بشهادة صادرة عن صاحب العمل مصدقاً عليها من الجهات المختصة حسب الأصول.

رابعاً: الوثائق والبيانات المطلوبة لضم مدد الخدمة السابقة:

1- طلب ضم مدد الخدمة السابقة مقدمة من المؤمن عليه مباشرة أو بوساطة صاحب العمـل أو وكيله.

2- صورة عن أي من الوثائق التالية للمؤمن عليه الأردني تبين تفاصيل تاريخ ميلاده:

* شهادة الولادة صادرة عن دائرة الأحوال المدنية.

* البطاقة الشخصية صادرة عن دائرة الأحوال المدنية.

3- صورة عن جواز السفر لغير الأردني.

4- شهادة الخدمة السابقة للمدد المراد ضمها مصدقة من مكتب العمل إذا كانت صـادرة عـن القطاع العام.

5- شهادة الخدمة للأردنيين العاملين خارج المملكة مصدقة من خارجية الدولة التي يعمل فيها وسفارة المملكة الأردنية الهاشمية في تلك الدولة والخارجية الأردنية.

6- الوكالات العدلية:

* صورة عن إثبات شخصية الوكيل.

* البطاقة الشخصية للأردني صادرة عن دائرة الأحوال المدنية.

* جواز سفر لغير الأردني.

خامساً: حالات إلغاء طلب الضم :

1- تأخر المؤمن عليه عن تسديد المبالغ المستحقة مقابل الضم لما مجموعه ستة أقساط فأكثر.

2- بناء على طلب المؤمن عليه الخطي أو وكيله قبل تسديده كامل المبلغ المستحق.

سادساً: حالات إعادة المبالغ المسددة مقابل ضم مدد الخدمة السابقة للمؤمن عليه:

إعادة المبالغ السابقة مقابل ضم مدد الخدمة السابقة للمؤمن عليه عنـد تسوية حقوقه في أي من المجالات التالية:

1- حصول المؤمن عليه على تعويض الدفعة الواحدة لأي من حالات الخروج.

2- استحقاق المؤمن عليه راتب اعتلال العجز الإصابي أو الوفاة الإصابية.

3- وفي حالة الوفاة الإصابية يصرف المبلغ المسدد مقابل الضم باسم فضيلة القاضي الشرعي أو المحكمة الكنسية التي صدرت عنها حجة الإرث.

سابعاً: حالات عدم احتساب مدة الخدمة السابقة التي تم ضمها:

1- استكمال المدة الموجبة لاستحقاق راتب تقاعد الشيخوخة المبكر.

2- استكمال المدة الموجبة لاستحقاق راتب تقاعد الوفاة الطبيعية أو العجز الطبيعي.

3- استكمال مدة الاشتراكات بهدف الحصول على تعويض الدفعة الواحدة أو الزيادة بنسبة مبلغ التعويض.

ثامناً: كيفية احتساب المبلغ المستحق مقابل ضم مدد الخدمة السابقة:

يراعى عند احتساب المبلغ المستحق مقابل ضم مدد الخدمة السابقة ما يلي:

1- الأجر الشهري والخاضع بتاريخ تقديم الطلب.

2- عمر المؤمن عليه بتاريخ تقديم طلب الضم ويعتبر كسر السنة سنة كاملة.

3- مدة الخدمة السابقة المراد ضمها.

4- يقرب المبلغ المستحق المحسوب وفق الجدول رقم (3) في جميع الحالات إلى أقرب دينار صحيح.

تاسعاً: تسديد المبلغ المستحق مقابل الضم:

يتم تسديد المبلغ المستحق مقابل ضم مدد الخدمة السابقة كما يلي :

1- دفعة واحدة: إذا تم تسديد المبلغ المستحق مقابل الضم خلال شهر من تاريخ الموافقة بموجب كتاب رسمي يوجه للمؤمن عليه.

2- دفعة أولى + أقساط: ويبدأ تسديد الأقساط اعتباراً من أول الشهر اللاحق لتقديم طلب الضم.

3- أقساط كاملة.

علماً بأن فترة التقسيط لمدة أقصاها خمس سنوات أو استحقاق راتب تقاعد الشيخوخة أيهما أقرب وبفائدة بسيطة بنسبة 5% سنوياً.

عاشراً: إعادة احتساب المبلغ المستحق مقابل ضم مدد الخدمة السابقة :

يتم إعادة احتساب المبلغ المستحق مقابل الضم في الحالات التالية:

1- تعديل سن المؤمن عليه.

2- تعديل مدة الخدمة المراد شراؤها.

3- تعديل الأجر الشهري.

4- تعديل مدة التقسيط.

5- بناء على طلب المؤمن عليه.

حادي عشر: أسس اعتماد الوكالات:

تعتمد الوكالات لطلبات ضم سنوات الخدمة السابقة المقدمة من المؤمن عليهم وفقاً للأسس التالية:

1- الوكالة العامة الصادرة عن الجهات الرسمية غير المقيدة في مضمونها من حيث صلاحيات الوكيل.

2- الوكالة الخاصة الصادرة عن الجهات الرسمية والتي ينص فيها صراحة على حق الوكيل بإجراء ومتابعة المعاملات كافة المتعلقة بالمؤسسة العامة للضمان الاجتماعي.

3- وكالة المحامي شريطة أن يدفع عنها رسم الإبراز ويجب أن تحتوي في مضمونها ما ورد في الوكالة العامة أو الخاصة.

4- الوكالة الصادرة من خارج المملكة، بحيث تكون مصدقة من سفارة المملكة في البلد الصادرة عنه أو من يقوم مقامها ووزارة خارجية البلد الصادرة عنه أو سفارة البلد الصادرة عنه في المملكة أو من يقوم مقامها ووزارة الخارجية الأردنية.

5- الوكالة الصادرة عـن وزارة أوقـاف القـدس شريطـة تصـديقها مـن دائـرة قـاضي القضاة في المملكة.

6- الوكالات الأخرى غير الواردة أعلاه تحال إلى مكتب الشؤون القانونية في المؤسسة لاعتمادها.

ثاني عشر: الاعتراض على القرارات الصادرة بخصوص مدد الخدمة السابقة :

يحق للمؤمن عليه الاعتراض على القرارات الخاصة بضم مدد الخدمة السابقة وفقاً للتسلسل التالي:

1- يكون الاعتراض على قرار مدير الفرع المعني لدى لجنة تسوية الحقوق المركزية وذلك خلال أسبوعين من تاريخ تبليغ المؤمن عليه القرار.

2- يكون الاعتراض على قرار لجنة تسوية الحقوق لدى لجنة شؤون الضمان وذلك خلال ثلاثين يوماً من تاريخ تبليغ المؤمن عليه القرار.

3- يكون الاعتراض على قرار لجنة شؤون الضمان لدى محكمة العدل العليا وذلك خلال ستين يوماً من تاريخ تبليغ المؤمن عليه القرار.

ثالث عشر: قواعد عامة :

1- تعاد المبالغ المسددة زيادة على أقساط الضم المستحقة للمؤمن عليه عند تسوية حقوقه أو بناء على طلبه.

2- تطلب الوثائق الأصلية من المؤمن عليه ويتم تصويرها في الفرع المعني وتتم المصادقة عليها بختم شوهد الأصل من قبل الموظف المعني.

3- تصديق كافة الوثائق الصادرة من خارج المملكة من وزارة خارجية الدولة التي صدرت عنها والسـفارة الأردنيـة فيهـا أو سـفارة الدولـة التي صـدرت عنها الوثائق ووزارة الخارجيـة الأردنية.

4- تسديد المبالغ المستحقة مقابل ضم مدد الخدمة السابقة عن طريق صناديق المؤسسـة أو البنوك المحلية أو الحوالات الخارجية.

5- تكون قيمة الطوابع المطلوبة على الوثائق المقدمة من المؤمن عليه كما يلي:

* صور الوثائق الشخصية 250 فلساً.

* الوكالة الخاصة (ديناران).

* الوكالة العامة (خمسة دنانير).

6- يخصص راتب تقاعد الشيخوخة اعتباراً من اليوم التالي لتسديد المبلغ المستحق مقابل الضم إذا جاء تسديد هذا المبلغ بعد إيقاف الاقتطاع عنه.

تطبيقات عملية على احتساب المبلغ المستحق مقابل الضم:

أولاً: ضم الخدمة السابقة لغايات استكمال المدة الموجبة لاستحقاق راتب تقاعد الشيخوخة.

مثـــال :

1- مؤمن عليه من مواليد 1944./1

2- شمل بأحكام القانون من 1997/1 – 2003/12/31

3- راتبه كما في كانون ثاني 2003 = 550 ديناراً.

4- تقدم بطلب الضم بتاريخ 2003/12/25

5- سدد المبلغ المستحق مقابل الضم بتاريخ 2004/1/11

المطلوب:

1- بيان المدة اللازم ضمها لاستحقاق راتب تقاعد الشيخوخة.

2- بيان المبلغ المستحق مقابل ضم هذه الخدمة.

3- بيان تاريخ تخصيص راتب تقاعد الشيخوخة.

الحل:

1- عمر المؤمن عليه بتاريخ تقديم الطلب 60 عاماً.

2- النسبة المقابلة للعمر في الجدول رقم 3 = 50.250

3- المدة المشمولة بالضمان 84 شهراً/اشتراكاً.

4- المدة اللازم ضمها 96 شهراً.

5- المبلغ المستحق مقابل الضم = 12/96×50.250×10/550 = 22110.00 دنانير.

6- تاريخ تخصيص الراتب 2004/1/12 وهو اليوم الثاني لتسديد المبلغ المستحق مقابل الضم.

ثانياً: ضم مدد الخدمة السابقة لغايات زيادة الراتب التقاعدي:

مثـال :

1- مؤمن عليه من مواليد 1951/9/10 مشمول بأحكام القانون ومازال.

2- بتاريخ 2004/8/27 تقدم بطلب لضم 65 شهراً من خدماتـه السـابقة لغايات زيـادة راتبـه التقاعدي.

3- راتبه كما هو في كانون ثاني 2004 = 750.250 ديناراً.

4- يرغب في تسديد المبلغ المستحق مقابل الضم دفعة واحدة.

المطلوب:

1- بيان عمر المؤمن عليه بتاريخ تقديم الطلب.

2- بيان النسبة المقابلة للعمر في الجدول رقم 3.

3- احتساب المبلغ المستحق مقابل الضم دفعة واحدة.

4- بيان الفترة المسموح تسديد المبلغ خلالها بدون فوائد إذا كان تاريخ الموافقـة علـى الطلـب بموجب كتابنا بتاريخ 2004/8/30.

الحل:

1- عمر المؤمن عليه بتاريخ تقديم الطلب:

تاريخ تقديم الطلب	2004/8/27
تاريخ ولادة المشترك	1951/9/10
عمره بتاريخ تقديم الطلب يعتمد سن 53 سنة.	1952/11/17

2- النسبة المقابلة لسن 53 هي 45.520

3- احتساب المبلغ كالتالي:

$750.250/10 \times 45.520 \times 65/12 = 18498.664$ ديناراً أردنياً.

تصبح (18499.00) ديناراً.

4- الفترة المسموح خلالها التسديد بدون فائدة حتى 2004/9/30 أي شهر من تاريخ الموافقة.

قانون الضمان الاجتماعي

الجدول رقم (3)

المبالغ المستحقة عن مدد الخدمة السابقة التي تحسب في مدة التقاعد

المبلغ المقابل لكل سنة من الخدمة المحسوبة في مدة التقاعد ولكل 10 دنانير من الأجر الشهري		المبلغ المقابل لكل سنة من الخدمة المحسوبة في مدة التقاعد ولكل 10 دنانير من الأجر الشهري	
العمر	المبلغ	العمر	المبلغ
20	28.570	43	39.520
21	28.970	44	40.090
22	29.380	45	40.660
23	29.800	46	41.230
24	30.220	47	41.820
25	30.650	48	42.410
26	31.090	49	43.020
27	31.530	50	43.630
28	31.980	51	44.250
29	32.440	52	44.880
30	32.900	53	45.520
31	33.360	54	46.160
32	33.840	55	46.820
33	34.320	56	47.490
34	34.810	57	48.160
35	35.300	58	48.850
36	35.800	59	49.540
37	36.310	60	50.250
38	36.830	61	50.250
39	37.350	62	50.250
40	37.880	63	50.250
41	38.420	64	50.250
42	38.970	65	50.250

* **ملاحظات:**

1- في حساب السن تعتبر كسور السنة سنة كاملة.

2- يحسب المبلغ المستحق على المؤمن عليه على أساس سنة وأجره عند تقديمه الطلب.

3- قرب رأس المال المحسوب وفقاً لهذا الجدول في جميع الحالات إلى أقرب دينار صحيح.

16-11 قواعد الجمع بين الرواتب:

أولاً: يجوز الجمع بين رواتب التقاعد وراتب الاعتلال المخصصة بموجب أحكام قانون الضمان الاجتماعي وبين أي راتب تقاعدي مخصص بموجب أي تشريعات أخرى.

ثانياً: يجوز لصاحب راتبي التقاعد أو راتبي الاعتلال أو راتب التقاعد وراتب الاعتلال الجمع بين الراتبين بحيث لا يزيد مجموعهما عن مثلي الحد الأدنى المقرر للرواتب، وإذا تجاوز أحدهما مثلي الحد يمنح الراتب الأكثر.

ثالثاً: يجوز الجمع بين راتب التقاعد الوجوبي والأجر من العمل.

رابعاً: لا يجوز الجمع بين راتب التقاعد المبكر والأجر من العمل المشمول بأحكام القانون.

خامساً: لا يجوز الجمع بين راتب اعتلال العجز الكلي الطبيعي والأجر من العمل المشمول بأحكام القانون.

سادساً: يجوز الجمع بين راتب اعتلال العجز الجزئي الطبيعي وبين الأجر من العمل المشمول بأحكام القانون وبما لا يزيد عن نصف الحد الأدنى المقرر للرواتب التقاعدية.

سابعاً: يجوز لصاحب راتب اعتلال العجز الإصابي الجمع بين راتب الاعتلال وأجره من العمل.

ثامناً: لا يجوز الجمع بين أي راتب تقاعدي أو راتب اعتلال وبين تعويض الدفعة الواحدة، المخصص.

أسئلة المناقشة

السؤال الأول : اشرح أهداف التأمينات الاجتماعية؟

السؤال الثاني : ما التأمينات التي يشتمل عليها الضمان الاجتماعي في الأردن؟

السؤال الثالث : ما الفئات التي تسري عليها أحكام قانون الضمان الاجتماعي؟

السؤال الرابع : ما الفئات التي لا تسري عليها أحكام قانون الضمان الاجتماعي؟

السؤال الخامس : تكلم عن الخدمات التي يشملها تأمين إصابات العمل وأمراض المهن.

السؤال السادس : متى يستحق راتب تقاعد الشيخوخة المبكر؟

السؤال السابع : ما الشروط الواجب توفرها حتى يستحق المؤمن عليه راتب الشيخوخة؟

السؤال الثامن : من هم الورثة المستحقون من أفراد عائلة المؤمن عليه في حالة وفاته؟

السؤال التاسع : ما هي الحالات التي يعتبر الحادث فيها حادث عمل؟

الأسئلة الموضوعية

1- الآتية هي التأمينات المطبقة في الأردن ما عدا:

أ. التأمين ضد إصابات العمل.

ب. التأمين ضد الشيخوخة.

جـ. التأمين ضد الوفاة.

د. التأمين ضد العجز المؤقت بسبب الأمومة.

2- ما هو العمر للمؤمن عليه والمؤمن عليها لاستحقاق راتب تقاعد الشيخوخة المبكر؟

أ. 54 سنة   ب. 55 سنة   ج. 60 سنة   د. 45 سنة

3- الفئات التي يشملها قانون الضمان الاجتماعي الأردني هي:

أ. الأردنيون العاملون في البعثات العسكرية في الدول الأجنبية.

ب. الموظفون التابعون لقانون التقاعد العسكري.

ج. العمال الأردنيون الذين تكون علاقتهم بصاحب العمل غير مستمرة؟

د. (أ + ج) فقط.

4- أي العبارات التالية صحيحة فيما يتعلق بقواعد الجمع بين رواتب:

الأولى: لا يجوز الجمع بين راتب التقاعد الوجوبي والأجر من العمل.

الثانية: لا يجوز الجمع بين راتب التقاعد المبكر والأجر من العمل.

أ. العبارتان صحيحتان.

ب. العبارة الأولى صحيحة.

ج. العبارة الثانية صحيحة.

د. كلتا العبارتين غير صحيحتين.

5- يتم تمويل تأمين إصابات العمل والمهنة وذلك باقتطاع نسبة معينة بواقع:

أ. 2% يقتطعها صاحب العمل من أجر العامل لديه.

ب. 2% يؤديها صاحب العمل من أجور عماله.

ج. 5.5% يقتطعها صاحب العمل من أجر العامل لديه.

د. 5.5% يؤديها صاحب العمل من أجور عماله.

6- يتم تمويل تأمين الشيخوخة والعجز والوفاة باقتطاع نسبة معينة بواقع:

أ. 5.5% يقتطعها صاحب العمل من أجر العامل لديه.

ب. 11% يؤديها صاحب العمل من أجور عماله.

ج. 9% يؤديها صاحب العمل من أجور عماله.

د. (أ + ج) فقط.

7- في حالة الانتساب الاختياري يدفع المشترك من الأجر الشهري النسبة التالية:

أ. 16.5%   ب. 14.5%   ج. 5.5%   د. 11%

الفصل الثاني عشر

التأمين الصحي

1-12 مقدمة.

2-12 التأمين الصحي.

3-12 برامج التأمين الصحي.

4-12 التأمين الصحي في الأردن.

6-12 التأمين الصحي الجماعي.

الفصل الثاني عشر

التأمين الصحي

Health Insurance

12-1 مقدمة:

نشأ التأمين الصحي تاريخياً مع التطورات العمالية من خلال تجميع الموارد ورصدها لضمان الحماية من مخاطر المرض. فقد شكل حرفيو أوروبا في العصور الوسطى نقابات الصناع التي أنشأت صناديق لدعم الأعضاء في أوقات العوز الناتج عن المرض، والتي أنشأت صناديق لدعم الأعضاء في أوقات العوز الناتج عن المرض، والتي يسهم فيها كل عضو بشكل دوري. وتوسعت وتطورت هذه الصناديق مع التطور الصناعي، إذ ساد مفهوم مشاركة الخطورة التي تتهدد دخل العامل بسبب المرض، وبدأت مجموعات العمال والمزارعين في منطقة واحدة بإنشاء صناديق المرض أو جمعيات الدعم التعاونية لهذا الغرض، وجمعت هذه الجمعيات مساهمات المشاركين لتوفير العون والدعم للأعضاء المحتاجين فقط وليس بهدف الربح أو الاستثمار، فقد كان المبدأ الأساسي لهذه الجمعيات هو التكافل. وفي بداية الأمر وفرت هذه الصناديق والجمعيات الدعم النقدي، ثم أخذت تتعاقد مع مقدمي الرعاية الصحية لرعاية أعضائها، ثم طورت خدماتها الطبية الخاصة فبادر أرباب العمل في المهن الخطرة مثل أعمال التنقيب بإلزام العمال بالاشتراك في هذه الجمعيات. ثم تنبه القادة السياسيون إلى فوائد تعميم هذه التنظيمات وكانت أول خطوة في ألمانيا عام 1883م، حيث سنت الدولة قانوناً يقضي ـ بإلزام العمال في صناعة محددة يتقاضون دخلاً أقل من مستوى معين بالاشتراك في صندوق المرض ويمول الصندوق بمساهمة إلزامية لكل من الموظف ورب العمل. ومن هنا نما التأمين الصحي كآلية للضمان الاجتماعي الإلزامي، وفي عام 1887م، بدأت النمسا التأمين الصحي، وتبعتها النرويج عام 1902م، ثم بريطانيا عام 1910م، وفرنسا عام 1921م، وبحلول عام 1930م عم التأمين الصحي الإلزامي معظم الدول.

2-12 التأمين الصحي:

يشمل مصطلح التأمين الصحي بشكل عام عدة أنواع من العقود التأمينية التي رغم ارتباطها ببعضها البعض، إلا أن كلا منها يهدف إلى الحماية ضد مخاطر مختلفة، ويدخل ضمن التأمين الصحي تصنيفان من التأمين هما:

1- تأمين دخل العجز:

التأمين ضد فقدان الدخل، والذي يوفر دفعات منتظمة عند عدم قدرة المؤمن عليه على العمل بسبب المرض أو الإصابة وتكون أهلية تحصيل الدفعات على أساس افتراض فقدان الدخل، ولكن تعرف فعلياً على أساس عدم القدرة على ممارسة العمل.

2- تأمين التكلفة الطبية:

يوفر تكاليف الرعاية الطبية الناتجة عن المرض أو الإصابة، وتشمل تكاليف الأطباء والمستشفيات وخدمات التمريض والخدمات الصحية الأخرى ذات العلاقة، إضافة إلى الأدوية والتجهيزات الطبية. وقد تأخذ تسديد المنافع التأمينية عدة أشكال، فقد تكون بالتعويض المباشر عن التكاليف إما لمقدم الخدمة أو للمؤمن عليه، أو بدفع مبالغ نقدية محددة أو توفير الخدمات مباشرة.

ويتم تسويق أنواع التأمين الصحي إما على أساس جماعي أو على أساس فردي، حيث يتطلب التأمين الصحي الجماعي مجموعة من الناس بحد أدنى محدد، وتكون التغطية في التأمين الجماعي مماثلة للتغطية الفردية، إلا أن التكلفة أقل، ويقوم رب عمل المجموعة غالباً بتحصيل القسط التأميني، وذلك بحسم مساهمة كل فرد من راتبه وبعد إضافة مساهمة رب العمل يدفع قسط المجموعة لشركة التأمين.

12-3 برامج التأمين الصحي:

تختلف برامج التأمين الصحي مـن دولـة إلى أخرى، إلا أن الأنـواع الرئيسية يمكـن حصرها فيما يلي:

1- الرسوم مقابل الخدمة:

يعتمد هذا الأسلوب على أن يدفع المريض رسومـاً علـى الخدمات التـي يتلقاهـا في المنشآت الصحية، وفيما يوفر هذا الأسلوب الحوافز الإنتاجية المرتفعة إلا أنه يؤدي إلى التضخم والتوسع في استخدام الإجراءات ذات المنفعة الهامشية المنخفضة مقابل التكلفة.

2- الخدمات الصحية الوطنية:

تقدم العديد من الدول الخدمات الصحية المجانيـة لمواطنيهـا والمقيمـين بهـا وفـق برامج مختلفة أشهرها نظام الخدمات الصحية الوطنية الذي تقدم الدولة من خلاله الخدمات الصحية لجميع أفراد وشرائح المجتمع حسب الاحتياج الصحي وبغض النظـر عـن القدرة علـى الدفع. ويوفر هذا النظام جميع الخدمات الوقائية والعلاجية بما فيها الأدوية وخدمات الأسنان والولادة ورعاية الأمومة والطفولة والتنويم والصحة النفسية مـن خـلال مرافق تتبع للدولة وبوساطة قوى عاملة صحية موظفة بها ويدفع لها مرتبـات شـهرية، ويمـول النظام مـن خـلال الضرائب العامة، كما هو الحال في بريطانيا والدول الإسكندنافية.

3- نظام التأمين الصحي الاجتماعي:

وهو تأمين إجباري بحكم القانون، قد ينفذ من خلال هيئـة مركزيـة واحـدة تتبعهـا هيئات فرعية، أو من خلال أكثر من هيئة للتأمين الصحي، ولكـل منهـا فـروع تنتشـر جغرافيـاً لتغطي بالخدمة التأمينية فئة متجانسة من الأفراد وتقدم خدماتها بإحدى الطرق الآتية:

1- تقديم الخدمات من قبل مستشفيات تتبع للدولة.

2- تقديم الخدمات من قبل القطاع الخاص بالتعاقد مع الدولة.

4- التأمين الصحي الخاص:

1- تعاقد أرباب الأعمال أو الأفراد أو كليهما معاً مع شركات التأمين الخاصة والتي تقوم بدورها بالتعاقد مع مجموعة من المنشآت الصحية والأطباء لتقديم الخدمات الصحية للمستفيدين الذين تم تحصيل اشتراكات سنوية/شهرية منهم نظير ذلك. وتقوم شركات التأمين بسداد المطالبات المالية للمنشآت الصحية والأطباء وفقاً لنصوص العقود بينهم.

2- تكوين منظمات محلية للحفاظ على الصحة:

تملك كل منها أو تتعاقد مع مجموعة من المنشآت الصحية والأطباء لتقديم حزمة شاملة من خدمات التأمين الصحي للمستفيدين مقابل اشتراك سنوي/شهري، وبذلك يتم ضمان تكامل الخدمات وجودتها وكفاءة استخدامها من خلال اتباع نظام للتحويل بين المستويات المختلفة للخدمة وفقاً للحاجة الفعلية للمريض مع رقابة استخدام هذه الخدمات.

3- برامج الرعاية الصحية والمدارة اقتصادياً وتشمل على:

أ. منظمات الحفاظ على الصحة: خدمة تأمينية توفر من خلالها المنظمات الصحية المشاركة خدمات شاملة للمشتركين، مقابل أقساط اشتراك سنوية محددة مسبقاً، وقد أثبتت فاعليتها في ضبط التزايد المطرد في أسعار الخدمات الصحية مقارنة بالطرق التقليدية للدفع مع توفير نتائج صحية مماثلة، وتوصلت هذه المنظمات إلى تخفيض تكلفة الرعاية الصحية من خلال الحد من خدمات التنويم ومن تقليص فترة الإقامة في المستشفى دون التأثير على جودة الرعاية الصحية المقدمة.

ب. منظمات الرعاية المفضلة: خطة تأمينية تمنح المشتركين من مجموعات كبيرة مثل: النقابات العمالية ومجموعات الموظفين، الفرصة للاختيار بين عدد محدد من مقدمي الخدمة الذين يتم التفاوض معهم على تقديم الخدمات الصحية بأسعار مخفضة، ويكون الدفع في مقابل الخدمة المقدمة، مع وضع ضوابط لتقليل النفقات، وتكون الأسعار أقل في حال مراجعة المرضى للأطباء والمستشفيات المحددة مسبقاً، ويفضل الموظفون الاشتراك في مثل هذه المنظمات، لأنها أكثر مرونة وأقل تقييداً من منظمات الحفاظ على الصحة، كما يفضلها أرباب العمل.

5- التأمين الصحي التعاوني:

تقدم النقابات العمالية وبعض النقابات المهنية جميع أنواع الخدمات الصحية مـن خلال التأمين الصحي التعاوني للأعضاء المشتركين وأفراد أسرهم مقابل الاشتراك في برامج التـأمين الصحي مقابل رسوم معينة.

4-12 التأمين الصحي في المملكة الأردنية الهاشمية:

1- التامين الصحي الحكومي:

يشمل مقدمي الخدمة في القطاع الحكومي على وزارة الصحة ووزارة التعليم العـالي ممثلة في المستشفيات الجامعية والخدمات الطبية الملكية . ويتم توفير الخدمات الصحية مـن خلال المستشـفيات والمراكـز الصحية التابعـة لـوزارة الصحة والخـدمات الطبيـة وكـذلك في مستشفى الجامعة الأردنية ومستشفى الملك عبد الله.

والمستفيدون من السكان كما يلي:

* وزارة الصحة، موظفو الدولة المدنيون وعائلاتهم.

- كبار السن فوق الستين من العمر.

- الأطفال دون السادسة من العمر.

- الفقراء وغير القادرين المحولون من الديوان الملكي.

* المستشفيات الجامعية:

- موظفو الجامعة وعائلاتهم

- طلبة الجامعة.

- الحالات المحولة من الديوان الملكي.

- الحالات المحولة من وزارة الصحة والقطاع الخاص.

* الخدمات الطبية الملكية:

- منتسبو القوات المسلحة والأمن العام والدفاع المدني وعائلاتهم.

- الحالات المحولة من الديوان الملكي.

- الحالات المحولة من وزارة الصحة والقطاع الخاص.

ويتم تلقي الرعاية الصحية المجانية من قبل المستفيدين في المستشفيات والمراكز الصحية التابعة لوزارة الصحة والخدمات الطبية الملكية.

وتغطي خدمات التأمين الصحي الحكومي حالياً 60% فقط من السكان البالغ عددهم قرابة ستة ملايين نسمة. ويتم تمويل قطاع التأمين الصحي الحكومي من خلال الاشتراكات التي تخصم من رواتب المستفيدين وكذلك الميزانية العامة للدولة.

من ناحية أخرى، تقدم المؤسسة العامة للضمان الاجتماعي نوعاً من التأمين يشتمل على فرع المخاطر المهنية وفرع التعويضات، والفرع الأول يغطي المخاطر الناشئة من إصابات العمل والأمراض المهنية ويشارك فيه عمال شركات القطاع الخاص بموجب مساهمة تبلغ نسبتها 2% من الراتب ويتحملها أرباب الأعمال. وتشمل المنافع الطبية لهذا النوع من التأمين على دفع تكلفة الرعاية الطبية وتكلفة الرسوم اليومية للمستشفى في حالات التنويم، بالإضافة إلى تعويض يمنح في حالات العجز الكلي أو الجزئي المستديم.

2- وكالة الغوث الدولية (الأونروا):

توفر وكالة الغوث الدولية خدماتها الطبية المجانية لحوالي نصف مليون من اللاجئين الفلسطينيين من سكان المخيمات في العيادات الخاصة بها، وتحول حالات الاستشفاء إلى مستشفيات وزارة الصحة.

3- التأمين الصحي الخاص (التأمين الصحي التجاري):

يقدم قطاع التأمين الصحي الخاص جميع أنواع الخدمات الصحية إلى المستفيدين من خلال العيادات والمستشفيات والمنشآت الصحية الخاصة والتي تدار كل منها بشكل مستقل إما بطريقة مباشرة للأفراد وعائلاتهم غير المشمولين بأي نوع من التأمين الصحي والذين يمثلون 25% من السكان. وكذلك المستفيدين من التأمين الصحي الحكومي ولكنهم

يفضلون القطاع الخاص بسبب جودة الخدمات الصحية المقدمة. أو عن طريق تعاقد أرباب الأعمال أو الأفراد أو كليهما معاً مع شركات التأمين الخاصة، ففي الوقت الراهن، على من يرغب في التأمين الصحي من أرباب الأعمال أو الأفراد أن يتقدم إلى إحدى شركات التأمين العاملة في مجال التأمين الصحي ويتم استصدار وثيقة للتأمين الصحي تتضمن تقديم الخدمات الصحية التي يتفق عليها لحامل الوثيقة ومنسوبيه، وحامل الوثيقة يجوز أن يكون فرداً أو شركة أو مؤسسة، وتشتمل هذه الخدمات الصحية غالبا على:

1- المعالجة داخل المستشفى: وتشمل الإقامة في المستشفى، والخدمات الطبية المختلفة، العلاج، العمليات الجراحية، الأشعة، المختبرات.... الخ.

2- المعالجة خارج المستشفى: زيارة الأطباء واجراء الفحوصات الطبية في المخبر أو الأشعة والعلاج الطبيعي وصرف الأدوية.

4- التأمين الصحي التعاوني من قبل النقابات المهنية:

تقدم بعض النقابات المهنية جميع أنواع الخدمات الصحية من خلال التأمين التعاوني لمنسوبيها وأفراد أسرهم وفقاً لأنظمة وشروط متعددة. ويتيح هذا النوع من التأمين للمشتركين تلقي الخدمات العلاجية في العيادات و المستشفيات الخاصة بما في ذلك خدمات التنويم في المستشفيات، ويمول هذا التأمين من خلال الاشتراكات السنوية التي يدفعها المشتركون من أعضاء النقابة، وتتفاوت درجة نجاح تشغيل هذه الأنظمة من نقابة إلى أخرى مع ملاحظة عدم وجود تنسيق بين هذه النقابات.

12-5 المشاكل التي يعاني منها نظام التأمين الصحي الحالي في الأردن:

1- النظام الحالي لا يوفر تغطية تأمينية لجميع المواطنين. فحوالي 25% من السكان لا يشملهم النظام حالياً، بالإضافة إلى تعدد الأنظمة المستخدمة.

2- الزيادة المتصاعدة في تكلفة الخدمات الصحية، نتيجة زيادة الطلب على هذه الخدمات والزيادة المطردة في تكاليفها على المستوى العالمي، بالإضافة إلى ارتفاع معدل النمو في السكان وظهور الأمراض المزمنة.

3- سوء استخدام الخدمات من قبل المستفيدين الذين يعالجون مجاناً.

4- طول الانتظار للدخول للمستشفيات الحكومية في حين أن المؤمنين في المستشفيات يبقون فترات طويلة.

5- تباين مستوى جودة الخدمات المقدمة ونوعيتها سواء في القطاع الحكومي أو الخاص.

6-12 التأمين الصحي الجماعي:

توفر شركات التأمين الخاصة (التجارية) برامج التأمين الصحي الجماعي، وهي تلك البرامج التي توفر للمشتركين فيها تغطية المصاريف الطبية التي يتكبدونها بسبب التعرض للأمراض المختلفة، وتقوم كثير من الشركات والمؤسسات بتوفير هذه البرامج للعاملين لديها من أجل مساعدتهم على تحمل تكلفة العناية الطبية التي لا تنتج عن أمراض المهنة أو إصابات العمل، إذ أن علاج هذه الأمراض و الإصابات تتكفل به هيئات رسمية مثل الضمان الاجتماعي وغيره من المؤسسات. وتغطي برامج التأمين الصحي الجماعي ما يلي:

1- التغطية داخل المستشفى: وتشمل تكلفة العناية الطبية أثناء الإقامة في المستشفى، مثل تكلفة الإقامة في المستشفى، والخدمات التي تقدم للمريض من علاجات وفحوصات مخبرية وغيرها، بالإضافة إلى أجور أطباء التخدير والجراحة، والإشراف الطبي، وتكلفة غرفة العمليات.

2- تغطيات العلاج خارج المستشفى: وتشمل زيادة الطبيب المعالج، والفحوصات المخبرية، وصور الأشعة، وغيرها من الفحوصات التشخيصية التي لا تستدعي الإقامة في المستشفى، بالإضافة إلى أجور الأطباء، وتوجد أيضاً بعض البرامج التي تغطي تكلفة العلاج الطبيعي والعلاج النفسي وعلاج الأسنان بحدود معقولة.

3- التغطية الشاملة: وتشمل نفقات المعالجة داخل وخارج المستشفى، سواء كانت المعالجة داخل المستشفى أو خارجه، فإن برامج التأمين الصحي الجماعي تتضمن شروطاً تقتضي- بأن يتحمل المؤمن له جزءا من التكلفة، ويكون التحمل على شكل اقتطاع مبلغ معين من المطالبة المقدمة، أو على شكل نسبة مئوية تقتطع من كل

مطالبة، أو الاثنين معاً، أي تحمل مبلغاً معيناً ونسبة مئوية من كل مطالبة قابلة للتعويض.

7-12 الأساليب المتبعة من أجل تخفيف تكلفة العناية الطبية:

ارتفعت تكلفة تغطية العناية الطبية في الآونة الأخيرة ارتفاعاً ملحوظاً، ويعود ذلك إلى ازدياد عدد المطالبات التي يقدمها المؤمن لهم إلى شركات التأمين من ناحية، وإلى ازدياد قيم هذه المطالبات من ناحية أخرى، الأمر الذي جعل السيطرة على تكلفة تغطية العناية الطبية وضبطها أمراً صعباً من قبل شركات التأمين، هذا بالإضافة إلى وجود طرف ثالث يؤثر على العلاقة بين شركات التأمين والمؤمن لهم، وهو الطرف الذي يقوم بتقديم الخدمات الطبية إلى المؤمن لهم (أي الطبيب المعالج والمستشفى) والذي له تأثير كبير على تكلفة العناية الطبية، مما يزيد من صعوبة السيطرة على ضبط التكلفة والحد منها. ومن أجل تخفيض التكلفة على المؤمن عليه وعلى شركة التأمين يتم اتباع ما يلي:

1- تحدد برامج التأمين الصحي سقوفاً مختلفة لكل نوع من أنواع المعالجة: مثل أن تحدد على سبيل المثال عدد الأيام التي يقضيها المؤمن له داخل المستشفى، أو مبلغاً معيناً للخدمات التي تقدم له أثناء إقامته في المستشفى، وكذلك الأمر بالنسبة للعلاج خارج المستشفى، بحيث يتم تحديد سقف معين للمعالجة خارج المستشفى بجميع أشكالها. ويتحمل المؤمن له المبالغ التي تتجاوز السقف المحدد، وتختلف هذه السقوف باختلاف البرنامج الصحي وشركات التأمين، مثلا الحد الأقصى لسقف التغطية للطرد الواحد في السنة قد يكون 10000 أو 12000 أو 15000 أو 20000 دينار. وكذلك الحد الأقصى لسقف التغطية للحالة المرضية الواحدة في السنة قد يكون 6000 أو 7500 أو 10000 دينار.

2- فرض فترة انتظار لأنواع معينة من الأمراض أو العمليات الجراحية: حيث يتحمل المؤمن له تكلفة معالجة هذه الأمراض، وتكلف إجراء العمليات بالكامل خلال فترة الانتظار التي تشترطها وثيقة التأمين. وتغطى بعد انقضاء هذه الفترات. وتحسب

فترات الانتظار من تاريخ بداية الاشتراك، فترة الانتظار 6 أو 9 أو 12 شهرا، وطول فترة الانتظار يختلف من شركة إلى أخرى.

فترة انتظار لمدة 6 شهور:

مرض السكري، والدهنيات والكلوسترول، وأمراض الحساسية والمناعة، حصوة الكلى والمرارة، البواسير، الغدد الدهنية، الدوالي، الأورام الحميدة، القسطرة، الفتق، عمليات القلب.

فترة انتظار لمدة 9 شهور: الحمل، أمراض الروماتيزم والمفاصل والديسك، تليفات والتصاقات الرحم، استئصال الرحم، هشاشة العظام.

فترة انتظار لمدة 12 شهرا: استئصال اللوزتين والناميات الأنفية، وفحص النوم (انقطاع التنفس الانسدادي).

3- المراكز الطبية المعتمدة

ولذلك لجأ أصحاب المؤسسات والشركات المختلفة وشركات التأمين إلى إتباع أساليب عدة للسيطرة على تكلفة العناية الطبية، أهمها: نظام المراكز الطبية المعتمدة، وبموجب هذا النظام، تتعاقد مجموعة من مقدمي الخدمات الطبية (الأطباء، المستشفيات، والمختبرات، ومراكز الأشعة وغيرها) مع أرباب العمل أو شركات التأمين لتقديم الخدمات الطبية المختلفة إلى العاملين لدى أرباب العمل والمؤمن عليهم لدى شركات التأمين بأسعار مخفضة، ويتعهد أرباب العمل وشركات التأمين لقاء ذلك أن يقوم المؤمن عليهم بالذهاب إلى المراكز الطبية المعتمدة دون غيرها من المراكز لتلقي الخدمات الطبية التي يحتاجونها، كما يتعهد أرباب العمل وشركات التأمين أيضاً بالتسديد الفوري لمطالبات هذه المراكز لقاء تقديمها الخدمات الطبية المتفق عليها. ومن أجل ترغيب المؤمن عليهم بالذهاب إلى المراكز الطبية المعتمدة، تقوم شركات التأمين بتخفيض مبالغ الاقتطاعات التي يتحملها المؤمن عليهم أو إلغائها بالكامل.

الاستثناءات:

يستثنى من التأمين: العلاجات، الأعراض، الحالات الطبية، الإجراءات والمصروفات

المرتبطة بها أو الناتجة عنها للحالات التالية:

1- الحالات الخلقية.

2- الأمراض السابقة للتأمين غير المصرح عنها في طلب الاشتراك.

3- العلاجات الترفيهية: العلاج او الخدمات المقدمة في أي بيت راحة، منتجع، عيادة مائية، مصح أو مؤسسة رعاية طويلة الأمد والتي لا تعتبر مستشفى، والإقامة في المستشفى والتي تم ترتيبها بشكل كامل أو جزئي لأسباب منزلية.

4- الفحوصات الطبية الروتينية أو الفحوصات الجسمانية العامة أو الفحوصات غير المتعلقة بشكوى أو أعراض مرضية محددة و / او التي لا تظهر نتائجها أي علة أو مرض، فحص النظر وفحص الأذن الروتيني، التلقيح ضد الأمراض، الشهادات الطبية، الفحوصات لأجل التوظيف او السفر.

5- كافة الأجهزة المساعدة: على سبيل المثال لا الحصر (الأجهزة المساعدة على التنفس، والسمع، النظارات الطبية والعدسات، الأطراف الصناعية والأحذية الطبية، الكراسي الطبية وجميع لوازم المعاقين والعجزة... الخ).

6- العلاج التجميلي أو الجراحة التجميلية ما لم تكن للضرورة بسبب إصابة جسدية من حادث مشمول بالتأمين أثناء فترة التغطية.

7- انحراف الوتيرة.

8- جميع الحالات المرتبطة بالعقم والخصوبة وجميع وسائل منع الحمل وأجهزة التحكم وتنظيم النسل وكل ما له علاقة بالتلقيح الصناعي وأطفال الأنابيب وكل الوسائل والعمليات المساعدة على الحمل وكذلك جميع الوسائل التشخيصية والعلاجية لأمراض العقم الذكرية وعلاج الضعف الجنسي ـ واعتلال الوظائف الجنسية.

9- دوالي الخصيتين.

10- عمليات الإجهاض: أي عملية إجهاض تمت لأسباب اختيارية، نفسية او اجتماعية وما يتبعها من نتائج.

11- عمليات النقل والاستبدال: الأجهزة التصحيحية والأدوات الطبية وجميع عمليات النقل بما فيها نقل الدم.

12- الحصول على العضو المراد زراعته وجميع التكاليف التي يفرضها الشخص المتبرع بالعضو، والحصول على قلب صناعي وأجهزة الصدر والأجهزة ثنائية البطين... الخ.

13- زراعة الأعضاء ما عدا القلب والكلى (يتم تغطية أجور العملية فقط ولا تغطى التكاليف التي يفرضها الشخص المتبرع بالقلب أو الكلى ولا ثمن العضو المراد زراعته أو المتبرع به).

14- علاج الأمراض والاضطرابات النفسية والعقلية والعصبية والصرع.

15- الأمراض الجنسية: كل ما يتعلق بالأمراض الناتجة عن الاتصال الجنسي غير المشروع.

16- الإيذاء الشخصي: العلاجات الناتجة عن الإصابات التي يحدثها الشخص لنفسه نتيجة سوء السلوك الشخصي، والمشاجرات، والشغب، الانتحار، تعاطي وإدمان الكحول والمخدرات.

17- الحالات المرضية الناتجة عن نشاطات خطرة والحالات المرضية الناتجة عن الرياضات التالية على سبيل المثال لا الحصر (ركوب الدراجات النارية، الطيران، تسلق الجبال الذي يستلزم استعمال حبال، الرياضات تحت الماء التي تتطلب معدات صناعية، الهبوط بالمظلات، سباق السيارات، كافة الرياضات الفردية، كافة الرياضات التي يمارسها المشترك بشكل دائم).

18- حوادث الشغب والاضطرابات: الإصابة أثناء الخدمة بدوام كامل كعضو في الشرطة أو الجيش والمشاركة في الحرب والإصابة الناتجة عن انشطار او انصهار نووي أو تلوث إشعاعي، أو نتيجة للحروب الكيماوية البيولوجية،

والأعمال الإرهابية، الشغب، الفوضى والاضطرابات المدنية، أو أي تصرفات غير قانونية ويشمل ذلك فترة السجن الناتجة عن مثل هذه الأعمال.

19- العلاج خارج الأردن: كافة العلاجات والأدوية والإجراءات الطبية التي يتلقاها المشترك خارج الأردن بما في ذلك الحالات الطارئة.

20- حوادث السير والعمل: لا يشمل هذا التأمين حوادث السير وحوادث العمل و/او أي حالة بها طرف ثالث كونها مشمولة بتأمينات أخرى.

21- الاضطرابات الهرمونية.

22- حب الشباب – الكلف – النمش – التلون الجلدي – تساقط الشعر والصلع.

23- الفيتامينات: إلا إذا كانت كعلاج ولا يوجد بديل لهذا العلاج (تدفع نقدا وتقدم للنقابة لأخذ القرار المناسب لها).

24- كافة الأدوية والمستحضرات الطبية غير المسجلة في وزارة الصحة كعلاجات.

25- غسيل الكلى والديلزة وأية أمراض تغطيها الدولة.

26- الأمراض التي تستلزم حجر صحي في حالة انتشارها كوباء.

27- تصحيح حدة الإبصار بكافة اشكاله.

28- كافة فحوصات سلامة الجنين.

29- كافة الاجراءات والعمليات التي ليس لها تسعيرة لدى نقابة الأطباء يتم التعامل معها بموجب ما هو مسعر لحالة مشابهة لها أو المماثلة لها كحالة طبية.

ومن الاجراءات الأخرى التي تتبعها شركات التأمين للتخفيف من حجم تكلفة العناية الطبية والسيطرة عليها الطرق التالية:

1- تعيين الأطباء برواتب شهرية لتقديم العناية الطبية للعاملين والمؤمن عليهم، الأمر الذي يخفف من تكلفة أجور الأطباء.

2- إجراء الفحوصات الطبية المختلفة (الفحوصات المخبرية وصور الأشعة وغيرها) قبل إدخال المريض إلى المستشفى، الأمر الذي يقلل من عدد الأيام التي يقضيها المريض داخل المستشفى.

3- عدم إدخال أي مريض مؤمن له إلى المستشفى دون موافقة شركة التأمين، والهدف من ذلك التخفيف من الإدخالات غير الضرورية إلى المستشفى، والتقليل من عدد أيام الإقامة فيها.

4- استشارة طبيب أخصائي آخر عندما يوصي أحد الأطباء بإجراء عملية جراحية لأحد المؤمن عليهم وذلك للتأكد من ضرورة إجراء مثل هذه العملية.

5- التأكيد على إجراء العمليات الصغيرة في العيادات أو في الأقسام الخاصة بذلك في المستشفيات، إذا كانت مثل هذه العمليات لا تستدعي الإقامة في المستشفى.

6- توفير عناية التمريض في البيت بدلاً من المستشفى إذا كانت الحالة المرضية لا تستدعي الإقامة في المستشفى إلا بسبب تقديم عناية التمريض، حيث توجد مؤسسات متخصصة في هذا المجال تقدم هذه العناية بتكلفة تقل كثيراً عن تكلفة الإقامة في المستشفى.

7- تدقيق فواتير المستشفى من قبل مختصين في هذا المجال، حيث أن فواتير المستشفيات تحتوي في كثير من الأحيان على أخطاء في علميات الاحتساب.

8-12 آلية الحصول على الخدمات الطبية المختلفة

1- المعالجة خارج المستشفى:

تشمل المعالجة لدى عيادات الأطباء والصيدليات والمختبرات ومراكز الأشعة وغرف الطوارئ ومراكز العلاج الطبيعي

أ- اجراءات زيارة الأطباء المعتمدين في الشبكة الطبية.

1- على المؤمن تقديم نموذج المعالجة الطبية للطبيب.

2- على المؤمن ابراز بطاقة التأمين الصحي الخاصة له المدون عليها اسم الشركة وكافة البيانات الخاصة بالمنتفع.

ب- إجراءات صرف الأدوية والفحوصات المخبرية والأشعة أو المختبر أو الأشعة أو جلسات العلاج الطبيعي لدى الشبكة الطبية المعتمدة.

1- ابراز النسخ الخاصة بإجراء الفحوصات اللازمة بالمختبر والأشعة والصيدلية ويجب أن تكون موقعة ومختومة من الطبيب المعالج حتى يتم إجراء الفحص المطلوب وصرف الأدوية.

2- على المؤمن ابراز بطاقة التأمين الصحي الخاصة به للجهات الطبية.

3- تسديد نسبة التحمل المستحقة على العلاجات للجهة الطبية حسب قيمة التحمل المسجلة على النموذج.

ملاحظة: إذا تمت زيارة الأطباء أو اجراء الفحوصات في المختبرات أو الأشعة أو صرف الأدوية من قبل هذه الجهات الطبية غير المعتمدة ضمن الشبكة الطبية فعلى المنتفع (المؤمن) أن يقوم بتسديد اتعاب الطبيب أو قيمة الاجراءات لتلك الجهات مباشرة وتقديم الفواتير الأصلية لشركة التأمين والتي تقوم بإعادة 60% إلى 70% من قيمتها الأصلية إلى المؤمن.

2- المعالجة داخل المستشفى

المعالجة داخل المستشفى تعني أن تستدعي الحالة الإقامة داخل المستشفى لمدة لا تقل عن 24 ساعة. وتتم إجراءات دخول المستشفيات حسب الحالة كما يلي:

أ- الحالات العادية:

1- يتم إدخال المنتفعين إلى المستشفيات المعتمدة بموجب تقرير موقع من الطبيب المعالج.

2- يجب على المنتفع التنسيق مع شركة التأمين وذلك بإرسال التقرير الطبي قبل موعد الدخول بمدة لا تقل عن 24 ساعة مع تحديد اسم المستشفى وتاريخ الدخول حتى يتم إجراء كافة الترتيبات المتعلقة بالدخول وذلك توفيرا للوقت والجهد على المريض.

3- يتم إدخال المريض حسب درجة اشتراكه في التأمين الصحي بعد الحصول على موافقة شركة التأمين.

4- يتم تحديد مدة إقامة المريض حسب الحاجة بموجب طلب موقع من الطبيب المعالج يرسل من قبل المستشفى إلى شركة التأمين.

5- غالبية برامج التأمين الصحي تغطي 100% من التكاليف الإجمالية ولا يتحمل المنتفع أي فلس.

أما في الحالات التي تتطلب أن يتحمل المريض نسبة من التكاليف فعليه ان يسدد نسبة التحمل المستحقة للمستشفى مباشرة قبل الخروج من المستشفى.

ب- الحالات الطارئة

عند مراجعة المنتفع للمستشفيات المعتمدة للحالات التي تصنف طبيا كحالات طارئة كما في جدول (1). يقوم المستشفى بالتنسيق مع الشركة مباشرة وتكون خطوات المعالجة كما يلي:

1- زيارة غرفة الطوارئ لدى المستشفى المعتمدة.

2- يتم اعتماد بطاقة المعالجة فقط دون الحاجة إلى نموذج المعالجة.

3- على المنتفع تسديد نسبة التحمل عن الإجراءات الطبية إلى المستشفى مباشرة إذا كان المريض لا يحتاج الدخول إلى المستشفى.

4- إذا تبع المعالجة لدى غرفة الطوارئ إدخال للمستشفى يتم التنسيق مباشرة بين المستشفى وشركة التأمين لأخذ الموافقة.

5- يتم إدخال المريض حسب درجة اشتراكه في التأمين الصحي بعد الحصول على الموافقة.

ملاحظة:

1- في حالة القيام بأي اجراء طبي من قبل طبيب غير معتمد في مستشفى معتمد وتم إعلام شركة التأمين بذلك يتم تسديد كامل تكاليف الإجراءات الطبية للمستشفى من خلال شركة التأمين في حالة كانت مغطاة حسب شروط العقد ويقوم المنتفع بتسديد اتعاب الطبيب المعالج غير المعتمد مباشرة ومن ثم تقدم الفواتير الأصلية لأتعاب الطبيب مرفقا بها (تقرير الطبيب المعالج مع التشخيص) لشركة التأمين لغايات تسديد المطابق منها حسب الأصول وحسب تعليمات شركة التأمين ويتحمل المشترك أو المنتفع الفرق.

2- أما إذا تم مراجعة مستشفيات غير معتمدة يقوم المنتفع بتسديد قيمة الإجراءات مباشرة لتلك الجهات وتقدم الفواتير الأصلية مرفقا بها كشف حساب تفصيلي للحالة لشركة التأمين لغايات تسديد المطابق منها حسب الأصول وحسب تعليمات شركة التأمين ويتحمل المشترك أو المنتفع الفرق.

3- لا تقوم شركة التأمين بتسديد أية مبالغ لحالات غير مغطاة بموجب الاستثناءات الواردة بالعقد والذي تم الاتفاق على شروطه مسبقا مع المنتفع.

الحالات الطارئة

تعريف الحالة الطارئة: الحالة الطارئة هي الحالة التي أي تأخير بعلاجها قد يؤدي إلى خطر على حياة المشترك (المنتفع) ولا يمكن تأجيلها باستثناء الحالات التي تخضع لفترات الانتظار.

الحالات الطارئة:

1- آلام البطن الحادة.

2- آلام الذبحة الصدرية الحادة.

3- الكسور.

4- التسمم الغذائي.

5- المغص الكلوي.

6- الجروح العميقة التي تحتاج إلى تدخل جراحي.

7- دخول جسم غريب لجسم الإنسان.

8- الحروق.

9- الحرارة المرتفعة.

10- الغيبوبة.

أسئلة المناقشة

السؤال الأول: وضح برامج التأمين الصحي العالمية.

السؤال الثاني: عدد المشاكل التي يعاني منها نظام التأمين الصحي الحالي في الأردن.

السؤال الثالث: اشرح التأمين الصحي الخاص (التجاري).

السؤال الرابع: اشرح مفهوم برامج التأمين الصحي الجماعي.

السؤال الخامس: أذكر الأساليب المختلفة التي تتبعها شركات التأمين من أجل تخفيف تكلفة التأمين الصحي.

الأسئلة الموضوعية

1- الآتية جميعها من المشاكل التي يعاني منها نظام التأمين الصحي الحالي في الأردن ما عدا:

أ. الزيادة المتصاعدة في تكلفة الخدمات الصحية.

ب. تباين مستوى وجودة الخدمات المقدمة.

ج. سوء استخدام الخدمات من قبل المنتفعين.

د. تغطية جميع المواطنين بالتأمين الصحي الحالي.

2- الآتية خدمات صحية يتم تغطيتها داخل المستشفى ما عدا:

أ. تكلفة أجور الأطباء في المستشفى.

ب. تكلفة الغرفة والغذاء والتمريض...الخ.

ج. تكلفة الإصابة بالعجز.

د. تكلفة الجراحة.

3- الشرط الذي يعني أن شركة التأمين لا تقوم بدفع تعويضات عن أمراض لا يصرح المؤمن له عن وجودها قبل بدء التأمين:

أ. شرط الحالة المرضية المتكررة.

ب. شرط الحالات المرضية السابقة على التأمين.

ج. شرط فترة الانتظار المرضية.

د. شرط مهلة الدفع.

4- أي من الآتية يعتبر من الأسباب الرئيسية لانخفاض تكلفة برامج التأمين الصحي الجماعي:

أ. المؤمن عليه يختار التغطية الملائمة له.

ب. يتحمل المؤمن له جزءاً من التكلفة.

ج. تحدد برامج التأمين الصحي الجماعي سقفاً معيناً للمعالجة داخل وخارج المستشفى.

د. (ب + ج) فقط.

5- أي من الآتية ليست من الأساليب المناسبة لتخفيض تكلفة العناية الطبية التي تتبعها شركات التأمين:

أ. عدم إدخال المؤمن له إلى المستشفى دون موافقة شركة التأمين.

ب. إجراء الفحوصات الطبية المختلفة قبل إدخال المؤمن له إلى المستشفى.

ج. عدم تدقيق فواتير المستشفى لتوفير أجور المحاسبين في شركة التأمين.

د. استشارة طبيب أخصائي آخر عندما يوصي أحد الأطباء بإجراء عملية جراحية للمؤمن له.

الفصل الثالث عشر

التأمين على الحياة

13 - 2 تعريف التأمين على الحياة

13- 4 طرق تحديد مبلغ التأمين على الحياة

13 - 5 استخدامات التأمين على الحياة

الفصل الثالث عشر

التأمين على الحياة

Life Insurance

13 - 1 مقدمة:

يتعرض الشخص طوال حياته، منذ لحظة ولادته إلى لحظة وفاته، إلى العديد من الأخطار مثل الوفاة والمرض والعجز والشيخوخة .... الخ. حيث يترتب على تحقق بعض أو كل من هذه الأخطار تعرض الشخص أو أفراد أسرته الذين يعولهم لخسائر مالية لا يود في كثير من الأحوال تحملها. والملاحظ أن هذه الأخطار المعرض لها الإنسان يكون من الصعب معرفة مدى الخسائر التي يمكن أن تتسبب في إحداثها، كما أنه يعد من المستحيل منع وقوعها تماماً.

ويهتم التأمين على الحياة بمواجهة الأخطار التي يتعرض لها الشخص الطبيعي والتي تصيبه في شخصه، فالوفاة مع أنها أمراً حتمياً بالنسبة لأي شخص، إلا أن ما يكتنف هذا الخطر من عدم التأكد بخصوص الوقت الذي يمكن أن يحدث فيه، يمثل خطراً يجب على الشخص الاحتياط له والتخطيط لمواجهة الخسائر المادية التي تترب على تحققه.

وكذلك يكون الحال بالنسبة لبقية أخطار الأشخاص، إلا أن ظاهرة عدم التأكد من هذه الأخطار لا يقتصر على تاريخ تحققها فقط، كما هو الحال في خطر الوفاه، بل يمتد عدم التأكد أيضاً من حيث إمكانية حدوث الخطر من عدمه، فمثلاً خطر المرض والحوادث الشخصية والعجز والبطالة وغيرها من أخطار الأشخاص، نجد أنها احتمالية الحدوث واحتمالية من حيث تاريخ الحدوث أيضاً.

وتوفر تأمينات الأشخاص حماية الإنسان ومن يعولهم ماديا من الأخطار المختلفة التي تؤدي الى تخفيض أو انعدام قدرة الإنسان على العمل والإنتاج، حيث يمكن تصنيف أخطار الأشخاص إلى:

(أ) أخطار تخفيض الدخل أو تقطعه مؤقتاً.

(ب) أخطار تؤدي إلى انقطاع الدخل بصورة دائمة.

ويجب التنبيه إلى أن التأمين على الحياة ليس لـه صـلة بظـاهرة الحيـاة أو بظـاهرة الوفاة نفسها، حيث أن هذه الظواهر في تحكم وقدرة الخالق سبحانه تخرج عن نطاق القـدرة أو التحكم البشري.

2-13 تعريف التأمين على الحياة

يقصد بالتأمين على الحياة التأمين على الدخل نتيجة تحقق أي من الأخطار المتعلقة بحياة الإنسان مثل الوفاة والعجز والمرض والتقاعد.

وتعرف وثيقة التأمين على الحياة بأنها: اتفاق بين طـرفين يتعهـد فيـه الطـرف الأول (شركة أو هيئة التأمين) بأن تدفع للطرف الثاني (المستأمن) أو من يعيله (المستفيد) مبلغـاً مـن المال يدفع مرة واحدة أو يدفع بصفة دورية عند تحقق حـادث معـين يتعلـق بحيـاة أو مـوت شخص أو عدة أشخاص معينين خلال مدة محددة، في مقابـل أن يـدفع الطـرف الثـاني للطـرف الأول قسطاً يدفع مرة واحدة أو يدفع دورياً لمدة معلومة.

يمثـل التـأمين عـلى الحيـاة أحـد شـقي تأمينـات الأشـخاص، فـالمعروف أن تأمينـات الأشخاص تنقسم إلى فرعين: هما التأمين على الحياة والتأمين الصحي. ويعود هـذا التقسـيم إلى نوعية وطبيعة الأخطار الشخصية التي يغطيها كل فرع. ويمكن تصنيف أخطار الأشخاص إلى:

أ- الأخطار التي تؤدي إلى انقطاع الدخل بصورة دائمة وتشمل:

1- الوفاة أو الموت الطبيعي.

2- العجز الكلي الدائم أو الموت الاعتباري.

3- الشيخوخة أو التقاعد أو الموت الاقتصادي.

ب- الأخطار التي تخفض الدخل أو تقطعه مؤقتاً وتشمل:

4- المرض

5- العجز المؤقت والحوادث الشخصية

6- البطالة

3-13 سنتناول فيما يلي أخطار الأشخاص بالتفصيل:

1- الوفاة (الموت الطبيعي) :

يقصد بالوفاة المبكرة وفاة رب العائلة دون أن يكمل التزاماته المالية تجاه عائلته وتتمثل هذه الالتزامات في وجود أطفال بحاجة لمن يعيلهم أو أطفال لم يكملوا تعليمهم بعد، أو قروض إسكان لم تسدد بعد، وغيرها من الديون التي لها علاقة بإعالة أفراد الأسرة. إن الوفاة المبكرة قد تؤدي إلى مشاكل وصعوبات مالية لأفراد الأسرة التي فقدت معيلها وبالتالي فقدت مصدر دخل مهم إلى الأبد. كما أن عدم وجود دخل بديل لمثل هذه الأسرة أو عدم كفاية الأموال التي تركها رب الأسرة لعائلته. سيجعل أفراد هذه الأسر يعانون من حالة عدم استقرار مادي وصعوبات مالية كبيرة.

وتتلخص التكاليف الناتجة عن الوفاة المبكرة فيما يلي:

1- فقدان دخل رب الأسرة إلى الأبد.

2- مصاريف إضافية تتحقق بسبب الوفاة مثل تكاليف الدفن، ومصاريف العناية الطبية قبل الوفاة، ومصاريف مختلفة أخرى لم يقم رب العائلة بتسويتها قبل وفاته.

3- انخفاض مستوى معيشة أفراد الأسرة.

4- فقدان دور رب الأسرة في تربية وإرشاد أبنائه، فضلا عن الناحية العاطفية التي تتمثل في الأحزان التي تسببها حالة الوفاة، وفقد أفراد العائلة للحب والحنان اللذين كان يوفرهما لهم رب الأسرة.

ولذلك فإن الشخص الذي يخطط لمواجهة الأخطار الشخصية التي تحيق به، عليه أن يأخذ بعين الاعتبار ما تنطوي عليه الوفاة المبكرة من تكاليف، وأن يأخذ الاحتياطات الضرورية لمواجهتها. كما عليه أن يدرك بأن عبء هذه التكاليف لا يقع عليه بل يقع على الأشخاص الذين يعيلهم، أي الأشخاص الذين يعتمدون على دخله من أجل معيشتهم. وبالتالي، فإن العنصر الأساسي في التخطيط لمواجهة الوفاة المبكرة هو وجود أشخاص سيحرمون من مصدر دخل نتيجة حدوث الوفاة المبكرة. وفي حالة عدم وجود مثل هؤلاء الأشخاص ينتفي خطر فقدان الدخل وتزول الحاجة للاحتياط له.

2- أخطار العجز الكلي (الموت الاعتباري) :

لا تهدد أخطار الوفاة المبكرة الشخص الذي لا يعيل أشخاصا آخرين يعتمـدون عـلى دخله، ولكن أخطار العجز تهدد مثل هذا الشخص لأنه يحتاج إلى دخل أثناء تعطله عن العمل، وخصوصا إذا كان التعطل دائما، أي أن حالة العجز التي يعاني منها هـذا الشخص تمنعـه مـن القيام بأي عمل يوفر له الدخل. وتهدد أخطار العجز بالطبع الأشخاص الـذين يقومـون بإعالة أفراد أسرهم لأنهم يحتاجون إلى دخل ليس فقط مـن أجـل تغطيـة مصاريفهم بـل مـن أجـل تغطية مصاريف أفراد أسرهم أيضا. وتتمثل التكاليف الناتجة عن أخطـار العجز في المصاريف الطبية التي يحتاجها الشخص العاجز، وفي المصاريف الأخرى التي يحتاجها شخصيا مـن أجـل معيشته، والمصاريف التي يحتاجها أفراد أسرته.

إن أخطار العجز أسوأ من أخطار الوفاة المبكرة إذا لم يقم الشخص المعني بالاحتياط لها، ولعل الاحتياط لمواجهتها أكثر أهمية من الاحتياط الواجب للوفاة المبكرة في نظر بعض المختصين في هذا المجال. إن طريقة تحديد ما يحتاجه الشخص من دخل أثناء عجزه لا تختلف عن طريقة تحديد الاحتياجات المالية في حالة الوفاة المبكرة. ولكن الشخص الـذي يخطط لمواجهة أخطار العجز يتوجب عليه أن يأخذ بعين الاعتبار المصاريف الضرورية لمواجهة أعباء ما بعد سن التقاعد، لأن ذلك يشكل خطرا إضافيا يتوجب معالجته.

3- أخطار كبر السن (الشيخوخة) أو التقاعد (الموت الاقتصادي) :

إن أخطار كبر السن قد تكون أقل حدة من أخطار الوفاة المبكرة، ولكنها تستحق التخطيط لمواجهتها. وتتمثـل هـذه الأخطـار في عـدم كفايـة الراتـب الـذي يتقاضاه الشخص المتقاعد، ونفاد المدخرات التي قام بتجميعها طيلة حياته.

إن التقاعد حدث مهم في حياة الناس في هذه الأيام. ويبدأ التقاعد في بعض البلـدان عند إتمام سن الستين، وفي بلدان أخرى عند سن الخامسة والستين. والتقاعد مفهوم حـديث، إذ الشخص العامل كان قبل حقبات قليلة من الزمن يظل على رأس عمله إلى أن يموت.

وقد يمضي الشخص في هذه الأيام حياته في الإعداد للتقاعد. فيقوم بالادخار المتواصل على أساس "احفظ قرشك الأبيض ليومك الأسود". وتتأثر قيمة الادخار الذي يرغب الشخص في تجميعه بعدة عوامل أهمها: مستوى المعيشة التي يرغب الشخص في الحصول عليه ونسبة التضخم التي تطرأ على الاقتصاد. ويتمثل الخطر هنا في عدم تجميع المبلغ الكافي من المدخرات الذي يؤمن مستوى المعيشة المناسب، وفي عدم كفاية المدخرات لما تبقى من عمر الشخص المعني.

إن المبالغ التي يتم جمعها من أجل التقاعد تكون محدودة في معظم الأحيان، أي أنها لا تكون كافية لتغطية مصاريف الشخص المتقاعد حتى الوفاة. ولذلك يتوجب الاحتياط لهذا الخطر بطريقة ما. والطريقة التقليدية لمواجهة مثل هذه المشكلة هي شراء تأمين المعاشات لمدى الحياة. (راجع الأنواع المختلفة من المعاشات في الفصل الخامس عشر). ويبرز السؤال هنا: ما قيمة مبلغ هذا المعاش؟ إن تحديد قيمة هذا المعاش يعتمد على قيمة راتب التقاعد الذي يستحقه الشخص لدى تقاعده من جهة، وعلى قيمة المدخرات التي تم تجميعها من جهة أخرى، وتحتسب القيمة المناسبة من تأمين المعاشات بطريقة احتساب الاحتياجات المالية نفسها في حالة حدوث الوفاة المبكرة، وهي تقدير هذه الاحتياجات من ملبس ومسكن ومصاريف مختلفة وحسم رواتب التقاعد من الضمان الاجتماعي، وقيمة المدخرات التي يتم تجميعها.

4- أخطار الأمراض:

يتعرض الإنسان إلى الإصابة بالأمراض المختلفة بالرغم من التقدم الهائل في الطب العلاجي والطب الوقائي، ولا يزال الإنسان يصاب بالأمراض المختلفة التي تلزمه الفراش وتمنعه من مزاولة أعماله. بل إن هناك الكثير من الشواهد التي تشير إلى انتشار أنواع جديدة من الأمراض يطلق عليها أمراض المدنية، مثل أمراض القلب والأعصاب والسرطان وأخيرا الإيدز والتي يتطلب علاجها – إن وجد – الكثير من النفقات كما أنه يستغرق وقتا طويلا. ومن الضروري أن يخطط الإنسان لمواجهة أخطار الأمراض خاصة لأن كلفة العلاج والإقامة في المستشفيات في ارتفاع وأصبحت باهظة جداً.

5- أخطار العجز المؤقت:

يتعرض الإنسان نتيجة الأمراض أو الحوادث الشخصية سواء في العمل أو الحياة إلى الإصابة الجسمانية التي تعيق من قدرته الإنتاجية وتعطله عن العمل بشكل مؤقت مما يتسبب في انقطاع أو انخفاض دخله أثناء مدة الإصابة بالعجز المؤقت. وتتمثل التكاليف الناتجة عن أخطار العجز في المصاريف الطبية الإضافية التي يحتاجها الشخص العاجز، وفي المصاريف الأخرى التي يحتاجها شخصياً من أجل معيشته والمصاريف التي يحتاجها أفراد أسرته.

6- أخطار البطالة :

يتعرض الفرد خلال حياته إلى فترات يفقد خلالها عمله وبالتالي يفقد الدخل الذي يعتاش منه. ومع أن الاحتياط لمواجهة مثل هذا الخطر لا يختلف عن الاحتياط للأخطار الأخرى كالوفاة المبكرة أو العجز، إلا أن البدائل المتوافرة محدودة. ولا تقوم مؤسسة الضمان الاجتماعي الأردني في الوقت الحاضر بتعويض حالات البطالة مع أن هذه المنفعة منصوص عليها في قانون الضمان الاجتماعي. ولذلك فإن البديل المتوافر بالنسبة للعاطل عن العمل هو تحمل أعباء هذا الخطر بالكامل والاحتياط له عن طريق الادخار أثناء فترات عمله، حتى إذا تعرض أثناء حياته لفترات بطالة مؤقتة يجد في الأموال التي تجمعت لهذا الغرض ملاذا يلتجئ اليه ويحافظ على مستوى معيشته التي اعتاد عليها.

ويتم توفير الحماية التأمينية من نتائج تحقق الأنواع الخمسة الأولى من أخطار الأشخاص من خلال النظم المختلفة للتأمين حيث يمكن تغطية هذه الأخطار عن طريق التأمين الحكومي أو الخاص. أما فيما يتعلق بخطر البطالة، فمن المعروف أن تغطية هذا الخطر تتم فقط بوساطة الحكومات ويمثل جزءاً رئيسيا من أي نظام للتأمين الاجتماعي، ويعود السبب في امتناع شركات التأمين الخاص، تعاونية كانت أم تجارية، عن تغطية خطر البطالة إلى عدم توافر الشروط الفنية للأخطار الممكن التأمين عليها في هذا الخطر.

وتتضمن الأخطار التي يغطيها التأمين على الحياة الأنواع الثلاثة الأولى فقط من أخطار الأشخاص وهي التي يترتب على تحققها انقطاع الدخل بصورة كلية ودائمة. وبناء

عليه تختص وثائق التأمين على الحياة بتوفير التغطية اللازمة حال تحقق خطر الوفاة أو البقاء على قيد الحياة لسن معينة وكذلك خطر الوفاة والبقاء معاً. كما قد تضم أيضاً وبصورة إضافية التغطيات الخاصة بحالات العجز الكلي الدائم الذي عادة ما يوصفه بأنه موت اعتباري. أما باقي أنواع أخطار الأشخاص فيتم تغطيتها إما من خلال برامج التأمين الصحي كما هو الحال بالنسبة لخطر الحوادث الشخصية والأمراض، أو من خلال برنامج التأمين الاجتماعي كما في حالة خطر البطالة.

حتمية التأمين كوسيلة لمواجهة هذه الأخطار:

يعتمد تحديد طريقة مواجهة أي خطر، بصفة عامة، على طبيعة الخطر والظروف المحيطة بالفرد المعرض للخطر. وباستعراض الطرق المختلفة التي يمكن للفرد اتباعها لدرء الأخطار المعرض لها وتوفير الحماية من الخسائر المترتبة على تحققها في مجال أخطار الأشخاص يتبين لنا أن التأمين، في غالبية الأحوال، يمثل أنسب هذه الطرق جميعها.

فطريقة **تجنب الخطر** ، مثلا لا يمكن اتباعها في حالة الأخطار الشخصية. ويعود ذلك إلى ما سبق بيانه بشأن طبيعة الأخطار وحتمية وقوع بعضها كالوفاة وعدم القدرة على تجنب بعضها الآخر كالحوادث والمرض مهما بلغت كفاءة الأساليب المتاح للفرد اتباعها لدرء هذه الأخطار.

أما **تحمل الخطر** وما ينطوي عليه من تقبل الفرد لما يلحق به من خسائر وتحملها عند تحققها فإنما يمثل تقاعسا وعدم إحساس بالمسؤولية لعظم القيمة المعرضة للخسارة واعتماد آخرين، بخلاف الفرد نفسه، على هذه القيمة في شؤون حياتهم اليومية. ويعود ذلك إلى ما هو متفق عليه بخصوص طريقة تحمل الخطر وعدم جواز اتباعها إلا في تلك الحالات التي تكون الخسارة المتوقعة نتيجة تحقق الخطر صغيرة نسبيا ويكون احتمال تحقق الخطر صغير أيضا. ولذلك يتبع البعض هذه الطريقة في مواجهة خطر المرض أو العجز الجزئي المؤقت، ولكن يعتبر من غير المنطقي الاعتماد على هذه الطريقة لمواجهة أخطار الوفاة أو التقاعد التي تمثل عمليات التأمين على الحياة.

وبالنظر إلى طريقة **تكوين احتياطي** لتغطية الخسائر المتوقع حدوثها نتيجة لتحقق الخطر، فإن اتباعها لا يكون دائما مأمون العواقب وذلك لاحتمال تحقق الخطر ووقوع الخسارة قبل أن يصل حجم الاحتياطي إلى المستوى المناسب. ومن ناحية أخرى يلاحظ أنه إذا كان اتباع طريقة الاحتياطي ممكنا، إلى حد ما، في حالة الأخطار المتعلقة بالممتلكات والمسؤولية المدنية بالنسبة للأفراد الذين يتوافر لديهم عدد كبير جدا من الوحدات المتشابهة والمنتشرة بما يساعد على تحقيق قانون الأعداد الكبيرة وعدم انحراف النتائج الفعلية كثيرا عن تلك المتوقعة، فان اتباعها في التأمين على الحياة يكون في غالب الأحوال مستحيلا لعدم توافر الشروط التي تؤدي إلى نجاحها في مجال تأمينات الممتلكات والمسؤولية المدنية. وفي ضوء ما تقدم يتضح للقارىء أن مجال استخدام هذه الطريقة في مواجهة أخطار الأشخاص يكون ممكنا بالنسبة لخطر التقاعد.

أما بخصوص طرق **الوقاية والحد من الخسائر** فإنه بالرغم من التأثير الفاعل لهذه الطرق في الحد من فرص الخسارة loss frequency والحد كذلك من فداحتها loss severity إلا أنه ليس هناك أي اتجاه يشير إلى زيادة فعالية هذه الطرق بما يمكن من إلغاء الخسارة بصورة كلية. وعلى هذا الأساس يمكن النظر إلى الطرق المختلفة للوقاية والمنع على أنها وسائل مفيدة للحد من الخسائر عددا وقيمة، ولكن لا ينبغي الاعتماد عليها بصفة مطلقة لمجابهة الأخطار، وخاصة في مجال أخطار الأشخاص.

وعلى ذلك لا يتبقى أمام الفرد سوى طريقتين لمواجهة الأعباء المترتبة على تحقق أخطار الأشخاص، تتمثل الطريقة الأولى في **تحويل الخطر** أو نقل عبء الخسارة إلى شخص آخر أو هيئة أخرى. فاذا ما أخذنا في الاعتبار طبيعة الخطر في تأمينات الأشخاص وحجم الخسارة المتوقعة يصبح واضحاً أن عملية تحويل الخطر لا يمكن أن تتم بصورة فردية في حالة أخطار الأشخاص، وأنه يشترط لنجاح عملية التحويل هذه أن تتم على نطاق واسع لتحقيق المقاصة بين الأخطار المتشابهة والاحتفاظ بالتكلفة في حدود معقولة ويتم ذلك عن طريق **نظام التأمين** بغض النظر عن الهيئة التي تتولى إدارة النظام حكومية كانت أم خاصة. أما الطريقة الأخرى المتاحة للفرد والتي يمكن عن طريقها مواجهة العبء المادي المترتب على تحقيق الأخطار الشخصية فتتمثل في الانضمام إلى

هيئة تعاونية أو تبادلية توفر لأعضائها الحماية المطلوبة بصورة تعاونية عند تحقيق هـذه الأخطار.

ومن هنا يتبين للقارىء أن تأمينات الأشخاص حكومية كانت أم خاصـة، تجاريـة كانت أم تعاونية تمثل الوسيلة الوحيدة التي يمكن للفرد عـن طريقها الحصول عـلى الحمايـة التأمينية المطلوبة من أخطار الأشخاص المعرض لها. ولعل هـذا يفسر ـ الإقبـال المتزايـد عـلى تأمينات الأشخاص والتوسع المضطرد في أعمال الهيئات التـي تـزاول هـذا النـوع مـن التـأمين في جميع دول العالم بغض النظر عن نظمها السياسية والاقتصادية والاجتماعية.

4-13 طرق تحديد مبلغ التأمين على الحياة:

1- إجمالي الدخل السنوي للفرد لمدة سبع سنوات

هذه الطريقة بسيطة ولكنها تتجاهل احتياجاتك الشخصية وكذلك التزاماتك، واستخدام هذه الطريقة قد يؤدي لشرائك بوليصة أكبر مما تحتاج وعليه، فإن أقساط التأمين المترتبة عليه تكون عالية جداً.

2- تسديد الديون القائمة.

يتم تحديد مبلغ التأمين لتسديد جميع الديون القائمة مثل القروض العقارية، قرض السيارة، قرض الطلاب ... الخ، هذه الطريقة لا تأخذ بعين الاعتبار القروض المستقبلية أو الاحتياجات المستقبلية مثل العناية بالأولاد ونفقات التعليم الجامعي... الخ.

3- القيمة الاقتصادية لحياة الإنسان.

يتم حساب مبلغ التأمين على الحياة الذي تحتاجه الأسرة أو الفرد حيث تقوم بتقدير متوسط دخل الفرد منذ لحظة شرائه بوليصة التأمين مضروبة بعدد السنوات حتى الإحالة إلى التقاعد مع الأخذ في الاعتبار العلاوات والزيادات المتوقع الحصول عليها، ومن ثم يتم إيجاد القيمة الحالية للمبلغ بسعر 5% خصم والقيمة الحالية تعادل الدخل المفقود.

وبالرغم من سهولة تحديد القيمة الاقتصادية على هذا الأساس إلا أنه يؤخذ على هذه الطريقة أنها لا تفرق بين الاحتياجات الخاصة للمستفيدين، وكذلك لا تأخذ في الاعتبار مصادر الدخل الأخرى لرب الأسرة وأثر التضخم الاقتصادي.

مثال: شخص عمره 30 سنه متزوج وله ثلاثة أطفال، ومتوسط دخله السنوي المتوقع 5000 دينار ، ما هو حجم التأمين على الحياة المناسب لهذا الشخص.

الحل: سن التقاعد في الأردن 60 سنة.

60-30 = 30 سنة

الدخول المستقبلية = 5000× 30 = 150,000 دينار.

القيمة الحالية = الدخول المستقبلية (معامل القيمة الحالية 30 سنه، 5%)

مبلغ التأمين المطلوب = 150,000 × 0.231 = 34,650 ديناراً .

4- أسلوب الاحتياجات

يقدم أسلوب الاحتياجات طريقة أخرى لتحديد المبلغ الواجب توفيره لمن يعولهم الفرد في حالة وفاته حتى يمكنهم الاستمرار في حياتهم العادية. ويتحدد المبلغ اللازم على أساس دراسة الاحتياجات المختلفة للأسرة حال وفاة العائل ثم تحديد قيمة كل نوع فيها. وبذلك يمثل المبلغ المحدد على أساس طريقة الاحتياجات ذلك المبلغ الواجب أن يتركه الشخص لمن يعولهم حتى يتمكنوا من العيش في نفس المستوى.

وبالرغم من أن نوعية الاحتياجات وقيمها تختلف من فرد لآخر، كما تختلف أيضاً بالنسبة للفرد نفسه من فترة لأخرى خلال مدة حياته، إلا أن هناك بعض الاحتياجات المعينة التي تتواجد في جميع الحالات. ولذلك سوف نقتصر هنا على الإشارة إلى هذه الاحتياجات الشائعة.

أ- الحاجة إلى مبالغ نقدية عقب الوفاة مباشرة لسداد تكاليف المرض الأخير ومصاريف الجنازة والدفن والمستحقات الأخرى التي يحل أجلها بمجرد حدوث الوفاة. ويدخل ضمن هذه المبالغ، المستحق لسداد ضرائب التركات. وغني عن البيان أن هذه المبالغ تختلف باختلاف الشخص ومستواه المالي والاجتماعي.

ب- الحاجة إلى دخل دوري يستمر خلال الفترة اللازمة لإعادة ترتيب طريقة حياة الأسرة. وتعتمد قيمة هذا المبلغ على عدد أفراد الأسرة وأعمارهم واحتمالات العمل بالنسبة للزوجة والأولاد. فيكون المبلغ اللازم لمواجهة هذه الحاجة كبيراً كلما كبر عدد أفراد الأسرة، أو كانوا في بداية العمر، أو ضعفت فرص العمل بالنسبة للزوجة، إما لعدم تأهيلها أو لكبر سنها.

جـ- الحاجة إلى دخل دوري منتظم خلال الفترة اللازمة لكي يشب الصغار ويصبحوا قادرين على الاستقلال بأنفسهم اقتصاديا، وتتوقف قيمة هذا المبلغ، بالطبع، على عدد أفراد العائلة وأعمارهم، بالإضافة إلى رغبة العائلة بخصوص مستوى التعليم الواجب توفيره لهم.

د- الحاجة إلى دخل دوري منتظم للأرملة خلال الفترة التي تعقب بلوغ الأولاد مرحلة الاعتماد على النفس واستقلالهم اقتصادياً عن الأسرة. وعند تحديد هذا المبلغ يراعى بالطبع سن الزوجة واحتمالات زواجها ثانية أو اشتغالها.

هـ- الحاجة إلى ترك مبالغ تمكن العائلة من سداد أقساط مشتريات العائلة الآجلة حتى لا يسترجعها البائع نتيجة لعدم قدرتهم على الاستمرار في سداد الأقساط بعد وفاته. وتزداد الأهمية النسبية لهذا البند مع انتشار أسلوب البيع بالتقسيط وامتداد ذلك إلى الممتلكات العقارية.

و- الحاجة إلى ترك المبالغ الكافية لمواجهة نفقات تعليم الأولاد حتى المستوى العلمي الذي ينشده العائل. وتتزايد الأهمية النسبية لهذا البند حالياً وخصوصاً في البلاد التي لا توجد فيها مجانية التعليم. ويلاحظ أنه حتى في البلاد التي تتوافر فيها مجانية التعليم فقد زادت نفقات التعليم وخصوصاً الجامعي زيادة كبيرة عما كانت عليه لفترة قصيرة مضت كنتيجة لموجة التضخم التي تسود العالم.

ز- الحاجة إلى ترك مبالغ نقدية يمكن استخدامها في الحالات الطارئة مثل إجراء عمليات جراحية أو معاونة الأولاد والبنات في مواجهة النفقات المتعلقة بالزواج وخلافه.

والذي يجب ألا يخفى على أحد أنه يجب عند تحديد قيم الاحتياجات الخاصة بالأسرة في كل جزئية منها أن يؤخذ في الاعتبار.

4- أسلوب الاحتياجات

الدخل Income	
1. الدخل السنوي الذي تحتاجه أسرتك لو توفيت اليوم لا قدر الله حتى يمكنهم الاستمرار في حياتهم العادية.	ــــ دينار
2. الدخل السنوي للعائلة من المصادر الأخرى مثل دخل الزوجة، الضمان الاجتماعي... الخ.	ــــ دينار
3. الدخل المطلوب تعويضه (اطرح رقم 2 من 1).	ــــ دينار
4. المبالغ المالية المطلوبة (أضرب رقم 3 بالمعامل المناسب في الجدول A).	ــــ دينار
المصاريف Expenses	
5. مصاريف المرض الأخير ومصاريف الجنازة والدفن المستحقة مباشرة بعد الوفاة تقدر حالياً (5000-10000 دينار)	ــــ دينار
6. تسديد الديون المستحقة (بطاقة الائتمان، قروض عقارية، قروض للسيارة...الخ)	ــــ دينار
7. نفقات التعليم الجامعي لكل فرد (الجامعات الحكومية 10000 دينار، والجامعات الخاصة 25000 دينار) .	ــــ دينار
8. المبالغ المالية المطلوبة للتعليم (اضرب رقم 7 في المعامل الملائم في الجدول B)	ــــ دينار
9. مجموع الاحتياجات المالية الكلية (اجمع رقم 4، 5، 6، 8)	ــــ دينار
الثروة الشخصية Assets	
10. المدخرات والاستثمارات (حسابات التوفير في البنوك، ودائع، أسهم، سندات..الخ)	ــــ الدينار
11. مزايا نظام التقاعد.	ــــ الدينار

12.مبالغ بوالص التأمين على الحياة.(بوالص التأمين على الحياة الفردية والجماعية)	ـــ الدينار
13. مجموع الأصول المالية المولدة للدخل (اجمع رقم10، 11، 12).	ـــ الدينار
14. مبلغ التأمين على الحياة، اطرح رقم 13 من رقم9 .	ـــ الدينار

الجدول A

الفترة الزمنية للدخل	المعامل
10	8.8
15	12.4
20	15.4
25	18.1
30	20.4
35	22.4
40	24.1

الجدول B

السنوات قبل الجامعة	المعامل
5	0.85
10	0.74
15	0.64
20	0.65

5-13 استخدامات التأمين على الحياة:

تعتبر حماية الجانب الاقتصادي للحياة الإنسانية وضمان استمراريته هدفاً أساسياً للتأمين على الحياة. فالإنسان هو، بلا جدال، المنتج لجميع أنواع الممتلكات وبعمله وعلمه يجعلها ذات قيمة. وإذا كان من حسن التبصر بالأمور، المحافظة على هذه الممتلكات وحمايتها من الأخطار المعرضة لها، فإن الحياة الإنسانية تكون أحق بالعمل على حمايتها.

وتنبع الأهمية القصوى لحماية الحياة الإنسانية ليس فقط من قدرتها على خلق دخل معين لصاحبها، وإنما من اعتماد آخرين على هذه القدرة وهذا الدخل في معيشتهم اليومية. ولذلك يعتبر التأمين على الحياة ضرورة قصوى لابد من توفيرها من أجل حماية من يعولهم الفرد.

ويتم شراء وثائق التأمين على الحياة إما لأسباب عائلية، وإما لأسباب تتعلق بالعمل.

أولاً: التأمين لأسباب عائلية:

يقدم التأمين على الحياة في شتى صوره الحماية التأمينية التي يسعى الفرد للحصول عليها لتأمين مستقبله ومستقبل من يعولهم من الآثار المترتبة على تحقيق أخطار الأشخاص التي يتعرض لها.

وتصدر معظم وثائق التأمين على الحياة لأسباب عائلية. وعادة ما يقرر العائل شراء التأمين بدافع الرغبة في حماية من يعولهم في حالة وفاته المبكرة. وبالرغم من أن حماية الأسرة تمثل واجباً أساسياً تفرضه جميع القيم الدينية والأخلاقية والاجتماعية على العائل فإننا نلاحظ تقاعس الكثيرين عن مجابهة تلك الأخطار التي تؤثر على رفاهية من يعولهم. وفي بعض الأحوال يتم شراء وثيقة التأمين على الحياة لصالح الأسرة في صورة منحه أو هدية من الزوج إلى الزوجة والأولاد في الوقت الذي لا يخرج ذلك عن كونه وفاءً للالتزام بضمان رفاهية من يعولهم والذي لا يجوز أن يقتصر على فترة وجوده على قيد الحياة فقط، بل يجب أن يمتد ليغطي الفترة الكافية لإتمام رسالته في الحياة والوصول بالأولاد إلى بر الاستقلال الاقتصادي.

وبالإضافة إلى ما توفره وثائق التأمين ضد خطر الوفاة من حماية لمن يعولهم الفرد، فإن وثائق التأمين التي تغطي خطر البقاء على قيد الحياة لسن معينة توفر حماية للفرد نفسه ضد العوز والحاجة فيما لو امتد به العمر إلى ما بعد نضوب موارده المالية.

وفي الكثير من بلاد العالم يقوم العديد من الأفراد بشراء وثائق التأمين التي تغطي خطر الوفاة لضمان تواجد الأموال النقدية الكافية لسداد ضرائب التركات المفروضة على التركة والتي قد يؤدي عدم توافرها لدى الورثة إلى بيع الثروة العينية التي يخلفها المورث ويحرم الورثة من الاستفادة بها. ولذلك يمكن القول بأن " ضمان انتقال الثروة العينية" يمثل هدفاً آخر من الأهداف التي يسعى الفرد إلى تحقيقها عند شرائه للتأمين على الحياة بجانب حماية من يعولهم في حالة الوفاة المبكرة وحماية نفسه في حالة بقائه على قيد الحياة.

ثانياً: التأمين لأغراض تتعلق بالعمل.

بالرغم أن غالبية وثائق التأمين على الحياة ترتبط ارتباطاً مباشراً بالعلاقة الأسرية في نطاقها الضيق المتمثل في الغالبية، تقدم شركات التأمين على الحياة عدة وثائق للتأمين على الحياة لأغراض تتعلق بالعمل. وتعتبر الوثائق التالية من أهم أنواع هذه الوثائق.

(1) التأمين على كبار العاملين

تقوم الهيئات التجارية والصناعية وهيئات الأبحاث بالتأمين على حياة كبار العاملين فيها الذين يؤدون أعمالاً هامة بالنسبة للهيئة بحيث يؤدي فقدهم إلى التأثير على ربحية الهيئة. وتقوم الهيئة بشراء وثيقة التأمين على حياة هؤلاء العاملين ودفع أقساطها وتعين نفسها مستفيدة في حالة تحقق الخطر. وفي المجتمعات الغربية المتقدمة تأمينياً تصدر هذه العقود على كبار العلماء والباحثين وأصحاب النفوذ الذي يعتبر استمرارهم على قيد الحياة كسباً مادياً للهيئة التي يعملون لحسابها ويمثل فقدهم خسارة كبيرة لها. وتتحدد قيمة التأمين في مثل هذه الأحوال على أساس النقص المتوقع في الأرباح نتيجة

لفقد هؤلاء العلماء، هذا بالإضافة إلى الزيادة في المرتبات والمكافآت التي يلزم تقديمها للحصول على بديل للشخص الذي فقدته الهيئة.

(2) التأمين على حياة الشركاء

تقضى القوانين الخاصة بإنشاء وتنظيم شركات الأشخاص بحل الشركة في حالة وفاة أحد الشركاء وتقييم أصولها حتى يمكن سداد نصيب الشريك المتوفى إلى ورثته الشرعيين. وحتى لا يضطر الشركاء القدامى إلى قبول ورثة شريكهم المتوفى كشركاء جدد تحت ضغط رغبتهم في الاحتفاظ بأصول الشركة كما هي والاستمرار في العمل، فإنهم يلجئون عادة إلى شراء وثيقة تأمين على حياتهم جميعاً يدفع مبلغها في حالة وفاة أول واحد منهم إلى الشركاء الباقين على قيد الحياة. وعن طريق وثيقة التأمين هذه يستطيع الشركاء الاطمئنان على استمرار شركتهم في مزاولة أعمالها وفي حالة وفاة أي منهم تقوم هيئة التأمين المصدرة للعقد بدفع مبلغ التأمين إلى الشركاء الباقيين الذين يقومون بدفعه إلى ورثة الشريك المتوفى في مقابل حصته في الشركة. وبهذا لا يكون الشركاء القدامى مضطرين إلى قبول ورثة شريكهم الذي توفى أو تصفية الشركة وبيع أصولها حتى يمكن للورثة الحصول على نصيب مورثهم. ويتم تحديد مبلغ التأمين على حياة كل شريك في مثل هذه الأحوال على أساس قيمة حصته في الشركة.

(3) تأمينات أرباب الأعمال على عمالهم

يقوم أصحاب الأعمال بتوفير العديد من الخدمات التأمينية لعمالهم. ومن أهم أنواع هذه التأمينات تأمينات الوفاة والعجز والمرض والمعاشات هذا بالإضافة إلى تأمينات إصابات العمل. وعادة ما يتم تقديم هذه الخدمات التأمينية على أساس عقد تأمين جماعي يصدر لصاحب العمل بدفع جزء من تكلفة العقد، إن لم يكن كلها. وتعتبر تكلفة هذه التأمينات جزءاً من الأجر الذي يستحقه العامل نتيجة لعمله. وهناك إقبال شديد من أصحاب الأعمال والعمال أيضاً لتوفير أقصى قدر ممكن من الحماية التأمينية للعمال وأسرهم لما يتركه ذلك من أثر طيب في نفوس العمال مما يكون له أكبر الأثر في زيادة

إنتاجيتهم. ولا شك أن تغير الفلسفة السياسية والاقتصادية والاجتماعية كان له أكبر الأثر في انتشار هذا النوع من التأمينات في الوقت الحالي.

(4) التأمين على حياة المدينين

يعتبر التأمين على حياة المدينين من أسرع أنواع التأمين على الحياة انتشاراً في وقتنا الحالي. ويرجع ذلك إلى انتشار البيع بالتقسيط والإقبال المتزايد عليه. ولما كانت أقساط البضائع المباعة بالتقسيط عرضه لعدم الدفع في حالة وفاة المشتري، ولما كانت الهيئات التي تبيع بالتقسيط ليست على استعداد لتحمل هذا الخطر فقد قامت هيئات التأمين بإصدار وثائق تأمين لتغطية هذا الخطر. وتصدر وثائق التأمين على حياة المدينين غالباً في صورة وثيقة تأمين جماعي على المتعاملين مع هيئة معينة من هيئات البيع بالتقسيط ويضمن للهيئة سداد الرصيد المتبقي من الأقساط في حالة وفاة المشتري قبل السداد الكامل لثمن ما اشتراه. وتقوم الهيئة التي تبيع بالتقسيط بشراء هذا العقد وتعين نفسها مستفيدة. وبالرغم من قيام هذه الهيئة بدفع الأقساط الخاصة بشراء العقد، إلا أنها عادة ما تقوم بنقل عبء هذه التكلفة إلى المتعاملين معها. ولا يقتصر شراء هذا النوع من الوثائق على هيئات البيع بالتقسيط ولكنه يصدر بصورة عامة إلى الدائنين الذين يقدمون القروض إلى مدينيهم والذين يرغبون في تغطية خطر عدم قدرة ورثة المدين على الاستمرار في السداد عقب وفاة مورثهم. وبناء عليه تشتري البنوك والمؤسسات المالية التي تقدم القروض مثل هذه الوثائق أيضاً.

أسئلة المناقشة

السؤال الأول: عدد المخاطر التي تؤثر على الأشخاص .

السؤال الثاني: عدد الطرق المختلفة المستخدمة لتقدير مبلغ التأمين على الحياة المطلوب توفره للأسرة أو الأفراد .

السؤال الثالث: ما هي ايجابيات وسلبيات كل من الطرق المختلفة المستخدمة لتقدير حجم مبلغ التأمين على الحياة المطلوب؟

السؤال الرابع: أشرح استخدامات التأمين على الحياة، المختلفة.

السؤال الخامس: اشرح خطوات أسلوب الاحتياجات لتقدير مبلغ التأمين على الحياة المطلوب توفره للأسرة.

الأسئلة الموضوعية

1- الأخطار الشخصية الآتية تؤدي إلى انقطاع الدخل بصورة دائمة باستثناء:

أ- الوفاة.   ب- العجز الكلي الدائم

جـ- الشيخوخة.   د- البطالة

2- أي من الآتية ليست من الأخطار التي يغطيها التأمين على الحياة:

أ- أخطار الوفاة.   ب- العجز المؤقت.

جـ- أخطار الأمراض.   د- أخطار كبر السن.

3- أي من طرق مواجهة الأخطار الشخصية لا يمكن اتباعها في التأمين على الحياة:

أ- طريقة تجنب الخطر.   ب- طريقة الوقاية والمنع.

جـ- طريقة تحمل الخطر.   د- جميع ما ذكر صحيح.

4- الأخطار الشخصية:

أ- تؤثر على الإنسان في شخصه.

ب- تؤثر على عائلة الشخص نفسه.

ج- تؤثر على ممتلكات الشخص نفسه.

د- لا شيء مما ذكر أعلاه صحيح.

5- البوالص (الوثائق) المحددة القيمة تطلق على:

أ- بوالص تأمين الممتلكات.   ب- بوالص التأمين على الحياة

جـ- بوالص تأمين المسؤولية المدنية.   د- (ب+جـ) فقط.

الفصل الرابع عشر

الشروط الأساسية لبوليصة التأمين على الحياة

الفصل الرابع عشر

الشروط الأساسية لبوليصة التأمين على الحياة

1-14 مقدمة:

تحتوي بوليصة التأمين على الحياة على عدد كبير من الشروط والأحكام لغاية تنظيم العلاقة التعاقدية بين شركة التأمين والمستأمن، كما تحتوي على الشروط العامة وهي شروط مطبوعة وموحدة بين وثائق التأمين على الحياة في البلد الواحد بل في وثائق التأمين في العالم تقريباً، فالاختلاف بينهما محدود جداً بما يتناسب مع الظروف والبيئة في كل دولة، والأصل أنه لا يستطيع أي طرف من أطراف التعاقد تغيير هذه الشروط إلا بعقد إضافي يطلق عليه: "ملحق خاص"، وبموافقة الطرف الآخر وذلك نظير قسط إضافي.

وفي وثيقة التأمين على الحياة يوجد ثلاثة عشر شرطاً وتتعلق بأمور متعددة كالملكية، وفترة الإمهال وعدم القابلية للاعتراض... الخ، وهناك حكمة أو مبرر وراء كل شرط سنناقشه بالنسبة للشروط الهامة منها.

2-14 ملكية العقد Policy holder

إن مالك عقد التأمين على الحياة هو شخص طبيعي أو شخصية اعتبارية، ويتمتع مالك العقد بكافة الحقوق والامتيازات المنصوص عليها في العقد مثل: حق تصفية العقد وحق الاقتراض من القيمة الاسترداديه للبوليصة، والمشاركة في الأرباح، واختيار خيارات التسوية وحق تحويل بوليصة التأمين الحالية من نوع إلى آخر، وحق تعيين المستفيد وهو الطرف الذي تعود له مستحقات وثيقة التأمين على الحياة في حالة وفاة المستأمن.

وقد يعين مالك العقد مستفيداً أصيلاً ومستفيداً بديلاً تعود إليه مستحقات العقد إذا توفي المستفيد الأصيل قبل المستأمن (المالك)، وقد يكون المستفيد قابلاً للتغيير في أي وقت خلال سريان العقد وتقديم طلب خطي من المالك إلى الشركة ولا يسري مفعول

التغيير إلا إذا قيدته الشركة في سجلاتها من تاريخ توقيع المالك، وقد يكون المستفيد غير قابل للتغيير.

والملاحظ أن أطراف العلاقة التأمينية تختلف باختلاف نوع بوالص التأمين وأيضاً قد تختلف في العدد، فقد يوجد ببوليصة التأمين على الحياة طرفان فقط هما المؤمن (شركة التأمين) والمستأمن (المتعاقد)، كأن يؤمن شخص على حياته ولمصلحة نفسه، فيشتري شخص بوليصة تأمين على الحياة تضمن له الحصول على مبلغ التأمين إذا كان على قيد الحياة عند تمام العمر 50 سنه، وفي هذه الحالة نجد أن المستأمن يمثل ثلاثة أشخاص وهم المؤمن عليه، والمستأمن، والمستفيد. ومن ناحية ثانية قد يوجد بوثيقة التأمين على الحياة ثلاثة أطراف مستقلين وهم (المؤمن والمستأمن والمستفيد)، ومثال ذلك أن يؤمن شخص على حياته لمصلحة شخص آخر، فيتعاقد شخص مع شركة تأمين بعقد يضمن لزوجته الحصول على مبلغ (التأمين) في حالة وفاته في أي وقت مثلاً، وفي هذه الحالة يكون المتعاقد هو (المؤمن عليه والمستأمن) وشركة التأمين هي (المؤمن) والزوجة هي (المستفيد).

ومن ناحية أخرى قد يوجد ببوليصة التأمين على الحياه أربعة أطراف مستقلين وهم (المؤمن والمستأمن والمؤمن عليه والمستفيد)، ومثال ذلك أن يؤمن شخص على حياة شخص آخر ولمصلحة شخص ثالث، فيتعاقد شخص مع شركة تأمين بعقد يضمن للأولاد الحصول على مبلغ التأمين في حالة وفاة زوجته (وهي الأم) في أي وقت مثلاً، وفي هذه الحالة يكون المتعاقد أي الزوج هو (المستأمن) وشركة التأمين هي (المؤمن) والزوجة أي الأم هي (المؤمن عليه)، والأولاد هم (المستفيد).

3-14 العقد الكامل   Entire Contract

- العقد ونصوصه وتحديداته: يتألف كامل العقد من البوليصة والطلب المقدم من أجل الحصول عليها- والمرفقة صورة عنه بالبوليصة والذي يشكل جزءاً منها- وكذلك أية عقود إضافية طلبت وأرفقت بالبوليصة وتنص على أنها تشكل جزءاً منها. في غير حالة الغش، تعتبر البيانات التي أعطيت عند طلب العقد تصريحات وليست ضمانات، ولن

يستعمل أي تصريح لإبطال العقد ولا لرفض أية مطالبة بموجبه إلا إذا ورد في الطلب الخطي.

والحكمة من شرط العقد الكامل منع شركة التأمين من تعديل أو تغيير بوليصة التأمين بدون علم المالك وحماية المستفيد وكذلك لا يجوز إبطال العقد ما لم تكن التصريحات الواردة في الطلب الخطي تنطوي على إخلال جوهري.

مثال: إذا ادعى الشخص بأنه في حالة صحية جيدة وأنه لم يتعرض إلى أمراض خطيرة وسابقة، ثم اكتشفت شركة التأمين بعد مدة أنه كان مصاباً بالجلطة القلبية (على سبيل المثال) وأن هذه الجلطة حدثت له قبل شرائه للبوليصة وأن هناك سجلاً طبياً ومراجعات مدونة تثبت ذلك، يبطل العقد.

4-14 فترة الامهال   Grace Period

إذا لم يسدد مالك البوليصة القسط الشهري، تعطى فترة إمهال من واحد وثلاثين يوماً لدفع قسط يكفي لتغطية القسط الشهري. إذا توفي المؤمن عليه خلال فترة الإمهال، ينزل مبلغ القسط الشهري غير المدفوع من قيمة عائدات البوليصة، وإن لم يدفع قسط كاف في نهاية فترة الإمهال، تنتهي كافة التغطية بموجب البوليصة وتصبح البوليصة منتهية وبدون أي مفعول. والهدف من هذا الشرط تجنب إلغاء البوليصة ومنح مالك البوليصة مهلة لتسديد القسط المستحق مراعاة لظروفه كنسيان تسديد القسط.

5-14 عدم جواز الطعن   Incontestability

لا يمكن الطعن في هذه الوثيقة خلال حياة المؤمن على حياته بعد مرور سنتين من تاريخ إصدارها أو إعادة مفعولها بسبب التخلف عن سداد أحد الأقساط أو الفوائد أو بسبب مخالفة أحد الشروط الواردة في الوثيقة أو المظهرة عليها، فهذه المدة كافية لشركة التأمين لاكتشاف أي خلل في صحة التعاقد، والحكمة من هذا الشرط حماية المستفيد الذي لا يملك الرد على ادعاءات شركة التأمين أو دحضها فيما يتعلق بإبطال العقد بعد وفاة المستأمن.

وفي حالة تحويل بوليصة تأمين مؤقتة إلى بوليصة تأمين على مدى الحياة تعتبر مدة السنتين منذ تاريخ إصدار بوليصة التأمين المؤقتة وليس من تاريخ إصدار بوليصة التأمين الدائمة (مدى الحياة) الجديد.

أما في حالة إعادة سريان مفعول البوليصة القديمة فإن مدة السنتين تبدأ من تاريخ إعادة سريان مفعول البوليصة.

6-14 إعادة سريان مفعول البوليصة Reinstatement

إعادة السريان: إذا لم تكن البوليصة قد صفيت لقاء قيمتها النقدية فبالإمكان إعادة سريانها في أي وقت خلال السنوات الثلاث التالية للتخلف عن دفع القسط وذلك بمجرد توجيه طلب خطي إلى الشركة وتقديم إثبات مقنع لها بأن المؤمن عليه صالح للتأمين مع تسديد كافة الأقساط المتأخرة وتسديد أو تجديد أي دين بالإضافة إلى الفائدة المركبة سنوياً والمستحقة في الحالتين حتى تاريخ إعادة السريان بمعدل تحدده الشركة. وبالإضافة إلى نصوص بند "عدم جواز الطعن" المدرج في هذا العقد تكون البوليصة المعاد سريانها قابلة للطعن بسبب الغش أو بإدلاء تصريحات خاطئة عن وقائع هامة متعلقة بإعادة السريان لمدة سنتين ابتداء من تاريخ إعادة السريان.

شروط إعادة سريان مفعول البوليصة

1. أن لا تكون البوليصة قد صفيت لقاء قيمتها النقدية.
2. أن تتم إعادة سريان البوليصة في أي وقت خلال السنوات الثلاث التالية للتخلف عن دفع القسط.
3. تقديم إثبات بأن المستأمن صالح للتأمين.
4. تسديد الأقساط المتأخرة كافة.
5. تسديد أو تجديد أي دين (قروض) على البوليصة

إيجابيات إعادة سريان البوليصة:

1. إن أقساط البوليصة المعاد سريانها أقل من أقساط شراء بوليصة جديدة.
2. إن شرط الانتحار يكون قد انتهى في البوليصة المعاد سريانها في الغالب بعكس البوليصة الجديدة.
3. إن القيمة الاستردادية والأرباح في البوليصة المعاد سريانها أعلى من البوليصة الجديدة والتي لن تصبح لها قيمة استردادية إلا بعد مرور فترة زمنية محددة (أي في السنة الثالثة).
4. بالنسبة لشركة التأمين إن تكلفة إعادة سريان البوليصة الملغاة أقل من تكلفة إنتاج بوليصة جديدة.

سلبيات إعادة سريان البوليصة:

من سلبيات إعادة سريان التأمين على الحياة الملغاة، أن تسديد جميع الأقساط غير المسدّدة يتطلب من المؤمن له دفع مبلغ كبير من المال دفعة واحدة. كما أن شركات التأمين تقوم عادة بتخفيض أقساط التأمين مع مرور الوقت وتطرح برامج جديدة متطورة. ولذلك قد يكون من الأفضل للمستأمن أن يشتري بوليصة تأمين جديدة بأسعار أقل، وبمزايا أكثر، مع أن عمره قد زاد عامين أو ثلاثة أو خمسة أعوام. كما يلاحظ أن معظم الأشخاص الذين ألغيت وثائق تأمينهم لا يقومون بإعادة سريانها نظراً لما يتطلبه ذلك من دفع مبلغ كبير من المال دفعة واحدة.

7-14 الانتحار Suicide

إذا انتحر المستأمن، وهو سليم العقل أو مجنون- خلال سنتين من تاريخ الإصدار أو من أي تاريخ لإعادة سريان البوليصة يصبح التأمين بموجب هذا الشرط محصوراً في مبلغ يعادل الأقساط المدفوعة فحسب. وإذا قام المستأمن بالانتحار بعد مضي سنتين على سريان مفعول وثيقة التأمين تقوم شركة التأمين بدفع مبلغ التأمين حسب الأصول وكأنه مطالبة عادية. ومن الناحية القانونية تقع مسؤولية إثبات الانتحار على شركة التأمين

التي يتوجب عليها إبراز الدليل إذا كان لديها أي شكوك بشأن حالة وفاة معينة. إن الغرض من وضع شرط استثناء الانتحار خلال أول سنتين من بدء سريان وثيقة التأمين على الحياة هو حماية شركة التأمين من الاختيار المتناقض لمصلحتها من قبل أي شخص يرغب في شراء وثيقة تأمين على الحياة ولديه نية مبيتة للانتحار.

8-14 القروض على البوليصة Policy loans

تعطي الشركة بضمانة البوليصة وحدها قرضاً لا يتجاوز القيمة الاقتراضية الحالية للبوليصة، إن القيمة الاقتراضية لهذه البوليصة هي المبلغ الذي إذا أضيفت إليه الفائدة حتى تاريخ استحقاقها التالي أو حتى تاريخ استحقاق القسط التالي- أيهما أسبق- يساوي القيمة النقدية الأساسية للبوليصة ينزل منها أي دين قائم. تحتفظ الشركة بحقها في تأجيل منح قرض- باستثناء القرض المستعمل لدفع الأقساط- لمدة لا تتجاوز الستة أشهر، تتجمع الفائدة على الدين من يوم ليوم بمعدل تحدده الشركة وتدفع في كل ذكرى سنوية للبوليصة. ويحق للشركة أن تعيد النظر في تحديد معدل الفائدة على القروض القائمة والجديدة، تضاف الفائدة غير المسددة لدى استحقاقها إلى أصل مبلغ القرض الذي تحسب عليه الفائدة.

إيجابيات القروض على البوليصة:

كما أنه في حال عدم تسديد قيمة القرض قبل موعد استحقاق البوليصة في نهاية مدة التأمين، أو بوفاة المستأمن، يحسم مبلغ القرض (الدين) مع الفوائد المتجمعة عليه من أي مبلغ يدفع بموجب البوليصة.

إن إمكانية الاقتراض من القيم الاستردادية لبوليصة التأمين على الحياة توفر لمالكي بوليصة التأمين فرصة الاقتراض بنسبة فائدة متدنية دون التعرض لقدرتهم على التسديد، ودون وضع جداول للتسديد كما تفعل المصارف التجارية، يحق لمالك البوليصة أن يسدد قيمة قرضه في أي وقت يشاء قبل موعد استحقاق البوليصة،

سلبيات القروض على البوليصة:

يحق لمالك البوليصة أن لا يقوم بالتسديد بتاتاً فتحسم قيمة القرض من مستحقات وثيقة التأمين عند موعد الاستحقاق. إن مثل هذه المرونة في الاقتراض والتسديد، على كل حال، قد تسفر عن نتائج عكسية بالنسبة لمالك البوليصة الذي يبالغ بالاقتراض من القيم الاستردادية للبوليصة، وبالتالي يعرضها للإلغاء السريع إذا بلغت قيمة الديون أكبر من القيمة الاستردادية لبوليصة التأمين ولم يقم بالتسديد.

9-14 المشاركة في الأرباح Dividend Options

توفر بوليصة التأمين المشتركة بالأرباح خيارات لمالك البوليصة فيما يتعلق بالأرباح التي تستحق على بوليصته، ومصدر هذه الأرباح هو الفروقات بين الأقساط التي تستوفيها شركات التأمين عن بوالص التأمين والمبالغ التي تدفعها لتسديد مطالبات الوفيات، بالإضافة إلى المصاريف الإدارية المختلفة، ويحق لمالك البوليصة أن يأخذ قيمة هذه الأرباح نقداً، أو يحسمها من أقساط البوليصة، أو يزيد من مبلغ التأمين بمقدار ما يشتريه بمبلغ هذه الأرباح.

10-14 خيارات عدم إلغاء العقد Surrender Options

توفر بوليصة التأمين لمدى الحياة التي لها قيمة نقدية استردادية لحاملها بدائل عديدة يمكن الاختيار بينها في حالة رغبته في عدم الاستمرار في سداد أقساط التأمين حيث تعرض عليه شركة التأمين عدة خيارات لعدم إلغاء العقد وهي:

البند التلقائي لسداد القسط المتأخر: إن لم يسدد القسط في نهاية مدة الإمهال وفي حال عدم تطبيق أحكام أحد البنود الاختيارية لعدم إسقاط العقد وإذا كان للبوليصة قيمة نقدية استردادية، تبقى حينئذ البوليصة سارية المفعول تلقائياً كما يلي:

أ) إذا كانت القيمة النقدية الاستردادية تساوي أو تزيد عن قيمة القسط غير المدفوع، تسدد الشركة القسط المستحق كقرض تلقائي لدفع الأقساط.

ب) إذا كانت القيمة النقدية الاستردادية غير كافية لتغطية أي قسط غير مدفوع، تبقى البوليصة سارية المفعول لنسبة من المدة التي يغطيها القسط المستحق يقابل النسبة ما بين القيمة النقدية الاستردادية وذلك القسط.

البند الاختياري لعدم إسقاط العقد:

الاختيار الأول- التصفية النقدية: في أي وقت بعد أن يصبح للبوليصة قيمة نقدية استردادية يحق لمالك البوليصة أن يصفي البوليصة ويقبض القيمة النقدية الاستردادية، بعد تنزيل أي دين، وبعد تقديم إخطار خطي مقبول لدى الشركة.

الاختيار الثاني- تأمين مخفض مسدد الأقساط: في أي وقت بعد أن يصبح للبوليصة قيمة نقدية استردادية يحق لمالك البوليصة، بعد تقديم إخطار خطي مقبول من الشركة، الإبقاء على البوليصة كتأمين مخفض مسدد الأقساط غير مشترك بالأرباح، بمبلغ من التأمين وفقاً لما يمكن للقيمة النقدية الاستردادية وبعد تنزيل أي دين، يحق شراؤه في السن التي يكون المؤمن عليه قد بلغها وعلى أسس تحددها الشركة، يدفع مبلغ التأمين المنخفض المسدد في سن الـ (75) للمؤمن عليه أو لدى وفاته أيهما الأسبق.

مثال:

اشترى أحمد بوليصة تأمين على الحياة بقيمة 100000 دينار عندما كان عمره 21 سنة، والآن بعد أن أصبح عمره 65 سنة، لا يرغب في الاستمرار في تسديد الأقساط ويمكنه شراء بوليصة مسددة الأقساط بقيمة 83,000 ديناراً.

الاختيار الثالث- تأمين ممدد لأجل: في أي وقت بعد أن يصبح للبوليصة قيمة نقدية استردادية، يحق لمالك البوليصة، بعد تقديم إخطار خطي مقبول من الشركة، الإبقاء على البوليصة كتأمين ممدد لأجل غير مشترك بالأرباح بمبلغ من التأمين يساوي مبلغ التأمين الأساسي للبوليصة محسوماً منه أي دين قائم. إن المدة التي يستمر خلالها ذلك التأمين تكون كما يمكن للقيمة النقدية الأساسية بعد تنزيل أي دين، أن تشتريها في السن التي يكون المؤمن عليه قد بلغها.

11-14 خيارات التسوية Settlement Options

يقصد بخيارات التسوية تلك الخيارات التي ترد في بوليصة التأمين وتتعلق بالصور
والبدائل المختلفة التي تتيحها شركة التأمين المصدرة للبوليصة للحصول على مبلغ التأمين
المستحق في أي صورة أخرى خلاف الحصول عليه كاملاً في صورة نقدية، وعادة ما تتضمن
عقود التأمين لمدى الحياة، وكذلك عقود التأمين المختلط، عدة بدائل يمكن لمستحق مبلغ
التأمين أن يختار من بينها ما يناسبه بدلاً من الحصول على مبلغ التأمين نقداً. ويمكن حصر
هذه البدائل في الصور الثلاث التالية:

1- ترك مبلغ التأمين المستحق لدى هيئة التأمين ليستثمر بمعدل فائدة معين
غالبا5% والحصول على العائد بصورة دورية مثلا شهرية، ربع سنوية،
سنوية.

2- توزيع مبلغ التأمين المستحق على عدة مبالغ تسدد دورياً طبقاً لنظام معين،
أي تقسيط الحصول على مبلغ التأمين.

3- استخدام مبلغ التأمين للحصول على دفعة حياة يستمر دفع مبالغها طالما
المستفيد على قيد الحياة.

وغني عن البيان أن عملية اختيار الصورة التي يتم على أساسها الحصول على ما
يقدمه عقد التأمين من مزايا تنحصر إما في المؤمن له باعتباره مالك العقد، أو في المستفيد
حينما يتحقق الخطر المؤمن منه وينشأ له الحق في الحصول على مبلغ التأمين. ولا شك أن
إتاحة الفرصة للمستفيد من العقد للاختيار بين هذه البدائل يعطي للعقد مرونة أكبر باعتبار
أن غالبية الاحتياجات التي يشتري العقد أساساً لتغطيتها هي من النوع المتكرر بصورة دورية
والتي يلائمها أكثر مزايا من نفس النوعية. ولذلك يلاحظ الفرد اختيار المستفيدين من عقود
التأمين هذه تجزئة الحصول على مبلغ التأمين إما في صورة دفعه مؤكدة السداد أو دفعه
حياة.

12-14 التعديلات بسبب العمر Misstatement of age

تحتفظ شركة التأمين بحق المطالبة بإثبات عمر المؤمن على حياته قبل دفع أي تعويض بموجب الوثيقة وإذا تبين أن هذا العمر قد ذكر أقل مما هو في الحقيقة عند بداية التأمين فإن المبلغ المتوجب دفعه بمقتضى هذه الوثيقة يكن معادلاً لمبلغ التأمين الذي تشتريه الأقساط المدفوعة لقاء العمر الصحيح حسب جداول أقساط الشركة وقت صدور الوثيقة، أما إذا كان العمر قد زيد فيه خطأ فإن الأقساط التي دفعت زيادة على الأقساط الواجبة الدفع تعاد إلى المتعاقد أو المستفيد دون دفع أية فائدة ودون خصم أية مصروفات عن هذه الأقساط.

وإذا ذكر عمر المؤمن على حياته بصورة غير حقيقية ومبالغ فيها إلى درجة أن الشركة ما كانت لتصدر مثل هذه الوثيقة لعدم وجود معدل لمثل هذا القسط في جداول الشركة الخاصة بهذه الوثيقة لمثل هذا العمر الحقيقي في بداية مفعول الوثيقة، فإن الشركة تصبح في حل من التزاماتها التي تقتصر عندئذ على دفع الاحتياطي الحسابي لهذه البوليصة.

مثال: شخص عمره 40 عاماً اشترى بوليصة تأمين على الحياة بمبلغ تأمين قدره 70000 دينار، وذكر في الطلب المقدم للحصول على التأمين أن عمره 35 عاماً، فإذا كان القسط للعمر 40 سنه هو 35 ديناراً، والقسط للعمر 35 سنه هو 30 ديناراً، فإن شركة التأمين تدفع في حالة الوفاة ما يلي:

$$\text{مبلغ التأمين الذي يحصل عليه المستفيد} = \frac{\text{القسط الذي يدفعه المستأمن}}{\text{القسط الذي كان يجب أن يدفعه المستأمن}} \times \text{مبلغ التأمين}$$

$$\text{مبلغ التأمين الذي يحصل عليه المستفيد} = \frac{30}{35} \times 70000$$

= 60000 دينار

13-14 الاستثناءات Exclusion and Restrictions

الاستثناءات هي الشروط التي تبعد خطراً معيناً من الحماية التأمينية بمعنى أن حق المستفيد من عوائد التأمين (مبلغ التأمين) مشروط بالآتي:

1- أن لا يكون عجز المشترك الكلي الدائم أو وفاته بسبب الانتحار أو محاولة الانتحار (سواء أكان سليم العقل أو غيره) خلال أول سنتين من بداية تاريخ التعاقد.

2- أن لا يكون عجز المشترك الكلي الدائم أو وفاته بسبب اشتراكه بصورة فاعلة في حرب معلنه أو غير معلنه أو في اضطرابات أو شغب أو حرب أهلية أو ثورة أو تمرد أو عصيان مدني أو اعتداء من الخارج.

3- أن لا يكون عجز المستأمن الكلي الدائم أو وفاته بسبب الأسفار والتنقلات الجوية أو البحرية إلا إذا قام بها المستأمن باعتباره راكباً عادياً بخط ملاحي جوي أو بحري يقوم بخدمة عامة منتظمة.

4- أن لا يكون عجز المستأمن الكلي الدائم أو وفاته بسبب الاشتراك في مسابقات السرعة بوساطة المركبات ذات الآلات المحركة سواء كانت أرضية أو مائية، أو بسبب المبارزة.

5- أن لا يكون عجز المستأمن الكلي الدائم أو وفاته بسبب الإعدام.

6- أن لا يكون عجز المستأمن الكلي الدائم أو وفاته بسبب حالات مرضية موجودة قبل بدء التأمين وأخفاها المستأمن بغرض التأثير في قرار قبول طلبه للانضمام للتأمين على الحياة.

14-14 الملاحق Apendex

توجد عدة ملاحق يمكن إضافتها لبوليصة التأمين على الحياة لأسباب متعددة بحيث توسع نطاق الحماية التأمينية الأصلية في عقود التأمين على الحياة فتتضمن أحد أو كل المزايا الإضافية التالية:

أ- ضمان القابلية للتأمين Guaranteed Insurability option

لما كان القسط المطلوب لشراء بوليصة تأمين لمدى الحياة يزيد عن ذلك الذي يتطلبه شراء عقد تأمين مؤقت، مع ثبات جميع العوامل الأخرى، فقد يضطر الفرد بسبب ظروفه المالية في بداية حياته إلى شراء عقد تأمين لمدى الحياة بمبلغ أصغر مما يود الحصول عليه. وتنشأ المشكلة في مثل هذه الحالات عندما لا تسمح الحالة الصحية للمؤمن عليه بعدئذ بالحصول على المزيد من مبالغ التأمين التي يحتاجها في الوقت الذي تتيح له موارده المالية المقدرة على مواجهة الأقساط الكبيرة. وفي حالات أخرى قد تتغير ظروف المؤمن عليه ويصبح في حاجة إلى مبالغ تأمين أكبر مما لديه كما في حالة وصول مولود جديد، فإذا لم تكن ظروفه الصحية تسمح له بالحصول على هذه المبالغ الإضافية نشأت نفس المشكلة وهي عدم القدرة على الحصول على التغطية التأمينية اللازمة.

ولعلاج مثل هذه الحالات تضيف العديد من هيئات التأمين على الحياة في مختلف بلاد العالم إلى وثائق التأمين لمدى الحياة التي تصدرها شرط ضمان الصلاحية أو القابلية للتأمين بما يتيح لحامل الوثيقة الحصول على مبالغ تأمين إضافية تعادل مبلغ الوثيقة الأصلي كل ثلاث سنوات، في غالب الأحوال. وفي بعض الحالات قد يرتبط الحق في استخدام هذا الشرط بتحقق ظروف اجتماعية معينة كالزواج أو وصول مولود جديد. وتتمثل ميزة هذا الشرط في أن استخدام هذا الحق لا يرتبط بالحالة الصحية للمؤمن على حياته. وبمعنى آخر فإن هذا الشرط يتيح لحامل الوثيقة التي تحويه مضاعفة مبلغها الأصلي كل عدد معين من السنوات بغض النظر عن صلاحية المؤمن عليه للتأمين عندئذ.

وعادة ما تضع شركات التأمين التي تضمن هذا الشرط لوثائقها عدة قيود على استخدامه. فمن البداية يتم إضافة هذا الشرط إلى الوثائق المصدرة للمؤمن عليهم عند بلوغهم للعمر 25، 28، 31، 34، 37، 40، أو 43 سنة ولا تسمح هيئات التأمين بالحصول على أية مبالغ إضافية بعد بلوغ المؤمن عليه سناً معينة، 40 أو 43 عاماً. وبناء على ذلك يتحدد عدد المرات التي يمكن فيها للمؤمن له الحصول على مبالغ إضافية

على أساس عدد السنوات التي تفصل بين سن المؤمن عليه عند شراء العقد الأصلي والحد الأقصى للسن الذي لا يسمح بالحصول على مبالغ إضافية بعد بلوغه، وطول الفترة الدورية التي تفصل بين كل زيادة وأخرى.

ب- الإعفاء من القسط في حالة العجز الكامل والدائم Disability Waiver Premium

تحديد العجز الكامل والدائم- إن العجز الكامل والدائم هو العجز الذي ينتج عن إصابة جسمانية أو مرض، ويمنع المؤمن له كلياً من تعاطي أي عمل أو مهنة، ومن القيام بأي عمل لقاء تعويض أو ربح والذي يكون قد استمر دون انقطاع مدة ستة أشهر على الأقل (إن ذلك العجز المستمر طيلة المدة المذكورة يعتبر " دائم " فقط لأجل تعيين بدء المسؤولية بموجب هذا العقد الإضافي، ولكن الشركة تعتبر عجزاً كاملاً ودائماً فقدان بصر العينين الاثنتين بصورة كاملة وغير قابلة الاستعادة أو الفقدان عن طريق البتر لكلتا اليدين فوق المعصمين، أو لكلتا الرجلين فوق الرسغ، أو ليد واحدة فوق المعصم ورجل واحدة فوق الرسغ. ويتم التنازل عن استيفاء قسط التأمين عند العجز الكامل الدائم فقط، إذا توفرت الشروط التالية:

الشروط العامة للاعفاء من القسط في حالة العجز الكامل

1- نتج العجز عن إصابة جسمانية حصلت أو مرض حدث بعد تاريخ إصدار هذا العقد الإضافي .

2- بدأ العجز قبل بلوغ عمر المؤمن له 60 أو 65 عاما.

3- بدأ العجز قبل أي إخلال في دفع قسط التأمين وفقاً للبوليصة ولهذا العقد الإضافي أو ضمن مدة الإمهال الممنوحة لدفع الأقساط (ولكن في هذه الحالة يكون المؤمن له مسؤولاً عن ذلك القسط المتأخر مع فائدة مركبة سنوياً بالمعدل المبين في بند "إعادة السريان" الوارد في البوليصة.

جـ- منفعة التعويض المضاعف في الحوادث Accidental death benefit

تضمن هذه المنفعة مضاعفة قيمة التأمين الأساسية إذا كانت الوفاة ناتجة مباشرة عن الحادث الذي تعرض له المستأمن شريطة أن تحدث الوفاة خلال 90-120 يوماً من تاريخ الحادث، وأن تحصل الوفاة قبل بلوغ المؤمن عليه عمراً معيناً 60، 65 أو 70 عاما.

د- منفعة الأمراض المستعصية Accelerated death benefits

توفر هذه المنفعة إمكانية سحب كامل أو جزء مثلا 50%، 75% من مستحقات بوليصة التأمين وهو ما زال على قيد الحياة في الظروف التالية:

أ- الإصابة بالأمراض المستعصية والخطيرة (السرطان، أمراض القلب، الفشل الكلوي....).

ب- إذا كان بحاجة إلى عناية طبية مستمرة وطويلة.

15-14 السمات الخاصة بالتأمين على الحياة:

تتسم الوثائق التي تغطي أخطار الأشخاص بمجموعة من السمات التي تميزها عن غيرها من الوثائق، ومن أهم هذه السمات ما يلي:

(1) وثائق التأمين على الحياة وثائق مُحددة القيمة:

تعتبر جميع وثائق التأمين على الحياة وثائق مُحددة القيمة، وعلى ذلك فإن وثيقة التأمين على الحياة لا تخضع لمبدأ التعويض وبالتالي فإن المؤمن أو مجموعة المؤمنين يقوم بدفع مبلغ التأمين إلى المستفيد المحدد في العقد دون المطالبة بأية مستندات تدل على تحقق خسائر ماليه، وكل ما يطلب منه هو تقديم ما يدل على تحقق الخطر المؤمن منه.

(2) غالبية وثائق التأمين على الحياة طويلة الأجل:

قد تطول مدة وثائق التأمين على الحياة إلى أن تغطى مدى حياة الشخص، ويترتب على ذلك أن تكون مدة التأمين على الحياة غير محدده.

(3) غالبية وثائق التأمين على الحياة تحتوي على عنصر ادخاري:

يترتب على قيام المستأمنين بسداد تكلفة التأمين على أقساط دوريه متساوية، وهذه الأقساط متوسطة نظير خطر متزايد سنة بعد أخرى، وبالتالي تكون هذه الأقساط أكبر مما يجب في السنوات الأولى من العقد وأقل مما يجب في السنوات الأخيرة من العقد.

وعلى ذلك فإن الأجزاء الزائدة من القسط في السنوات الأولى يتم الاحتفاظ بها في صورة مخصص يُسمى المخصص الرياضي أو الحسابي، بحيث يتم استثمار ذلك المخصص ليُستخدم هو وعائد استثماره في مواجهة العجز بقسط التأمين في السنوات الأخيرة من العقد.

(4) غالبية وثائق التأمين على الحياة لها قيمة تصفيه:

نظراً لطول مدة التأمين في معظم وثائق التأمين على الحياة، فقد لا يلتزم المستأمن بالإستمرار في التأمين، أي قد يتوقف المستأمن عن دفع الأقساط الدورية، فلا يترتب على ذلك إنقضاء التأمين كما هو الحال في معظم وثائق التأمينات العامة، بل نجد أن وثائق التأمين على الحياة في أغلب الأحوال تنطوي على عنصر ادخاري، ولذلك في حالة توقف المستأمن عن دفع الأقساط الدورية يكون من حقه تصفية الوثيقة والحصول على قيمة تصفية.

أسئلة المناقشة

السؤال الأول : عدد أهم الاستثناءات الواردة في غالبية بوالص التأمين على الحياة.

السؤال الثاني : وضح المقصود بالمفاهيم التالية:

العقد الكامل- القيمة الاستردادية – عدم جواز الطعن – مهلة الدفع.

السؤال الثالث : ما هي شروط إعادة سريان وثيقة التأمين على الحياة؟

السؤال الرابع : أشرح خيارات التسوية في بوليصة التأمين على الحياة.

السؤال الخامس : اشرح خيارات عدم إسقاط العقد في بوليصة التأمين على الحياة.

السؤال السادس : ما هي حقوق مالك بوليصة التأمين على الحياة؟

الأسئلة الموضوعية

1- شرط العقد في بوليصة التأمين على الحياة الذي يمنع شركة التأمين من عدم دفع مستحقات البوليصة للمستفيد بعد مرور سنتين منذ تاريخ إصدار البوليصة بسبب الإخلال في إعطاء البيانات من قبل المستأمن.

أ- شرط ملكية العقد
ب- شرط عدم جواز الطعن.
جـ- شرط العقد الكامل.
د- شرط إعادة سريان البوليصة

2- يرغب أحمد في شراء بوليصة التأمين مدى الحياة من النوع الذي له قيمة استردادية، ما هو الشرط الذي يمكن أن تضيفه إلى البوليصة ليتم إعفاؤه من تسديد القسط لشركة التأمين في حالة إصابته بالعجز.

أ- شرط إعادة سريان البوليصة
ب- شرط ضمان القابلية للتأمين
جـ- شرط الإعفاء من قسط التأمين عند العجز الكامل الدائم.
د- شرط الإعفاء من قسط التأمين عند العجز الدائم أو المؤقت.

3- أي العبارات التالية صحيحة:

1. يجب دفع فائدة على قروض البوليصة.

2. إذا لم يتم تسديد القروض على البوليصة قبل وفاة المستأمن يحسم مبلغ القرض من مستحقات وثيقة التأمين الواجب دفعها للمستفيد.

أ- العبارة الأولى صحيحة.
ب- العبارتان غير صحيحتين.
جـ- العبارة الثانية صحيحة.
د- العبارتان صحيحتان.

4- اشترى محمد بوليصة تأمين على الحياة منذ خمس سنوات، ونسي أن يسدد قسط التأمين الواجب الدفع منذ أسبوع، بالرغم أن بوليصة التأمين ما زالت سارية المفعول ما هو الشرط الذي كان وراء بقائها سارية المفعول حتى الآن .

أ- شرط عدم جواز الطعن.   ب- شرط العقد الكامل.

جـ- شرط إعادة سريان البوليصة.   د- شرط فترة الإمهال.

5- تم تشخيص يوسف بسرطان الرئة، ما هي المنفعة أو الشرط الذي يوفر ليوسف سحب كامل مستحقات بوليصة التأمين على الحياة التي يمتلكها والبالغة عشرون ألف دينار، وهو ما زال على قيد الحياة.

أ- شرط ضمان القابلية للتأمين.

ب- شرط الإعفاء من القسط في حالة العجز

جـ- شرط منفعة التعويض المضاعف في الحوادث.

د- شرط منفعة الأمراض المستعصية.

الفصل الخامس عشر

أنواع التأمينات على الحياة

1-15 مقدمة

2-15 التأمين على الحياة الفردي

أولاً- التأمين على الحياة المؤقت

ثانياً- التأمين لمدى الحياة

5-15 التأمين على الحياة الجماعي

الفصل الخامس عشر

أنواع التأمينات على الحياة

Types of Life Insurance

1-15 مقدمة

تنقسم عقود التأمين على الحياة بالكيفية التي تباع بها عقود التأمين على الحياة إلى عقود التأمين على الحياة الجماعية وعقود التأمين على الحياة الفردية وتنقسم عقود التأمين على الحياة الفردية بالنظر إلى الأخطار التي تغطيها عقود التأمين على الحياة الفردية إلى الأنواع التقليدية الرئيسية التالية:

1- التأمين ضد خسائر خطر الوفاة.

والخطر المؤمن منه هنا، هو خطر حدوث الوفاة وإن كانت الوفاة مؤكدة الحدوث لأي شخص لكن الخطر ينحصر في وقت تحقق الوفاة وهو غير معلوم والعقود التي توفر الحماية التأمينية لهذا الخطر التي تضمن دفع مبلغ معين عند وفاة المستأمن إلى المستفيد (الورثة) هي:

أ- التأمين على الحياة المؤقت Term Insurance contract

ب- التأمين مدى الحياة Whole Life Insurance

2- التأمين ضد خسائر خطر الحياة

الخطر المؤمن منه هو بقاء الشخص على قيد الحياة حتى عمر التقاعد (الشيخوخة)، حيث يترتب على بقائه على قيد الحياة بعد التقاعد فقده لدخله من العمل وزيادة التزاماته المالية نحو أسرته أو لزيادة احتمال مرضه وما يتطلبه من زيادة تكاليف العلاج ويتمثل الخطر هنا في عدم كفاية الراتب الذي يتقاضاه لكي يؤمن له مستوى المعيشة المناسب وتغطية مصاريفه حتى الوفاة، والعقود التي توفر الحماية التأمينية لهذا الخطر والتي تضمن دفع مبلغ معين أو عدة مبالغ دورية إذا ظل المستأمن على قيد الحياة في التاريخ المحدد لاستحقاق هذه المبالغ وهي:

تأمين الوقفية البحتة Pure Endowment

أ- معاشات (دفعات) مدى الحياة Whole Life Annuities

ب- معاشات (دفعات) الحياة المؤقتة Term Life Annuities

3- التأمين ضد خسائر خطري الحياة والوفاة معاً

1. الخطر المؤمن منه يتضمن خطر الحياة وخطر الوفاة، وتضمن هذه العقود إلى توفير الحماية التأمينية في حالة خطر الوفاة، وفي حالة خطر الحياة حيث تضمن توفر مبلغ تأمين للورثة إذا حدثت الوفاة للمستأمن خلال مدة محددة من بداية تاريخ التعاقد، فإذا بقي المستأمن على قيد الحياة حتى نهاية المدة السابقة استحق المستأمن مبلغ التأمين على شكل معاشات (دفعات) التقاعد فأفضل مثال عليه هو عقد التأمين المختلط (عقد تأمين الوقفية) Endowment Insurance Contract .

2-15 التأمين على الحياة الفردي Individual Life Insurance

- التأمين ضد خسائر خطر الوفاة

أولاً- التأمين المؤقت Term Insurance

يمثل التأمين المؤقت أحد الأنواع الرئيسية لعقود التأمين على الحياة، وكما يستدل من الاسم يوفر التأمين المؤقت حماية تأمينية لمدة محددة يتم تحديدها إما في صورة عدد معين من السنوات أو الفترة الباقية حتى بلوغ المستأمن سناً معينة، وعادة يتم دفع مستحقات التأمين إذا حصلت الوفاة فقط خلال الفترات الزمنية المؤمن عليها، وتتراوح الفترات الزمنية من سنة إلى 30 سنة وغالباً ما تكون من سنة إلى 20 سنة.

- تعريف عقد التأمين المؤقت:

يعرف عقد التأمين المؤقت بأنه اتفاق بين المؤمن له، من جانب، وشركة التأمين المصدرة للعقد، من جانب آخر، تتعهد فيه شركة التأمين بدفع مبلغ التأمين إلى المستفيد المحدد في العقد في حالة وفاة المؤمن عليه بشرط حدوثها خلال مدة العقد، وذلك في مقابل قيام المؤمن له بسداد الأقساط المستحقة في مواعيد استحقاقها.

ويلاحظ هنا أن التزام شركة التأمين بدفع مبلغ العقد هو التزام شرطي يتوقف القيام به على تحقق شرطين يتمثل أولهما في تحقق خطر الوفاة خلال فترة سريان العقد، أما الشرط الثاني فيتمثل في قيام المستأمن بالتزامه قبل والمتمثل بدفع الأقساط المستحقة في مواعيدها لشركة التأمين، وبناء عليه إذا انتهت مدة العقد ولم تتحقق الوفاة خلالها برئت ذمة شركة التأمين ولا يكون للمؤمن له الحق في المطالبة برد الأقساط التي دفعها.

ويتميز التأمين المؤقت بانخفاض القسط اللازم دفعه في مقابل الحصول على عقد بمبلغ معين بالمقارنة بأقساط الأنواع الأخرى للتأمين على الحياة. ويعود ذلك إلى طبيعة العقد ونوعية الالتزامات التي تتعهد بها شركات التأمين. فعقد التأمين المؤقت يضمن دفع مبلغ العقد فقط في حالة الوفاة خلال مدة العقد فإذا ما استمر المؤمن عليه حياً حتى نهاية المدة فإن العقد ينتهي دون دفع أي مبلغ.

يعقد التأمين المؤقت لمدة محددة ينتهي العقد في نهايتها، فإذا كان المتعاقد لا يزال في حاجة إلى حماية تأمينية بعد ذلك يصبح عليه أن يبدأ مرة أخرى في التفاوض لإبرام عقد جديد معرضاً نفسه للرفض إذا ما كانت هناك أسباباً صحية أو مهنية تدعو إلى ذلك. وقد يترتب على انحراف الحالة الصحية للمطلوب التأمين عليه عندئذ عدم قبوله إلا بقسط إضافي. كذلك هناك بعض الحالات التي يود المتعاقد فيها أن يغير من طبيعة العقد المؤقت كأن يحوله إلى آخر لمدى الحياة مثلاً بعدما أصبحت حالته المالية تسمح بذلك أو كنتيجة لتغير ظروفه واحتياجاته.

ولمواجهة مثل هذه الظروف وعملاً على الاحتفاظ بالعملاء القدامى ومحاولة إرضاء رغباتهم تقدم شركات التأمين في بلاد العالم بعض الشروط الخاصة التي يمكن إضافتها إلى عقد التأمين المؤقت، في مقابل قسط إضافي طبعاً، إذا ما رغب المتعاقد في ذلك. ولا شك أن إضافة هذه الشروط إلى العقد تعطيه قدراً من المرونة وتجعله أكثر قدرة على إرضاء رغبات العملاء وتنزيل الكثير من الصعاب المتعلقة بتسويق التأمين المؤقت. ومن أهم الشروط التي يمكن إضافتها إلى وثيقة التأمين المؤقت شرط التجديد وشرط التحويل.

أ- شرط التجديد Renewability Option

تحتوي معظم وثائق التأمين على الحياة التي تصدر لمدة خمس أو عشر سنوات على شرط التجديد. ويتيح شرط التجديد لحامل الوثيقة المؤقتة التي تحوي هذا الشرط الحق في أن يجددها عند انتهاء مدتها الأصلية بدون اشتراط الخضوع للكشف الطبي وبغض النظر عن حالة المؤمن عليه الصحية عندئذ.

وبمقتضى هذا الشرط يصبح من حق المؤمن له أن يطلب تجديد العقد ويقوم بدفع القسط الملائم لسن المؤمن عليه عند التجديد على أساس التعريفة المستخدمة وقت شراء العقد الأصلي. وعادة ما تحتوي الوثيقة القابلة للتجديد على جدول يبين قيمة أقساط التأمين المستحقة في كل مرة يتم فيها التجديد. وبالطبع تزداد قيمة القسط المطلوب مع كل تجديد لتتمشى مع زيادة سن المؤمن على حياتهم عندئذ وما يترتب عليها من زيادة في معدلات الوفاة للفترة التي يتم التجديد بشأنها.

وبالرغم من أن إتاحة الفرصة لحاملي التأمين المؤقت لتجديد وثائقهم يعتبر ميزة كبرى، إلا أن حسن السياسة يستوجب فرض بعض قيود على استخدام هذه الميزة حتى لا يساء استخدامها وتؤدي إلى إلحاق الضرر بهيئة التأمين.

ومن القيود التي تفرضها هيئة التأمين على تطبيق شرط التجديد تحديد حد أقصى لعدد مرات تجديد الوثيقة حتى لا تمتد الحماية التأمينية إلى سنوات العمر المتقدمة التي يكون تأثير الخطر المعنوي فيها كبيراً. ولذلك فغالباً ما يكون الحد الأقصى لعدد مرات التجديد مقروناً بشرط آخر ينص على عدم السماح بامتداد التغطية إلى ما بعد بلوغ المؤمن على حياته تمام السن 55 أو 60 سنة مثلاً.

ب- شرط التحويل Convertibility Option

يقضي شرط التحويل بأحقية حامل البوليصة في تحويل البوليصة إلى نوع آخر مثل التأمين لمدى الحياة أو التأمين المختلط بدون اشتراط الخضوع لإجراءات الكشف الطبي. ومما لا شك فيه أن وجود مثل هذا الشرط يتيح للفرد أن ينعم بالحماية التأمينية منذ صغره. ففي بداية حياته يستطيع شراء التأمين المؤقت المنخفض السعر والذي لا يمثل قسطه عبئاً مالياً كبيراً على ميزانيته. وفي نفس الوقت فإن احتواء البوليصة المؤقتة

على شرط التحويل يمكن العميل من تحويل بوليصة التأمين المؤقت إلى أي نوع آخر من العقود التي تحوي أجزاءاً ادخارية مثل التأمين لمدى الحياة أو التأمين المختلط بغض النظر عن حالته الصحية وقت التحويل. ولاشك أن توافر مثل هذه البوالص يعمل على انتشار التأمين ويغرس في الفرد الرغبة في الحصول على التأمين من بداية حياته الإنتاجية وينمي الوعي والإدراك التأميني لديه.

ويتم تحويل التأمين المؤقت إلى تأمين لمدى الحياة أو مختلط إما من تاريخ طلب التحويل أو بأثر رجعي من التاريخ الأصلي لإصدار البوليصة المؤقتة. ويتحدد القسط المطلوب من المؤمن له دفعه على ضوء الطريقة التي يختارها للتحويل، وفي كلا الحالتين تعتبر البوليصة الأصلية (المؤقتة) لاغيه. فإذا ما اختار المؤمن له تحويل البوليصة من تاريخ طلب التحويل فإن قسط البوليصة يتحدد بالطبع على أساس نوع البوليصة الجديدة وسن المؤمن عليه وقت طلب التحويل.

أما إذا اختار المؤمن له التحويل بأثر رجعي فإن قسط الوثيقة الجديدة سوف يتحدد على أساس سن المستأمن عند شراء العقد الأصلي (المؤقت). وعلى المستأمن أن يدفع جميع الفروقات المترتبة على تغيير نوع التأمين منذ بداية بوليصة التأمين المؤمنة وحتى تاريخ طلب التحويل على أساس عمره عند بداية التأمين.

أنواع وثائق التأمين المؤقت:

1- التأمين المؤقت المتجدد Renewable Term

تصدر بوالص التأمين الموقت المتجدد لمدة سنه أو لمدة خمس سنوات فقط ويتم تجديدها لغاية عمر محدد، دون الحاجة إلى اثبات الأهلية، وتزداد أقساط هذا النوع عند كل تجديد.

2- التأمين المؤقت لأجل Level Term

تباع بوالص التأمين المؤقت لأجل محدد لمدة 10، 15، 20، 25، 30 سنه أو لأي فترة زمنية أخرى، وتكون الأقساط خلال هذه الفترات ثابتة طيلة مدة التأمين ولكنها تزداد عند التجديد تبعاً للعمر الذي يبلغه المستأمن في ذلك الوقت.

وكذلك يباع التأمين المؤقت لأجل على صورة التأمين المؤقت لغاية عمر 65 سنة،
حيث يوفر الحماية التأمينية إلى أن يبلغ المستأمن عمر 65 سنة، وعندها يتوقف سريان
البوليصة ولكن بالإمكان تحويلها إلى وثيقة تأمين لمدى الحياة شريطة أن يتم ذلك قبل بلوغ
المستأمن عمر 65 سنة.

3- التأمين المؤقت المتناقص. Decreasing Term

إن التأمين المؤقت المتناقص هو التأمين المؤقت الذي يتناقص فيه مبلغ التأمين
بشكل تدريجي خلال مدة التأمين. وعلى الرغم من هذا التناقص التدريجي تبقى الأقساط
ثابتة طيلة مدة التأمين. وبالإمكان هيكلة هذا التأمين ليتوقف دفع الأقساط قبل بضع
سنوات من انتهاء مفعول وثيقة التأمين مع بقاء التغطية التأمينية المتناقصة لنهاية مدة
وثيقة التأمين مثل أن تكون مدة التأمين عشرين سنة، ويتوقف دفع الأقساط في السنة 17
من عمر الوثيقة.

4- التأمين المؤقت مع رد الأقساط Return of Premium

أن عقد التأمين المؤقت الذي يحوي شرط رد الأقساط والذي تعرضه بعض الشركات
يضمن سداد مبلغ العقد إذا ما توفي المؤمن عليه خلال مدة العقد فإذا عاش حتى نهاية المدة
تقوم الشركة برد الأقساط التي سبق دفعها. وهذا الاستثناء له تكلفته وغالباً يزداد القسط
عقد التأمين المؤقت بشرط رد الأقساط بحوالي 30% إلى 40% عن قسط التأمين المؤقت
العادي.

ثانياً- التأمين الدائم (التأمين لمدى الحياة) Whole life Insurance

يوفر التأمين لمدى الحياة الحماية التأمينية الدائمة والتي تستمر طول مدة حياة
المؤمن عليه ولما كانت الوفاة، حتمية بالنسبة لأي شخص وتنتهي عند سن معين وبالطبع
تختلف هذه السن من بلد لآخر، ففي الأردن فإن الحد الأقصى للعمر هو 85 سنه وحسب
جداول الحياة المستخدمة بينما في الولايات المتحدة الأمريكية تنتهي الحياة عند سن 100
سنة.

تعريف عقد التأمين لمدى الحياة:

يعرف عقد التأمين لمدى الحياة بأنه اتفاق بين المؤمن له (المستأمن) من جانب وشركة التأمين من جانب آخر تتعهد فيه شركة التأمين بدفع مبلغ التأمين في حالة وفاة (المؤمن له) المستأمن مهما كان ميعاد هذه الوفاة أو بقائه على قيد الحياة حتى نهاية آخر سنة في جدول الحياة المستخدم بشرط الاستمرار في دفع الأقساط المستحقة في مواعيدها.

أنواع التأمين لمدى الحياة

1- تأمين مدى الحياة العادي Whole life Insurance (ordinary life Insurance)

يوفر التأمين لمدى الحياة العادي حماية تأمينية للمستأمن لغاية سن 85-100 سنة، أي لنهاية مدة البوليصة حيث تدفع شركة التأمين مبلغ التأمين (قيمة البوليصة) إذا كان المستأمن (المؤمن له) على قيد الحياة، وكذلك تدفع مبلغ التأمين للمستفيد (الورثة) في أي وقت تحدث فيه الوفاة.

ومبلغ التأمين وأقساط هذا النوع من التأمين تبقى ثابتة خلال سريان مفعول بوليصة التأمين، ويوفر التأمين لمدى الحياة العادي إمكانية استفادة المؤمن له شخصياً من العقد في صورة الحصول على قرض أو الحصول على قيمة التصفية أو المشاركة في الأرباح.

ولا شك أن الاستمرار في سداد الأقساط بعد بلوغ المتعاقد سن التقاعد يمثل مشكلة عملية بالنسبة للمؤمن له. فانخفاض دخله بعد التقاعد بالإضافة إلى زيادة مصروفاته نتيجة للتقدم في السن وإتباع نظام معين في الطعام، علاوة على نفقات العلاج والأدوية يجعل من قسط التأمين عبئاً مالياً لا يستطيع المؤمن له تحمله مما قد يدفعه إلى تصفية الوثيقة وإنهاء الحماية التأمينية، أو استمرارها ولكن في صورة مبلغ أقل أو لمدة أقصر من مدة العقد الأصلية. ويمثل هذا العيب الرئيسي للتأمين على الحياة العادي، وكذلك يتعرض لانتقادات بسبب انخفاض عائد الاستثمار، لذلك قامت شركات التأمين عام 1970 بتطوير نوع جديد يسمى التأمين على الحياة العالمي، وأيضاً في عام 1980 طرحت عقد ثاني يسمى التأمين على الحياة العالمي المتغير القيمة.

2- التأمين العالمي على الحياة Universal Life Insurance

يعطي التأمين العالمي على الحياة مرونة أكثر من التأمين مدى الحياة العادي سواء بخصوص الأقساط من حيث تحديد مقدارها أو دورية دفعها أو الاستمرار في سدادها، أو فيما يتعلق بمبلغ التأمين وإمكانية تغييره بما يتلائم مع تغير ظروف المستأمن (المؤمن له)، بحد أدنى من القيود وضمان عدم تدهور القيمة الحقيقية لمبلغ التأمين، بالإضافة إلى استثمار الجانب الادخاري بالطريقة التي تضمن تحقيق عائداً يفوق ذلك الذي تنتجه بوالص التأمين على التأمين على الحياة العادية ويقترب جداً من المعدلات السائدة في السوق، كما وتضمن الشركة المصدرة ألا يقل عائد الاستثمار عن 4%.

تتعرض بوليصة التأمين العالمي على الحياة للنقد فيما يختص بالسياسة الاستثمارية التي تتبعها والقائمة على الاستثمارات قصيرة الأجل ذات العائد المرتفع نسبياً والذي قد لا تتيح الظروف الاقتصادية للسوق استمراريته، وبالإضافة إلى ذلك فإن هذه البوالص لا تعطي حاملها أي دور في اختيار قنوات الاستثمار التي يود استثمار أمواله فيها.

3- التأمين على الحياة المتغير القيمة Variable Life Insurance

يوفر هذا النوع من التأمين الحماية التأمينية لمدى الحياة كما أنه يحتوي على جانب ادخاري على شكل قيم استردادية، ولكن القيمة الاستردادية (التصفوية) تعتمد على خيارات الاستثمار المختلفة التي يمكن أن يختارها المستأمن، فهناك إمكانية الاستثمار في حساب بنكي، الأسهم، السندات،.... الخ، والعائد على الاستثمار يعتمد على درجة المخاطرة التي يمكن أن يتحملها المستأمن نتيجة اختياره للبدائل المختلفة للاستثمار.

والاستثمار الجيد الذي يعطي عائداً عالياً يؤدي إلى زيادة مبالغ التأمين والقيمة الاستردادية، والعكس صحيح فالاستثمار الضعيف يمكن أن يؤدي إلى انخفاض القيمة الاستردادية ومبلغ التأمين المستحق عند الوفاة، ويفضل هذا النوع من التأمين للأشخاص الذين على استعداد لتحمل درجة عالية من المخاطر في سبيل الحصول على عائد استثماري مرتفع.

4- تأمين الحياة العالمي المتغير القيمة Variable – Universal Life Insurance

في هذا النوع من التأمين يتم الجمع بين خصائص التأمين العالمي على الحياة والتأمين المتغير القيمة، حيث يوفر إمكانية تعديل الأقساط من حيث المقدار والتوقيت والاستمرارية في السداد، وتغيير مبلغ التأمين المستحق عند الوفاة وهذه من مميزات التأمين العالمي على الحياة، وكذلك الاستثمار في وحدات استثمارية من النوع الذي تتغير القيم الخاصة به مع التغير في الأسعار وإعطاء المستأمن الحق في الاختيار بين برامج استثمار مختلفة والانتقال من برنامج إلى آخر.

3-15 التأمين ضد خسائر خطر الحياة

أولاً- معاشات التقاعد (دفعات الحياة) Annuity

توفر دفعات الحياة (معاشات التقاعد) الحماية التأمينية من خطر الحياة أي الوصول إلى سن الشيخوخة، حيث تلتزم شركات التأمين بدفع مبلغ دورياً لمدة معينة أو لمدى الحياة إلى المستأمن بشرط أن يكون المستأمن على قيد الحياة، بحيث تساعد هذه الدفعات في الحفاظ على مستوى معيشة جيد للمستأمنين عند بلوغهم سن التقاعد أو لتغطية العجز بين الدخل قبل الإحالة إلى التقاعد والراتب المستحق حسب قانون الضمان الاجتماعي. والفرق بين التأمين على الحياة ودفعات الحياة، إن التأمين على الحياة توفر الحماية للعائلة ضد خطر وفاة العائل المبكرة، بينما دفعات الحياة توفر الحماية للمستأمن إذا بقي على قيد الحياة.

وتنقسم دفعات الحياة (معاشات التقاعد) إلى ما يلي:

1- دفعات مؤجلة deferred Annuity ودفعات فورية Immediate Annuity والدفعات المؤجلة هي الدفعات التي تبدأ شركات التأمين بدفعها بعد مرور أكثر من سنة من تاريخ شرائها أو تبدأ في دفعها عند العمر الذي يحدده المستأمن مثل عمر 60، 65،.. الخ، أما الدفعات الفورية فيتم دفعها شهرياً أو سنوياً من بدء تاريخ الشراء.

2- دفعات ثابتة Fixed Annuity ودفعات متغيرة القيمة Variable Annuity حسب طبيعة الاستثمارات للأقساط المدفوعة، وتكون الدفعات الثابتة مضمونة طيلة فترة

الدفع والسبب يعود إلى استثمار الأقساط في استثمارات العائد عليها مضمون مثل الاستثمار في ودائع بنكية، أما الدفعات المتغيرة القيمة فيتغير بحسب أداء استثمار شركة التأمين فترتفع الدفعات تلقائياً إذا كان الأداء جيداً والعكس صحيح وعادة يتم استثمار أقساط الدفعات المتغيرة في الأسهم والسندات.

3- حسب كيفية استلام الدفعات (معاشات التقاعد) يمكن اختيار أن تكون الدفعات لمدة محدودة 5، 10، 15، 20 سنة، أو لمدى الحياة بالإضافة إلى بعض الخيارات مثل استلام المستفيد للدفعات عند وفاة المستأمن.

أ- الدفعات لمدى الحياة Straight life annuity

يستلم المستأمن الدفعات ما دام على قيد الحياة بغض النظر عن المبلغ المتجمع في حسابه، وعند وفاة المستأمن فلن يدفع أي شيء للورثة أو المستفيدين، ويصلح هذا النوع في حالة عدم وجود عائلة.

ب- الدفعات لمدى الحياة مع رديات Installment Refund Annuity

أي يستمر المستأمن في استلام الدفعات (معاش التقاعد)، مادام على قيد الحياة وبعد وفاته، تستمر شركة التأمين في دفع معاشات التقاعد للمستفيدين/ الورثة.

الرصيد المستبقي من مبلغ الأقساط التي دفعها المستأمن بعد حسم قيمة الدفعات التي تمت حتى تاريخ الوفاة.

جـ- دفعات لأكثر من شخص واحد Joint and Survivor Annuity

في هذا النوع تتعهد شركة التأمين باستمرار دفع معاش التقاعد إلى حين وفاة آخر المستفيدين من وثيقة التأمين وعادة ما تصدر هذه العقود على شخصين تربطهم علاقة قرابة مثل زوج وزوجة أو أخين أو أختين.

ثانياً- تأمين الوقفية البحتة Pure Endowment

يطلق على هذا التأمين أحياناً بتأمين رأس المال المؤجل، وهو اتفاق بين شركة التأمين والمستأمن تتعهد فيه شركة التأمين بدفع مبلغ التأمين المحدد في العقد إلى

المستأمن في حالة بقائه على قيد الحياة حتى نهاية مدة التأمين وذلك نظير أن يقوم المستأمن بسداد أقساط التأمين وفي مواعيد استحقاقها.

4-15 التأمين ضد خسائر خطري الحياة والوفاة معاً

التأمين المختلط (الوقفية) Endowment Insurance

يوفر التأمين المختلط حماية العائلة ضد خطر وفاة العائل حيث تلتزم شركات التأمين بدفع مبلغ التأمين في حالة وفاة المستأمن (المؤمن عليه) بالإضافة إلى دفع مبلغ التأمين أيضاً إذا ظل المؤمن عليه على قيد الحياة حتى نهاية مدة العقد (البوليصة).

تعريف عقد التأمين المختلط:

يعرف عقد التأمين المختلط بأنه ذلك العقد الذي تتعهد فيه شركة التأمين بدفع مبلغ العقد إلى المستفيد المحدد في العقد في حالة وفاة المستأمن (المؤمن عليه) خلال مدة العقد، أو إلى المؤمن له شخصياً إذا عاش عليه لنهاية مدة التعاقد، بشرط قيام المؤمن له بسداد الأقساط المستحقة في مواعيدها. ويتميز هذا النوع من التأمين بأنه في الواقع يحمي الأسرة في حالة وفاة العائل ويحمي العائل نفسه من الخسائر المادية الناشئة عن خطر الشيخوخة.

ويعتبر عقد التأمين المختلط من أغلى أنواع عقود التأمين على الحياة والسبب في ارتفاع أقساط التأمين المختلط إلى المزايا التي يضمنها العقد. وحالياً لا يباع التأمين المختلط بكثرة بسبب ظهور أنواع حديثة من عقود التأمين على الحياة أكثر كفاءة من عقود التأمين المختلط.

أنواع وثائق التأمين المختلط:

يمكن تقسيم وثائق التأمين المختلط إلى ثلاثة أقسام من حيث مدة سداد القسط، وحسب عدد الأشخاص الذين تغطيهم البوليصة وكذلك حسب مقدار القسط الدوري.

أولاً: حسب مدة سداد الأقساط:

تصدر وثائق التأمين المختلط إما بأقساط يستمر دفعها طول مدة العقد، وأما على أساس أقساط تدفع لمدة أقصر من مدة العقد.

1- وثائق بأقساط عادية:

يقصد بالأقساط العادية هنا استمرار دفع الأقساط طوال مدة العقد طالما المؤمن عليه لا يزال على قيد الحياة. وبمعنى آخر فإن الأقساط العادية هذه يستمر دفعها حتى وفاة المؤمن عليه أو تاريخ انتهاء العقد، أيهما يحدث أولاً.

2- وثائق بأقساط محدودة:

يقصد بالأقساط المحدودة الأقساط التي يستمر دفعها لمده أقصر من مدة العقد. وبالطبع كلما قصرت مدة دفع الأقساط قل عددها وزاد بالتالي قيمة كل منها. ويمثل القسط الوحيد الحد الأدنى للأقساط المحدودة من حيث القيمة.

ثانياً: حسب عدد الأشخاص الذين تغطيهم الوثيقة:

تنقسم وثائق التأمين المختلط بالنظر إلى عدد الأشخاص الذين تغطيهم الوثيقة إلى نوعين هما:

1- وثائق تغطي شخص واحد:

ويضم هذا النوع غالبية وثائق التأمين المختلط التي تصدرها شركات التأمين.

2- وثائق تغطي أكثر من شخص:

وفي هذا النوع من الوثائق تشمل التغطية أكثر من شخص تربطهم صلات عائلية كما حالة زوج وزوجة، أو يرتبطون بعلاقات عمل كما هو الحال بالنسبة للشركاء في شركات الأشخاص. وتصدر هذه الوثائق لتضمن دفع مبلغ التأمين عند أول وفاة أو في حالة بقاء الجميع حتى نهاية مدة العقد، وتعرف هذه الصورة باسم عقود أول وفاة. وقد يصدر العقد الذي يغطي أكثر من شخص على أساس آخر باق. وفي هذه الحالة يدفع مبلغ لعقد عند وفاة آخر شخص يغطيه العقد أو بقائه على قيد الحياة حتى نهاية مدة العقد.

ثالثاً: حسب مقدار القسط الدوري

تصدر عقود التأمين المختلطة إما بأقساط يظل مبلغها الدوري ثابتاً طوال المدة المحددة لدفع الأقساط والتي قد تتساوى مع مدة العقد أو تقل عنها، وأما على أساس أقساط دورية تتغير قيمتها بالزيادة أو بالنقصان خلال مدة دفع الأقساط، وتمثل العقود المختلطة ذات الأقساط المخفضة خلال الخمس سنوات الأولى للعقد النوع الشائع من العقود ذات الأقساط المتغيرة. وتمتاز العقود ذات الأقساط المخفضة خلال السنوات الأولى بأنها لا تمثل عبئاً كبيراً على مشتريها خلال الفترة الأولى للتعاقد مما يشجع المشتري على شراء مبالغ أكبر من التأمين. ويقبل على شراء هذا النوع من الوثائق الأشخاص ذوي الموارد المالية المحدودة والتي ينتظر أن تتحسن أحوالهم المالية مع مرور الأيام بحيث يتمكنوا من دفع الأقساط بعد زيادتها بدون مشقة.

5-15 التأمين على الحياة الجماعي Group Life Insurance

التأمين على الحياة الجماعي هو ذلك النوع من التأمين على الحياة الذي يغطي عدداً لا يقل عن عشرة موظفين ليتم اختيارهم بدون كشف طبي، بمقتضى وثيقة تصدر لصاحب العمل والنقابات وجماعات المدنيين، ويتم دفع قسط الوثيقة بواسطة صاحب العمل بمفرده أو بالاشتراك مع الموظفين، وتشمل التغطية فقط جميع الموظفين، أو جميع أفراد فئة أو عدة فئات محددة على أساس طبيعة العمل، وبمبالغ تأمين تحدد على أسس معينة لا تسمح بالاختيار الفردي، لمصلحة مستفيدين آخرين خلاف صاحب العمل والعامل معاً وتقدم مزايا الوثيقة لجميع الموظفين الذي من حقهم الانضمام.

ويتم توفير الحماية التأمينية في التأمين على الحياة الجماعي بمقتضى العقد الرئيسي أو الوثيقة الرئيسية الذي تصدره شركة التأمين إلى صاحب الوثيقة الجماعية والذي قد يكون صاحب العمل أو المسئول عن النقابة أو الدائن. ويحدد في العقد الرئيسي الشروط الواجب توافرها فيمن يكون من حقه التمتع بالحماية التأمينية التي يقدمها العقد، وكيفية تحديد هذه المزايا، ومن يقوم بدفع التكاليف، وغيرها من الشروط التي يتضمنها

عقد التأمين عادة. وتصدر شركة التأمين لكل فرد ينضم للبرنامج الجماعي شهادة تثبت انضمامه للوثيقة الجماعية وتمتعه بالمزايا التي تتضمنها.

الخصائص المميزة للتأمين على الحياة الجماعي

يتميز التأمين على الحياة الجماعي بعدة خصائص تميزه عن الأنواع الأخرى من التأمين على الحياة. ونتناول فيما يلي أهم هذه الخصائص المميزة لهذا النوع من التأمين على الحياة.

1- الاختيار على أساس المجموعة:

يتم الاختيار في التأمين على الحياة الجماعي على أساس المجموعة ككل، بخلاف الحال في التأمين على الحياة العادي حيث يتوقف الاختيار على شخص المؤمن عليه. وتتخذ هيئة التأمين قرارها الخاص بقبول إصدار العقد الجماعي من عدمه والشروط الخاصة بالقبول ويتحدد القسط المطلوب في التأمين على الحياة الجماعي على أساس الخصائص المتعلقة بالمجموعة ككل.

أما من جهة المؤمن عليهم المشتركين في البرنامج الجماعي فإن اشتراط انضمام الجميع أو نسبة منهم لا تقل عن حد معين يؤدي إلى انعدام أو تخفيض تأثير الاختيار الذي يزاوله الفرد ضد صالح هيئة التأمين، مما يمكن التأمين من التخفيف من بعض الشروط الخاصة بالتأمين مثل شرط الانتحار الذي تم الاستغناء عنه كلية في التأمين الجماعي.

2- التأمين يتم بدون كشف طبي:

لما كان التأمين على الحياة الجماعي يتم على أساس المجموعة ككل فإن الإجراءات الخاصة بالتأكيد من صلاحية كل عضو للتأمين وأهمها الكشف الطبي تصبح غير ذي موضوع. ولا يجب الخلط بين عدم وجود الكشف الطبي في التأمين الجماعي والاستغناء عن الكشف الطبي في بعض الوثائق العادية. ففي حالة الوثائق الصناعية والوثائق العادية التي تصدر بدون كشف طبي يكون الاستغناء عن الكشف الطبي خاضعاً لرغبة هيئة التأمين ووفقاً للقواعد التي تحددها. وكما سبق أن ذكرنا يكون من حق هيئة

التأمين طلب إجراء الكشف الطبي على الشخص المطلوب التأمين عليه في حالة أي شك بخصوص مستواه الصحي، أو تضارب المعلومات المتجمعة عنه من المصادر المختلفة. أما في التأمين على الحياة الجماعي فإن الحماية التأمينية يتم توفيرها للمشترك بدون كشف طبي على الإطلاق.

3- تغطية أكثر من فرد بموجب وثيقة واحدة:

تصدر الوثيقة الجماعية للتأمين على الحياة لتغطي أكثر من شخص. وهناك بعض الوثائق الجماعية التي تغطي آلاف الأشخاص. وعادة ما تحدد القوانين والقواعد الخاصة بالتأمين الجماعي الحد الأدنى لعدد الأشخاص الممكن إصدار وثيقة جماعية على حياتهم.

وتختلف الوثائق الجماعية التي دائماً ما تغطي أكثر من فرد واحد عن الوثائق الفردية التي تصدر على حياة أكثر من شخص مثل الوثائق المشتركة ووثائق الأسرة في أكثر من ناحية، فالوثائق المشتركة أو وثائق الأسرة العادية تصدر لتغطي حياة أفراد تربطهم ببعضهم علاقات أسرية تكون كافية لخلق مصلحة تأمينية، الأمر الذي لا يكون موجوداً بالنسبة للمشتركين في الوثائق الجماعية. ومن ناحية ثانية، فإن العدد الذي تغطيه الوثائق المشتركة أو وثائق الأسرة عادة ما يكون أقل بكثير من ذلك الخاص بالوثائق الجماعية. ومن ناحية ثالثة فإن القسط الخاص بالوثائق المشتركة ووثائق الأسرة العادية يتوقف تماماً على أعمار الأشخاص الذين تغطيهم الوثيقة وتزداد قيمة القسط بتقدم العمر، أما في الوثائق الجماعية فقد جرت العادة على تحديد القسط الخاص بكل مشترك على أساس متوسط التكلفة بالنسبة للمجموعة ككل وبغض النظر عن عمره.

4- التأمين الجماعي يكلف أقل:

يعتبر التأمين على الحياة الجماعي أقل التأمين على الحياة تكلفة. فتكلفة الوحدة التأمينية في التأمين على الحياة الجماعي عادة ما تكون أقل بالنسبة للتأمين العادي أو الصناعي. وهذا يجعل التأمين على الحياة الجماعي في وضع أفضل من الناحية التسويقية مما يسهل عملية البيع ويؤدي إلى الحد إلى درجة كبيرة من نسبة التصفية والإلغاء.

ويعود رخص التأمين على الحياة الجماعي إلى عدة أسباب أهمها أن التغطية في هذا النوع من التأمين عادة ما تكون على أساس تأمين مؤقت يتجدد سنوياً، وهو أقل الأنواع سعراً. ومن جهة أخرى، فإن انخفاض معدلات الوفاة للمشتركين في الوثائق الجماعية يساعد بلا شك على تخفيض أسعاره. ومن ناحية ثالثة تنخفض المصروفات الخاصة بالتأمين الجماعي إلى حد كبير عن تلك الخاصة بالتأمين العادي أو الصناعي. فبالنسبة لمصروفات الاصدار، مثلاً تصدر هيئة التأمين وثيقة واحدة فقط لمالك الوثيقة الجماعية الذي قد يكون صاحب العمل أو المسئول عن النقابة، وتصدر عدة شهادات تغطية للمشتركين، ولاشك أن ذلك يكلف أقل مما لو تم اصدار وثيقة لكل مشترك. ومن ناحية أخرى فإن عدم وجود الكشف الطبي يخفض أيضاً من مصاريف الاصدار .

5- استخدام التكاليف الفعلية في تحديد القسط:

تضم وثيقة التأمين على الحياة الجماعية عدداً كبيراً نسبياً من الأفراد الذين تتشابه ظروف عملهم إلى درجة كبيرة بحيث يمكن اعتبارهم فئة قائمة بذاتها، ونتيجة للتنافس بين هيئات التأمين على الحياة في سبيل الحصول على هذا النوع من العمليات، وعملاً على زيادة الاقبال على التأمين الجماعي يتم تحديد الأقساط الخاصة بمعظم وثائق التأمين على الحياة الجماعي على أساس طرق الخبرة المنتشر استخدامها في مجال تأمينات الممتلكات والمسئولية المدنية. وبمعنى آخر يتحدد القسط المطلوب على أساس النتائج الفعلية للمجموعة ذاتها. وتتخذ نتائج الخبرة الفعلية للمجموعة أما كأساس لتحديد السعر وبالتالي القسط.

6- استمرار التأمين على الحياة الجماعي

بالرغم عن أن غالبية عقود التأمين على الحياة الجماعية تصدر على أساس تأمين مؤقت يتجدد سنوياً، إلا أن الوثيقة الجماعية تعتبر وثيقة مستمرة تمتد فترة سريانها لسنوات عديدة إلى ما بعد انتهاء آجال المؤمن له والأعضاء المشتركين وقت بدء سريانها. ويرجع ذلك إلى طبيعة الوثيقة الجماعية والانضمام المستمر لمشتركين جدد مما يجدد بصورة دائمة من مجموعة المؤمن عليهم. ويعتبر من الأمور النادرة إنهاء الوثيقة الجماعية حيث أن شراء التأمين الجماعي عادة ما يكون ضمن برنامج متكامل للعلاقة بين

العامل وصاحب العمل أو العامل ونقابته. هذا بالنسبة للوثيقة، أما من ناحية الاشتراك فيها فإن الانسحاب من التغطية يكون نادراً جداً نتيجة لرخص التأمين الجماعي عن الأنواع الأخرى.

متطلبات القبول في التأمين الجماعي:

يجب أن تتوفر في المشترك في التأمين الجماعي ما يلي:

1- أن يكون موظفاً بدوام كامل

يشترط أرباب العمل بصورة عامة أن يكون جميع العاملين لديهم عاملين بدوام كامل وذلك لإشراكهم في أي برنامج للتأمين الجماعي، أما تعريف العامل الذي يعمل بدوام كامل فهو الذي يعمل العدد المقرّر من الساعات في اليوم أو الأسبوع التي يحددها صاحب العمل بموجب نظام يتبعه جميع العاملين لديه، بشرط أن لا يكون ذلك مخالفاً للقانون.

2- أن يكمل فترة التجربة عند التعيين

يشترط صاحب العمل أحياناً أن يكمل العامل الجديد فترة تجريبية قبل اشتراكه في التأمين، وتمتد هذه الفترة التجريبية عادة لمدة ثلاثة أشهر. والهدف من هذه الفترة التجريبية هو الاستغناء عن خدمات أي عامل جديد لا يؤدي العمل الموكل إليه على أكمل وجه، أو لا يريد بطبيعة الحال أن يستمر في العمل على أساس دائم. ولذلك يؤجل صاحب العمل إشراك مثل هذا العامل في التأمين حتى انتهاء فترته التجريبية لما ينطوي على إشراكه أثناء هذه الفترة من أعباء إدارية قد تذهب سدى إذا لم يستمر العامل في عمله على أساس دائم. وبعد انقضاء الفترة التجريبية يصبح الموظف أو العامل مؤهلاً للاشتراك في التأمين الجماعي.

3- أن يطلب الموظف/ العامل التأمين ضمن المهلة المحددة لذلك.

بعد انقضاء الفترة التجريبية (إن وجدت)، يصبح الموظف أو العامل مؤهلاً للاشتراك في التأمين، ولكن إذا كان البرنامج التأميني من النوع الذي يساهم العامل بموجبه في تحمل جزء من الأقساط، فيتوجب عليه أن يطلب الاشتراك في التأمين ضمن

المهلة المتاحة لذلك. وهذه المهلة تنحصر عادة في (31) يوماً يستطيع العامل خلالها أن يطلب الاشتراك في التأمين، دون الخضوع لأي فحوصات طبية لإثبات لياقته للتأمين. وإذا طلب العامل إشراكه في التأمين بعد انقضاء المهلة المتاحة لذلك، فيتوجب عليه الخضوع للفحوصات الطبية التي تطلبها شركة التأمين، إذ أن مثل هذا الإجراء ضروري لحماية شركة التأمين من الاختيار المتناقض لمصلحتها.

4- أن يكون الموظف/ العامل على رأس عمله عند بداية التأمين.

وأما الشرط الأخير لمتطلبات الأهلية للتأمين، فهو أن يكون العامل على رأس عمله في اليوم الذي يصبح فيه التأمين نافذ المفعول، إذ أن تواجد العامل على رأس عمله يعني أنه يتمتع على الأقل بالحدود الدنيا للياقة الصحية، الأمر الذي يوفر لشركة التأمين حماية من الاختيار المتناقض لمصلحتها.

المبادئ الأساسية للتأمين على الحياة الجماعي

في غياب الاختيار الفردي للمؤمن على حياتهم، واعتماد هيئة التأمين على الجماعة ككل في الوصول إلى قراراتها الخاصة بالقبول من عدمه وبالشروط الخاصة بالقبول، يصبح وضع مبادئ عامة يجب توافرها في المجموعة التي تود الحصول على التأمين الجماعي شرطاً أساسياً لقيام ونجاح التأمين الجماعي من الناحية العملية. ومن ناحية أخرى فإنه على ضوء غياب الاختيار الفردي يصبح من الضروري وضع العديد من القيود التي تحد من فرص الاختيار ضد صالح هيئة التأمين التي يزاولها المشترك بما يؤدي إلى نجاح هذا النوع من التأمين. ويتم فيما يلي تناول المبادئ الأساسية التي يقوم عليها التأمين على الحياة الجماعي.

أولاً: قيام المجموعة لغرض آخر غير الحصول على التأمين:

يعتبر هذا الشرط من أهم الشروط الواجب توافرها في أي مجموعة تسعى للحصول على تأمين جماعي لصالح أعضائها. ويكتسب هذا الشرط أهميته البالغة نتيجة لعدم وجود الاختيار الفردي للمؤمن عليهم، واحتمال احتواء المجموعة في مثل هذه

الحالات على بعض الأفراد الغير ممكن التأمين عليهم بالشروط العادية. فإذا ما تكونت الجماعة أساساً للحصول على التأمين فإن نسبة الأخطار الرديئة، أي ذات درجة الخطورة العالية، سوف تكون، بدون أدنى شك، أكبر كثيراً من الأحوال العادية مما يجعل النتائج الفعلية لها أبعد ما تكون عن تلك المتوقعة والمتخذة أساساً لحساب الأقساط. وبمعنى آخر فإن قبول التأمين على مجموعة تكونت أساساً للحصول على التأمين الجماعي يكون مصدراً للخسارة بالنسبة لهيئة التأمين مهما ارتفع القسط المطلوب ليتناسب مع درجة الخطورة للمجموعة.

ثانياً: وجود انضمام مستمر للأعضاء صغار السن.

يقوم التأمين الجماعي على مبدأ اعتبار المجموعة ككل وحدة قائمة بذاتها وتوزيع تكلفة التأمين لها على جميع الأعضاء بطريقة لا تعكس تماماً الفروق الفردية الناشئة عن الاختلاف في السن أو الحالة الصحية أو أي عامل آخر. إن التدفق المستمر وفي صورة أعضاء جدد على الجماعة التي ترغب في الحصول على عقد جماعي يعتبر شرطاً أساسياً لنجاح التأمين الجماعي وخصوصاً في حالة تحمل العامل للجزء الأكبر من تكلفة التأمين. فكما سبق أن ذكرنا، يؤدي الانضمام المستمر وخصوصاً للأعضاء صغار السن إلى الاحتفاظ بالتكلفة السنوية للحماية التأمينية بالنسبة لكل فرد في المجموعة ثابتاً، إلى حد ما، وبالتالي يشجع على الاستمرار في التأمين، مما يؤدي في النهاية إلى نجاح المشروع.

ثالثاً: تحديد حد أدنى لعدد ونسبة المشتركين:

تشترط تحديد حد أدنى لعدد المشتركين الذي يمكن إصدار وثيقة جماعية لهم. ويخضع تحديد ذلك الحد الأدنى إلى عدة عوامل أهمها الرغبة في توزيع المصروفات على أكبر عدد من الأعضاء حتى يتسنى خفض نصيب الفرد الواحد منها مما يؤدي إلى تخفيض تكلفة التأمين. ومن ناحية أخرى فإن وجود حد أدنى معين لعدد المشتركين يكون لازماً حتى لا تنحرف النتائج الفعلية لهذه المجموعة كثيراً عن النتائج المتوقعة.

وبالإضافة إلى تحديد حد أدنى لعدد الأفراد الواجب انضمامهم للوثيقة الجماعية يقضي مبدأ الاختيار الجماعي بأنه لابد من أن يمثل الأفراد المشتركون نسبة لا تقل عن حد أدنى معين من مجموع أفراد المجموعة الذي يكون من حقهم الانضمام. وفي الوثائق الجماعية التي يقوم صاحب العمل بدفع تكلفتها بالكامل تشترط هيئات التأمين أن تشمل الوثيقة جميع العمال والموظفين، أي تكون نسبة الانضمام 100%.

أما بالنسبة للوثائق التي يشترك المؤمن عليهم في تحمل تكاليفها، فإن نسبة الانضمام يجب ألا تقل حد أدنى معين وليكن 75% من العدد الكلي لأولئك الذين يحق لهم الانضمام. ويعود السبب في اشتراط نسبة انضمام تقل عن 100% في حالة تحمل المشترك لجزء من التكاليف إلى أنه في مثل هذه الحالات قد تقف قدرة العامل أو الموظف على تحمل العبء المالي للقسط حائلاً دون اشتراكه في البرنامج التأميني. وعلى هذا الأساس فإنه يجب توقع عدم انضمام العمال جميعهم إلى الوثيقة الجماعية. ويراعى في تحديد الحد الأدنى لنسبة المشتركين الواجب انضمامهم كشرط أساسي لإصدار الوثيقة الجماعية أن تكون هذه النسبة كبيرة إلى ذلك الحد الذي يضمن تفادي الخطر المعنوي الذي يؤدي إلى الحصول على مجموعة نريد فيها نسبة الأخطار الإضافية عما يجب أن تكون عليه مما يترتب عليه زيادة التكاليف الفعلية عن تلك المتوقعة وبالتالي خسارة شركة التأمين.

رابعاً: تحديد مبلغ التأمين بطريقة عامة.

تشترط هيئات التأمين على الحياة أن يتم تحديد مبلغ التأمين الخاص بكل فرد في الوثيقة الجماعية على أساس قاعدة معينة تسري على الجميع حتى لا يترك تحديد هذا المبلغ خاضعاً لرغبة المؤمن عليه شخصياً.

وفي الحياة العملية يتم تحديد مبلغ التأمين الذي يسمح للفرد بالحصول عليه من خلال الوثيقة الجماعية تبعاً لاحدى هذه الأسس.

(أ)   مبلغ موحد لجميع المشتركين.

(ب) ما يعادل المرتب السنوي لعدد محدد من السنوات.

(جـ) مبلغ معين يتوقف على الوظيفة التي يشغلها العضو.

(د) مبلغ معين عن كل سنة من سنوات الخدمة.

(هـ) مبلغ معين يتحدد بالنظر إلى أكثر من عامل من العوامل السابقة.

برامج تأمين الحياة الجماعي

يعتبر تأمين الحياة الجماعي منفعة من المنافع التي تمنح للعاملين في مختلف الشركات والمؤسسات في معظم أنحاء العالم. وهي منفعة مرغوبة جداً وتكلفتها منخفضة نسبياً إذا ما قورنت بتأمين الحياة الذي يباع على أساس فردي. ويمكن تقسيم برامج تأمين الحياة الجماعي إلى ثلاثة أقسام هي:

1- تأمين الحياة الجماعي المؤقت.

2- تأمين الحوادث الشخصية الجماعي.

3- تأمين الحياة الجماعي التقاعدي والاستثماري.

1- تأمين الحياة الجماعي المؤقت Group term Life Insurance

يعتبر تأمين الحياة الجماعي المؤقت أهم أنواع تأمين الحياة الجماعي، إذ يشكل أكثر من 90% من تأمينات الحياة الجماعي النافذة المفعول في الوقت الحاضر. وهذا النوع من التأمين يكون على شكل تأمين حياة يتجدد سنوياً، ويمنح العاملين في الشركات والمؤسسات المختلفة حماية بتكلفة منخفضة.

وتستخدم المصارف وغيرها من مؤسسات الإقراض تأمين الحياة الجماعي لتأمين حياة المقترضين منها، وحماية القروض التي تمنحها من احتمال عدم التسديد في حالة وفاة المقترض. ويطلق على هذا النوع من التأمين مصطلح التأمين الائتماني على الحياة. وتكون المؤسسة المانحة للقروض في هذه الحالة هي المتعاقد والمستفيد في الوقت ذاته، حيث أنها تقوم بدفع الأقساط المترتبة على التأمين، وتقبض المبلغ المؤمن عليه في حالة وفاة المقترض، ويكون هذا المبلغ عادة هو رصيد القرض في تاريخ الوفاة.

3- تأمين الحوادث الشخصية الجماعي

Group Accidental Death and Dismemberment Insurance

يشمل التغطيات التالية:

الوفاة بحادث.

العجز الكلي والجزئي الدائم نتيجة حادث.

العجز المؤقت نتيجة حادث.

المصاريف الطبية الناتجة عن حادث.

3- تأمين الحياة الجماعي التقاعدي.

توفر للمشتركين حماية تأمينية إضافية على ما يمنحه الضمان الاجتماعي أو نظام التقاعد المدني أو العسكري، ويساهم الموظف بنسبة من راتبه، وتساهم الشركة أو المؤسسة التي يعمل فيها بنسبة مماثلة لما يدفعه الموظف أو أعلى من نسبة مساهمة الموظف وعند سن التقاعد يستلم الموظف ما تجمع له من أموال بالإضافة إلى الأرباح التي تحققت نتيجة استثمار المساهمات الشهرية في البرنامج.

نظام التأمين بالمضاربة الإسلامية للتكافل الاجتماعي والاستثمار "الفردي"

(التأمين على الحياة الإسلامي)

لدى شركات التأمين الإسلامية

مقدمة:

أ- التكافل الاجتماعي:

ضرب من ضروب التضامن والتعاون على البر الذي يدعو إليه الإسلام في مختلف أمور حياة الأمة.

يقول الله تعالى: "وتعاونوا على البر والتقوى ولا تعاونوا على الإثم والعدوان"

سورة المائدة

آية (2)

كما جاء بالسنة المطهرة "المؤمن للمؤمن كالبنيان يشد بعضه بعضا" رواه الشيخان وكذلك روى مسلم في صحيحه "مثل المؤمنين في توادهم وتراحمهم وتعاطفهم مثل الجسد إذا اشتكى منه عضو تداعى له سائر الجسد بالسهر والحمى".

ب- المضاربة:

المضاربة هي اتفاق بين طرفين يقدم أحدهما المال للطرف الثاني ليستثمره على أن يقتسما الربح بالنسبة التي يتفقان عليها ويقصد بالمضاربة بصفة عامة الاتجار وطلب الربح. ونظام التأمين بالمضاربة الإسلامية للتكافل الاجتماعي والاستثمار ينطلق من هذا المفهوم إذ يقوم المضارب بتوظيف مال المضاربة عن طريق الادخار لتكوين رأس مال للمشتركين، وبث روح التواد والتراحم والتكافل فيما بينهم وذلك في حالة وفاة أو عجز احد المشتركين خلال فترة الاشتراك.

ج- كيفية إدارة المضاربة:

تقوم شركة التأمين الإسلامية بإدارة أموال المضاربة واستثمارها وهذه الأموال من مجموع الاشتراكات التي يدفعها المشتركون كما تقوم بدفع المزايا حسب التعريفات والشروط والأسس الواردة في هذا النظام.

المادة الأولى: التعريفات:

يكون للكلمات والعبارات التالية حيثما وردت في هذا النظام المعاني المخصصة لها ادناه ما لم تدل القرينة على غير ذلك.

1- **الشركة:** تعني شركة التأمين الإسلامية وهي أيضا الطرف الأول في عقد التأمين وهي المؤمن لديه وكذلك هي (المضارب) في الاستثمار.

2- **النظام:** تعني نظام التأمين بالمضاربة الإسلامية للتكافل الاجتماعي والاستثمار هذا المعمول به لدى الشركة.

3- **العقد:** هو عقد التأمين بالمضاربة الإسلامية للتكافل الاجتماعي والاستثمار وفق هذا النظام ومرفقاته وملحقاته الموقع بين الشركة والمشترك.

4- **المشترك:** هو الطرف الثاني في عقد التأمين بالمضاربة الإسلامية للتكافل الاجتماعي والاستثمار.

5- **المستفيد:** هو المشترك أو الوارث و/أو الموصى له كما حدده المشترك في العقد أو مرفقاته.

6- **قيمة التأمين (القيمة الإسمية للتكافل):** هي القيمة المذكورة بهذه الصفة في الجدول المرفق التي تدفعها الشركة في حالة وفاة العضو المشترك خلال مدة التأمين أو عجزه بشكل كلي ودائم حسب ما هو مبين في هذا النظام.

7- **عوائد التأمين (مزية التكافل):** هي مجموع رصيد المشترك في نظام الاستثمار (إن وجد) حسب آخر تقييم مضافا إليه قيمة التأمين كما هي معرفة في البند (6) من هذه المادة.

8- **صندوق الاستثمار:** لدى الشركة من أموالها الخاصة صندوق استثماري ذو عائد استثماري دوري تديره الشركة وتستثمره وفق الشريعة الإسلامية وتمثل أموال الصندوق وحدات استثمارية قيمة كل وحدة منها دينار أردني واحد، وتخصص الشركة من هذا الصندوق وحدات استثمارية للمشترك بقدر ما هو مبين في العقد، وتنقص حصة الشركة من الوحدات الاستثمارية في الصندوق بقدر ما هو مخصص منها للمشتركين.

9- **الحادث:** هو أي حادث سببه الوحيد سبب خارجي ومفاجئ ومباشر لآثاره مستقلا عن أي سبب آخر، وبهذه الصفة يكون موجبا استحقاق عوائد التأمين وفقا لأحكام هذا النظام.

10- **العجز الكلي الدائم:** هو عجز نتج عن حادث أو مرض حصل خلال مدة التأمين وأدى إلى منع المشترك منعا كليا ودائما من ممارسة مهنته العادية أو أي مهنة أخرى يكون مؤهلا لها بشكل معقول.

المادة الثانية: شروط الاشتراك:

أ- يشترط للاشتراك في نظام التأمين هذا ما يلي:

1- تقديم المشترك طلب الاشتراك معبأ بعناية مع جميع البيانات التي تحددها الشركة كتابة، ويعتبر طلب الاشتراك وهذا النظام والبيانات الأخرى جزءا مكملا للعقد.

2- دفع المشترك القسط السنوي للتأمين بتاريخ بداية فترة الاشتراك أو قبله كما هو مبين بالجدول الملحق بالعقد.

3- دفع المشترك قسط الاستثمار حسب ما هو مبين في العقد (اذا اشتمل العقد على اشتراكه في الاستثمار بالمضاربة).

4- توافر المتطلبات التي ترى الشركة ضرورة توافرها في المشترك بالنسبة لحالته الصحية والمهنية، ويجوز للشركة قبول طلب مشترك غير مؤهل صحيا أو مهنيا نظير رفع قيمة الاشتراك.

ب- لا يقبل مشتركا في هذا النظام من لم يبلغ سن الثامنة عشرة أو جاوز الستين من عمره عند بداية فترة الاشتراك.

المادة الثالثة: ابتداء فترة الاشتراك وانتهاؤها:

يبدأ الاشتراك وينتهي طبقا للتواريخ المبينة بالجدول الملحق بالعقد.

المادة الرابعة: طريقة دفع الاشتراك في المضاربة (مال المضاربة)

يتعهد المشترك بدفع اقساط الاشتراك في تواريخ استحقاقها المبينة بالجدول الملحق بالعقد أو أي تظهيرات لاحقة.

المادة الخامسة: اشتراكات الاستثمار:

تستخدم المبالغ المخصصة لنظام الاستثمار في تخصيص وحدات استثمارية من صندوق الاستثمار نظير حصول الشركة على 5% من قيمتها مصاريف تخصيص، على أن يسري مفعول التخصيص من بداية أول الشهر التالي لتاريخ أي دفعة استثمار.

المادة السادسة: فصل أموال المضاربة:

1- تحتفظ الشركة بحسابين منفصلين احدهما لنظام التأمين بالتكافل والآخر لنظام الاستثمار بالمضاربة.

2- تتعهد الشركة بالاحتفاظ بأموال المشترك مع سائر أموال المشتركين مثله لديها في صندوق الاستثمار كحساب منفصل عن سائر أموالها، كما تتعهد بعدم تحميلها بأي التزام للغير.

المادة السابعة: كيفية تطبيق نظام التأمين بالتكافل:

1- تتولى الشركة استثمار المال الموجود لديها في نظام الاستثمار والمال الموجود لديها في نظام التأمين بالتكافل وفقا لأحكام الشريعة الإسلامية وتحت إشراف هيئة الرقابة الشرعية.

2- يُقر المشترك بتبرعه عن طيب نفس وفي سبيل المصلحة المشتركة بما يحتاجه نظام التأمين بالتكافل من اشتراكه في نظام التأمين بالتكافل.

3- يفوض المشترك الشركة بإعادة التأمين حماية لأموال نظام التأمين وحقوق المشتركين فيه.

4- تضاف كل عوائد عمليات اعادة التأمين إلى نظام التأمين بالتكافل.

5- يتحمل نظام التأمين بالتكافل جميع مصاريف عمليات التأمين بالتكافل وإعادة التأمين، وتتحمل الشركة جميع المصاريف الخاصة باستثمار أموال التأمين.

6- لا تتحمل الشركة بصفتها مضاربا أي خسارة في استثمار أموال التأمين إلا ما كان منها بسبب تعد أو تقصير أو مخالفة منها لهذا النظام.

7- توزع عوائد الاستثمار لنظام التأمين بالتكافل كما يلي:

(25%) من صافي الربح للشركة بصفتها مضاربا.

(75%) من صافي الربح يعاد استثماره لمصلحة المشتركين في نظام التأمين بالتكافل.

8- تتولى الشركة تقييم موجودات ومطلوبات نظام التأمين بالتكافل في نهاية كل سنة ميلادية.

9- الرصيد الذي يظهر في نظام التأمين بالتكافل في تاريخ أي تقييم (بعد دفع مزايا التأمين بالتكافل وخصم المصروفات والاحتياطات اللازمة وحصة الشركة من صافي الربح)، الفائض الذي يقيد لحساب المشتركين بنسبة مشاركة كل منهم خلال فترة التقييم.

10- اذا حدث عجز في نظام التأمين بالتكافل تمنح الشركة نظام التأمين بالتكافل قرضا حسنا تسترده من أرصدة النظام المستقبلية دون إلزام على المشترك الذي لم يجدد اشتراكه في نظام التأمين.

11- في حالة حل نظام التأمين بالتكافل وتصفيته تصرف موجوداته بعد سداد التزاماته في وجوه البر بإشراف هيئة الرقابة الشرعية.

المادة الثامنة: تخصيص مصروفات نظام الاستثمار وتوزيع أرباحه

1- تستحق الشركة اتعابا نظير عملها كمضارب، كما يستحق صاحب المال (المشترك) ربحا لكونه نماء ماله.

2- توزع عوائد الاستثمار في نهاية كل سنة مالية على النحو التالي:

أ- (25%) من صافي الأرباح للشركة بصفتها مضاربا.

ب- (75%) من صافي الأرباح للمشتركين ويعاد استثمارها لصالحهم ضمن أموال نظام الاستثمار.

3- يتحمل نظام الاستثمار المصروفات المباشرة المتعلقة بالاستثمار، وتتحمل الشركة المصروفات الإدارية الخاصة بالاستثمار ضمن النسبة التي تتقاضاها من الأرباح الناتجة عن الاستثمار باعتبارها مضاربا.

المادة التاسعة: وحدات نظام الاستثمار وقيمتها:

1- يقسم مال نظام الاستثمار إلى أجزاء متساوية القيمة تسمى "وحدات الاستثمار".

2- قيمة كل (وحدة استثمار) دينار أردني واحد.

3- تتولى الشركة تحديد عوائد الاستثمار ربحا أو خسارة دوريا، وتحدد حصة المشتركين من هذه العوائد كوحدات استثمار صحيحة تضاف إلى رصيد كل منهم من (وحدات الاستثمار) أو تطرح منه. أما كسور الوحدات المتخلفة عن التوزيع فترحل إلى الحصص التي تحدد في السنة التالية.

4- يعتبر عدد وحدات الاستثمار التي يملكها المشترك في أي وقت هو نصيبه في أموال نظام الاستثمار.

5- تقوم الشركة بتبليغ المشترك بنصيبه من "وحدات الاستثمار" كما هو في نهاية كل سنة مالية.

6- يكون رصيد المشترك في نظام الاستثمار قابلا للدفع في تاريخ استحقاقه المبين في الجدول أو عند تاريخ عجزه الكلي الدائم أو عند وفاته أيها أسبق.

7- يجوز لأي مشترك سحب أمواله المستثمرة في صندوق الاستثمار أو أي جزء منها على أن يتبع ذلك إلغاء تخصيص ما يقابل ذلك من وحدات الاستثمار المخصصة له في هذا الصندوق نظير خصم 5% من قيمتها مصاريف إلغاء تخصيص.

المادة العاشرة: كيفية المطالبة بعوائد التأمين (مزية التكافل) ومهلة المطالبة

1- أ- يجب أن يبلغ المستفيد الشركة كتابة بعجز المشترك الكلي الدائم أو بوفاته خلال (60) يوما من تاريخ العجز أو الوفاة.

ب- يجب اثبات العجز أو الوفاة على النموذج المعد لذلك خلال (120) يوما من تاريخ العجز أو الوفاة.

ج- في حالة اخلال المشترك أو المستفيد بمقتضى الفقرتين (أ) و / أو (ب) من هذه المادة دون عذر مقبول يسقط حق المشترك والمستفيد في المطالبة بعوائد التأمين بالتكافل.

2- إذا كانت المطالبة لعجز كلي دائم نشأ عن اصابة المشترك في حادث أو عن مرضه فللشركة الحق في أن تقوم عن طريق الجهة الطبية المعتمدة لديها بفحص شخص المشترك خلال فترة المطالبة للتأكد من أحقيته في عوائد التأمين (مزية التكافل).

المادة الحادية عشرة: فترة الانتظار:

1- المطالبة الناشئة عن عجز كلي دائم تدفعها الشركة على أثر مرور فترة (12) شهرا منذ أصبح المشترك فعلا غير قادر بصورة كلية ودائمة على ممارسة مهنته العادية أو أية مهنة أخرى يكون مؤهلا لها بشكل معقول واستمر الحال على ذلك خلال الفترة. يمكن للمشترك أثناء هذه الفترة الحصول على قرض حسن من رصيد استحقاقه في نظام الاستثمار لا يزيد عن 50% من ذلك الرصيد حسب آخر تقييم، وأي اقساط مدفوعة خلال هذه الفترة ترد إلى المشترك إذا ثبت عجزه خلالها.

2- لا تسري احكام الفقرة (1) من هذه المادة وتصبح عوائد التأمين (مزية التكافل) مستحقة الدفع فورا في الحالات الآتية:

أ- في حالة ثبوت عجز المشترك عجزا كليا ودائما بسبب فقده بصره أو قطع كلتا يديه أو كلتا رجليه أو قطع يده ورجله.

ب- في حالة اقتناع الشركة بثبوت عجز المشترك عجزا كليا ودائما لأي سبب آخر.

لا تستحق أي اقساط على المشترك بعد ثبوت العجز في هاتين الحالتين.

المادة الثانية عشرة: شروط دفع عوائد التأمين (مزية التكافل):

1- تدفع عوائد التأمين (مزية التكافل) في حالة عجز المشترك عجزا كليا ودائما أو في حالة وفاته قبل إتمام فترة الاشتراك أيهما اسبق.

أ- في حالة وفاة المشترك تدفع المزايا التالية:

(1) قيمة التأمين بالتكافل للمستفيدين.

(2) قيمة "وحدات الاستثمار" الموجودة برصيده في نظام الاستثمار في تاريخ الوفاة لورثة المشترك الشرعيين (إذا كان مشتركا في هذا النظام ايضا).

ب- في حالة عجز المشترك عجزا كليا ودائما تدفع له أو لنائبه الشرعي المزايا التالية:

(1) قيمة التأمين بالتكافل.

(2) قيمة "وحدات الاستثمار الموجودة برصيده في نظام الاستثمار في تاريخ عجزه الكلي الدائم (إذا كان مشتركا في هذا النظام أيضا).

2- يعتبر المشترك "متبرعا" بما قد يكون مستحقا له من عوائد استثمارية في نظام التأمين بالتكافل ونظام الاستثمار وذلك عن كسور السنة الواقعة بين تاريخ آخر تقييم وتاريخ الاستحقاق.

3- حق المستفيد في التأمين بالتكافل مشروط بالآتي:

أ- ان تكون المعلومات والبيانات الجوهرية التي قدمها المشترك مع طلب اشتراكه حقيقية وصحيحة، فإذا ثبت أنها غير صحيحة أو أن المشترك قد أخفى عن الشركة أي معلومات ضرورية عند طلب الاشتراك فيكون المشترك بذلك قد اسقط حقه في عوائد التأمين بالتكافل الواردة في هذا النظام.

ب- ان يكون المشترك قد سدد الاقساط المستحقة عليه قبل إصابته بالعجز الكلي الدائم أو وفاته.

ج- أن لا يكون عجز المشترك الكلي الدائم أو وفاته بعد ان وقع المشترك طلبا للانسحاب وأودعه لدى الشركة، أو انسحب أو اعتبر منسحبا وفقا لنص المادة الرابعة عشرة.

د- أن يقوم المستفيد بتزويد الشركة بالوثائق القانونية المثبتة لعجز المشترك الكلي الدائم أو وفاته وأي مستندات أخرى تراها الشركة ضرورية.

4- تدفع عوائد التأمين (مزية التكافل) مرة واحدة وذلك في حالة العجز الكلي الدائم أو الوفاة أيهما أسبق ويصبح العقد بذلك منتهيا.

5- في جميع الحالات التي لا يستحق فيها المستفيد صرف عوائد التأمين (مزية التكافل) يعطى نصيبه في نظام الاستثمار فقط إذا كان مشتركا فيه.

المادة الثالثة عشرة: (السن)

1- لا تدفع الشركة عوائد التأمين (مزية التكافل) بموجب هذا النظام إلا بعد اقتناعها بما يثبت سن المشترك لديها.

2- في حالة البيان غير الصحيح لسن المشترك، تسوى عوائد التأمين (مزية التكافل) وفق البيان الصحيح وذلك بتخفيض قيمة التأمين الواجبة الدفع بقسمة القسط المدفوع على القسط الصحيح الموازي للسن الحقيقية مضروبا في قيمة التأمين المدونة في الجدول.

المادة الرابعة عشرة: انسحاب المشترك أو اعتباره منسحبا وفسخ العقد:

1- يجوز للمشترك ان ينسحب من نظام التأمين بالمضاربة الاسلامية للتكافل الاجتماعي والاستثمار – في أي وقت – بموجب ابلاغ كتابي للشركة.

2- يلتزم المشترك بسداد اقساط الاشتراك في مواعيدها الواردة بالعقد. وفي حالة تخلفه عن دفع قيمة الاشتراك المستحق مدة تتجاوز ثلاثين يوما على الأكثر اعتبر منسحبا دون حاجة إلى تنبيه أو أنذار من جانب الشركة.

3- إذا انسحب المشترك أو اعتبر منسحبا يعطى قيمة الوحدات التي يملكها في نظام الاستثمار فقط بتاريخ الانسحاب إذا كان مشتركا في هذا النظام.

4- يعتبر المشترك المنسحب "متبرعا" بما قد يكون مستحقا له من عوائد استثمارية في نظام التأمين بالتكافل ونظام الاستثمار وذلك عن كسور السنة الواقعة بين آخر تقييم وتاريخ الانسحاب.

5- تدفع المبالغ المستحقة للمشترك المنسحب خلال ثلاثين يوما من الوفاء بشروط المطالبة.

المادة الخامسة عشرة: دفع "قيمة وحدات الاستثمار" عند انتهاء فترة الاشتراك:

يستحق المشترك قيمة رصيده من وحدات الاستثمار في نظام الاستثمار وذلك عند حلول تاريخ انتهاء فترة الاشتراك المحدد بالجدول الملحق بالعقد، مع توافر كافة الشروط المتعلقة بذلك والواردة في هذا النظام.

المادة السادسة عشرة: استثناءات

1- بالإضافة إلى الشروط الواردة في هذا النظام فإن حق المستفيد في عوائد التأمين (مزية التكافل) مشروط بالآتي:

أ- أن لا يكون عجز المشترك الكلي الدائم أو وفاته بسبب الانتحار أو محاولة الانتحار (سواء أكان سليم العقل أو غيره).

ب- ان لا تكون وفاة المشترك قد دبرها الورثة أو الموصى لهم، وفي هذه الحالة يحرم الجاني أو الجناة من عوائد التأمين (مزية التكافل).

ج- أن لا يكون عجز المشترك الكلي الدائم أو وفاته بسبب اشتراكه بصورة فعالة في حرب معلنة أو غير معلنة أو في اضطرابات أو شغب أو حرب أهلية أو ثورة أو تمرد أو عصيان مدني أو اعتداء من الخارج.

د- ان لا يكون عجز المشترك الكلي الدائم او وفاته بسبب اساءة استعمال العقاقير أو بسبب كون المشترك تحت تأثير الكحول أو أي مواد مخدرة أخرى.

هـ- ان لا يكون عجز المشترك الكلي الدائم أو وفاته بسبب قيام المشترك أو محاولته القيام بخرق أي قانون أو أي عمل يعرضه لعقوبات مدنية أو جنائية.

و- أن لا يكون عجز المشترك الكلي الدائم أو وفاته بسبب حالات مرضية موجودة قبل بدء التأمين.

ز- أن لا يكون عجز المشترك الكلي الدائم أو وفاته بسبب الاشتراك في مسابقات السرعة بواسطة مركبات ذات آلات محركة سواء كانت أرضية أو مائية.

ح- أن لا يكون عجز المشترك الكلي الدائم أو وفاته بسبب الاعدام.

ط- أن لا يكون عجز المشترك الكلي الدائم أو وفاته بسبب المبارزة.

ي- أن لا يكون عجز المشترك الكلي الدائم أو وفاته بسبب الأسفار والتنقلات الجوية أو البحرية إلا اذا قام بها المشترك باعتباره راكبا عاديا بخط ملاحي جوي أو بحري يقوم بخدمة عامة منتظمة.

2- في حالة تحقق أي من هذه الأخطار المستثناة تدفع الشركة رصيد الاستثمار فقط ولا تلتزم بدفع عوائد التأمين (مزية التكافل).

أسئلة المناقشة

السؤال الأول : عدد أنواع وثائق التأمين المؤقت.

السؤال الثاني: اشرح باختصار أنواع وثائق التأمين مدى الحياة؟

السؤال الثالث : ما هي أنواع عقود التأمين على الحياة الرئيسة التقليدية بالنظر إلى الأخطار التي تغطيها؟

السؤال الرابع : وضح المقصود بعقود التأمين على الحياة المختلطة أو الوقفية؟

السؤال الخامس: اشرح عقود التأمين التي توفر الحماية التأمينية ضد خسائر خطر الحياة؟

السؤال السادس : ما هي الأنواع التي تباع بها عقود التأمين على الحياة؟

السؤال السابع : ما هي أوجه الاختلاف بين التأمين الجماعي والتأمين الفردي؟

السؤال الثامن : اشرح بإيجاز المبادئ الأساسية للتأمين على الحياة الجماعي؟

السؤال التاسع : ما هي متطلبات القبول في التأمين على الحياة الجماعي؟

السؤال العاشر : اشرح أنواع التأمين على الحياة الجماعي؟

الأسئلة الموضوعية

1- أي نوع من بوالص التأمين على الحياة تستخدمها البنوك التجارية لتأمين المقترضين منها وحماية القروض التي تمنحها من احتمال عدم التسديد في حالة وفاة المقترض.

أ- التأمين مدى الحياة.   ب- التأمين على الحياة المختلط.

جـ- التأمين على الحياة الجماعي.   د- التأمين الصحي الجماعي.

2- التأمين المؤقت المتناقص هو:

أ- التأمين الذي تتناقص فيه الأقساط.

ب- التأمين الذي يتناقص فيه مبلغ التأمين.

جـ- التأمين المؤقت لغاية عمر 65 سنة.

د- (أ+ج) فقط.

3- الفرق الرئيسي بين التأمين على الحياة المؤقت والتأمين مدى الحياة.

أ- يتم دفع الأقساط في التأمين على الحياة المؤقت خلال مدة زمنية قصيرة، بينما التأمين مدى الحياة يتم الدفع طوال المدة.

ب- التأمين المؤقت جيد فقط للأشخاص المصابين بأمراض مستعصية.

جـ- التأمين مدى الحياة أرخص لأنك تسدد أقساطه على فترة زمنية طويلة.

د- التأمين مدى الحياة يوفر الحماية التأمينية والاستثمار، بينما التأمين المؤقت يوفر الحماية التأمينية فقط.

4- التأمينات التي تغطي خسائر خطر الحياة هي:

أ- دفعات الحياة (المعاش).

ب- التأمينات المختلطة.

جـ- تأمين الوقفية البحتة.

د- (أ+ب) فقط.

5- التأمينات التي تغطي خسائر خطر الوفاة هي:

أ- التأمين على الحياة المؤقت.

ب- التأمين مدى الحياة.

جـ- التأمينات المختلطة.

د- (أ+ب) فقط.

الفصل السادس عشر

سوق التأمين في الأردن

تطوره وهيكله

16-2 الهيكل التنظيمي لسوق التأمين في الأردن.

16-3 تطور نشاط قطاع التأمين في الأردن.

الفصل السادس عشر
سوق التأمين في الأردن تطوره وهيكله

1-16 نبذة تاريخية:

في فترة الأربعينات، كان الأردن صغير الحجم وعدد سكانه لا يتجاوز 400 ألف نسمة. واجه اقتصاده صعوبات كبيرة بعد الحرب العالمية الثانية بسبب ركود حركة استيراد البضائع ولم يكن التأمين متداولاً آنذاك عدا تأمين اعتمادات الاستيراد التي كانت تحتاج إلى تأمين نقل بحري أو بري. وكان البنك العثماني يؤمن عليها مع شركة Eagle Star في لندن مقابل عمولة قدرها 20%. وفي عام 1946 كانت البداية الأولى للتأمين في الأردن حيث تم تأسيس أول وكالة للتأمين أسسها السيد رؤوف أبو جابر (آنذاك)، تابعة لشركة الشرق للتأمين، المصرية، التي كانت قد تأسست عام 1921 في القاهرة برأس مال مصري فرنسي مشترك.

وفي فترة الخمسينات، شهد السوق الأردني نشاطاً ملحوظاً في حقل تأمينات السيارات (حوادث السيارات) والنقل البحري، عندما اضطر الأردن إلى تنزيل البضائع في ميناء العقبة، مما أوجد الحاجة إلى قطاع قوي للنقل بالسيارات. ونتيجة للحاجة في توفير التغطيات في هذه المجالات، تأسست شركات تأمين. أولها، شركة التأمين الأردنية التي تأسست كأول شركة تأمين أردنية في أوائل الخمسينات، في هذه المرحلة وجد من المناسب تنظيم المهنة للحد من المنافسة الشديدة التي برزت في السوق وعدم القدرة على مواجهة المطالبات الكبيرة من قبل بعض الشركات والهيئات. فتم تأسيس جمعية شركات التأمين الأردنية برئاسة المستر ليدجر، وبإدارة السيد رؤوف أبو جابر والسيد إلياس حبايب.

خلال الستينات، شهد السوق الأردني تزايداً في عدد شركات التأمين، حيث أسست شركة الشرق الأوسط برأس مال قدره 200 ألف دينار ثم تلتها شركة التأمين الوطنية المساهمة.

واستمر حال القطاع على ما هو عليه خلال فترة السبعينات حتى منتصف الثمانينات حيث بلغ عدد شركات التأمين (33) شركة وفرع ووكالة، منها (23) شركة تأمين محلية والباقي فروع لشركات أجنبية. جميعها تعمل في سوق لا يتجاوز حجم أقساطه (33) مليون دينار، ونتجة للركود الاقتصادي في أواخر الثمانينات والمنافسة العشوائية في سوق صغير وتدني أسعار التأمين دون المستوى الفني، تعرضت العديد من شركات التأمين آنذاك إلى خسارة، الأمر الذي دفع بالحكومة إلى إصدار قانون مراقبة أعمال التأمين رقم (30) لعام 1984 حيث جاء في المادة (56) منه وقف إصدار رخص جديدة لشركات التأمين. وفي المادة 6/أ فرضت رفع رأسمال شركة التأمين إلى ستمئة ألف دينار وألزمت شركات التأمين بتوفيق أوضاعها إما عن طريق الدمج أو رفع رأس المال. كل ذلك أدى إلى تخفيض العدد إلى (17) شركة تأمين محلية، وشركة تأمين أجنبية واحدة في عام 1987، واستقر الحال نسبياً لغاية عام 1995 حيث صدر قانون رقم (9) لسنة 1995 الذي فتح ثانية الفرصة لتأسيس شركات تأمين جديدة وأوجب رفع رأسمال شركات التأمين الأردنية التي تمارس أعمال التأمين المباشر إلى (مليوني دينار) و (عشرين مليون دينار) للشركة المختصة بأعمال إعادة التأمين. أما الشركات الأجنبية فألزم رفع رأسمالها إلى (أربعة ملايين دينار).

وعلى إثر ذلك دخلت إلى السوق (8) شركات تأمين جديدة وارتفع عدد الشركات العاملة ليصبح (25) شركة محلية وشركة أجنبية واحدة، وأخرى تحت التأسيس حتى وصل العدد في عام 2000 إلى (27) شركة تأمين. وفي عام 2001 انخفض عدد شركات التأمين إلى 26 شركة نتيجة لتصفية شركة تأمين واحدة. وجميع هذه الشركات تعمل في سوق يعتبر صغيراً على جميع المستويات إذا ما قورن بباقي الدول النامية والمتقدمة حيث يساهم التأمين بنسبة 2.4% من الناتج المحلي الإجمالي. ومساهمة الفرد من دخله المصروف على التأمين لا يتجاوز 36 ديناراً سنوياً، وهذه النسبة تعتبر منخفضة ولا يتناسب مع الدخل والثقافة والعصرنة التي يتمتع بها المجتمع، كما أن حصة تأمينات الحياة لعام 2006 تبلغ 16.4% في السوق، في حين تتجاوز نسبتها 50% في الدول المتقدمة.

وهذه النسبة تؤثر كثيراً على تكوين حجم المدخرات التي يتمتع بها هذا النوع من التأمين على وجه التحديد.

هيكل السوق:

ينقسم سوق التأمين في الأردن إلى قسمين رئيسين هما:

أ‌) التأمين الاجتماعي (مؤسسة الضمان الاجتماعي) وقد تم مناقشته في الفصل الحادي عشر.

ب‌) التأمين التجاري (الخاص).

يقوم التأمين على أساس تجاري أي بغرض تحقيق الربح وعادة ما يقوم بهذا النوع من التأمين شركات التأمين المساهمة.

16-2 الهيكل التنظيمي لسوق التأمين في الأردن:

1- هيئة التأمين:

تم تعديل اسم هيئة تنظيم قطاع التأمين ليصبح هيئة التأمين بموجب قانون تنظيم أعمال التأمين المؤقت رقم (67) لسنة 2002، وخلفت بذلك مديرية مراقبة أعمال التأمين (سابقاً). والهيئة جهة مستقلة مالياً وإدارياً، تعمل على تنظيم قطاع التأمين ومراقبة أعماله والإشراف عليه بما يكفل توفير المناخ الملائم لتطويره ولتعزيز دور صناعة التأمين في ضمان الأشخاص والممتلكات ضد المخاطر، لحماية الاقتصاد الوطني ولتجميع المدخرات الوطنية وتنميتها واستثمارها، لدعم التنمية الاقتصادية في المملكة. وتتحدد مهام الهيئة الممثلة بكياناتها الثلاثة وهي: المجلس والمدير العام والجهاز التنفيذي في حماية حقوق المؤمن لهم ومراقبة الملاءة المالية للشركات ورفع كفاءة أدائها وتحقيق أجواء المنافسة الإيجابية والعمل على توفير كفاءات بشرية مؤهلة لممارسة أعمال التأمين ونشر الوعي التأميني وتوثيق الروابط مع الهيئات الرقابية على المستويين العربي والعالمي.

2- الاتحاد الأردني لشركات التأمين:

تأسست الجمعية الأردنية لشركات التأمين عام 1956 كأول هيئة لتنظيم شؤون قطاع التأمين في الأردن. وقد توالت على رئاستها هيئات ضمت في عضويتها الرواد العاملين في مجال التأمين في تلك الفترة. وفي عام 1987 تأسس مكتب التأمين الإلزامي الموحد للتأمين على المركبات وبدأ بممارسة أعماله تحت إشراف الجمعية. وبقيت الجمعية تمارس أعمالها لغاية عام 1989 عندما صدرت الإرادة الملكية السامية بتأسيس الاتحاد الأردني لشركات التأمين وتحديد نظامه الأساسي استناداً إلى نظام رقم 30 لسنة 1989 . ويمارس الاتحاد، النشاطات الفنية التطويرية في وضع أسس وأصول ممارسة المهنة وفي تقديم دراسات لسوق التأمين المحلي وتحليل عوامله وظروفه لتنظيم وتنسيق أعمال التأمين وفقاً لمتطلباته، وإعداد تعريفات أسعار التأمين الإلزامي وتحديد قواعد منح الحسومات على الأسعار للمؤمن لهم، عملاء شركات التأمين الأعضاء في الاتحاد، ويعمل على توحيد عقود التأمين، الأعضاء في الاتحاد، ويتولى عقد الندوات والمؤتمرات التأمينية والدورات التدريبية الهادفة إلى تنشيط أعمال التأمين وإجراء البحوث العلمية وإعداد الإحصائيات التي من شأنها خدمة قطاع التأمين.

مكتب التأمين الإلزامي الموحد للتأمين على المركبات (تأسس عام 1987):

يرتبط المكتب مع الاتحاد ويقوم بالأعمال المتعلقة بتأمين المركبات الأردنية في دوائر الترخيص المنتشرة في كافة محافظات المملكة، وتأمين السيارات الأجنبية المارة عبر الحدود (الترانزيت) في مركز الحدود، من أخطار المسؤولية المدنية بموجب نظام التأمين الإلزامي على المركبات. كما يقوم المكتب بتخصيص حصص عطاءات التأمين الإلزامي للسيارات الأردنية على شركات التأمين والقيام بتسوية حوادثها. كما يقوم المكتب الموحد الأردني بتسوية مطالبات حوادث السيارات العربية المؤمنة بالبطاقة البرتقالية والسيارات الأردنية المؤمنة لدى المكاتب العربية الموحدة في البلدان العربية.

3- شركات التأمين:

بلغ عدد شركات التأمين العاملة في السوق الأردني 2006-2007 (28) شركة منها شركة للتأمين على الحياة (الأميركية للتأمين على الحياة (أكيدو) ، ولا يوجد في الأردن شركات متخصصة لمزاولة أعمال إعادة التأمين.

الجدول رقم (1)

شركات التأمين في سوق التأمين الأردني 2006-2007 حسب تخصصها

شركات التأمين التي تزاول التأمينات العامة الطبية والحياة	شركات التأمين التي تزاول التأمينات العامة والطبية	شركات التأمين على الحياة	شركات التأمين التي تزاول التأمينات العامة فقط	المجموع
18	6	1	3	28

4- الخدمات التأمينية المساندة:

إضافة إلى شركات التأمين تقوم مؤسسات الخدمات التأمينية المساندة بتقديم خدماتها عن طريق عدد من الجهات كما يلي:

الجدول رقم (2)

المهنة	العدد في 2006-2007
وكلات التأمين المجازة باسم شركة تأمين أردنية	426
وسطاء التأمين 1- تأمينات عامه 45 2- تأمين على الحياة 3	48
خبراء المعاينة وتقدير الأضرار	33
شركات إدارة التأمين الطبي	11
استشاري تأمين: 1- تأمينات عامه 9 2- تأمين على الحياة 1	10
وسيط إعادة تأمين	4
الاكتواريون (المرخصون من هيئة التأمين)	11
المجموع	543

سوق التأمين الأردني 2006-2007

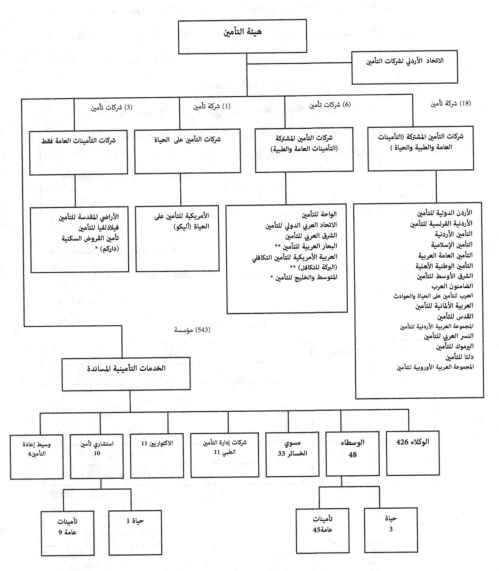

المصدر: التقرير السنوي الصادر عن هيئة التأمين لسنة 2006

* تم تأسيس الشركة مطلع عام 2007

** بدأت الشركة مزاولة التأمين الطبي مطلع عام 2007

5- العاملون في قطاع التأمين:

في نهاية عام 2006 بلغ مجموع عدد العاملين في قطاع التأمين (2560) موظفاً (ويشمل عدد العاملين في هيئة التأمين والاتحاد الأردني لشركات التأمين والشركات الأعضاء، ووكلاء التأمين والوسطاء وخبراء المعاينة وتسوية الأضرار إضافة إلى العاملين في شركات إدارة التأمين الصحي، ويعمل (2122) موظفاً من المجموع الإجمالي للقطاع في شركات التأمين، موزعين من حيث طبيعة العمل كما يلي:

بيان بالقوى العاملة في سوق التأمين الأردني

الجدول رقم 3

البيان	قوة عاملة وطنية		قوة عاملة عربية		قوة عاملة أجنبية		المجموع	
	إدارية وفنية	إنتاجية	إدارية وفنية	إنتاجية	إدارية وفنية	إنتاجية	إدارية وفنية	إنتاجية
عام2004	1414	418	13	7	1		1428	425
عام2005	1538	409	22	1	2		1562	410
عام2006	1654	441	24	1	2		1680	442

3-16 تطور نشاط قطاع التأمين في الأردن

أولاً- إجمالي أقساط سوق التأمين الأردني:

أظهرت النتائج الإجمالية لسوق التأمين الأردني عن أعمال 26 شركة تأمين داخل الأردن نمواً في أقساط التأمين المكتسبة بنسبة 248% حيث وصل إجمالي الأقساط إلى مبلغ 258,736,791 ديناراً مقارنة مع مبلغ 104,178,891 ديناراً عام 2000.

جدول تطور أقساط سوق التأمين للسنوات 2000-2006

النمو%	إجمالي الأقساط (بالدينار الأردني)	السنة
4.4	104,178,891	2000
15.6	120,436,687	2001
22	146,874,604	2002
16.8	171,528,692	2003
11.6	191,423,991	2004
14.5	219,847,834	2005
17.7	258,736,791	2006

ثانياً: إجمالي تعويضات التأمين

ارتفع إجمالي التعويضات المدفوعة في عام 2006 إلى مبلغ 174,389,108 دنانير مقابل تعويضات بلغت 67,749,948 دينار عام 2000 محققة نسبة زيادة قدرها:

تطور إجمالي تعويضات سوق التأمين للسنوات 2000-2006

النمو%	إجمالي التعويضات دينار أردني	السنة
5.9	67,749,949	2000
17.9	79,811,200	2001
8.0	86,187,509	2002
25.3	108,109,230	2003
14.3	123,576,149	2004
15.6	142,843,718	2005
22	174,389,108	2006

ثالثاً: أعمال إعادة التأمين لسوق التأمين الأردني

لا يوجد شركات أردنية لإعادة التأمين، وعادة تحتفظ الشركات الأردنية بجزء من إجمالي أقساط التأمين ويعاد المتبقي إلى شركات الإعادة الخارجية (الأجنبية) إضافة إلى توزيع الحصة المتبقية على الشركات المحلية عن طريق عمليات المشاركة. ومن

خلال قراءة البيانات أدناه تتبين الزيادة الكبيرة والتطور السريع في حجم أنشطة إعادة التأمين في الأردن.

الأقساط (بالدينار الأردني)

الاحتفاظ	الإعادة الخارجية	الإعادة المحلية	الإجمالي	السنة
64,304,570	33,378,754	6,495,567	104,178,891	2000
76,458,919	36,420,279	7,557,489	120,436,687	2001
96,228,895	42,054,000	8,591,712	146,874,607	2002
118,337,704	43,956,946	9,234,042	171,528,692	2003
126,905,323	54,714,612	9,804,055	191,423,999	2004
138,950,549	68,651,060	12,246,225	219,847,834	2005
157,975,042	78,327,537	22,434,218	258,736,791	2006

رابعاً: الاستثمارات

وصلت استثمارات سوق التأمين كما في نهاية عام 2006 إلى مبلغ 408 مليون دينار مقارنة بحجم الاستثمارات التي بلغت 147 مليون دينار عام 2000 بنسبة نمو تقدر 277%. وتركز شركات التأمين استثماراتها على الودائع لدى البنوك وتليها الموجودات المالية المتوفرة للبيع، وتليها الموجودات للمتاجرة.

تطور استثمارات سوق التأمين الأردني للسنوات 2000-2006

إجمالي الاستثمارات (مليون دينار أردني)	السنة
147	2000
151	2001
168	2002
214	2003
264	2004
410	2005
408	2006

خامساً: صافي الأرباح

بلغ صافي الربح بعد الضريبة والرسوم مبلغ 15 مليون دينار في عام 2006 مقابل أرباح بلغت 5 مليون دينار عام 2000، ولقد كانت الأرباح تزداد باستمرار ما عدا صافي أرباح عام 2006 حيث انخفضت الأرباح بنسبة 76% عن عام 2005.

تطور صافي أرباح قطاع التأمين للسنوات 2000-2006

السنة	صافي الربح مليون دينار
2000	5
2001	7
2002	13
2003	17
2004	33
2005	77
2006	15

4-16 الإطار القانوني المنظم لأعمال التأمين في الأردن

أولاً: أثر التشريعات الاقتصادية والمالية على أعمال التأمين

لقد أفردت التشريعات الصادرة على المستوى الوطني بنوداً خضعت فيها أعمال التأمين إلى أحكام خاصة ضمن بنود هذه التشريعات، وكما مبين أدناه:

أ- أعمال التأمين في ظل انضمام الأردن إلى منظمة التجارة العالمية

دخلت اتفاقية انضمام الأردن إلى المنظمة إلى حيز التنفيذ في 2000/4/11 وقد تعهد الأردن بتنفيذ جملة من الالتزامات في مجالات تجارة السلع والخدمات والسياسات الزراعية والقضايا الأخرى.

كان قطاع التأمين من بين 11 قطاعاً خدمياً قدم الأردن التزاماته فيها وفيما يتعلق بالتأمين فقد تم السماح للمستثمر الأجنبي في قطاع التأمين بتملك 51%، على أن يتم رفع هذه النسبة إلى 100% بعد عام من تاريخ الانضمام لمنظمة التجارة العالمية أي في عام 2001
.

وبالنسبة للالتزامات المتعلقة بخدمات التأمين، فيقتصر حق تقديم خدمات التأمين على تأمينات الحياة بما فيها خدمات التأمين الصحي باستثناء خدمات إدارة صناديق التقاعد كذلك خدمات التأمين، بخلاف التأمين على الحياة، حيث تقتصر على الشركات المساهمة التي تم تأسيسها في الأردن وعلى فروع شركات التأمين الأجنبية.

أما بالنسبة لخدمات إعادة التأمين وإعادة التأمين المتكرر فيقتصر حق تقديم الخدمة على الشركات المساهمة العامة التي يتم تأسيسها وتسجيلها في الأردن وعلى فروع شركات إعادة التأمين الأجنبية.

ب- قانون المنافسة

يتضمن القانون أحكاماً عامة تهدف إلى تنظيم البنية التجارية ونشاطاتها وممارساتها سعياً إلى الحد من وجود مراكز قوى اقتصادية تهدف إلى السيطرة على السوق وفرض شروطها وأسعارها. واتسم منهج تنفيذ قانون المنافسة بالمرونة في الحكم على حالات التركز الاقتصادي أو الإخلال بالمنافسة عوضاً عن الخطر المطلق لتلك الحالات، واشترط القانون لإتمام عملية التركز الاقتصادي التي من شأنها التأثير على مستوى المنافسة في السوق، الحصول على موافقة معالي وزير الصناعة والتجارة.

ج- قانون ضريبة المبيعات لعام 2004

تم رفع هذه الضريبة من نسبة 13% لتصبح 16% بموجب القانون الأخير الصادر عام 2004 وقد وفر قانون ضريبة المبيعات إعفاء لعدد من السلع والخدمات من ضريبة المبيعات (بناء على قرار مجلس الوزراء واعتباراً من 2001/1/2) ومن ضمن الخدمات المعفاة، خدمات إعادة التأمين والتأمين على الحياة والحوادث الشخصية والتأمين الصحي وخدمة إدارة المصاريف الطبية.

د- قانون مؤقت رقم (29) لسنة 2003 قانون ضريبة الدخل

منح القانون المعدل الصادر في 2001 الإعفاء من الضريبة عما يدفعه المكلف عن نفسه وزوجه وأفراد عائلته ممن يتولى إعالتهم كأقساط وثائق التأمين على الحياة المستهلكة غير المستردة بفروعه المختلفة، إضافة إلى وثائق التأمين الصحي غير

المستردة، كما عالجت التعليمات الصادرة عام 2003 ضريبة الدخل المفروضة على مخصصات التأمين.

هـ- القانون المعدل لقانون الشركات رقم (40) لسنة 2002

نص القانون على أن شركات التأمين تخضع في سياستها المحاسبية وتقديم بياناتها المالية وفقاً لما تقتضيه التعليمات الصادرة عن هيئة التأمين. كذلك نص القانون على أن تسجيل الشركات المعفاة لدى المراقب للشركات الأردنية خارج المملكة يجب أن لا يقل رأسمالها عن الحد الأدنى المقرر في التشريعات إذا كان نشاطها في مجال التأمين أو إعادة التأمين، كما اشترط القانون حصر أعمال التأمين في الشركات المساهمة العامة.

و- قانون مؤقت رقم (53) لسنة 2002 قانون معدل لقانون السير

الزم القانون في نص المادة (6) أ، ب منه، أصحاب المركبات الأردنية وغير الأردنية الداخلة إلى المملكة بتقديم عقد يغطي المسؤولية المدنية عن الضرر الذي يلحق بالغير الناجم عن استعمال المركبة.

ز- قانون نقل البضائع على الطرق (المؤقت) رقم 46 لسنة 2002 ومشروع القانون المعدل 2005 .

ألزم القانون بموجب المادة (31) وعند إصدار أو تجديد رخصة الناقل أن يبرز عقد تأمين يضمن المسؤولية المدنية تجاه الغير والناشئة عن عقد النقل وفقاً لأحكام قانون تنظيم أعمال التأمين.

كما أعد عام 2004 مشروع قانون معدل لقانون نقل البضائع يسمح بموجبه بإنشاء هيئة لتنظيم قطاع النقل البري للبضائع وتأتي هذه الخطوة في إطار الاستراتيجية الوطنية التي أطلقتها وزارة النقل للسنوات 2005-2007 التي تهدف للوصول إلى نظام فاعل واقتصادي وآمن للمستفيدين على المستويين المحلي والدولي وسيتيح ذلك لأصحاب الشاحنات تنظيم أعمالهم تحت مظلة هيئات مؤسسية.

ح- قانون الاستثمار (المؤقت) رقم (68) لسنة 2003

تنظم بنود القانون أسس تنظيم الاستثمار وإصدار التراخيص لتأسيس المشاريع والقطاعات والحوافز والإعفاءات وقد استثنى القانون شركات التأمين من المدة اللازمة

لإصدار الرخصة القطاعية والتي يجب أن لا تتجاوز شهراً من تاريخ التقدم بطلب الحصول على الرخصة القطاعية بالنسبة لباقي القطاعات.

كما تضمن نظام تنظيم استثمارات غير الأردنيين لسنة 2000 أن نسبة تملك غير الأردني أو مساهمته بالتأجير التمويلي الذي تقوم به شركات تأمين تكون غير مقيدة بنسبة معينة، كما تضمن النظام فيما يتعلق بخدمات وسطاء التأمين بين فيه أن للمستثمر غير الأردني تملك ما لا يتجاوز 50% من رأسمال المشروع.

ط- قانون مؤقت رقم (76) لسنة 2002 قانون الأوراق المالية

تخضع شركات التأمين إلى أحكام القانون فيما يتعلق بتقديم البيانات المالية والميزانيات كما نص على عدم اعتبار بوالص التأمين من الأوراق المالية.

ثانياً- التشريعات الخاصة بالتأمين:

1- قوانين الرقابة على أعمال التأمين:

- بدأت الرقابة على أعمال شركات التأمين منذ عام 1965، عندما صدر القانون رقم (5) لسنة 1965 .

- أدى النمو الذي حققته شركات التأمين إلى إصدار قانون رقم (30) لسنة 1984 بتاريخ 1984/12/16 ليعالج الثغرات التي برزت في القانون السابق ويكون أكثر مواكبة للتطورات الاقتصادية التي شهدها الأردن آنذاك.

- بعد مضي أحد عشر عاماً برزت ضرورات وتطورات في سوق التأمين الأردني فرضت وجودها للانضمام في عولمة الاقتصاد في اتجاه السوق نحو الأسواق العالمية مما أدى إلى صدور قانون معدل لقانون مراقبة أعمال التأمين رقم (9) لسنة 1995 بتاريخ 1995/3/16 .

- كما صدر قانون مراقبة أعمال التأمين رقم (33) لسنة 1999 .

- ثم صدر القانون المؤقت رقم (67) لسنة 2002 قانون معدل لقانون مراقبة أعمال التأمين والذي عدل بموجبه القانون القديم ليصبح قانون تنظيم أعمال التأمين رقم (33) لسنة 1999 والمعمول به حالياً.

2- قانون تنظيم أعمال التأمين رقم (33) لسنة 1999 والأنظمة والتعليمات والقرارات الصادرة بموجبه أ:

صدر القانون ضمن برنامج التصحيح الاقتصادي الذي تبنته المملكة الأردنية الهاشمية لإعادة هيكلة القطاعات الاقتصادية بكافة أشكالها لإعادة تكييفها وفق متطلبات الانضمام إلى منظمة التجارة العالمية واتفاقية الشراكة الأوروبية التي أصبح الأردن جزءاً منها، وقد جاء القانون بمبادئ وأدوات تنظيمية ورقابية متطورة تتناسب والمستجدات العالمية لم تتناولها التشريعات السابقة وأبرز ما جاء به:

تأسيس جهة مستقلة تسمى (هيئة تنظيم قطاع التأمين) غير اسم الهيئة حسب القانون المعدل، تتولى الإشراف وتنظيم ومراقبة أعمال التأمين.

تقسيم أعمال التأمين إلى نوعين رئيسيين وهما التأمين على الحياة والتأمينات العامة وفصل في العمل بينهما وفرض التخصص بإحداهما للشركات التي تؤسس بعد صدور القانون.

اعتماد أسلوب هامش الملاءة المالية بدلاً من إيداع ودائع مالية باسم وزير الصناعة والتجارة.

توحيد تاريخ بدء السنة المالية وانتهاؤها لجميع شركات التأمين.

حصر التأمين في الأردن على المسؤولية والأموال المنقولة وغير المنقولة الموجودة في المملكة وفرض غرامة مالية في حالة المخالفة (حسب القانون المعدل رقم (67) لسنة 2002، تم استثناء تأمين الطائرات العاملة لدى الخطوط الجوية الملكية الأردنية وطائرات الشركات الأردنية من هذا الحصر).

فرض التزامات على فروع شركات التأمين الأجنبية التي تعمل في الأردن تتعلق بالمبالغ المحتفظ بها وإدارة الشركة ونشر حساباتها الختامية الإجمالية. (حسب القانون المعدل رقم (67) لسنة 2002 لم يعد لزاماً على شركة التأمين الأجنبية أن تحتفظ بما لا يقل عن الحد الأدنى لرأسمال الشركة الأردنية).

3- قانون مؤقت رقم (67) لسنة 2002 قانون معدل لقانون مراقبة أعمال التأمين:

صدر قانون معدل لقانون مراقبة أعمال التأمين رقم (33) لسنة 1999 حيث بدأ العمل به من تاريخ نشره في الجريدة الرسمية في 2002/11/17 وتضمن القانون المعدل العديد من التعديلات ما بين إضافة بنود جديدة وتعديل مواد وإلغاء مواد أخرى.

4- قانون تنظيم أعمال التأمين رقم (33) لسنة 1999 :

بموجب القانون المؤقت رقم (67) لسنة 2002 المعدل لقانون مراقبة أعمال التأمين كانت أهم التعديلات ما يلي:

1. إلغاء عنوان القانون الأصلي والاستعاضة عنه بالعنوان التالي: قانون رقم (33) لسنة 1999 قانون تنظيم أعمال التأمين.

2. إلغاء تعريف (الهيئة) والاستعاضة عنه بما يلي:- الهيئة: هيئة التأمين المنشأة بموجب أحكام هذا القانون.

3. عالج القانون المعدل موضوع مكافحة غسيل الأموال في أنشطة التأمين بحيث تم تحديد المقصود بغسل الأموال في أنشطة التأمين وأعطيت الهيئة صلاحية الطلب من أي شخص أو جهة تسري عليه أحكام هذا القانون الامتناع عن تنفيذ أي معاملة مرتبطة بأنشطة تأمين ناشئة عن غسيل الأموال ووضعت نصوص توضح العقوبات المفروضة في حال ارتكاب أي من الأعمال المتعلقة بذلك واعتبارها حكماً جنائياً بالإضافة إلى عقوبة السجن أو غرامة تتراوح بين مائة ألف دينار وخمسة ملايين ومصادرة تلك الأموال.

4. كما أقر القانون المعدل إنشاء صندوق لتعويض المتضررين من حوادث المركبات التي لم يرد نص على التعويض عنها، بمقتضى أحكام نظام التأمين الإلزامي من المسؤولية المدنية الناجمة عن استعمال المركبات وسيكون من أهداف هذا الصندوق تعويض المتضررين في حالة كون المركبة مؤمنة أو في حالة معرفة مرتكب الحادث أو في حالة إفلاس شركة التأمين وعدم إيفائها بالالتزامات المترتبة عليها.

5. تضمن القانون المعدل نصوصاً لتطبيق الحلول البديلة في نزاعات التأمين بما في ذلك الوساطة والتحكيم وسائر الأحكام والإجراءات المتعلقة بها والرسوم المترتبة على ذلك، بحيث ينظم سجل خاص لدى الهيئة بأسماء وسطاء ومحكمي نزاعات التأمين المعتمدين لديها.

6. تضمن القانون المعدل أحكاماً للتصفية حيث أعطى مجلس إدارة الهيئة صلاحية إصدار قرار تصفية أي شركة تأمين في حال تحقق أي من الحالات المنصوص عليها في القانون.

7. تناول القانون المعدل موضوع إعادة هيكلة شركات التأمين وهو مفهوم جديد لم يسبق أن عالجته أي من التشريعات الأخرى وتشمل إعادة الهيكلة، إدارة الشركة وتنظيم أمورها المالية المتعثرة، بالتفاوض مع جميع دائنيها لغايات تحديد مديونية الشركة وكيفية تسديدها. فقد أعطى القانون المعدل لمجلس إدارة الهيئة صلاحية إعادة هيكلة أي شركة تأمين في حال تحقق أي من الحالات المنصوص عليها في القانون بحيث يتم حل مجلس إدارة الشركة وتشكل لجنة محايدة لإعادة هيكلة الشركة من ذوي الخبرة والاختصاص.

8. عالج القانون المعدل أسس النظر في الشكاوي المقدمة حول خدمات التأمين والبت فيها ضمن آلية معينة للحد من اللجوء إلى القضاء توفيراً للجهد والنفقات.

9. استثنى القانون المعدل تأمين الطائرات العاملة لدى الخطوط الجوية الملكية الأردنية وطائرات الشركات الأردنية من وجوب تأمينها داخل المملكة.

10. وبموجب القانون المعدل لم يعد لزاماً على شركة التأمين الأجنبية قبل حصولها على الإجازة أن تحتفظ في المملكة بما لا يقل عن الحد الأدنى لرأسمال الشركة الأردنية.

الأنظمة الصادرة بموجب القانون:

أ- نظام التأمين الإلزامي رقم (32) لسنة 2001 :

صدر النظام ليحل محل النظم رقم (29) لسنة 1985 وتم العمل به اعتباراً من 2002/4/3 مع تعليمات أقساط التأمين الإلزامي للمركبات وحدود المسؤوليات وفقاً للنظام، وقد جاء هذا النظام بمفاهيم جديدة وعالج ثغرات النظام القديم ووسع من نطاق

الحماية التأمينية ليشمل الأضرار المعنوية إضافة إلى الوفاة والإصابة الجسمانية والأضرار المادية كما نص على تعريف الغير بأنه أي شخص غير المؤمن له أو سائق المركبة يتعرض للضرر بسبب حادث ناجم عن استعمال المركبة.

لمزيد من المعلومات عن نص النظام والتعليمات الصادرة بموجبه، نظام رسوم أعمال التأمين رقم (36) لسنة 2000، يتعلق النظام بالرسوم السنوية على إجمالي الأقساط المتحققة ورسوم طلب إجازة ممارسة أعمال التأمين التي تستوفيها هيئة التأمين وقد صدر بموجب النظام القرار رقم (2) لسنة 2000 المتضمن آلية تسديد الرسوم المستحقة إلى الهيئة.

ب- نظام الحد الأدنى لرأسمال شركات التأمين رقم (66) لسنة 2001 :

حدد النظام الحد الأدنى لرأسمال الشركة لممارسة أعمال التأمينات العامة التي تجاز بعد نفاذ أحكام قانون تنظيم أعمال التأمين بمبلغ (10) ملايين دينار ولممارسة أعمال التأمين على الحياة بمبلغ (15) مليون دينار ولأعمال إعادة التأمين بمبلغ (50) مليون دينار.

16-5 أنواع التأمين المختلفة التي تمارسها شركات التأمين في السوق الأردني:

تمارس شركات التأمين في السوق الأردني مختلف أنواع التأمين وتحرص على مواكبة وتوفير كل ما هو جديد ومتطور من أغطية الحماية والبرامج التأمينية لتلبية مختلف احتياجات المؤسسات والأفراد ضد المخاطر التي يتعرضون لها، أنفسهم وممتلكاتهم ومسؤولياتهم تجاه الآخرين، وتتميز شركات التأمين كافة في الأردن بمستوى عالٍ من الخبرات العلمية والعملية والخدمة المميزة وبما يضمن خدمة المواطن الأردني والمجتمع ككل.

1- التأمين البحري
2- تأمين الحريق
3- تأمين السيارات
4- تأمينات الحوادث العامه

5- التأمين الهندسي

6- تأمين الحياة

7- التأمين الصحي

6-16 المشاكل التي يعاني منها قطاع التأمين في الأردن

1- ضيق الطاقة الاستيعابية للشركات الوطنية وضعف رؤوس أموالها لمقابلة مطالبات التأمين ذات القيمة المرتفعة.

2- ضعف وقلة الخبرة في مجالات التقييم وتقدير الخسائر والتعويضات.

3- انخفاض درجة الوعي التأميني لدى المواطنين.

4- المنافسة الحادة بين شركات التأمين في سوق ضيق مما سينعكس سلباً على أقساط التأمين.

5- عدم وجود شركات وطنية لإعادة التأمين والاعتماد على الشركات الخارجية الأجنبية مما جعل شركات التأمين الأردنية مقيدة بأسعار الخدمات التأمينية التي تقدمها الشركات الأجنبية.

6- وجود أزمة ثقة بين المؤمن لهم وشركات التأمين خاصة في تأمين السيارات وانتشار ظاهرة الحوادث المفتعلة والمبالغة في المطالبة وتأمين الحريق.

أسئلة المناقشة

السؤال الأول : اشرح الهيكل التنظيمي لسوق التأمين في الأردن.

السؤال الثاني : ما هي أهداف الاتحاد الأردني لشركات التأمين؟

السؤال الثالث : وضح أثر التشريعات الاقتصادية والمالية على أعمال التأمين.

السؤال الرابع : أذكر أنواع التأمينات التي تزاولها شركات التأمين الأردنية.

السؤال الخامس : عدد المشاكل التي يعاني منها قطاع التأمين في الأردن.

ملحق 1

الإجابات الصحيحة
على الأسئلة الموضوعية

الأسئلة	الإجابة	الأسئلة	الإجابة
الفصل الأول:		**الفصل الرابع:**	
السؤال الأول	ب	السؤال الأول	د
السؤال الثاني	ج	السؤال الثاني	ج
السؤال الثالث	د	السؤال الثالث	ب
السؤال الرابع	ج	السؤال الرابع	د
السؤال الخامس	أ	السؤال الخامس	د
الفصل الثاني:		**الفصل الخامس:**	
السؤال الأول	أ	السؤال الأول	د
السؤال الثاني	د	السؤال الثاني	ج
السؤال الثالث	ج	السؤال الثالث	ب
السؤال الرابع	ج	السؤال الرابع	د
السؤال الخامس	د	السؤال الخامس	ج
السؤال السادس	ج	**الفصل السادس:**	
السؤال السابع	أ	السؤال الأول	د
السؤال الثامن	د	السؤال الثاني	ب
السؤال التاسع	د	السؤال الثالث	د
السؤال العاشر	ب	السؤال الرابع	د
		السؤال الخامس	ب
الفصل الثالث:		**الفصل السابع:**	
السؤال الأول	ب	السؤال الأول	د
السؤال الثاني	ج	السؤال الثاني	د
السؤال الثالث	د	السؤال الثالث	ج
السؤال الرابع	ب	السؤال الرابع	ج
السؤال الخامس	د	السؤال الخامس	ج

الأسئلة	الإجابة	الأسئلة	الإجابة
الفصل الثامن:		**الفصل الثاني عشر:**	
السؤال الأول	ب	السؤال الأول	د
السؤال الثاني	أ	السؤال الثاني	ج
السؤال الثالث	ب	السؤال الثالث	ب
السؤال الرابع	أ	السؤال الرابع	د
السؤال الخامس	د	السؤال الخامس	ج
الفصل التاسع:		**الفصل الثالث عشر:**	
السؤال الأول	أ	السؤال الأول	د
السؤال الثاني	ب	السؤال الثاني	ج
السؤال الثالث	ج	السؤال الثالث	د
السؤال الرابع	أ	السؤال الرابع	أ
السؤال الخامس	د	السؤال الخامس	ب
الفصل العاشر:		**الفصل الرابع عشر:**	
السؤال الأول	ج	السؤال الأول	ب
السؤال الثاني	د	السؤال الثاني	ج
السؤال الثالث	ب	السؤال الثالث	د
السؤال الرابع	ج	السؤال الرابع	د
السؤال الخامس	ب	السؤال الخامس	د
الفصل الحادي عشر:		**الفصل الخامس عشر:**	
السؤال الأول	د	السؤال الأول	ج
السؤال الثاني	د	السؤال الثاني	ب
السؤال الثالث	أ	السؤال الثالث	د
السؤال الرابع	ج	السؤال الرابع	د
السؤال الخامس	ب	السؤال الخامس	د
السؤال السادس	د		
السؤال السابع	ب		

ملحق 2

جداول القيمة الزمنية للنقود

معامل القيمة الحالية لدينار واحد عند سعر خصم محدد ولفترة زمنية محددة $PVIF_{k,n}$

سعر الفائدة / فترة زمنية	%1	%2	%3	%4	%5	%6	%7	%8	%9	%10	%11
1	0.990	0.980	0.971	0.962	0.952	0.943	0.935	0.926	0.917	0.909	0.901
2	0.980	0.961	0.943	0.925	0.907	0.890	0.873	0.857	0.842	0.826	0.812
3	0.971	0.942	0.915	0.889	0.864	0.840	0.816	0.794	0.772	0.751	0.731
4	0.961	0.924	0.888	0.855	0.823	0.792	0.763	0.735	0.708	0.683	0.659
5	0.951	0.906	0.863	0.822	0.784	0.747	0.713	0.681	0.650	0.621	0.593
6	0.942	0.888	0.837	0.790	0.746	0.705	0.666	0.630	0.596	0.564	0.535
7	0.933	0.871	0.813	0.760	0.711	0.665	0.623	0.583	0.547	0.513	0.482
8	0.923	0.853	0.789	0.731	0.677	0.627	0.582	0.540	0.502	0.467	0.434
9	0.914	0.837	0.766	0.703	0.645	0.592	0.544	0.500	0.460	0.424	0.391
10	0.905	0.820	0.744	0.676	0.614	0.558	0.508	0.463	0.422	0.386	0.352
11	0.896	0.804	0.722	0.650	0.585	0.527	0.475	0.429	0.388	0.350	0.317
12	0.887	0.789	0.701	0.625	0.557	0.497	0.444	0.397	0.356	0.319	0.286
13	0.879	0.773	0.681	0.601	0.530	0.469	0.415	0.368	0.326	0.290	0.258
14	0.870	0.758	0.661	0.577	0.505	0.442	0.388	0.340	0.299	0.263	0.232
15	0.861	0.743	0.642	0.555	0.481	0.417	0.362	0.315	0.275	0.239	0.209
16	0.853	0.728	0.623	0.534	0.458	0.394	0.339	0.292	0.252	0.218	0.188
17	0.844	0.714	0.605	0.513	0.436	0.371	0.317	0.270	0.231	0.198	0.170
18	0.836	0.700	0.587	0.494	0.416	0.350	0.296	0.250	0.212	0.180	0.153
19	0.828	0.686	0.570	0.475	0.396	0.331	0.277	0.232	0.194	0.164	0.138
20	0.820	0.673	0.554	0.456	0.377	0.312	0.258	0.215	0.178	0.149	0.124
21	0.811	0.660	0.538	0.439	0.359	0.294	0.242	0.199	0.164	0.135	0.112
22	0.803	0.647	0.522	0.422	0.342	0.278	0.226	0.184	0.150	0.123	0.101
23	0.795	0.634	0.507	0.406	0.326	0.262	0.211	0.170	0.138	0.112	0.091
24	0.788	0.622	0.492	0.390	0.310	0.247	0.197	0.158	0.126	0.102	0.082
25	0.780	0.610	0.478	0.375	0.295	0.233	0.184	0.146	0.116	0.092	0.074
30	0.742	0.552	0.412	0.308	0.231	0.174	0.131	0.099	0.075	0.057	0.044
35	0.706	0.500	0.355	0.253	0.181	0.130	0.094	0.068	0.049	0.036	0.026
45	0.639	0.410	0.264	0.171	0.111	0.073	0.048	0.031	0.021	0.014	0.009
50	0.608	0.372	0.228	0.141	0.087	0.054	0.034	0.021	0.013	0.009	0.005

ملحق 3

جداول القيمة الزمنية للنقود

معامل القيمة الحالية لدفعات منتظمة عند سعر خصم محدد ولفترة زمنية محددة $PVIFA_{k,n}$

سعر الفائدة / فترة زمنية	%1	%2	%3	%4	%5	%6	%7	%8	%9	%10
1	0.990	0.980	0.971	0.962	0.952	0.943	0.935	0.926	0.917	0.909
2	1.970	1.942	1.913	1.886	1.859	1.833	1.808	1.783	1.759	1.736
3	2.941	2.884	2.829	2.772	2.723	2.673	2.624	2.577	2.531	2.487
4	3.902	3.808	3.717	3.630	3.546	3.465	3.387	3.312	3.240	3.170
5	4.853	4.713	4.580	4.425	4.329	4.212	4.100	3.993	3.890	3.791
6	5.795	5.601	5.417	5.242	5.076	4.917	4.767	4.623	4.486	4.355
7	6.728	6.472	6.230	6.002	5.786	5.582	5.389	5.206	5.033	4.868
8	7.652	7.326	7.020	6.733	6.463	6.210	5.971	5.747	5.535	5.335
9	8.566	8.162	7.786	7.435	7.108	6.802	6.515	6.247	5.995	5.759
10	9.471	8.983	8.530	8.111	7.722	7.360	7.024	6.710	6.418	6.145
11	10.368	9.787	9.253	8.760	8.306	7.887	7.499	7.139	6.805	6.495
12	11.255	10.575	9.954	9.385	8.863	8.384	7.943	7.536	7.161	6.814
13	12.134	11.348	10.635	9.986	9.394	8.853	8.358	7.904	7.487	7.103
14	13.004	12.106	11.296	10.563	9.899	9.295	8.745	8.244	7.786	7.367
15	13.865	12.849	11.938	11.118	10.380	9.712	9.108	8.560	8.061	7.606
16	14.718	13.578	12.561	11.652	10.838	10.106	9.447	8.851	8.313	7.824
17	15.562	14.292	13.166	12.166	11.274	10.477	9.763	9.122	8.544	8.022
18	16.398	14.992	13.754	12.659	11.690	10.828	10.059	9.372	8.756	8.201
19	17.226	15.679	14.324	13.134	12.085	11.158	10.336	9.604	8.950	8.365
20	18.046	16.352	14.878	13.590	12.462	11.470	10.594	9.818	9.129	8.514
21	18.857	17.011	15.415	14.029	12.821	11.764	10.836	10.017	9.292	8.649
22	19.661	17.658	15.937	14.451	13.163	12.042	11.061	10.201	9.442	8.772
23	20.456	18.292	16.444	14.857	13.489	12.303	11.272	10.371	9.580	8.883
24	21.244	18.914	16.936	15.247	13.799	12.550	11.469	10.529	9.707	8.985
25	22.023	19.524	17.413	15.622	14.094	12.783	11.654	10.675	9.823	9.077
30	25.808	22.396	19.601	17.292	15.373	13.765	12.409	11.258	10.274	9.427
35	29.409	24.999	21.487	18.665	16.374	14.498	12.948	11.655	10.567	9.644
45	36.095	29.490	24.519	20.720	17.774	15.456	13.606	12.108	10.881	9.863
50	39.196	31.424	25.730	21.482	18.256	15.762	13.801	12.233	10.962	9.915

قائمة المراجع

باللغة العربية والأجنبية

المراجع باللغة العربية :

1- ابراهيم علي ابراهيم عبد ربه، **مبادئ التأمين التجاري والاجتماعي: النواحي النظرية والتطبيق**، الدار الجامعية، مصر، 2000م .

2- د. أحمد جاد عبد الرحمن، **التأمين**، دار النهضة العربية، القاهرة، 1997م.

3- د. أحمد سالم ملحم، **إعادة التأمين وتطبيقاتها في شركات التأمين الإسلامي**، دار الثقافة للنشر والتوزيع، عمان، الأردن، 2005م .

4- د. احمد عيسوي العيسوي، **عقد التأمين من وجهة نظر الشريعة الإسلامية**: بحث منشور في مجلة العلوم القانونية والاقتصادية، كلية الحقوق، جامعة القاهرة، 1964م.

5- د. أسامة عزمي سلام وشقيري موسى، **إدارة الخطر والتأمين**، الحامد للنشر والتوزيع، عمان، الأردن، 2007م.

6- بسام الساكت، **ندوة اتفاقية الجات وآثارها على صناعة التأمين العربي**، 18-20 يناير 1995م ، القاهرة.

7- التقرير السنوي عن **أعمال التأمين في الأردن للسنة المالية 1998**، إعداد مديرية مراقبة أعمال التأمين، وزارة الصناعة والتجارة.

8- تقرير سوق **التأمين الأردني**، صادر عن الاتحاد الأردني لشركات التأمين، 2000م.

9- **التقرير السنوي الصادر عن هيئة التأمين لسنة 2006** .

10- حسن حافظ، **ندوة اتفاقية الجات، وآثارها على صناعة التأمين العربي**، القاهرة، 18-20 يناير ك1995م .

11- **رسالة التأمين**، نشرة دورية فصلية تصدر عن الاتحاد الأردني لشركات التأمين، العدد الأول، 2005م .

12- رمضان أبو السعود، **أصول التأمين: دراسة لعقد التأمين من الناحيتين الفنية والقانونية**، الاسكندرية 1992م .

13- رياض بطشون، **التأمين وإدارة الخطر**، معهد الدراسات المصرفية، عمان، الأردن، 2006
.

14- زكي خليل المساعد، **تسويق الخدمات التأمينية**، دار المناهج للنشر والتوزيع، عمان، الأردن، 2003م .

15- زياد رمضان، **مبادئ التأمين**: دراسة عن واقع التأمين في الأردن، 1984م.

16- د. سامي نجيب ملك، **التأمينات الاجتماعية – الأسس والمبادئ العامة والجوانب التطبيقية في مصر**، دار النهضة العربية، القاهرة، 1998م .

17- د. سامي نجيب ملك، **دراسات في التأمين، المبادئ النظرية والتطبيقات العملية والجوانب الرياضية**، دار النهضة العربية، القاهرة، 1980م.

18- د. سامي نجيب، **موسوعة قانون الإشراف على التأمين في مصر**، دار النهضة العربية، القاهرة، 1997م.

19- د. سلامة عبد الله وآخرون، **التأمين البحري- أصوله العلمية والعملية**، دار النهضة العربية، القاهرة، الطبعة الثانية، 1981 .

20- د. سلامة عبد الله، **الخطر والتأمين**، دار النهضة العربية، القاهرة، 1980م.

21- السيد عبد المطلب عبده، **الأسلوب الإسلامي لمزاولة التأمين أو التأمين الإسلامي**، دار الكتاب الجامعي، القاهرة، الطبعة الأولى، 1988م.

22- السيد عبد المطلب عبدة، **التأمين على الحياة**، دار الكتاب الجامعي، القاهرة، 1989م.

23- د. شوقي سيف النصر وآخرون، **التأمين: الأصول العلمية والمبادئ العملية**، دار الفكر العربي، القاهرة، 1983م .

24- د. عادل عبد الحميد عز، **بحوث التأمين (اقتصادية، حساباته وتكاليفه)**، دار النهضة العربية، القاهرة، 1969م .

25- د. عادل عبد الحميد عز وآخرون، **التأمين ورياضاته**، دار النهضة العربية، القاهرة، 1979م .

26- د.عادل عبد الحميد عز،**مبادئ التأمين**،مؤسسة شباب الجامعة،الاسكندرية، 1976م.

27- د. عبد العزيز فهمي هيكل، **الكمبيوتر وأصول التأمين**، دار الراتب الجامعية، مصر، 1986م .

28- د. عبد العزيز هيكل، **مبادئ التأمين**، الدار الجامعية، بيروت، 1985م .

29- د. عبد العزيز هيكل، **مقدمة في التأمين**، دار النهضة العربية، بيروت، 1990م.

30- عبد القادر العطير، **التأمين البري في التشريع الأردني**، دار الثقافة للنشر والتوزيع، 1995م .

31- علي أحمد شاكر، **تأمين المسؤولية المدنية**، منشورات جامعة القاهرة، 1994م .

32- د. غريب الجمال، **التأمين التجاري والبديل الإسلامي**، دار الاعتصام، السعودية، 1990م.

33- قانون الضمان الاجتماعي (الأردني) رقم (30) لسنة 1978م .

34- قانون الضمان الاجتماعي (الأردني) رقم (19) لسنة 2001م .

35- قانون العمل الأردني – قانون رقم (8) لسنة 1997م .

36- مجلة الدراسات المالية والمصرفية، مجلة دورية تصدر عن الاكاديمية العربية للعلوم المالية والمصرفية، المجلد التاسع، العدد الرابع، 2001م .

37- مجلة العلوم القانونية والاقتصادية/ كلية الحقوق، جامعة القاهرة، **عقد التأمين من وجهة نظر الشريعة الإسلامية**، 1964م .

38- محمد البهي، **نظام التأمين في هدى أحكام الإسلام وضرورات المجتمع المعاصر**، مكتبة وهبة، القاهرة، 1965م .

39- محمد توفيق البلقيني وآخرون، **التأمين ورياضياته**، المنصورة: مكتبة الجلاء الجديدة، 2000م .

40- محمد توفيق البلقيني وآخرون، **مبادئ إدارة الخطر والتأمين**، دار الكتب الأكاديمية، مصر، 2004م .

41- محمد رفيق المصري، **التأمين وإدارة الخطر**، دار زهران للنشر والتوزيع، عمان، الأردن، 1998م .

42- د. محمد صلاح صدقي، **مبادئ التأمين**، دار النهضة العربية، القاهرة، 1980م.

43- محمد عادل مجركش، **تلاقي الإسلام والتأمين في الغايات والأهداف**، دار الفكر، دمشق، سورية، 1997م .

44- مختار الهانس وآخرون، مقدمة في مبادئ التأمين بين النظرية والتطبيق، الدار الجامعية، مصر، 2000م .

45- منشورات جامعة القدس المفتوحة، إدارة التأمين، برنامج الإدارة والريادة، عمان، 1992 .

46- موسوعة قوانين وأنظمة وتعليمات وقرارات واتفاقيات التأمين في الأردن، الاتحاد الأردني لشركات التأمين، الطبعة الثالثة .

قائمة المراجع المختارة باللغة الانجليزية

1-Chartered Insurance Institute of Bankers, **INSURANCE**, 3rd edition, 1996.

2-Hansell, D.S., **Elements of Insurance**, Macdonalds & Evans Ltd, 1985.

3-Jervis, B.G., **Aviation Underwriting**, Study Course, 190A, The CII Tuition Service, 1987.

4-Mehr, Robert I., and Emerson Commack, and Terry Rose, **Principles of Insurance**, Richard D. Irwin. Inc., 1985.

5-Mehr, Robert I., **Fundamentals of Insurance**, Richard D. Inc., 1986 second edition.

6-Rejda, George E., **Principles of Risk Management and Insurance**, Pearson Addison Wesly 2007 .

7-Vaughan, Emmet, and Therese Vaughan, **Essentials of Insurance: A Risk Management Perspective**, John Wiley * Sons, Inc. 1995.

8-Vaughan, Emmet, J., and Therese M. Vaughan, **Fundamentals of Risk and Insurance**, John Wiley & Sons, Inc., 1996, seventh edition.

9-Williams, Jr., C. Arthur & Richard M. Heins, **Risk Management and Insurance**, McGraw Hill, Inc., 1985.

المواقع الإلكترونية

1. www.Acli.com
2. www.aria.org
3. www.joif.org
4. www.iii.org
5. www.insure.com
6. www.riskinstitue.ch
7. www.rims.org

Printed in the United States
By Bookmasters